新编公共行政与公共管理学系列教材

公共政策分析
Public Policy Analysis

郭渐强　方放 / 主编

图书在版编目(CIP)数据

公共政策分析/郭渐强,方放主编.—北京:北京大学出版社,2021.10
新编公共行政与公共管理学系列教材
ISBN 978-7-301-32557-5

Ⅰ.①公… Ⅱ.①郭… ②方… Ⅲ.①公共政策—政策分析—高等学校—教材 Ⅳ.①D035-01

中国版本图书馆 CIP 数据核字(2021)第 191846 号

书　　　名	公共政策分析 GONGGONG ZHENGCE FENXI
著作责任者	郭渐强　方　放　主编
责任编辑	梁　路
标准书号	ISBN 978-7-301-32557-5
出版发行	北京大学出版社
地　　　址	北京市海淀区成府路 205 号　100871
网　　　址	http://www.pup.cn
新浪微博	@北京大学出版社　　@未名社科-北大图书
微信公众号	ss_book
电子信箱	ss@pup.pku.edu.cn
电　　　话	邮购部 010-62752015　发行部 010-62750672 编辑部 010-62765016
印　刷　者	北京溢漾印刷有限公司
经　销　者	新华书店
	730 毫米×980 毫米　16 开本　25.25 印张　400 千字 2021 年 10 月第 1 版　2023 年 3 月第 2 次印刷
定　　　价	66.00 元

未经许可,不得以任何方式复制或抄袭本书之部分或全部内容。
版权所有,侵权必究
举报电话: 010-62752024　电子信箱: fd@pup.pku.edu.cn
图书如有印装质量问题,请与出版部联系,电话: 010-62756370

前　言

　　公共政策学是第二次世界大战后首先在西方兴起的一个全新的跨学科、应用型研究领域。公共政策学以其一系列独特、新颖的范式以及它对决策科学化、民主化、法治化和社会经济发展的促进作用，而备受各国学界和政界的共同关注，成为当代社会科学及管理科学的一个重要而又充满活力的新的跨学科领域。20 世纪 80 年代初至 20 世纪末是我国公共政策学的引进和初创阶段。这一时期，西方政策科学研究成果传入我国，一些学者注意到了国外社会科学中的这个新领域，着手进行介绍、引进和初步的研究工作。进入 21 世纪，随着我国改革开放的纵深发展以及实现国家治理体系和治理能力现代化改革总目标的政策实践需求的日益增加，中国的公共政策学发展迅速，呈现繁荣发展局面：学术成果斐然，出现了大量政策科学专著、译著、教材、学术论文、研究报告等；学科建设不断拓展完善；人才培养规模日益扩大。

　　本书是湖南大学 2018—2019 年重点建设课程"公共政策分析"的建设成果之一，是湖南大学公共政策分析教学团队多年教学积累和合作的结晶。湖南大学 2001 年开设行政管理本科专业，2004 年开设公共管理一级学科硕士点，是全国第二批获得公共管理专业学位即 MPA 授予权的单位，因此较早开设了"公共政策分析"这门课程。除了公共管理学外，政治学、法学等其他学科也将"公共政策分析"这门课程设置为必修课。在长时间的教学过程中形成了稳定的教学团队,取得了较好的教学效果,这门课也被列为校重点建设课程。在以往的教学中,我们都是选用国内已有的教材,同时参考国外的著作和教材,但是,在使用中我们感觉到当前国内的权威教材比较陈旧,新的好的教材偏少,而国外的教材内容又须本土化。因此,我们尝试编写了这部教材,把教材建设作为课程建设的重要内容,把提高教材质量作为提高课程质量的重要途径。

本书总结了我们多年来的教学心得体会和学术研究成果,借鉴参考了我国已出版的大量同类教材以及相关著述,力求体例和内容上的创新与突破,建立一个较完整的、反映理论前沿、吸收最新研究成果的公共政策学的内容体系。全书包括四编十三章:第一编公共政策与公共政策分析学科概论;第二编公共政策系统;第三编公共政策过程;第四编公共政策分析方法。每编有内容概要,编后附有参考文献。大部分章节提供了电子版的案例导入与问题思考,每章都配有复习思考题。案例选用力求真实贴切,理论观点紧跟学术前沿,结合中国实际凸显本土化,实现对国外尤其是对美国教材的话语转换,深入浅出,通俗易懂。

本书由郭渐强教授、方放副教授主编。各章的具体写作分工如下:

第一章:郭渐强;

第二章:杨露;

第三章:郭渐强、蒙登干;

第四章:梁林;

第五章:徐屹垚;

第六章:张婷;

第七章:郭渐强、樊渊欣;

第八章:魏田田;

第九章:张诗航;

第十章:郭渐强、杨露;

第十一章:方放、蓝学琴、宗刘娟;

第十二章:方放、李贝贝、蓝学琴;

第十三章:方放、宗刘娟。

全书由郭渐强教授总纂定稿。

在本书付梓之际，衷心感谢北京大学出版社的支持和帮助！本书在编写过程中，参阅了大量有价值的中外文献，吸收了许多中外学者的研究成果，在此一并致谢！同时，由于时间和水平所限，书中难免出现纰漏之处，恳望学界同人和广大读者批评指正！

编　者
2021 年 2 月

目　录

第一编　公共政策与公共政策分析学科概论

第一章　公共政策概论　/ 3
第一节　公共政策的概念　/ 3
第二节　公共政策的本质　/ 5
第三节　公共政策的特征　/ 8
第四节　公共政策的类型　/ 12
第五节　公共政策的功能　/ 18
复习思考题　/ 23

第二章　公共政策分析学科发展概述　/ 24
第一节　西方公共政策分析学科发展概述　/ 24
第二节　中国公共政策分析学科发展概述　/ 32
第三节　公共政策分析学科的研究对象、内容体系和特点　/ 40
复习思考题　/ 43

第三章 实现公共决策的科学化、民主化、法治化 / 44
　　第一节　充分认识公共政策的重要性 / 44
　　第二节　实现公共决策的科学化、民主化、法治化的重大意义 / 49
　　第三节　实现公共决策的科学化、民主化、法治化的途径 / 51
　　复习思考题 / 58

参考文献 / 59

第二编　公共政策系统

第四章 公共政策系统概论 / 63
　　第一节　系统论与公共政策系统 / 63
　　第二节　公共政策系统的构成要素 / 67
　　复习思考题 / 89

第五章 公共政策环境 / 90
　　第一节　公共政策环境概述 / 90
　　第二节　公共政策环境的构成因素及其对公共政策系统的影响 / 95
　　复习思考题 / 100

参考文献 / 101

第三编　公共政策过程

第六章 公共政策制定 / 105
　　第一节　公共政策制定的原则 / 105
　　第二节　公共政策制定的过程 / 109
　　第三节　公共政策制定的理论模型 / 142
　　复习思考题 / 160

第七章 公共政策执行 / 161

第一节 公共政策执行概述 / 161

第二节 公共政策执行的过程 / 176

第三节 公共政策工具 / 179

第四节 影响公共政策执行的因素 / 197

第五节 公共政策执行模型 / 206

第六节 提高我国公共政策执行力 / 213

复习思考题 / 226

第八章 公共政策评估 / 227

第一节 公共政策评估概述 / 227

第二节 公共政策评估的过程 / 243

第三节 公共政策评估的发展 / 246

复习思考题 / 260

第九章 公共政策调整与终结 / 261

第一节 公共政策调整 / 261

第二节 公共政策终结 / 270

复习思考题 / 291

参考文献 / 292

第四编 公共政策分析方法

第十章 公共政策分析方法论 / 297

第一节 事实分析 / 297

第二节 价值分析 / 300

第三节 利益分析 / 307

第四节 系统分析 / 312

第五节 模型方法 / 321
复习思考题 / 326

第十一章 公共政策信息的收集与整理 / 327
第一节 公共政策信息的基本类型 / 327
第二节 公共政策信息收集的原则和计划 / 329
第三节 公共政策信息的收集方法 / 330
第四节 公共政策信息的质量评估与整理 / 339
复习思考题 / 341

第十二章 公共政策预测分析方法 / 342
第一节 预测的概念和分类 / 342
第二节 预测的步骤 / 345
第三节 定性预测方法 / 347
第四节 时间序列分析法 / 352
第五节 回归分析法 / 355
复习思考题 / 362

第十三章 公共政策评估方法 / 363
第一节 公共政策成本评估方法 / 363
第二节 公共政策效果评估方法 / 366
第三节 公共政策效率评估方法 / 379
第四节 公平价值评估方法 / 382
第五节 社会指标评估方法 / 388
复习思考题 / 390

参考文献 / 391

第一编
公共政策与公共政策分析学科概论

【内容概要】 公共政策是社会公共组织(主要是政府)在公共管理过程中,为解决公共问题、达成公共目标、实现公共利益而制定和执行的行为准则或行动方案。它是一系列谋略、措施、办法、方法、条例等的总称。"政策"和"公共政策"在形式上表现为有无"公共"二字之差,但在理念、主体、范围、性质、功能等方面存在着诸多差异。与传统意义的政策相比,公共政策的公共性是其本质特征。公共政策的公共性与政治性的统一是公共政策区别于传统意义的政策的主要方面。公共政策具有政治性、公共性、偏好性、权威性、合法性、整体性、动态性等特征。人类社会需要公共政策,是因为公共政策在常态社会中具有管制功能、引导功能、调控功能、分配功能、支持功能、象征功能,在转型社会中具有维护社会稳定、实现公平正义、促进社会革新等特殊功能。公共政策学首先在西方兴起,后于20世纪80年代左右传入我国。随着我国公共政策实践与理论的不断发展,我国公共政策研究以世纪之交为界限,21世纪之前的20年为引入和初创阶段,21世纪至今为公共政策学繁荣发展阶段。在这40多年间,我国的公共政策研究取得了较为丰硕的成果,已在我国社会科学领域占有一席之地。但同时我们也应该看到,相对于西方国家在公共政策研究领域中的领先地位,我国的公共政策研究仍较为落后,公共政策学科发展之路仍然任重而道远。实现公共决策的科学化、民主化、法治化是提高公共政策质量的根本途径,发展公共政策学科是实现公共决策的科学化、民主化、法治化的理论和方法支撑。

第一章 公共政策概论*

第一节 公共政策的概念

政策与我们的现实生活息息相关。一个人的生老病死,一个组织的存续发展,一个社会的秩序维护,都涉及政策。人们在社会生活中遇到的问题是多种多样的,一个问题一旦上升至社会层面,涉及社会公共利益,具备了社会性,就成了公共问题,进而也就需要公共政策加以解决。一般政策与公共政策的重大区别就在于政策活动中的公共性。

在现今的日常生活中,"政策"已成为人们的惯用语。无论是报纸、电视、杂志上,还是座谈、研讨、广告中,"政策"这一概念比比皆是。其实从词源学上来分析,中国古代并无"政策"这一固定的词语,只有"政"与"策"两个分开的字。《说文解字》中解释:"政者,正也。""正"的本义为"规范""控制"。《人物志·接识》中也有"术谋之人以思谟为度,故能成策略之奇";西汉刘向则编过《战国策》;《吕氏春秋·简选》中解释:"策,谋术也。""策"的本义为"计谋""谋略"。英文中最初也没有"政策"(policy)一词,只有"政治"(politics),源于古希腊语的 poiteke,意思是关于城邦的学问。随着欧洲社会政治和政治学的发展,从"politics"一词逐渐演变出"policy"一词,具有策略、谋略、权谋等含义,被用来指称政党或

---

* 本章案例导入请扫书前二维码获取。

政府为达到某一特定的目标所采取的行动。日本明治维新期间,随着日本全面接受西方文化,"policy"一词传入日本。日本人从他们所使用的汉字中选择了与"policy"含义相近的"政"和"策"加以联用,译为"政策",之后又传入中国。"政策"一词在中国首次出现于梁启超1899年所写的《戊戌政变记》中,他认为:"中国之大患在于教育不兴,人才不足,皇上政策首注重于学校教育之中可谓得其本矣。""中国地广人众,非各省府州县遍设学校,不能广造人才,今一切停止,盖不啻秦始皇愚民之政策也。"自此,"政策"一词在我国逐渐开始流行。

而我国现代汉语对政策一词的解释常与路线、方针、策略、战略有关。《辞海》中将"政策"定义为:国家、政党为实现一定历史时期的路线和任务而规定的行动准则。从20世纪80年代开始,西方的公共政策知识传入中国,并与正在进行的改革开放实践结合起来,"公共政策"这一概念成为政府部门、学术界的流行用语。党和政府的规范性文件也开始明确使用这一概念。如党的十七大报告指出:"推进决策科学化、民主化,完善决策信息和智力支持系统,增强决策透明度和公众参与度,制定与群众利益密切相关的法律法规和公共政策原则上要公开听取意见。"但是,对于公共政策这一概念,无论是在当代国外学术界还是在中国学术界,人们对它的理解也都不尽相同。纵观国内外学者对公共政策的概念界定,大致可以列出以下几种具有代表性的观点:

(1) 伍德罗·威尔逊(Woodrow Wilson)认为,公共政策是由政治家,即具有立法权者制定的,而由行政人员执行的法律和法规。[1]

(2) 戴维·伊斯顿(David Eastone)认为,公共政策是对全社会的价值做权威性的分配。[2]

(3) 托马斯·戴伊(Thomas Dye)认为,凡是政府选择做或是不做的事情就是公共政策。[3]

(4) 詹姆斯·安德森(James Anderson)认为,公共政策是一个或一组行动者为解决一个问题或相关事务所采取的相对稳定的、有目的的一系列行动。[4]

---

[1] 张金马主编:《政策科学导论》,中国人民大学出版社1992年版,第17—20页。
[2] D. Easton, *The Political System*, N. Y.: Knopf, 1953, p. 129.
[3] 伍启元:《公共政策》,台湾商务印书馆1990年版,第4页。
[4] 〔美〕詹姆斯·E. 安德森:《公共决策》,唐亮译,华夏出版社1990年版,第4—5页。

(5)张金马提出,公共政策是党和政府用以规范、引导本国或本地有关机构团体和个人行动的准则或指南。① 其表现形式有法律规章、行政命令、政府首脑的书面或口头声明,以及行动计划与策略等。

(6)陈振明认为,政策是国家机关、政党以及其他政治团体在特定时期内,为实现或服务于一定的社会政治、经济、文化目标而采取的政治行为或规定的行为准则,它是一系列的谋略、法令、措施、办法、方针、条例等的总称。②

(7)陈庆云认为,公共政策是政府、非政府公共组织和民众在对社会公共事务进行管理时所制定的行为准则或行为规范。③

(8)宁骚认为,公共政策是公共权力机关经由政治过程所选择和制定的为解决公共问题、达成公共目标、实现公共利益的方案。④

尽管国内外不同的学者对公共政策定义的着重点存在较为明显的差异,我们仍然可以从中归纳出公共政策的共同点,如,公共政策制定者是公共权力执掌者,公共政策活动是以政府及其他公共部门为主导的,公共政策活动是以实现社会公共利益、解决社会公共问题、追求社会经济发展与公平正义为主要目标及价值取向的。公共政策本身既具有公共性,也具有政治性。从我国社会的现实出发,可以将我国公共政策概念界定为:公共政策是中国共产党和社会公共组织(主要是政府)在实施政治统治和公共管理过程中,为解决公共问题、达成公共目标、实现公共利益而制定和执行的行为准则或行动方案,它是一系列谋略、措施、办法、方法、条例等的总称。

第二节 公共政策的本质

一、公共政策是公共利益的集中表达与实现

政策的核心要素是"利益",政策就是对社会利益的权威性分配,是统治阶

---

① 张金马主编:《政策科学导论》,中国人民大学出版社1992年版,第19—20页。
② 陈振明主编:《政策科学——公共政策分析导论(第二版)》,中国人民大学出版社2003年版,第50页。
③ 陈庆云主编:《公共政策分析》,北京大学出版社2006年版,第3—4页。
④ 宁骚主编:《公共政策学》,高等教育出版社2003年版,第185页。

级意志、利益的集中表达与体现。可以说政策就是社会利益的调节器,通过对利益的分配与调节,逐步形成一定的利益结构,进而促进一个稳定的社会结构的形成。一项公共政策从制定到执行、评估/终结的整个过程,就是为了使公共政策能够更好地发挥其功能,进而有效地解决公共问题,维护、实现、增进社会公共利益的过程。

传统政策的本质体现在它是国家统治阶级统治意志和利益的集中体现。马克思提出:"政治权力不过是用来实现经济利益的手段。"[①]政策是统治阶级行使国家权力的核心工具,是为解决某一社会问题而制定的行为规范,其根本目的是要满足统治阶级维护和巩固现行统治的需要,体现统治阶级的意志,反映统治阶级的根本利益。当然,在阶级社会,政策在一定程度上成为各阶级政治力量对比变化的晴雨表。一个社会问题的解决过程蕴含着各阶级之间的力量博弈与意志表达。不同阶级代表着不同团体的利益,也就必须为维护自身利益而采取措施,巩固自己的政治地位,削弱敌对阶级的力量。但是,任何阶级在维护本阶级利益时,又必须考虑到现实的阶级关系、现实的政治力量对比,一定的阶级为了本阶级的长远的整体的利益,往往会对局部利益做一些调整与让步,以最大限度实现本阶级的利益诉求。可以说一项政策的出台不仅代表着不同阶级之间的利益表达与实现,也代表着不同阶级之间的利益妥协与调和,通过促成符合本阶级利益的政策的出台,不同的阶级和阶层得以在一定程度上实现其利益诉求。但这并不能改变传统政策的本质,即政策作为统治阶级政治统治和社会管理的工具,是统治阶级意志与利益的集中体现。

现代公共政策最重要的属性就体现在公共性,本质的要求就是对公共利益的追求。公共政策是政府等公共部门进行社会公共管理、维护社会公正、协调公众利益、确保社会稳定发展的措施与手段。也就是说,公共政策是政府等公共权力机关为解决公共问题、实现公共利益而制定的规范。公共性作为公共政策的基本属性,决定了公共政策应该为实现公共利益而努力,而绝不能成为以权谋私的工具,牺牲大多数人的利益。

---

① 《马克思恩格斯全集》(第28卷),人民出版社2018年版,第359页。

"公共利益"是最能概括公共政策公共性内涵的概念。有学者认为公共利益"是指满足不特定主体需求的可以为社会成员所共享的公共资源,其主要特点是受益对象的不特定性和资源的共享性"①。公共利益是同个体或私域利益相对应的范畴,是指同一客体或同类客体同时能满足不同主体甚至是民众需要所产生的效用和意义,其现实的物质表现形式是公众能消费和享受的公共产品和公共服务。公共利益存在于公众的共同生产和生活之中。因此公共利益可以界定为,符合全体或大多数社会成员需要,体现他们共同的意愿,为他们共享的利益。公共利益的特点是:具有内容上的广泛性,满足社会成员多方面的公共需要;具有共享性,不能任意排除某个人或某类人对公共产品和公共服务的享有;具有层次性,公共利益不是绝对利益,而是比较性的相对利益。按照高低层次,公共利益可分为国际性或全球性公共利益、全国性公共利益、地方性公共利益、基层性公共利益四种。

当然在这里所指的"公共利益"并不是指符合所有人需求的利益总和,而是指大多数人所追求的共同利益。关于公共利益的正确的认识有利于社会的进步与发展。首先,人与人之间的利益要求本身就是不同的,几乎不存在符合社会所有人利益诉求的目标。其次,社会的利益分配存在不平等的状况,政府正是通过公共政策调整利益关系,形成新的利益结构,最终增进社会公共利益。最后,一旦落实到具体的公共政策,公共利益与私人利益之间多会产生冲突。在很多情况下,实现公共利益往往以牺牲少数或者极个别的私人利益为代价。所以,这里所指的公共利益仅仅代表大多数人的共同利益诉求,并非所有人的利益加总。从功利主义的角度来看,"最大多数人的最大幸福"的实现就是对"公共利益"的实现,"少部分人的幸福"的牺牲是为"多数人的幸福"做铺垫,只要多数人获得最大幸福就是合理的。作为公共权力的占有者,政府通过公共政策分配社会价值,必然损害一部分人的利益,这是追求公共利益的必然过程与结果,也是在现实条件下的必然选择。

二、公共政策服务于国家整体目标需要

公共政策作为国家政治行为的产物,自然要为政府整体目标服务。政府的

---

① 杨芳:《公共政策价值谱系及其实现路径》,《中山大学学报(社会科学版)》2014年第2期。

整体目标不仅包括政治目标,而且包括其他经济社会发展目标。因为国家职能本身具有两重性,不仅有维护其统治的政治职能,还有维护其统治的社会经济职能。公共政策的制定与出台并非随意的,而是根据社会发展需要、国家当前的整体目标与规划而来。很多时候,一个热点社会问题并不会立即被提上政策议程,一方面可能是因为即使纳入了政策议程范围内,现有的技术条件也难以解决或目前尚未有能够有效解决问题的方法;另一方面可能是因为这一社会热点问题与政府整体目标不相符合,社会面临的其他问题更为迫切与重要。例如在我国改革开放初期,国家以经济建设为中心,这是因为在当时社会生产力水平较低,连人民的温饱都难以满足。允许一部分人、一部分地区先富起来,先富带动后富,最终实现共同富裕是解决当时社会主要矛盾的需要,是符合政府整体目标设计的。市场手段导致的分配不均的问题就必须让位于经济发展水平很低的问题的解决。只有重点突出又统筹兼顾才能最有效实现国家整体目标。

第三节 公共政策的特征

一、政治性

公共政策是由政治性组织制定的,是政党、政府为实现其政治目的而制定的行动方案和行为准则,因此公共政策的政治性是十分明显的。公共政策必然集中反映或体现统治者的意志和利益。政策系统属于政治系统,政策过程也是一种政治过程。公共政策主要是通过政治主体来制定和执行的,公共政策行为过程是一个社会政治权力的运用过程。不同的政治制度、政治体制和政治文化会影响或制约政策的制定、执行、评估、监督和终结等一系列环节。

在阶级社会里,政府的政策要符合统治阶级维护和巩固其统治的需要,所以,阶级社会公共政策的政治性表现为阶级性,这种政治性与阶级性会强烈表现在每一项政策中。例如资本主义国家的政策维护的是占统治地位的资产阶级的利益,而社会主义社会的公共政策集中反映了占统治地位的工人阶级和广大劳动群众的意志与利益。在任何一个社会中,公共政策的政治性都是不可避免的。比如西方社会的福利制度,虽然是有利于社会大众的生存与发展,但是这一政策的根本出发点还是维持资本主义社会的稳定,维护资产阶级的政治统治。

二、公共性

公共政策的本质特征就是公共性。这具体体现为:第一,主体的公共性。公共政策由政府及其他公共组织制定和推行。第二,对象的公共性。公共政策以各类社会公共问题为对象。公共政策致力于解决公共领域的问题,诸如公共卫生、公共教育、公共资源、公共舆论、公共秩序、公共安全等公共领域的问题,并且这些公共问题是个人与市场无法有效解决的,具有明显的外部性、规模性和长期性。第三,过程的公共性,即公共政策整个过程的开放性和公开性。第四,目的的公共性,即以实现公共利益为目的。这种目的的公共性也决定了公众在公共政策活动中的中心地位。公众是公共政策制定过程的主要参与者、执行过程的目标受众、监督过程的重要主体、评估过程的根本参考系。如果公共政策偏离公众的中心地位,而由少数精英制定政策,以少数人的利益为目标,那么公共政策就失去了存在的合法性。第五,价值取向的公共性,即以体现公共价值为总体价值选择的依据和判断标准。

国内学者梁之栋认为公共政策的公共性可以分为以下几个维度:平等分配公共资源、民主参与公共事务以及建设维护公共利益。在现实中,要完全保证公共政策的公共性是十分困难的,有时公共政策表现出了一定的非公共性。所谓公共政策的非公共性是指公共政策在从制定到执行完毕整个过程中所表现出的偏离公共利益、歪曲公共价值的属性和趋势,是指公共政策诸要素在公共政策运行过程中所表现出来的垄断性、自利性、差异性等与公共政策的公共性相对立或者相排斥的性质的统称。[①] 公共政策非公共性的存在反映了公共政策理想与现实的差距,我们要正视公共政策非公共性的危害,抑制公共政策的非公共性。公共政策的公共性与政治性既有一致的一面,也有矛盾的一面。当占统治地位的阶级以及贯彻统治阶级意志的政府所代表的利益与公共利益一致时,就能实现政治性与公共性的统一;反之,公共政策的政治性与公共性就会相冲突。

---

① 参见梁之栋:《公共政策分析与研究》,西安交通大学出版社2017年版,第24—35页。

三、偏好性

政策过程是一个充斥着选择的过程,而选择本身就是充满主观偏好色彩的。从政策问题的认定、政策方案的抉择、政策执行的工具、政策评估的方式方法等,所有的环节和功能活动的安排都是政策主体主观选择的结果,体现着政策行为主体的偏好。这种偏好是不可避免的,因为资源的有限性从根本上限制了政策资源分配的均等性,这也就导致人们会依据价值偏好进行资源配置。公共机构所制定的公共政策偏好不仅受到政策客体的影响,还受到政策主体自身的影响。对于政策客体而言,与社会整体利益一致或是强势的社会群体更容易受益于政府的政策偏好;对于政策主体而言,其偏好也会受到政府自利性影响,因为政府代表并谋求社会整体利益并不意味着政府没有对自身特殊利益的追求,如政府的权力与权威、政府的业绩与形象、政府工作条件与公务人员收入福利等。

四、权威性

公共政策的权威性来源于法律赋予公共组织的权力。公共政策区别于个人、团体制定的政策的重要方面,就在于公共政策是公共权力机构制定的,因而具有强制性与权威性。尽管许多专家学者认为,公共政策应该更多体现社会公众的利益,让社会公众自觉自愿接受公共政策,而不应是运用国家权威来强制执行。但是,从现实来看,即使是在社会自治水平较高的国家,国家设立的公共机构始终是公共政策的主要制定者与实施者,而一旦公共政策由国家公共机构来制定和实施,就意味着公共政策包含着不可忽略的权威色彩。公共政策的权威性主要表现在:政府拥有在享有决策资源、综合运用专家智库、搜索社会信息等方面的权威性地位;政府享有强制性力量,公共政策一旦制定就可以要求强制实施。公共政策的强制性主要源于社会利益的差异性与多层次性。现代社会是一个利益多元化的社会,不同的利益主体之间存在着诸多矛盾和冲突。公共政策在解决具体的公共问题的过程中,可能难以兼顾不同的利益主体,满足了一部分人的利益要求,就有可能满足不了甚至还会损害另外一部分人的利益;满足了绝大部分人的利益要求,但会损害一小部分人的利益;满足了人们长远的、根本的利益,就有可能损害人们眼前的、近期的利益。公共政策在协调、平衡公众利益时,不可能将这些利益的差异性、层次性完全消除,那么对于那些利益要求得不到满足,甚至既得利益受到损害的人,政府就不可避免地要采取强制性措施以保证政策的实施。

五、合法性

公共政策的合法性是指政策获得了公众的认可、接受和信任。公共性是公共政策合法性的来源,具有公共性的公共政策才具有合法性。一项公共政策通过国家权力机关的合法化过程所确立的合法性地位,就具有权威性。公共政策的权威性依靠的是一项政策的合法性与民主性,缺少合法性与民主性的公共政策是不具备权威性的。公共政策的合法性是公共政策权威性的基石,公共政策的权威性是具有合法性的公共政策得以实施的保障。当代表公共利益的公共政策遭遇当前利益、局部利益、个人利益的阻碍时,需要通过强制性力量来维护公共政策的权威性,保障公共政策的有效实施。在法治社会,公共政策的合法性表现为公共政策与宪法、法律的一致性。一项政策要得到多数公众的认可、接受,就必须由法定主体按照法定程序制定、公布和执行,否则,即使政府部门可以借助于手中掌握的资源,强行推进政策,最终还是会失去公众的支持和信任而失去合法性。

六、整体性

公共政策的整体性主要体现在三个方面:第一,任何公共政策要解决的从来就不是某一个孤立的问题。尽管某一政策是针对特定问题提出的,但是这些问题总是和其他问题交织在一起,相互关联相互影响。第二,公共政策对社会公共问题的解决是一个过程。政策并非制定出台就可以了,而是需要经历一个完整的政策过程才能发挥效用,还包括政策的执行、评价和调整等多个环节,否则政策无法落地,就相当于空头支票,没有任何意义。第三,政策之间必须协调配套。政策的配套是指由数量众多、类型不一的政策组成的政策体系中,各项政策是相互联系、相互作用、相互影响的,一项政策的实施和作用的发挥依赖于其他政策的支持和配合。此外,我们还需要注重政策环境的变化,因为环境的变化会引起政策过程诸环节的变化，导致政策及政策体系的变化。公共政策的整体性特征内在要求处理好政策的独立性与整体性的关系，正如习近平强调：在学习理解上，要防止一知半解、断章取义、生搬硬套。要弄清楚整体政策安排与某一具体政策的关系、系统政策链条与某一政策环节的关系、政策顶层设计与政策分层对接的关系、政策统一性与政策差异性的关系、长期性政策与阶段性政策的关系，既不能以局部代替整体、又不能以整体代替局部，既不能以灵活性损害原则性、又不能以原则性束缚灵活性。

七、动态性

公共政策的动态性主要体现在公共政策自身的调整性与周期性。调整性是指公共政策本身需要不断完善并适应不断变化的外部环境。政策评估就起到了这样一个为政策调整变化提供依据的作用，即我们可以政策的评估结果为导向，研判公共政策的未来发展变化。公共政策的调整不仅需要考虑到政策本身的实施情况，还需要考虑到政策环境的变化，公共政策应该在客观环境变化过程中"渐进调整"。周期性是指任何公共政策都有生命周期。一个政策的产生有其特定的社会历史背景，是为了解决某一类社会问题，因此，任何一项公共政策都有其时效性。随着社会环境的变化以及政策效用的发挥，过去存在的问题可能消失了，也可能解决了，那么针对该问题设立的公共政策也就没有了存在的意义，需要被及时终结。因此，公共政策虽然在短期内是处于连续稳定的状态，但是从长期来看，公共政策的重要特征之一就是动态性。

第四节 公共政策的类型

公共政策覆盖社会生活的方方面面，人们可以从不同角度，根据不同标准对公共政策进行类型归纳。公共政策分类有它特定的意义。

首先，政策分类有助于清晰地认识公共政策体系。公共政策多种多样，通过分门别类，才能看清政策体系的构成，才能了解不同政策在政策体系中的地位和作用，加深对某一类公共政策的规律性认识。不同类型的公共政策，其针对的问题、政策过程都存在自身的特性，所以我们面对不同特性的政策采取不同的态度,处以不同的方式方法。

其次,政策分类有助于将不同类型的政策依照不同的途径进行配套组合。为有效地进行公共管理,不同层次的政府和公共机构必须制定、实施针对不同领域的具有不同功能的政策。只有对政策的层次类型、领域类型、功能类型有充分的了解,才有可能将不同的政策在相同的时间和空间中组合起来,系统地组织政策群的正常运行。

最后,政策分类有助于优化政策结构。在政策实际运行中,不同领域的政策、不同功能的政策、不同层次的政策,有时会发生冲突、摩擦。要避免不同类型政策的碰撞,就需要政策主体和政策分析机构认真研究所要处理的政策类型,并合理地将不同政策协调起来,形成良好的政策结构,保证各项政策发挥出最大的效用。政策结构在一定程度上决定了社会结构,不同领域政策或多或少会带来不平衡,也一定程度上反映出社会发展的不平衡。只有优化政策结构,突出重点领域政策,同时统筹兼顾,才能促进社会全面发展。

公共政策类型一直是中外学者在研究公共政策过程中十分关心的课题。关于公共政策类型研究,较为关键的问题是确定政策类型划分的标准。一般来说,分类标准不同,得出的政策类型也会有差异。

詹姆斯·E. 安德森在《公共决策》一书中对前人的分类做了总结,并提出了自己的观点。传统的一般分类方法把政策划分为实质性的政策(如劳工、福利、人权和外交事务)、制度性的政策(如立法政策、司法政策和行政政策)以及时间性的政策(如新政时期、第二次世界大战后、19 世纪后期的政策等)。安德森认为,这些分类没有抓住政策的基本特征,没有达到概括的目的,并提出三种更为有用的分类法:一是把政策分为实质性政策和程序性政策;二是根据政策对社会中人们之间关系的影响分为分配性的、调节性的、自我调节性的和再分配性的政策;三是根据所分配的利益的种类分为物质性的政策和符号性的政策。弗雷德·弗罗霍克(Fred Frohock)在《公共政策》一书中从政治概念分析入手对公共政策的分类进行了概括和总结,并提出规章型政策、分配型政策、再分配型政策、资本型政策和伦理型政策等几种政策类型。另外,按照一定的逻辑关系对公共政策进行描述,还可以将其划分为规定型政策和目标型政策。曼瑟尔·奥尔森(Mancer Olson)把公共政策分为提供公共物品的公共政策与提供私人物品的公共政策。李维斯·弗尔曼(Lewis Froman)将公共政策分为全局性公共政策与局部性公共政策。海因茨·尤劳(Heinz Eulau)和罗伯特·埃斯顿(Robert Eyestone)则将其划分为调适性公共政策和控制性公共政策。彼得·斯丁伯格(Peter J. Steinberger)在总结这些学者分类结论的基础上,提出了自己的分类方法:按影响的性质来分,公共政策可分为调适性公共政策和控制性公共政策;以影响的范围来分,可分为全局性公共政策与区域性公共政策;按提供物品的性质来分,可分为提供公共物品的公共政策和提供私人物品的公共政策;按是否具有实质性作用来分,可分为实质性公共政策和象征性公共政策。

国内学者对公共政策的分类常见的有:依据社会领域可将公共政策分为政治政策、经济政策、社会政策、文化政策、生态文明政策;按照政策层次标准分为总政策、基本政策、具体政策;按照政策制定主体分为党的政策、政府政策和政治团体政策;按照一项政策的目标数量为标准划分为单目标政策、多目标政策。本书将按领域、层次、时间跨度这三个标准对公共政策进行分类详释。

一、按领域划分公共政策类型

(一) 政治政策

政治政策是指国家在政治和行政领域制定的专门针对政治体制、政党行为、组织制度、组织机构、国际关系等的政策,是一定的政治主体在政治生活领域里为达到一定的政治目标而设。它是政治体系得以存续、维持和发展的根本举措。获取、巩固国家权力和维护与增进统治阶级的利益是政治政策的核心价值。政治政策的主要功能是调整国家机构设置、提高国家机构效能、完善国家机构的服务职能以及协调国家间关系等。政治政策将会影响国家机构在其他领域制定各种政策的效能。政治政策包括外交政策、国防政策、国家安全政策、公共安全政策、军事政策、阶级政策、民族政策等。在一个国家的公共政策体系中,政治政策处于优先和支配性的地位,其他领域的政策如经济政策、社会政策、文化政策等,都要受到政治政策的制约。

(二) 经济政策

经济政策是指政策主体在经济领域为达到一定的经济、政治和社会目标而制定的调整人们的经济关系、经济活动的准则与规范。社会经济生活的核心是合理、有效地配置各种社会资源,以满足人们不断增长的物质和精神生活的需要。经济政策主要包括宏观调控与微观管理这两个基本的层次,围绕政府与市场的关系而展开。对于政府与市场的关系究竟应该是怎样的一种状态,国家和政府是否需要对市场进行干预,干预的程度又如何把握,应该朝着怎样的方向干预,采取怎样的手段干预等都是需要经济政策加以解决的。经济政策包括产权与经营权政策、农业政策、工业政策、金融政策、财政政策、货币政策、贸易政策、税收政策、物价政策、房地产政策、区域发展政策等。

（三）社会政策

早期的社会政策主要是有关劳动关系和社会分配方面的。到了现代社会,社会政策基本被定义为:以解决社会问题,促进社会安全,改善社会环境,增进社会福利,实现社会稳定、社会和谐为目的的手段与途径。实现社会正义、社会公正、社会和谐和社会稳定是社会政策的主要目标。社会政策一般包括劳动与社会保障政策、医疗卫生政策、公共救助政策、人口政策、宗教政策等。2015年习近平总书记在中央财经领导小组会议上提出"社会政策要托底"。社会领域的事务千头万绪,但归纳起来不外乎保障好人民群众的基本生活和维护好社会秩序与稳定两大方面。做好社会领域工作,一方面要根据实际需要不断优化社会政策,充分发挥社会政策在各方面的托底作用;另一方面要积极推动和加强社会工作专业人才队伍建设,加强和创新社会治理。[①]

（四）文化政策

广义的文化政策包括科技政策、文教政策。科技政策是国家在一定时期的总目标下,为了促进科学技术的发展,充分发挥科技工作者、科学技术对社会经济发展的推动作用而制定的基本准则和规范。科技政策涉及的范围很广,从国家的科技发展战略、科技管理的基本原则,到具体的、地方性的科技政策等都包含在内。邓小平同志提出了"科学技术是第一生产力"的论断之后,科学技术越来越被重视,科技政策也不断完善与发展。科技政策在促进科学技术取得突破性进展方面具有重要战略意义。科技政策一般包括科技管理政策、高新技术开发政策、科技成果转化政策等。

---

① 关信平:《筑牢"社会政策"托底的"底线"》,《人民论坛》2020年第4期。

文教政策是国家对自身的文化教育事业的统筹规划、发展方面所制定的指导原则。文教政策是政府管理公共事业的重要依据,文教政策不仅事关国家物质文明建设,而且事关国家精神文明建设。文教政策包括教育政策和狭义的文化政策。教育政策包括国民义务教育政策、高等教育政策、职业教育政策、继续教育政策、社会教育政策等。狭义的文化政策包括大众传播政策、文学艺术政策、体育政策等。

（五）生态文明政策

生态文明是人类为保护和建设美好生态环境而取得的物质成果、精神成果和制度成果的总和,生态文明政策是为保护生态环境而设立的环境保护政策。生态文明政策以尊重和保护自然为前提,以人与人、人与自然、人与社会和谐共生为宗旨,以建立可持续的生产方式和消费方式为内涵,以引导人们走上持续、和谐的发展道路为着眼点。2007年党的十七大报告第一次明确提出了建设生态文明的目标,这是继物质文明、精神文明、政治文明之后提出的又一个新理念,此后诸多部门开始陆续出台生态文明政策。2015年中共中央政治局召开会议审议并通过了《关于加快推进生态文明建设的意见》《环境保护督察方案（试行）》和《生态文明体制改革总体方案》等专项政策文件,有力推动了生态文明建设政策创新的进程。我国的环境政策在1972年联合国人类环境会议后开始起步,先后经历了保护环境的基本国策——可持续发展战略——科学发展观——生态文明的历史性转型,逐步发展成更为公平、民主、协调、有效的环境政策。[①]

二、按层次划分公共政策类型

（一）总政策

它是政策体系中处于统帅地位的,对一个国家的全局产生决定性作用的政策,又称总路线或基本路线等,规定了国家在一个较长历史阶段内的战略目标和根本任务。总政策对其他各项政策起指导和规范的作用,是其他各项政策的出发点和基本依据,其他各项政策的制定和实施必须服从和服务于总政策。总

---

① 李明华、陈真亮、文黎照:《生态文明与中国环境政策的转型》,《浙江社会科学》2008年第11期。

政策一旦形成,就不会轻易更改,会在相当长的时间内发挥作用,对一个国家的社会生活和历史发展产生巨大的影响。

(二) 基本政策

所谓基本政策,是执政党和政府针对某一社会领域或社会生活某个基本方面而规定的目标、任务和指导原则,其中某些重要的基本政策被称作基本国策、方针性政策、纲领性政策、根本政策。总政策衍生基本政策,基本政策是总政策在某一领域或某一方面的延伸和具体化,又是具体政策的原则化,是相对于具体政策的主导性政策,它确定具体政策所应采取的态度、所应遵循的原则。基本政策是联结总政策和具体政策的中间环节。基本政策具有权威性、广泛性、稳定性、中介性等特点。

(三) 具体政策

具体政策是在基本政策的指导下,为解决特定时期和范围内的某类或某个特定问题而确定的具体目标任务和行动准则。它是针对特定而具体的公共问题做出的政策规定。社会生活的各个方面都有许多具体政策,而且通常都用政府文件的形式做出具体规定。具体政策由总政策和基本政策决定,体现和服从于总政策和基本政策。具体政策是实现总政策和基本政策的手段或具体规定。总政策和基本政策只能对社会生活做一个总体性的约束和引导,但是具体政策细致入微,具备充足的可操作性以应对多样化的社会问题,所以能够真正深入社会生活的方方面面,解决好具体问题。当然,不论是总政策、基本政策还是具体政策的划分都是具有相对性的,一个政策既可能是基本政策,也可能是具体政策,会因所处的情景不同、比较的对象不同而异。具体政策具有广泛性、多样性、变动性、执行性、具体可操作性等特点。

三、按时间跨度划分公共政策类型

(一) 长期政策

长期政策是指涉及整个社会长远利益的,需要长期稳定才能解决问题、推动发展的政策。它涉及长远的目标和发展方向,绘制的是未来的发展蓝图。长期政策一般只规定总的原则,而没有具体的做法,由于未来充满不确定性因素,设定具体的政策目标显然是不合适的。关于长期目标的时间,并没有固定期限，但一般的长期政策为10—30年，甚至更长。需要说明的是，长期政策具有稳定性，有利于营造可期的政策环境，对于个体、组织和社会的发展是有利的，但是，长期政策并不是越长越好。由于未来社会发展状况的不可预测性、人们观念的改变、政府执政理念的转变等，政策期限过长反而会导致政策僵化。

（二）中期政策

中期政策主要是根据长期政策的战略目标和要求，并结合政策期限实际情况制定的政策。它是长期政策的具体化，同时又是短期政策目标的依据。中期政策的时间跨度一般为5—10年。比如，中国自1953年开始实施的国民经济和社会发展五年计划（规划）就是中期政策。中期政策是长期政策和短期政策的中介。同长期政策相比，中期政策的目标要更明确具体。同短期政策相比，中期政策目标还是要粗略一些。

（三）短期政策

短期政策是指在中长期政策指导和规定下做出的较短时间内的具体工作安排。短期政策是为实现组织的短期目标而制定的行动方案。短期政策的跨度一般为1—3年。短期政策比中期政策更为详尽，更具操作性，在执行中灵活选择的范围较小。它主要说明政策期限内必须达到的目标，以及具体的工作安排，要求能够直接指导各项活动的开展。

第五节　公共政策的功能

所谓公共政策的功能，就是公共政策在管理社会事务过程中应当发挥的作用。社会可分为两种形态，一种是社会变革程度不大的常态社会，一种是社会变革程度较大的转型社会。因此，可以从两个方面对公共政策的功能进行剖析：一是在常态社会中公共政策的基本功能，主要包括管制功能、引导功能、调控功能、分配功能、支持功能与象征功能等；二是在非常态社会中公共政策的特殊功能，如我国目前社会所处的转型时期的政策功能，包括维护社会稳定功能、实现公平正义功能与促进社会革新功能。

一、常态社会中公共政策的基本功能

（一）管制功能

管制就是政府利用政策对人的行为进行规范和制约的政策行为。公共政策的管制功能要达到的目标是制约、禁止公共政策制定者所不希望的行为发生，在形式上多表现为立法机关、行政机关和司法机关对特定对象行为的限制。这种管制功能通常包括两种表现形式：第一种是条文规定使政策对象不能、不愿超出规范而擅自行为，这是政策的积极性管制功能；第二种是条文规定使政策对象发生违反规范的行为时，受到相应的惩罚，这是政策的消极性管制功能。此外，政策的管制功能还可以分为两类：经济性管制和社会性管制。经济性管制主要是通过许可、认可等手段，对企业的进入、退出，产品或服务的价格或质量、交易方法和交易条件所进行的管制。其目的主要是保护消费者利益和生产者利益。社会性管制是指为保障劳动者和消费者的安全、健康、卫生、教育、文化、福利以及防止灾害、保护环境而对危害社会安全和秩序的行为实行的管制。其目的在于增进国民的社会福利，维护和实现理想的经济社会秩序。按照德国学者柯武刚、史漫飞所说："公共政策的中心功能应当是支持和增强社会秩序和经济秩序。"[①]

（二）引导功能

公共政策的引导功能是指政策引导人们的行为或事物的发展朝着政策制定者所希望的方向发展。政府通过某些公共政策的出台来告诫人们什么事情是被倡导的，什么事情又是被禁止的，引导社会民众向政府预设的目标行动，进而改变社会的人力、物力、财力等资源的配置与分布状况，使得政策具有了导向性。公共政策的引导一是通过目标引导使得原本社会生活中相互冲突的、复杂的、多变的目标纳入一个既定的统一的目标体系中，从而使社会朝一个预设的方向发展；二是通过价值引导改变人们的观念进而引导人们的行为。从作用结果看，公共政策的引导功能既有正向引导功能，也有负向引导功能。

---

① 〔德〕柯武刚、史漫飞：《制度经济学——社会秩序与公共政策》，韩朝华译，商务印书馆2000年版，第380页。

正向引导是政策对事物发展方向的正确引导,体现了人们对事物发展规律所表现出的正确认识。而那些错误的或者不完善的政策的负效应会产生负向引导作用。

（三）调控功能

它是指公共政策主体运用政策对社会公共事务出现的各种关系特别是利益关系进行调节和控制的作用。公共权力机关的治理是通过政策来实现的,或者说,政策是公共权力机关实行治理的手段、工具和杠杆。公共政策的调控功能主要体现在对社会关系的调节与控制,尤其是对各种社会关系背后的利益关系的调控。之所以需要公共政策对社会关系进行调控,是因为现实社会中每个个体以及群体对利益的需求往往是不一致的,经常产生摩擦、冲突与对抗,而社会并不会自发地对这些摩擦与冲突进行调控,这就需要政府作为公共权力的行使者利用政策有意识地进行调控,以保证各种社会关系的协调,推动社会健康有序地发展。

（四）分配功能

分配功能是指政府制定的公共政策具有利益分配与资源配置的功能。戴维·伊斯顿认为公共政策是对全社会的价值做权威性的分配,可见他特别强调公共政策的分配功能。西奥多·洛维（Theodore Lowi）在《分配、管制、再分配：政府的功能》一文中将政策分为分配政策、再分配政策、管制政策与自我管制政策,也充分说明了公共政策分配功能的重要性。每一项具体的公共政策都会涉及"把利益分配给谁"或者"政策使谁受益"的问题。政策的分配功能发挥如何,直接关系到公共政策的公共性能否保持,公共政策的公共利益目标能否实现。公共政策的利益分配功能来自社会现实中客观存在的利益需求的无限性与公共资源的有限性的矛盾。这种矛盾没有权威性的利益分配就会导致冲突与斗争,所以就需要公共政策发挥调节利益关系、改变原有的利益分配格局、缓解利益冲突的作用,也即进行利益分配。

（五）支持功能

公共政策的支持功能是通过政策鼓励、政策扶持、政策优惠等政策措施及其效能而发挥的支持作用。比如：为一些重点问题的解决提供条件,在资源配置上给予其优先保证;对政策主体倡导的某种社会所需要的行为规范给予奖励,从而为人的行为注入动力;为照顾某些特定的社会成员的利益、推动某些特殊地区的发展、解决特定时期的困难而采取的帮扶政策和优惠政策。

(六) 象征功能

具有象征功能的公共政策多为抽象的公共政策,这些政策与一般的具体政策不同,它没有具体的实施措施,也缺乏明确的财政支持,而是采用宏观的规范化话语来规定社会发展的方向,确立调整社会秩序的标准与条件,以此来表达政府的态度和决心,表明政府立场。这一类相对抽象的公共政策仅仅具备社会效益,意在影响公众的看法、观念,在宏观上起一种表明态度和指明方向的作用,一般只有符号意义。例如我国普通话推广政策的施行。我国南方方言体系众多,甚至出现"十里不同音"的情况,所以普通话在南方很多地方的推广是十分缓慢的,但是这也不妨碍普通话推广政策发挥其象征性作用,发挥对公众引导、规范、激励的作用。

二、转型社会中公共政策的特殊功能

社会转型这一范畴是来自西方社会学的现代化理论,社会学家使用"转型"这个概念来描述社会结构的转换和变化。中国社会已经进入一个全面转型时期。中国社会的转型主要体现在:由计划经济向市场经济转型;由传统的农业社会向现代农业及工业社会转型;由封闭半封闭社会向全方位开放社会转型。转型时期的中国正在经历观念和价值的剧烈变动,传统向现代化转变、新旧因素并存、进步与落后较量等,这些或多或少给人们的思想或行为带来冲击。在快速转型时期,社会矛盾和冲突是不可避免的,但是必须把这种矛盾和冲突控制在一定范围内。转型时期会出现常态社会所没有或少有的特殊的社会公共问题。毫无疑问,政府在化解社会冲突和解决社会问题中发挥着关键的作用,而这种关键作用的发挥主要是靠政府制定的公共政策的功能体现出来的。

(一) 维护社会稳定功能

在转型社会中,发挥公共政策的稳定功能尤其重要,这一功能与分配功能、调控功能、管制功能等息息相关。在一个相对稳定的常态社会,成熟的规章制度与完善的法律体系规范着各个利益主体的行为,利益分配结构整体处于稳定的状态,因此社会的冲突与矛盾一般在小范围内发生,对公共政策的稳定功能要求也比较低。而在我国这样一个转型社会,社会的政治、经济、文化都在不断地经历调整与改变,处在不断变化与发展的社会环境之中的人与集体自然也会产生更多的利益矛盾、利益冲突。新旧体制交替、摩擦,社会利益结构出现新的格局,都会导致社会出现新的不均衡状态。社会不均衡状态导致社会冲突,社会冲突则引发社会不稳定,这就需要公共政策化解社会矛盾,缓和社会冲突,进而维持社会的和谐与稳定。

（二）实现公平正义功能

公共政策的公共性决定了公共政策必须为维护社会公平正义而制定。在转型社会中,公平与效率是需要处理好的一对矛盾,但是人们在处理这对矛盾时,往往厚此薄彼,或过于注重公平导致效率低下或过于注重效率而忽视公平。改革开放以前,我国实行的是平均主义的分配制度,所有人一起劳动并平均分配收益。可是这种只注重公平而忽视效率的价值导向,最终导致了共同的贫穷与生产力水平低下。改革开放初期,强调以经济建设为中心、充分发挥社会主义市场经济的优越性、追求效率的提升的导向,又在一定程度上忽视了公平的重要性,导致贫富差距不断扩大。社会的不公平一旦超出了一定的限度,就会引发处于弱势地位的个人、群体的不满,进而影响社会的稳定与团结。公共政策的作用就在于通过各种协调、补偿措施,尽量实现个体之间、社会集团之间、社会层次之间、代与代之间在机会方面的公平、平等、公正。

（三）促进社会革新功能

社会转型时期最重要的任务就是破除旧体制、改革弊病,建立新的符合社会发展要求的新体制。这就需要转变思想、进行大刀阔斧的改革。但是长期的旧体制滋养了一批既得利益者,形成了固定的利益结构,这些都不是一朝一夕能够改变的,而是需要公共权力的执行机关付出长期的努力,与旧势力进行坚持不懈的斗争才能实现。公共政策发挥的作用就在于,改变过去的社会结构所依赖的政策设计和制度安排,通过公共政策创新带动社会改革,突破旧的体制,确立新的体制,促进社会革新。我国改革开放的不断推进和社会的发展变化是依靠党和政府制定与实施的各项公共政策而实现的。

复习思考题

1. 什么是公共政策？公共政策有哪些特征？
2. 怎样理解公共政策的公共性？如何防止公共政策公共性的流失？
3. 为什么说公共利益是公共政策的目的？
4. 公共政策包括哪些类型？
5. 简述公共政策的主要功能。
6. 如何认识社会转型期公共政策的特殊功能？

第二章 公共政策分析学科发展概述

第一节 西方公共政策分析学科发展概述

公共政策学产生于20世纪50年代初,最开始称为"政策科学",后又因林德布洛姆提出了"政策分析"这一概念,出现了"政策科学""公共政策分析""公共政策研究""公共政策学"等概念交叉使用的情况。它的产生有其历史必然性:第一,公共政策学是人类社会发展的必然产物。按照叶海卡·德罗尔(Yehezkel Dror)的说法,现代政策研究发展是众多因素作用的结果,这些因素包括思想库的成熟、人们对重大决策问题兴趣的增加、核武器的冲击、公众对科学能解决政策难题的信仰、政策制定者日益增长的需要等。第二,政策研究的兴起与当代人类所面临的共同问题以及各国所面临的特殊问题有关。随着科技进步以及社会发展,人类在当代所面临的问题越来越错综复杂,解决这些问题的政策也变得越来越重要,这使得人类第一次将自己的命运与提高政策质量直接联系起来。尤其是当代全球问题,如环境污染、恐怖主义、人口爆炸、能源危机、传染病、核威胁等的出现,更使人们意识到政策研究的重要性。第三,科学技术的迅速发展为解决社会问题提供了新的方法、技术或工具。二战期间发展起来的系统分析法被广泛应用于理性决策;战后,数量分析法、运筹学方法,再加上电子计算机的使用,使得科学决策方法有了长足的发展,人类的决策科学化有了科学技术的支撑。

一、西方政策科学的形成时期(20世纪50—60年代)

20世纪50年代初至60年代中期是政策科学的形成和初步发展时期。这一时期对政策科学的诞生和初步发展影响较大的代表人物主要有:哈罗德·拉斯韦尔(Harold Lasswell),其代表作为1951年出版的《政策科学:范围和方法的新近发展》;查尔斯·林德布洛姆(Charles E. Lindblom),其代表作有1956年出版的《政策分析》、1968年出版的《政策制定过程》;戴维·伊斯顿,其代表作是1953年出版的《政治体系——政治学状况研究》;等等。

1951年,在卡内基基金会的赞助下,美国斯坦福大学召开了一场"关于国际关系理论革命性、发展性学术研讨会",这次会议云集了众多社会科学界的泰斗,包括政治学家丹尼尔·勒纳(Daniel Lerner)和哈罗德·拉斯韦尔、人类学家玛格丽特·米德(Margaret Mead)、社会科学家罗伯特·默顿(Robert C. Merton)、经济学家肯尼斯·阿罗(Kenneth J. Arrow)、心理学家爱德华·希尔斯(Edward Shils)等。作为本次会议主要成果之一的论文集,即由拉斯韦尔和勒纳主编的《政策科学:范围和方法的新近发展》一书由斯坦福大学出版社出版。这本书被誉为"公共政策学的开山之作",被人们看作是公共政策学诞生的标志,拉斯韦尔也被誉为"现代政策科学的创立者"。拉斯韦尔将政策与科学联系起来思考,为政策科学成为一门独立的学科奠定了基础。[①]

拉斯韦尔深入探索政策过程的科学化问题。他创造性地提出政策过程的七个阶段,包括情报、提议、规定、合法化、应用、评估和终止,并对其含义、内容等做出界定。他在《政策方向》一文中论述了政策科学的六大特征,即:(1)政策科学是关于民主主义的学问,是以民主体制作为前提的学问;(2)政策科学的哲学基础是逻辑实证主义,政策科学追求的是政策的"合理性";(3)政策科学是对时间和空间都非常敏感的学问;(4)政策科学具有跨学科的特征;(5)政策科学是一门必须和政府官员共同研究的学问;(6)政策科学必须以

[①] 王玉明:《西方现代公共政策学发展脉络》,《国际学术动态》1996年第4期。

社会发展为研究对象,而"发展"概念就是构筑社会发展的理论体系和模型时所必不可少的概念的总称。① 由此,拉斯韦尔初步确立了政策科学研究发展的基本范式和发展方向。但是,以拉斯韦尔为代表的公共政策学者,把方法论的发展看成是政策科学在学术上取得进步的唯一动力,过分看重自然科学的方法,只对行为进行量化处理感兴趣,喜欢用数据说话,在进行政策分析时忽视对伦理价值的考量。因此,政策科学研究在此后十几年的发展过程中,除了在政策分析的定量方法及技术方面,尤其是在系统分析、运筹学、线性规划以及成本—收益分析等方法和技术的应用方面取得显著成就之外,政策科学的学科建设并没有取得重大的进展。

二、政策科学的发展时期(20世纪70—80年代)

20世纪70—80年代,是政策科学的发展时期,政策科学研究范围有所拓展,形成若干新的政策研究取向。这一时期主要代表人物及其著作有:叶海卡·德罗尔的政策科学"三部曲",分别是《公共政策制定检讨》(1968)、《政策科学的构想》(1971)、《政策科学进展》(1971);杰弗瑞·普雷斯曼和艾伦·威尔达夫斯基(Jeffrey L. Pressman and Aaron Wildavsky)的《执行论》(1973);詹姆斯·E. 安德森的《公共决策》(1979)、《在比较政策分析中的系统和策略》(1975);托马斯·戴伊的《理解公共政策》(1972)。

20世纪60年代末70年代初,以色列学者德罗尔在美国兰德公司担任高级顾问期间,于1968年至1971年撰写并相继推出他的政策科学"三部曲",这些著作构成政策科学发展的第二个里程碑,标志着政策科学已初步成为一门以政策制定系统和政策过程为研究对象,以端正社会发展方向、改善公共决策系统和提高政策质量为目标的相对独立的学科。② 德罗尔继承和发展了拉斯韦尔的政策科学理论,对政策科学的对象、性质、理论等一系列问题做出具体而又明确的论证,使政策科学的范式日趋完善,形成拉斯韦尔—德罗尔的政策科学范式,对政策科学研究的发展完善做出了突出贡献。具体表现在:(1)指出原有公共

---

① 王春福、陈震聘:《西方公共政策学史稿》,中国社会科学出版社2014年版,第47—48页。
② 丁煌:《发展中的中国政策科学:我国公共政策学科发展的回眸与展望》,《管理世界》2003年第2期。

政策学发展过于注重行为主义方法论的弊端;(2)指明未来公共政策学发展方向,提出公共政策学力争突破的14个方面的内容,提倡将系统研究方法引入公共政策学,丰富了公共政策研究方法;(3)阐明研究政策哲学对政策制定的重要性,确定政策哲学研究内容;(4)提出并界定"原政策""超政策""系统政策"概念,并作为其公共政策思想核心;(5)强调公共政策学的跨学科性质和实践特性。①

然而,以拉斯韦尔和德罗尔为代表的公共政策学者所提倡的政策科学范式因其学科边界界定模糊、学科体系和研究方法缺乏特色而难以达成共识,确立的学科目标过于宏伟、不切实际而难以在短期内获得突破,再加上过于注重政策制定研究而忽视政策过程其他环节尤其是政策执行、政策评估的研究等自身局限性而使得政策科学研究在20世纪70年代以后的发展过程中变得步履维艰。于是,政策科学研究便朝着新的发展方向并取得一系列突破,突出表现为20世纪70年代初、中期的"趋前倾向"和"趋后倾向"以及20世纪80年代中期出现的政策科学研究新趋势。

20世纪70年代初期和中期,政策科学研究出现了"趋前倾向"和"趋后倾向"。所谓的"趋前倾向"是指政策研究偏重于"政策咨询"在政策制定过程中的意义的趋势。社会公众普遍认为应改变传统的凭经验决策的方法,而是借助拥有专业知识和科学方法的专家弥补政府决策中知识和信息的欠缺。凭借着细致、全面的政策分析以及卓有成效的咨询研究,以兰德公司为代表的一批负有盛名的公共政策咨询研究机构纷纷成立,这些机构广泛运用数学、心理学、运筹学、统计学的方法和技术改进政府政策方案、提出各种政策建议,供政府决策者参考,并受到政府决策部门的重视和依赖,被称为政府决策智库(或思想库)、智囊团(或外脑)。② 所谓的"趋后倾向"是指公共政策研究中关注"政策周期"的研究趋势。政策咨询能为政策制定提供必不可少的信息,然而,公共政策并不仅是信息获取、筛选与理论设计的结果,政治与行政方面的公共政策涉及政党、行政机构、利益集团之间的复杂利益关系,一项公共政策往往是各种利益博弈与妥协的结果。因此,要进行科学、合理的公共政策制定就必须考虑政策制

---

① 王春福、陈震聘:《西方公共政策学史稿》,中国社会科学出版社2014年版,第132—133页。
② 朱春奎主编:《公共政策学》,清华大学出版社2016年版,第11页。

定系统的改进与完善。另外,一项好的公共政策仅制定出来还是不够的,还需要执行。因此,公共政策的重要一环是推行和实施制定出来的政策。这样,对公共政策的研究就转向对于整个政策的生命周期进行探讨,特别是对公共政策执行的研究。[1]

20世纪80年代中后期,政策科学研究出现了一些新的发展趋势:(1)加强政策价值观或公共政策与伦理关系问题的研究,公共政策研究者开始从政治哲学、案例分析、职业道德等多个角度去研究政策价值观问题;(2)政策科学与公共行政学日益相互融合,出现了用公共事务统指这两个领域的新趋向;(3)政策研究的视野进一步拓展,一些学者开始进行公共政策比较研究,一些学者认为过去政策科学片面强调经济理性和技术理性,无法解释丰富多彩的政策现象,因此,这些学者主张用社会、政治和法律的理性取代经济和技术的理性。这一时期政策科学在美国已经体制化,其体制化的内容包括学术团体、基金来源、出版发行渠道、教育培训和职业化等方面,且这些方面都已相当完备。[2]

三、政策科学的拓展时期(20世纪90年代以来)

20世纪90年代,经济全球化所带来的国际政治经济环境的变化对各国国内政策的影响和压力与日俱增。苏联、东欧诸国的制度变迁,世界贸易组织的创立及其新规则的形成,联合国介入地区冲突和重大事件的作用明显增强,欧洲共同体(欧盟)的实质性进展和欧洲统一货币制度的推行,亚洲金融危机引发的经济震荡和全球恐慌,所有这些政治经济事变和发展在不同程度上对各国政府的政策制定和执行产生了深刻的影响。从政策制定者到政策分析专家和学者,开始深刻感受到加强宏观政策分析和拓展政策研究新方向对于国家兴衰、政权命运、经济社会可持续发展的重要性。这个时期的主要代表人物和著作有:威廉·邓恩(William Dunn)的《公共政策分析导论》(1994)、罗伯特·海涅曼(Robert A. Heineman)等人的《政策分析师的世界:理性、价值观念和政治》(1990)、斯图亚特·那格尔(Stuart Ngel)的《政策理论与政策评估:概念、知识、原理与规范》(1990)、卡尔·帕顿和戴维·沙维奇(Carl V. Patton and David S.

---

[1] 严强主编:《公共政策学》,社会科学文献出版社2008年版,第13页。
[2] 陶学荣主编:《公共政策学》,东北财经大学出版社2006年版,第4页。

Sawicki)的《政策分析和规划的初步方法》(1993)、叶海卡·德罗尔的《面向大政方针的宏观政策分析》、海伦·英格拉姆(Helen Ingram)的《为实现民主的公共政策》《制高点》、马克·穆尔(Mark H. Moor)的《创造公共价值——政府战略管理》、阿诺德·梅尔斯纳和克里斯托弗·贝拉维塔(Arnold Meltsner and Christopher Bellavita)的《政策组织》、劳伦斯·林恩的(Laurence E. Lynn)《管理公共政策》等等。

20世纪90年代以来政策研究呈现两种趋势：一是对原有研究的深化，二是拓展新的研究方向。研究的热点集中体现在以下几个方面：

第一，重视宏观政策研究，促进政策制定系统改革。宏观政策研究和分析更加重视国家总体政策制定，重视战略性大政方针和政策范式的改进与创新。欧共体各国在全民公决与《马斯特里赫特条约》后陆续重视审视本国政策与欧共体(欧盟)规则的一致性；美国政府于1993年成立"国家绩效评议委员会"，对联邦政府的政策制定框架和政策绩效进行评估，开展了"重塑政府运动"；韩国在民主化改革后又开始"第二次建国运动"，对国家总体发展战略从大政方针到公共文化进行全面革新；日本政府的"新行政审议会"不断推出改革政府政策制定的新思路，促进了《行政程序法》《政府情报公开法》等一系列政策法规的出台，大力推动了政府政策制定体制和程序的改进。这一时期关于宏观政策研究的主要代表作有：德罗尔的《面向大政方针的宏观政策分析》、英格拉姆的《为实现民主的公共政策》《制高点》、穆尔的《创造公共价值——政府战略管理》等。

第二，深化对公共政策的伦理、价值研究。在诞生之初，政策科学重视量化分析而忽视政策的伦理价值研究，而在20世纪80年代中后期开始重视对公共政策的伦理考量。20世纪90年代以来，该主题研究进一步深化。出现了较多的研究成果。海涅曼的《政策分析师的世界：理性、价值理念和政治》、约翰·罗尔斯(John Rawls)的《正义论》、詹姆斯·布坎南(James Buchanan)的《伦理与公共政策》、路易斯·高斯罗普(Louis Gawthrop)的《公共管理部门、系统与伦理》等是有关该主题研究的代表性著作。

第三，开辟新的研究领域，开展公共政策调查。政策科学家将研究的兴趣转向一系列新的社会问题，比如电脑犯罪、网络陷阱、温室效应、试管婴儿、艾滋病防治、克隆技术。因为这些新的公共问题既是对人类的挑战，也是对公共政策研究的挑战。不少研究者感到,单靠以往的纯客观研究方法已不能完全解决这些问题,还必须采用后实证主义等主观研究方法。如曼纽尔·卡斯特(Manuel Castells)的《网络社会的崛起》一书对网络社会带来的公共问题进行了研究。以往政策科学家过于重视经济与技术理性为主体的政策抉择研究,强调如何使"利益最大、损失最小",强调如何依据政策制定者的偏好排列方案的优先顺序。这种研究方法在实际生活中已经暴露出弊端。20世纪90年代以来,许多政策科学家转向政策调查研究。他们认为不存在一个最佳的、社会全体大众都能接纳的政策。所谓好政策就是具有法律正当性的政策。为此,就必须通过政策调查、政策辩论使政策获得合理性、正当性。

第四,公共政策学与公共管理学日益融合,促成公共政策新的研究范式。公共政策与公共管理犹如一枚硬币的两面,密切相关,难分彼此。公共政策必须靠公共管理来推行,而公共管理主要是对公共政策的管理。梅尔斯纳和贝拉维塔在《政策组织》一书中提出了政策管理、政策沟通、政策组织、政策行动四者的相互联系理论;林恩在《管理公共政策》一书中提出组织行为、政治理论与公共政策的融合思想,他认为把公共管理与组织行为以及政治与政策形成理论融于一体,才能有效管理公共政策。美国政策科学与政策分析的最权威的学术组织——政策分析与管理学会成立的目的之一就是希望沟通政策分析研究与管理研究,促进组织政治与公共政策的融合。这种融合最终导致了新公共管理运动的出现。新公共管理运动对传统的政策科学提出了严峻的挑战,这种范式正逐步取代传统的政策科学范式而成为当代西方政策科学与公共管理研究的主流。

从时间(纵向)上对政策科学的产生与发展所做的历史考察表明它走过了孕育——形成——发展——反思——拓展的道路。另外,从空间(横向)上来看,西方政策科学的发展走过了一条学科化——组织化——产业化的道路。

1. 公共政策的学科化

公共政策研究的学科化表现在:从20世纪70年代起美国各大学相继建立政策科学或政策分析的硕士或博士学位授予点;与政策科学相关的课程相继开设,培养了不同层次的政策科学与政策分析人才;许多学校建立了公共政策研究院、研究所或研究中心;公共政策专业硕士教育即MPP已经成为美国各大学研究生教育的一个重要组成部分;各国一些著名大学把公共政策作为一门独立的学科而制订的教学计划已经相当完备。

在学术团体方面,出现了如"政策研究组织""政策评估研究会""公共政策分析与管理学会"等专业性学会团体。在学术刊物方面,涌现出了一大批政策科学的刊物,如《政策科学》《政策研究杂志》《政策研究评论》《公共政策杂志》《政策分析与管理杂志》《美国公共行政评论》《美国政治科学评论》等。《政策科学年鉴》从1977年已开始发行。

2. 公共政策科学的组织化

公共政策科学的组织化是学科化发展的必然趋势和组织保证。政策科学的发展与智库或思想库的建设密切相关。智库或思想库是现代政策科学的发源地与成长的摇篮,政策科学的产生和发展离不开智库或思想库的政策分析实践。智库或思想库是政策科学或政策分析的最纯粹的组织体现,而政策科学则是智库或思想库建设的最直接的和最主要的支撑学科之一。政策科学的组织化表现为各国出现的官方、半官方和民间的政策研究组织应运而生。这些组织中,有侧重理论研究的,如日本的"日本国策研究会";有以解决实际政策问题为目的的,如美国的"罗斯福美国政策研究中心";也有偏重与政府管理相结合的,如荷兰的"欧洲公共行政管理研究院"等。在组织化的范围上也分为地区性的、国家性的、洲际性的和国际性的各种组织。各个组织的研究方向上也各有不同,有的采用"国家计划"途径,有专门政策研究机构,有首脑参谋智囊,有政府决策思想库,有专门政策审核程序机构,也有政策评估监测中心等。

3. 公共政策科学的产业化

公共政策科学的产业化是公共政策学科化和组织化的必然结果。它表现为不少发达国家已经建立起一支以政策分析和政策评估为职业的队伍。这支队伍在政府内外发挥着分析、评估、咨询的作用。这支队伍或是以各种组织的名义承接包括政府在内的各种委托人的政策分析项目,或是以政策研究组织或个人身份受聘于政府、公司、企业集团或国际组织。政府本身由于控制与职能的需要也设立了官方的政策研究、政策分析、政策评估机构。特别地,一些组织已经发展成营利或半营利的机构,直接促进了政策科学朝着产业化方向发展,由此政策科学与政策分析作为一种知识型产业迅速发展起来,"政策分析师"已经成为一种具有较高声望的职业。

第二节 中国公共政策分析学科发展概述

我国的公共政策有着悠久的文化历史,其主要思想散见于古代的谋略典籍之中,思想基础深厚。中华民族为全人类留下大量的优秀政策研究遗产。中国古代典籍不仅记载了历代统治者的治国方略或政策,记载了各种实际运用的谋略和谋术,而且也记载了政治家、圣哲贤人、谋士军师对政策经验的总结及关于政策研究的思想和方法。中国古代的谋略谋术可以说是现代政策研究的先导,而谋士、智囊则是古代的政策研究者。在我国,辅助统治者审时度势、选择时机,提供政策咨询的智囊出现得很早,上可追溯到夏商之家臣,西周之命士。至春秋战国时期,群雄争霸,各据一方。诸侯们为独揽天下,纷纷招贤纳士,养聘食客。有识之士则挟术怀策周游列国。《史记·吕不韦传》记载:"当是时,魏有信陵君,楚有春申君,赵有平原君,齐有孟尝君,皆下士,喜宾客以相倾。"这些食客中有不少杰出智囊人物,他们为诸侯争霸立下汗马功劳。《战国策》专门记述了这些策士们的言论和行动,可以说是我国历史上第一部较为完整的政策研究及咨询的著作。我们的祖先为我们留下了大量的与政策相关的至理名言及成语,如"凡事预则立,不预则废""运筹帷幄之中,决胜千里之外"等。

在中国漫长的历史中,涌现了一大批与政策和政策研究密切相关的著作:诸子百家的著作中有大量治国安邦的至理名言;《孙子兵法》不仅是兵书,而且还是国策(虽然主要是军事谋略的研究,但也有大量的一般政策思想);《史记》《三国志》《资治通鉴》等不朽名著记载了许多政策研究的真知灼见;明朝冯梦龙的笔记文学作品《智囊补》记录了从先秦到明代惊心动魄的政策案例凡1238例。

除了古代的政策思想和政策实践经验的遗产外,具有重要价值的还有马克思列宁主义、毛泽东思想中的丰富的政策思想和长期革命与社会主义建设过程中形成的政策原则和积累的经验教训。

第二章 公共政策分析学科发展概述

一、中国公共政策分析学科的发展概况

1. 发展阶段

真正意义上的中国公共政策学是在改革开放以后才出现的。由此,可以将中国公共政策学的发展历程以 2000 年为界限进行划分。

一是公共政策学引进和初创阶段(20 世纪 80 年代初—20 世纪末)。这个时期,西方政策科学研究成果传入我国,一些学者注意到了国外社会科学中的这个新领域,着手进行介绍、引进和初步的研究工作。例如,1983 年孟繁森在《理论探讨》杂志发文《需要建立一门研究党和国家生命的科学——政策学》。这是国内政策科学建构与发展的起点。1986 年,国务院副总理万里在全国软科学工作座谈会上做了题为"决策民主化和科学化是政治体制改革的一个重要课题——在全国软科学研究工作座谈会上的讲话"的报告,明确提出要推动"政策研究"进程,成为中国政策科学研究发展的标志性事件。随后,中国的公共政策学研究逐步走上正轨。

二是公共政策学繁荣发展阶段(21 世纪以来)。进入 21 世纪,伴随着我国改革开放向纵深发展、实现国家治理体系和治理能力现代化改革总目标的确立,尤其是不断提高公共决策的科学化、民主化和法治化水平以及改善公共决策咨询系统的现实需要的增强,中国公共政策学发展迅速,呈现繁荣发展的局面。全国各高等院校大范围成立公共政策学院系和研究所,启动与发展专业学位教育,出版了大量政策科学专著译著,发表学术性论文等,学科建设不断拓展和完善,公共政策学成为我国社会科学研究的一个相对独立的学科领域,学科建设开始走向成熟。

2. 发展表现

改革开放 40 多年来,中国公共政策学在学界与政界的共同努力下,经过引进、吸收、消化、应用、总结、反思等阶段性的发展,目前已为推进全面深化改革,实现国家治理体系和治理能力现代化,促进公共政策实践的科学化、民主化、法治化以及提高政策质量做出了卓越的贡献。具体表现在[①]:

---

① 陈振明:《中国政策科学的学科建构——改革开放 40 年公共政策学科发展的回顾与展望》,《东南学术》2018 年第 4 期。

第一,知识增长迅速。在初创阶段,我国学者大量翻译国外政策科学经典著作和出版公共政策教材,发表有分量的学术性论文。引进的国外经典著作有查尔斯·林德布洛姆的《决策过程》、克朗(R. M. Krone)的《系统分析和政策科学》、安德森的《公共决策》、那格尔的《政策研究百科全书》、德罗尔的《逆境中的政策制定》等;国内出版的公共政策教材有张金马的《政策科学导论》、陈庆云编著的《公共政策分析》、陈振明主编的《政策科学——公共政策分析导论》等。近一二十年来,我国政策科学领域文献数量增多,国外政策科学大量论著被翻译介绍过来,多家著名出版社推出"公共政策经典译丛",国内学者也出版大量的公共政策学专著或教材。学界在国外公共政策学理论与方法成果的评介、引进和消化,中国政策系统及运行,中国政策实践经验的总结与中国优秀文化遗产的继承,当代中国及世界现实政策问题尤其是经济社会政策问题等方面的研究上取得丰硕成果,中国特色政策科学的话语、理论和学科体系的探索也开始起步。

第二,学术交流活跃。初创时期的20世纪80年代末和90年代初,国外著名政策科学家(如那格尔、德罗尔、弗莱什曼等人)来华讲学,国内教学科研机构和党政部门政研机构与国外大学的公共政策学院或思想库开始建立起学术交流关系,首批公共政策相关学科专业的留学生和访问学者回国,带回国外政策科学发展的大量新信息。国内学界的学术交流也逐步展开,如20世纪90年代召开了五次大规模的全国性政策科学研讨会(如1991年在长春召开全国首届政策科学研讨会,1992年在山东曲阜召开全国政策科学研究会的成立大会暨理论探讨会等)。近一二十年来,国内公共政策学界学术交流活跃,活动内容包括学术会议、人员互访、课题合作和资料交流等,尤其是举办大量国际性和全国性的政策科学或公共政策方面的学术研讨会。一批在海外取得公共政策及其相关领域博士研究生学位的学者回国服务,出国攻读公共政策及相关专业的博士和硕士学位的留学生大量增加,这有力推动了中国政策科学的发展及其规范化和国际化。

第三,学科建制成熟。在学术团体方面,20世纪90年代初两个全国性的研究组织相继成立了,一个是1992年的全国政策科学研究会,一个是1994年的挂靠国务院发展研究中心的中国政策科学学会,个别省市相应建立了政策科学研究会。在资金来源方面,从"七五"计划开始,中央和地方政府及大学、科研机构的科研基金就将政策科学或政策分析的课题列入资助范围,从"七五"到"十五"的计划设立了大量该领域的研究课题;"十一五"计划、"十二五"和"十三五"规划中的公共政策研究项目特别是重大项目大幅增加。高校重点学科建设中,尤其是"211工程""985工程"和"双一流建设"的项目中,不少高校设了"公共管理与公共政策"或相关的创新平台或重点学科项目。在出版发表渠道方面,近一二十年来,公共政策与公共管理一直是出版热点,许多出版社已推出"公共政策与公共管理"系列教材或译丛,特别是不少高校及科研机构纷纷创立公共政策与公共管理相关的专业期刊,政策科学研究成果的出版或发表渠道比较畅通。

第四,专业教育兴起。公共政策或政策分析作为大学专业教育以及干部培训的一个新领域,逐步受到人们的关注和重视。20世纪90年代初、中期,我国重点综合性大学开设了政策分析的研究生和本科生课程(如厦门大学、北京大学分别于1993年、1994年在行政管理硕士点中设立了政策分析方向),在政治学与行政学系成立公共政策教研机构(如北京大学、厦门大学和中山大学的公共政策教研室等);1998年全国首批的3个行政管理博士点的培养方案中或者设立政策分析方向或者开设政策科学研究的课程。进入21世纪,许多高校在政治学、行政学、经济学和社会学等学科的硕士点中设立政策分析或公共政策方向。到目前为止,国务院学位委员会批准的公共管理一级学科硕士点中,大都设置公共政策研究方向。2001年国务院学位委员会批准设立公共管理硕士专业学位(MPA),"公共政策分析"成为该学位最重要的研究方向和课程基础之一。进入新世纪,政策分析专业的博士教育迅速发展,在迄今为止设立的48个公共管理一级学科博士点中大多设有公共政策分析二级学科或研究方向。此外,作为干部培训的一个新领域,各级党校和行政学院也不断加大政策科学或公共政策研究与教学力度。

第五,职业化态势形成。在我国,政策分析职业化态势已经形成并初具规模。长期以来,我国有大量从事实际政策研究或政策分析职业的人员,他们主要分布在党政机关特别是党中央及地方各级党委的政策研究室,国务院和地方各级人民政府的发改委、社会经济发展研究中心以及各职能部门的政策研究单位,高校、党校和行政学院、科研院所,科协和社科联一类的协会以及其他半官方的或民间的咨询公司等。许多人在这些单位以政府公务员、事业单位职员以及教师和研究人员的身份从事政策分析工作。在我国还没有类似"政策分析师"的职业名称。随着我国进入中国特色社会主义新时代以及政策思想市场的形成,特别是中国特色新型智库的发育成熟及咨询业的发展,政策分析必将成为一种有吸引力的工作,其职业化规模将继续扩大。

第六,知识应用广泛。从一开始,政策科学的知识及研究成果便被应用到改革开放和现代化建设的重大决策以及重大工程项目的论证之中;智库或思想库开始发育成长,一些官方的或民间的政策研究机构相继建立,包括党政机关的政策研究机构,高校和社科院的公共政策研究中心或发展研究院一类的政策参谋咨询机构。近一二十年来,越来越多的公共政策学者或团队以各种各样的方式(尤其是以政府部门的顾问或咨询专家的身份)参与政府的政策实践中,活跃在经济、政治、社会、文化和环境生态等各个政策领域以及国家或政府治理与改革的方方面面,公共政策学者和专家在推进我国公共决策的科学化、民主化、法治化方面起着越来越重要的作用。特别是2013年习近平主席首次倡导要推进中国特色新型智库建设之后,一大批中央和地方党政机关的政策研究机构及大学和科研机构的智库纷纷建立与发展起来了。2015年,中共中央办公厅、国务院办公厅印发了《关于加强中国特色新型智库建设的意见》,随后总共有25家机构进入首批国家高端智库建设试点单位。

二、中国公共政策分析学科展望

总体而言,现代政策科学及其研究起源于第二次世界大战之后的美国,在改革开放后开始传入中国。在这四十余年间,我国的公共政策研究经历了从无到有、从少到多的迅速发展,取得了较为丰硕的成果,已在我国社会科学领域占有一席之地。但同时我们也应该看到,相对于西方国家在公共政策研究领域中的领先地位,我国的公共政策研究仍较为落后,存在一些薄弱环节,如我国对政策科学的宣传普及工作做得不够;政策科学的学术价值和实践价值(特别是它可以作为决策科学化与民主化的主要支撑学科),以及对社会经济的巨大促进作用并未被人们充分认识;政策科学的学术研究水平与国外先进水平还有差距,学科的基础不牢,研究人员的整体素质有待提升;政策科学的制度化或学科的组织化建设存在诸多困难和问题;对现实政策问题的研究不深,政策科学的应用性、现实性未能充分体现;相对于我国公共政策实践的需求,我国公共政策的理论发展相对滞后……总之,我国公共政策分析学科的发展之路仍然任重而道远。因此,我国公共政策分析学科应该把如下几点作为未来发展的基本方向。

(1) 密切跟踪国外政策科学发展的最新趋势,大胆借鉴其新理论和新方法,同时立足于对中国现实政策问题的调查研究,促进政策科学的本土化。从政策科学的科学性角度看,政策科学反映了人类政策过程与政策行为的某些共性,揭示政策系统及其运行的规律,因而它的某些概念范畴、理论原理、分析方法具有普遍适应性。我国的公共政策研究亟待与国际接轨,所以应当持续关注西方政策理论最新进展和研究动向,将西方政策研究的最新成果与前沿趋势引荐过来。

然而,现代政策科学是先在西方尤其是在美国特定的政策背景下形成和发展起来的,因而不可避免地带有西方政治制度和意识形态的特征,含有非科学的、消极的成分,必须加以批判分析与辨别。话语及话语系统是植根于特定的政治、经济、社会和文化及语言系统之中的,所以各国或地区(区域)的话语系统存在差别是非常自然的事。由于社会经济发展水平、政治制度、文化传统和民族心理等方面的差异,各国的政策实践、政策制定系统及运行过程都会存有差别。因此,各国的政策科学研究必须立足于本国国情以及现实的政策实践和政策传统。中国公共政策研究者还需要对中国社会的一些重大问题给予关注,提出切实可行的解决方案。这是研究者作为政策倡导者的角色使命,也是检验理论的一个重要方面,更是公共政策研究中问题导向的内在要求。因此,我们要通过中国公共政策的实践探索与案例分析,总结提炼中国公共政策制定、执行和评估的科学做法与先进经验,在此基础上实现政策理论和模型的本土化创新,形成政策研究的中国流派、中国范式和中国经验,为全球政策理论研究深入开展和政策实践创新发展做出中国理论界和实务界应有的贡献。

(2) 大力加强政策科学的基本理论研究,提高中国政策科学的学术水平,同时坚持理论紧密联系实践,提高中国政策科学的应用性水平。政策科学是一门以行动为取向的学科。政策科学应将科学知识与公共决策过程密切联系起来,提倡以问题为中心,而不是以学科为中心的知识生产方法;提倡把科学知识和方法直接运用于改进公共决策系统及提高政策质量的实践。政策科学既在实践中产生,又在实践中得到应用和发展,体现了理论和实践的统一。政策科学的研究对象是政策实践,其目的和功能是提供政策相关知识,为政策实践服务。政策科学要为执政党、国家或政府政策的制定、执行和评估的实践服务,以发现、分析和解决社会问题为导向。政策实践则为政策科学提供研究的场域以及政策试验基地,提出需要解决的问题与提供实践经验,检验政策科学理论并推动其发展。政策科学的目的不仅是了解和解释政策系统及其运行,而且要更好地影响和改造现实世界。任何一个国家的公共政策都是与一个国家的政治经济社会体制联系在一起的,公共政策既要作用于这一体制,又要受这一体制的影响。中国政策科学的学术话语体系建设要以中国的政策实践以及政策问题的解决作为立足点,在回应实践的关切和解决问题的过程中进行理论创新和话语体系构建。必须善于用中国政策话语讲述中国的政策故事,用中国政策科学理论解释中国现实的政策实践,并在政策实践中,加强政策相关知识在决策过程中的应用,发挥政策科学理论在政策实践中的指导作用,突显中国政策科学的问题导向以及应用性、现实性和生命力。

(3) 注重公共政策学的科学方法研究,提高政策分析方法的理性、科学性,同时加强哲学层面的研究,引入反思、批判、非理性及价值维度的研究方法。这就要求正确处理事实与价值的关系。事实与价值以及事实分析与价值分析的关系是科学研究中的重要关系,由此决定了实证研究与规范研究的分野。经验科学注重对事实或问题的实证分析,而且往往被认为是价值中立的(实证主义所持的就是这种观点)。政策科学在学科性质上既是实证的,又是规范的。它将事实分析与价值分析并列作为自己的两大方法论基础,因而政策科学不仅关心事实,要求对事实或问题做实证分析,而且更关心价值和行动,重视价值取向和价值评价。它的一个重要目标是创造和批评有关的公共政策价值的知识主张,或推荐应该采取的行动过程。政策选择往往需要在公平、正义、平等、民主、自由、健康、幸福、财富、安全、和平等价值中做出取舍。选择哪一种价值,不仅要进行事实分析,而且更需要以世界观和价值观为指导,进行伦理推导与价值评价。事实分析与价值分析贯穿于政策过程或政策行为研究的始终,包括从问题发现、问题分析到问题解决的全过程,涉及从议程设置、问题界定、方案规划、后果预测、方案的比较择优到政策执行、评估、监控和终结等活动环节。注重价值分析与价值评价正是政策科学与一般的经验科学的区别所在。

（4）必须立足时代,紧跟学术前沿,实现理论创新,同时坚持古为今用,吸收传统政策思想与智慧。伴随着近现代工业革命的兴起和经验研究的发展,政策研究或政策相关知识的产生逐步变成一种相对自主的、有它自己的特殊程序的活动,最终在20世纪中后期形成一个相对独立的政策科学或政策分析领域。政策科学的理论与实践是不断发展和变化的,不同时代和不同国家有着不同的政策文化及其话语传统。现代政策科学产生之后,其学科范式、话语及话语体系也处于不断变化之中。特别是近二三十年,国外政策科学出现了由实证主义（或现代主义）向后实证主义（或后现代主义）的转变——"后实证主义者强调公共政策的政治内涵与价值冲突"[①]。这一转变过程中出现了许多新的话语,如公共治理、政策网络、政策共同体、建构主义、解构与批判、话语分析、公共能量场、制度理性选择、多源流、倡导联盟、中断—平衡、政策扩散、政策悖论、政策对话、政策论证、批判性评估等。在我国公共政策分析学科起步较晚、总体落后的情况下,我们需要发挥后发优势,大胆学习与借鉴西方政策科学的先进理论,结合我国的时代特色和现实情况进行理论创新。我国政策实践历史悠久,政策思想源远流长,几乎与人类文明同样古老。我们要善于向传统学习,将政策实践的历史经验和传统思想的精华吸纳转化为现代政策知识和理论。

（5）坚持公共政策研究的跨学科性、综合性,同时必须保持学科的独立性,全面展开对政策科学分支领域的探索,建立健全中国政策科学的学科体系。跨学科性、综合性是公共政策学的显著特征之一。公共政策学与诸如政治学、经济学、社会学等传统的人文社会科学各学科相比,具有更宽泛的学术框架范畴。公共政策研究既是公共管理学的一个分支,又是政治学、经济学、社会学等人文

---

① 陈庆云、鄞益奋:《西方公共政策研究的新进展》,《国家行政学院学报》2005年第2期。

社会科学学科的重要组成部分。近年来,在人文社会科学各学科(尤其是政治学、经济学、社会学等)领域,相应的公共政策研究取得了丰硕成果,但政策分析对相关学科关于政策研究的成果吸收和整合得相对缓慢。因此,务必要拓展学科发展视野,把公共政策看成是一个相对独立的跨学科研究领域,增强跨学科研究和学科间的合作,加强对政治学、经济学、社会学等人文社会科学各相关学科关于公共政策研究成果的吸收,取其精华,筑牢学科知识基础。与此同时,要加强公共政策专业教育(尤其是 MPP 教育)发展,增强公共政策学科建设的独立性。

公共政策研究包含众多的分支领域,如政策科学理论、政策分析方法、中国公共政策、比较公共政策、公共政策伦理、未来研究、制度分析与公共选择等;依据具体政策研究的实质性内容又可分为政治政策、经济政策、教科文政策、外交政策等;对公共决策过程(政策过程)的基本环节或功能活动的分别研究也形成专门的分支,如政策战略(元政策)、政策制定、政策执行、政策评估(或项目评估)、政策周期、政策试验、政策传播、政策变迁、制度创新等研究。而在我国,公共政策学的学科分化程度还比较低,除了政策科学理论、政策分析方法和若干实质性政策领域的研究之外,大部分分支学科并未分化、成型。针对这一缺陷,必须开拓公共政策的新研究领域,展开对各分支领域的研究;在政策分析专业中,尽快开设实质性政策的主要领域和政策过程各基本环节的独立课程,加快学科分化步伐,健全中国公共政策学的学科体系。[①]

第三节 公共政策分析学科的研究对象、内容体系和特点

一、公共政策分析学科的研究对象

目前国内外关于公共政策分析学科的研究对象有不同的认识,广义的公共政策分析将公共政策分析等同于政策科学、公共政策研究、公共政策学;而狭义的公共政策分析则认为公共政策分析是政策科学或公共政策学的分支学科。

---

① 陈振明:《寻求政策科学发展的新突破——中国公共政策学研究三十年的回顾与展望》,《中国行政管理》2012 年第 4 期。

从时间上讲,公共政策分析是由政策科学派生的。据考证,"政策分析"这一学术概念是美国经济学家林德布洛姆于1958年在《美国经济家评论》发表的一篇文章中首先提出来的。从内容上讲,公共政策分析是公共政策学的组成部分。另外还有一种观点不认为公共政策分析是一门独立的学科:"公共政策分析是职业指称而不是指学术或学科,职业是为政策而分析,学术是对政策进行分析。"[①]作为职业,政策分析是指依据一定的政策理论、知识,运用各种分析方法和技术,帮助决策者制定和优化具体政策的过程。事实上,西方国家以美国为代表,实现了公共政策分析职业化,公共政策分析师成为官方所确认的正式职业,像教师、律师、医生一样。

本书采用广义上的公共政策分析的概念界定,认为公共政策分析学科是一门综合运用相关学科的知识和方法,研究公共政策系统和公共政策过程,探求公共政策本质和运行规律的科学。

二、公共政策分析学科的内容体系

(1)公共政策的基本理论,主要涉及公共政策的本质、公共政策的特征、公共政策的分类、公共政策的功能。

(2)公共政策系统,主要涉及公共政策主体与公共政策客体及其相互关系、公共政策系统和公共政策环境的关系,以及改进和优化公共政策系统的途径。

(3)公共政策过程,主要涉及公共政策制定(包括公共政策问题的认定、公共政策方案的规划、公共政策方案的合法化)、公共政策执行、公共政策评估、公共政策调整和公共政策终结等内容。

(4)公共政策分析方法与技术,主要包括事实分析、价值分析、规范分析、系统分析、规划分析、效果分析、预测等方法与技术。

三、公共政策分析学科的特点

(一)独立性和跨学科性的统一

政策科学的兴起与发展旨在解决社会问题,促进社会发展,但公共政策问

---

① 〔英〕米勒、波格丹诺主编:《布莱克维尔政治学百科全书》,邓正来译,中国政法大学出版社2002年版,第585页。

题的复杂性和不确定性往往涉及社会生活的各个方面和领域,使得现存的任何一门学科很难独自解决这些棘手问题。因此,只有综合利用和吸收其他学科的知识和方法,尤其是在政治学、经济学、社会学、管理学、心理学、运筹学、系统分析等学科的知识与方法,才能有效地解决政策问题。哈罗德·拉斯韦尔认为:"政策科学或社会科学中的政策方向可以超越社会科学的零碎的专门化,确立起一种全新的、统一的社会科学。"① R. M. 克朗也指出:"越来越多的具有必要的学术素养和实际经验的学者、科学家、政策顾问都感到要有明显具备跨学科特点的政策科学。"②公共政策学并不是对各学科的知识和方法进行简单的堆积拼凑,而是加以利用和整合,进而形成以问题为中心和改进公共决策系统为核心内容的知识体系。公共政策研究者需要在多学科的知识谱系中寻找自身的定位,在知识的交叉、融合和贯通中,发挥自己的独特优势。因此,公共政策学具有综合、交叉特点。

(二) 理论性与实践性的统一

政策科学是一门以行动为研究取向的学科,不仅注重理论科学或基础知识研究,而且关注理论的实践应用,体现着理论性和实践性的统一。政策科学的奠基者发现,以往的大部分科学知识尤其是应用社会科学研究并没有对政策系统的改进和政策质量的提高产生应有的积极作用,学者们所提出的政策改进建议往往因不切实际或缺乏政治可行性而被否决。杰克·普拉诺就这一特点指出:"政策科学与相关学科的'纯科学'不同,它主要是一门'应用性'科学。"③政策科学研究的对象是政策实践,研究的目的和功能是提供相关知识为政策实践服务。它指导执政党或国家政策的制定、执行和评估的实践活动,以发现、分析和解决社会公共问题为导向;而政策实践则为政策科学提供研究的场域以及政策试验基地,提出需要解决的问题与提供实践经验,检验政策科学理论并推动其发展。

(三) 科学性与艺术性的统一

公共政策学是一门以理性原则为基础的科学。政策科学既以其他学科领

---

① 转引自王曙光等:《公共政策学》,中国财富出版社2014年版,第10页。
② 〔美〕R. M. 克朗:《系统分析和政策科学》,陈东威译,商务印书馆1985年版,第29页。
③ 〔美〕杰克·普拉诺等:《政治学分析辞典》,胡杰译,中国社会科学出版社1986年版,第104页。

域包含的和自己特有的各类得到验证的、系统化了的现有知识为基础；同时又以理性原则为基础，运用科学的方法和理性模型，构建自身的知识系统。它是科技、经济和社会高度协同的科学，是自然科学、技术科学和社会科学汇流的科学，也是自觉规划和系统管理的科学。① 政策科学研究的目的是解决社会问题，而为了成功地解决问题、改造社会，就需要尽可能地把各种科学理论、方法和手段运用到政策过程中。公共政策分析既要有定性的方法，也要有定量的方法；既要有理性的方法，也要有非理性的方法，即依靠直觉、灵感、经验、情感等创造性思维活动。② 公共政策制定者的直觉、灵感等超理性因素，情感、深层次心理动机等非理性因素，经常在公共政策制定和执行过程中发挥着重要作用。公共政策过程复杂多变，众多的变量因素和不确定性因素使公共政策过程不能完全依靠理性方法和原则，还需要非理性因素来弥补理性的不足。政策科学必须把非理性分析的艺术性和理性分析的科学性结合起来。由此看出，政策分析学科不仅是一门科学，还是一门艺术，是科学性和艺术性的统一。

复习思考题

1. 简述西方政策科学产生和发展的历程。
2. 简述公共政策分析学科的创始人及其主要贡献。
3. 论述西方政策科学的发展趋势。
4. 中国公共政策分析学科发展所取得的成就包括哪些方面？
5. 公共政策分析学科具有哪些特点？

---

① 战建华主编：《公共政策学》，山东人民出版社2011年版，第7页。
② 顾建光：《公共政策分析学》，上海人民出版社2004年版，第68页。

第三章　实现公共决策的科学化、民主化、法治化

第一节　充分认识公共政策的重要性

一、个人与公共政策的关系

个人与公共政策存在着千丝万缕的联系。一个人从出生到死亡,政策伴随其一生。公共政策既存在于社会生活的各个领域、各个方面,又关系着千千万万人的利益,深刻影响着人的一生。例如,涉及人的生老病死的政策,有婚姻政策、人口与计划生育政策、养老保险制度、退休制度、医疗卫生制度等;涉及人的衣食住行、休闲旅游的政策,有住房政策、就业政策、劳动工资政策、交通规则、放假规定等;涉及人的求学工作发展的政策,有高考政策、大学生就业创业政策等。

二、国家社会经济发展与公共政策的关系

公共政策乃国运所系、民生所托,它是国家在一定时期和阶段为实现社会经济发展目标所采取的政治行动。因此,国家社会经济发展是公共政策的重要目标。社会经济持续健康发展需要政策的引导;社会经济的快速发展,有利于

促进公共政策目标的实现。在我国,中华文化上下五千年,其中不乏有促进社会经济振兴,实现国家繁荣富强的政策典型。我国古代有汉代文景之治,唐代贞观之治、开元盛世,明代永宣盛世,清代康乾盛世。它们的出现与统治者采取了有效的治国理政的政策密切相关。我国改革开放40多年来,取得了巨大成就,中国发生了翻天覆地的变化,一步步走向强大和中华民族的伟大复兴。其他国家的大量事实也证明了政策对一个国家社会经济发展的重要性。在美国乃至世界经济发展史上,1929年至1933年的经济危机和罗斯福总统实施的新政给人们留下了极其深刻的印象。罗斯福针对当时的实际情况,大刀阔斧地实施了一系列旨在克服危机的政策措施,历史上称其为"新政"。新政的主要内容可以用"三R"来概括,即复兴(Recovery)、救济(Relief)、改革(Reform)。罗斯福新政从1933年开始推行,直到1941年结束。从1935年开始,美国几乎所有的经济指标都稳步回升,国民生产总值从1933年的742亿美元增至1939年的2049亿美元,失业人数从1700万下降至800万,恢复了国民对国家制度的信心,摆脱了法西斯主义对民主制度的威胁,使危机中的美国避免出现激烈的社会动荡,为后来美国参加反法西斯战争创造了有利的环境和条件,并在很大程度上决定了第二次世界大战以后美国社会经济的发展方向。

三、公共问题的解决与公共政策的关系

有很多的社会公共问题需要通过公共政策来解决。进入21世纪,人类社会面临更多、更复杂的难题,如环境、人口、卫生、能源、交通、教育、贫困、犯罪、疾病、恐怖主义等,社会的变化与发展对公共政策提出了更高的标准和要求,同时也有力地促进了公共政策分析学科的完善和职业的发展。有很多的社会公共问题通过政策解决了,也有很多社会公共问题解决不好、解决不了或解决过程中产生负面影响,都与公共政策紧密相关。人类认识世界、改造世界的过程,就是一个发现问题、解决问题的过程。马克思指出:"问题就是时代的口号,是它表现自己精神状态的最实际的呼声。"[①]毛泽东指出:"问题就是事物的矛盾。

[①] 《马克思恩格斯全集》(第40卷),人民出版社1982年版,第289—290页。

哪里有没有解决的矛盾,哪里就有问题。"①习近平总书记指出:"要有强烈的问题意识,以重大问题为导向,抓住关键问题进一步研究思考,着力推动解决我国发展面临的一系列突出矛盾和问题。我们中国共产党人干革命、搞建设、抓改革,从来都是为了解决中国的现实问题。"②全面深化改革作为一项系统性、整体性和协同性要求都非常高的复杂工程,需要将问题意识、问题思维引入其中,因为改革发展的过程,就是不断回答和解决时代提出新问题的过程。问题是改革的导向,改革源于问题,改革的目的是解决问题,而问题的解决主要靠政策,可以说,改革是最大的政策。

四、法律、道德与公共政策的关系

道德、法律和政策是当今社会约束人们行为的三种主要方式。其中,伦理道德作为调整人的行为的规范,渗透于社会生活的方方面面,它通过植根于人们头脑中的"美"与"丑"、"善"与"恶"、"对"与"错"等观念约束其行为;法律是一种强制性规范,要求人们敬畏法律,心存法律,而且若违反必将受惩处;政策作为一种实现国家和政党基本路线方针而规定的行为规范,几乎遍布于社会的政治生活、经济生活、文化生活、精神生活等领域。伦理道德、法律、政策三者作为制约人们的行为规范和准则,在发展过程中是相互作用、相互关联、相互促进的,共同维护着社会持续健康稳定发展。

(一) 政策和法律的关系

政策与法律既有区别也有联系。一方面,政策和法律同是作为制约人们行为的准则,在本质上是一致的,即都是建立在一定经济基础上的上层建筑,是为一定的经济基础和实现一定阶级利益服务的,它们在发展过程中相互影响,相互依存,有着密切的关联和高度的一致性。在我国要"发挥政策和法律的各自优势,促进党的政策和国家法律互联互动"③。政策和法律二者之间是互补互联

---

① 《毛泽东选集》(第3卷),人民出版社1991年版,第839页。
② 《关于〈中共中央关于全面深化改革若干重大问题的决定〉的说明》,《人民日报》2013年11月16日第01版。
③ 李龙、李慧敏:《政策与法律的互补谐变关系探析》,《理论与改革》2017年第1期。

的谐变关系。政策对国家法律起着引导作用,是立法的依据,更是司法执法的重要指导。政策是法律的重要依据是因为很多法律是由政策转化而来的,即政策法律化。法律是政策执行的保障。因此,政策和法律是相辅相成、相互补充、相得益彰的关系。

另一方面,政策和法律虽然实质相同,同属社会行为规范准则,但仍有所区别,表现在[①]:第一,政策和法律的制定与执行的主体和程序有异。政策是政治实体制定的,在阶级社会中,各阶级政党都可以有自己的政策,但不能有自己的法律,只有掌握政权的统治阶级才能通过国家权力机关把自己制定的政策上升为法律。在我国,宪法、基本法、法律都是由国家权力机关人民代表大会及其常务委员会制定的。因人民代表和常委会委员是人民选举产生的,代表人民的意志和利益,故通过的法律在实施前已得到人民的认可,颁布实施后容易被广大人民群众接受。与政策相比,法律制定程序更严格,一般来说,立法程序都会在宪法里有明确规定,以凸显法律制定的严肃性和权威性。政策的执行者是各级党组织、国家机关、社会团体等。从某种意义上说,政策制定权与行政权相互融合,决策者本身即执行者,决策主体的意志可以直接、及时、有效地得到传达;而法律的立法机关、司法机关、执法机关是相互独立、相互制约的。第二,政策和法律的执行方式有异。政策主要依靠国家行政力量,运用号召、宣传、教育、解释、动员等方式贯彻落实,以党纪政纪作保证;法律执行依靠国家强制力,以警察、法庭、监狱等国家机器为后盾,约束和规范人们的行为,违法者必将严惩。第三,政策和法律的表现形式不同。政策的表现形式更加多样,但法律一般只能以法律条文的形式表达。第四,政策作为行动的指南,往往是原则性规定,不够具体,执行中的灵活性较大;而法律的规范往往严格而具体、明确,不宜讲灵活性,而是要强调严格依法办事。第五,政策与法律的稳定程度不同。法律是政策的定型化表述和规范形式,法律的制定、修改、补充、废止都要经过法定的程序,并受到法定时间的限制,所以与政策相比具有更强的稳定性。第六,政策和法律的适用性、功能不同。政策具有灵活性和变化性,适用的范围较为广泛,发挥的功能较为全面,而法律具有稳定性、滞后性等特点,其适用的范围和功能

---

① 孙奎贞编著:《政策科学纲要》,北京出版社 2006 年版,第 27 页。

会受到一定的限制。

(二) 政策与道德的关系

政策与道德的关系是十分密切的,它们之间既有联系又有区别。[①] 一方面,政策与道德相互联系。道德是对人与人之间、个人与社会之间关系的调整;政策也是一种行为规范,二者都对人的行为具有一定的约束性。在阶级社会里,道德与政策充分体现一定阶级的意志,具有阶级属性。

另一方面,政策与道德相互区别。第一,政策和道德调整的社会关系内容不同。政策调整的主要是不同阶级、不同阶层及不同社会群体之间的关系;道德调整的是人与人之间、人与社会之间的人伦关系。第二,政策和道德的行为约束性质和约束方式不同。政策约束一般是政治性约束或行政性约束,其约束力来自政策的制定组织和执行组织的权威,通过有目的、有计划地运用宣传的、教育的、组织纪律的或行政执行的方式来保证其执行。道德属于社会性约束,其约束力来源于社会生活环境的人际集合态度和倾向,依靠社会舆论和信念的力量来规范人们的行为。第三,政策和道德的表现方式不同。政策的表现方式是政党、国家机关或政治组织经过严密论证而制定的规范性文件;道德是约定俗成的,存在于人们观念中,作用过程是无形的、潜移默化的,只有通过人们的行为才能表现出来。

政策与道德的区别告诉我们,二者不能彼此替代,我们应充分发挥各自的作用。政策与道德的联系告诉我们,两者之间可以相互促进,相得益彰。2019年10月,中共中央、国务院印发的《新时代公民道德建设实施纲要》明确指出"彰显公共政策价值导向。公共政策与人们生产生活和现实利益密切相关,直接影响着人们的价值取向和道德判断。各项公共政策制度从设计制定到实施执行,都要充分体现道德要求,符合人们道德期待,实现政策目标和道德导向有机统一。科学制定经济社会政策和改革举措,在涉及就业、就学、住房、医疗、收入分配、社会保障等重大民生问题上,妥善处理各方面利益关系,充分体现维护社会公平正义的要求。加强对公共政策的道德风险和道德效果评估,及时纠正与社会主义道德相背离的突出问题,促进公共政策与道德建设良性互动"。

---

① 孙奎贞编著:《政策科学纲要》,北京出版社2006年版,第27页。

第二节　实现公共决策的科学化、民主化、法治化的重大意义

曾任国务院副总理的田纪云后来撰文说：1986年7月31日，万里在全国软科学工作会议上的《决策民主化和科学化是政治体制改革的一个重要课题》的报告不啻一声惊雷，振聋发聩，在党内外引起了广泛的强烈反响。万里提出了"决策的失误是最大的失误"的命题，他指出，决策的民主化、科学化在我国没有受到应有的重视，这既有传统价值观方面的影响，同时也从一个重要的侧面反映了我国政治体制存在的问题。我国政治体制上的一个重要弊病，就是决策权力过分集中，决策制度不健全。自从万里提出这一课题以来，理论界对这一课题进行了持续而深入的研究，全国上下达成广泛的共识。

自党的十六大以来，党和政府反复强调这一课题，并针对特定时期的突出问题提出针对性措施，不断推进公共决策的科学化、民主化、法治化进程。党的十六大报告指出："改革和完善决策机制。正确决策是各项工作成功的重要前提。要完善深入了解民情、充分反映民意、广泛集中民智、切实珍惜民力的决策机制，推进决策科学化民主化。各级决策机关都要完善重大决策的规则和程序，建立社情民意反映制度，建立与群众利益密切相关的重大事项社会公示制度和社会听证制度，完善专家咨询制度，实行决策的论证制和责任制，防止决策的随意性。"党的十七大报告指出："推进决策科学化、民主化，完善决策信息和智力支持系统，增强决策透明度和公众参与度，制定与群众利益密切相关的法律法规和公共政策原则上要公开听取意见。"党的十八大报告指出："坚持科学决策、民主决策、依法决策，健全决策机制和程序，发挥思想库作用，建立健全决策问责和纠错制度。"党的十九大报告指出："健全依法决策机制，构建决策科学、执行坚决、监督有力的权力运行机制。"

一、提高公共政策质量的根本途径

"公共政策是公共管理的核心。一切公共管理活动都是围绕解决公共问题的公共政策展开，公共政策始终贯穿公共管理活动全过程。因此，高质量的公

共政策至关重要。"①而实现决策科学化、民主化、法治化是提高公共政策质量的根本途径。因此,实现决策科学化要通过构造理性的决策模式,让信息、技术以及专家的专业化知识充分发挥作用;实现决策民主化务必将民主参与纳入决策全过程,实现政府与社会公众平等对话,达成共识,回应公共利益诉求,以便公共决策获得社会大多数人的支持与认同;实现决策的法治化,即依照法定程序进行决策,通过合法性审查确保公共决策符合法律要求。

二、民主政治和法治社会建设的基本任务

党的十八大报告强调"坚持科学决策、民主决策和依法决策",以适应中国特色社会主义民主政治和法治社会建设的发展要求,因此,实现决策科学化、民主化、法治化是民主政治和法治社会建设的基本任务。我国在建设社会主义民主政治和法治社会的进程中,实现公共决策"三化"仍然是重中之重。当前,我国公共决策在科学化、民主化、法治化方面的欠缺具体表现在:首先是决策的科学性弱,"瞎指挥、乱拍板、胡折腾"等违背科学决策的现象时有发生②;其次是决策民主化进程发展滞后,民主参与度低,尤其是离"行政决策必须在公共利益的基础上广泛、连贯地吸取民众意见,扩大民主参与,在知民情、懂民意的基础上进行"③的要求相差甚远;最后是依法决策水平不高,以权压法、以言代法现象屡禁不止,降低了决策的合法性。党的十八届四中全会要求"坚持法治国家、法治政府、法治社会一体建设",实现决策法治化仍是法治社会建设的重点和难点问题。由此看出,只有实现决策的科学化、民主化、法治化,才能推进社会主义民主政治和法治社会的建设进程。

三、重大决策失误的经验总结

胡鞍钢在《积极建言,影响决策》一文中指出,新中国成立以来,先后出现三次严重的决策失误:一是坚持以阶级斗争为纲,发动频繁的政治运动,直到发生

---

① 王宝成:《基于CNKI数据库的公共政策质量文献统计分析与展望》,《理论月刊》2017年第7期。
② 隋映辉:《新型智库建设与决策科学化》,《福建论坛(人文社会科学版)》2017年第1期。
③ 石国亮:《发展中的行政决策:科学化与民主化之博弈关系探析》,《江苏社会科学》2011年第6期。

第三章 实现公共决策的科学化、民主化、法治化

"文化大革命"那场全局性的动乱,延误了我国现代化发展进程;二是经济建设指导思想上急于求成,多次出现经济发展大起大落,造成重大比例严重失调,被迫进行重大经济调整;三是人口政策失误和不适当的经济政策,导致我国 20 世纪五六十年代人口盲目增长,成为社会经济发展的沉重负担。基于三次重大决策失误,我国进行了深刻的反思和总结。改革开放之后,我国的决策模式随之发生改变,由个人决策模式向集体决策模式转变,由封闭模式向开放模式转变,由不透明决策模式向透明决策模式转变。在这一时期,中央领导多次强调要尊重科学、尊重知识、尊重人才,重大决策要广泛听取各方面的意见和建议,尤其是要听取国内外专家学者的意见,使决策逐渐建立在科学化、民主化、法治化的基础之上,在一定程度上减少了决策失误,提高了决策质量。党的十八大以来,我国更加重视决策工作的支撑体系,提出要加强建设中国特色新型智库,并认为中国特色新型智库是党和政府科学民主依法决策的重要支撑;要大力加强智库建设,以科学咨询支撑科学决策,以科学决策引领科学发展,推进国家治理体系和治理能力现代化。

第三节 实现公共决策的科学化、民主化、法治化的途径

公共决策的科学化、民主化、法治化三方面是辩证统一的关系,它们相互支持、相互配合、相得益彰。法治化是决策现代化的保证,民主化是基础,科学化是主导。没有科学性,决策的质量、效率就不可能提高。没有民主化,不广开言路,不提供建言献策渠道,决策就不具备科学化的基础。没有决策的法治化,决策就失去了法律保护和法律约束,也就谈不上科学化和民主化。决策法治化可以使科学化、民主化决策的原则和方法相对稳定地固定下来,有利于保持决策的相对稳定性,也有利于巩固科学决策、民主决策的合法性基础。我们可以从以下几个方面来持续推进公共政策系统的整体性建设,提高公共决策的科学化、民主化、法治化水平。

一、发展公共政策学科是理论支撑

公共决策的科学化、民主化、法治化是政策科学的核心主题,是公共政策

研究的出发点和归宿。20世纪50年代兴起的西方政策科学从建立伊始就把政策制定过程的科学化、民主化和法治化作为核心主题,作为政策科学研究的基本目标。在拉斯韦尔—德罗尔的政策科学范式中,端正人类社会发展方向,改善公共政策制定系统,提高公共政策制定质量,是政策科学研究的目标。拉斯韦尔曾指出,政策科学是用于解决社会问题,特别是那些结构和关系都很复杂的社会问题的工具。政策科学是一种干预性研究,它要求人们应用知识和创造力更好地制定政策,进而干预社会生活。政策科学的产生标志着人类试图运用自己的智慧发出这样的宣示:人类能够有效地控制并塑造自己的未来。① 由此看出,政策科学的主要任务就是为政策制定过程提供新理论、新知识、新方法,保证政策活动富有成效。政策科学的目的是促进政策制定过程的科学化、民主化、法治化,政策科学的社会功能在于提高政策质量和有效性,促进人类社会政治、经济、社会、文化、生态诸方面的协调发展,实现人类社会的美好生活。

目前,我国决策科学化、民主化、法治化水平不高,经常出现经验型决策方法在政府决策过程中占据主导地位的情况。有些政策方案未经过理论探讨,也没有经过专家的详细论证或者是未采纳相关政策咨询机构的建议,更没有经过人民代表大会充分讨论,公民亦未参与政策制定过程,而是任凭领导依据个人经验,拍板定案,这就难以避免政策失误。还有一些决策者将公共权力视为特权,以公共政策牟取私利。同时,我国在某些方面的政策缺乏完整性,尚未形成系统化体系,因此往往出现不同政策之间相互矛盾或者是制定出来的政策前后不一致的情况。此外,政策制定的法治化程度不高,缺乏完善的系统化的政策制定和执行的法律规范、法律程序、法律手段等。因此,要提高目前决策的科学化、民主化和法治化水平,就有必要加强政策科学研究,强化政策科学研究的指导作用。要深入研究政策过程本质和规律,形成系统化的关于政策制定、执行和评估的理论和方法,把学科发展与政策工作专门人才的培养紧密结合起来。

---

① 王春福:《论决策的科学化和民主化的统一:兼论政策科学的学科理念》,《政治学研究》2004年第4期。

二、科学决策是主导

实现公共决策的科学化,就是要科学决策,其含义是公共决策主体及其他参与者充分利用现代科学技术知识及方法特别是公共决策的理论和方法并采用科学合理的决策程序进行决策。科学决策也就是理性决策,它极大地克服了经验决策的不足,保障了决策的正确性。实现公共决策科学化的具体要求为:第一,注重决策前的调查研究。没有调查就没有决策权。通过调查研究,才能从实际出发,按规律办事,避免犯主观主义错误。习近平总书记指出:"研究问题、制定政策、推进工作,刻舟求剑不行,闭门造车不行,异想天开更不行,必须进行全面深入的调查研究。"这就深刻阐明了调查研究是科学决策的前提和基础。第二,要依靠现代科学技术,运用一切可以运用的科学技术手段来为决策服务。第三,要遵循科学化决策原则,如信息完备原则、预测原则、系统原则、可行性原则、动态原则。第四,要提高决策主体及参与人员的素质和能力。[①] 推进公共决策科学化、民主化、法治化的关键也在于决策者的素质和能力。提高决策者的素质与能力需要在以下几方面做出努力:坚定决策者的政治立场,养成求实的工作态度,培育科学的创新精神,优化决策者的知识结构。第五,要发挥好智库的作用。党的十八大明确提出要"健全决策机制和程序,发挥思想库作用";十八届三中全会进一步强调"建立健全决策咨询制度";十八届四中全会进一步提出了要完善决策咨询制度。决策咨询制度的建立和完善,将改变政府以往的决策惯性,降低决策风险,实现公共决策科学化。智库建设是公共决策科学化的重要一环。在理论层面,智库是现代政策科学的发源地和成长的摇篮,是政策科学或政策分析最纯粹的组织体现,而政策科学又是智库建设最直接和最主要的支撑学科之一;在实践层面,智库是国家软实力的重要体现,是国家治理体系和治理能力现代化的一个不可或缺的重要组成部分。当前我国智库建设还存在诸多问题,如影响力大的智库较少、高质量的研究成果不多、智库建设整体规划缺失、资源配置不够科学、管理方式亟待创新等。2015年1月,中共中央办公厅、国务院办公厅印发的《关于加强中国特色新型智库建设的意见》是指

---

① 李恩文:《努力推进我国公共决策的科学化、民主化和法制化管理建设》,《东南大学学报(哲学社会科学版)》2009年第A2期。

导我国智库建设的纲领性文件。

除此之外,在大数据时代,要利用新媒体和大数据为科学决策服务。从信息的传播方式上看,以互联网为核心的信息通信技术的发展、成熟和普及将人类带入了新媒体时代。新媒体作为网络信息的传播媒介,既超越了电子媒体的广度,又超越了印刷媒体的深度,具有高度互动性,大大加快了信息的传播速度,同时也为人们提供了自由"发声"的话语平台。这种网络话语表达,包含了公众之间、公众与公共部门及其他社会组织之间的多维度、多层面的信息交流与互动,并渗透到政府公共决策的各阶段和各领域。近年来,中国政策领域发生的诸多事件已显示出公民网络话语表达对政府公共决策和政府行为的影响力不容小觑。从信息的组织方式上看,大数据技术的异军突起对政府而言既是机遇也是挑战。大数据作为信息资本和数据资源对国家治理、政府决策、公共服务、组织方式和业务流程具有重要意义。一方面,大数据具有极高的价值,政府需要提升其信息挖掘能力,将信息充分应用于政府决策当中,提升公共政策科学化的水平;另一方面,必须认真审视大数据,尤其是公共衍生大数据的开放程度和保护水平,做好数据管理工作,既要达到信息公开的要求,也要保障关键信息的安全。在这样的时代背景下,应该顺应信息化的浪潮、乘着网络化的东风,在新媒体、大数据中避害趋利,有效推进我国公共政策的科学化、民主化、法治化。

三、民主决策是基础

实现公共决策的民主化,就是要民主决策,其含义是指行政决策主体在决策过程中,要充分保障广大人民群众和各种社会团体及政策研究组织参与公共决策过程,在政策中反映广大人民群众的根本利益和要求,同时在公共决策系统及其运行中形成民主的体制机制、程序和气氛。民主决策是基础,民主决策为科学决策、依法决策提供了动力源泉、压力机制和约束力量。实现公共决策民主化的具体要求为:

首先,保证决策价值取向上的民主化,必须把充分反映和实现人民群众的根本利益作为决策的根本宗旨。决策者树立"以人民为中心"的决策导向,从维护人民群众根本利益出发,以"人民拥护不拥护""人民赞成不赞成""人民高兴不高兴""人民答应不答应"作为决策出发点和依据。正如习近平总书记在《调查研究的过程就是科学决策的过程》一文中指出:"通过深入基层、深入实际、深入群众,我们可以了解群众在想什么、盼什么、最需要我们党委、政府干什么。从而,使我们的各项决策和工作部署,集中民智,体现民意,反映民情,做实一件事,赢得万人心,真正做到情为民所系,利为民所谋,权为民所用。"

其次,保证公共决策参与机制民主化。务必要建立合理规范的参与机制,扩大人民群众对政府重大决策信息的知情权和参与权,实现决策信息公开化、透明化。广开言路,集中民智,不断完善决策民主化程度。[①] 我国是人民民主专政的社会主义国家,人民是国家的主人。国家的党政机关要时刻与人民代表保持联系,重视人民群众的信访工作,建立完善的社会协商对话机制。党的十八届三中全会的决定提出,要"构建程序合理、环节完整的协商民主体系,拓宽国家政权机关、政协组织、党派团体、基层组织、社会组织的协商渠道。深入开展立法协商、行政协商、民主协商、参政协商、社会协商"[②]。进一步拓宽人民群众参政议政渠道,充分发挥人民群众及社会各界参与决策的功能,提高决策的透明度,让人民群众广泛参与行政决策过程,监督政府工作。与此同时,要特别注重政策研究组织等智囊团建言献策的作用。决策者要强化民主意识,要坚持走"从群众中来、到群众中去"的群众路线。

再次,决策中枢要健全民主决策制度。行政首长在决策中枢中起着关键性作用,行政决策过程即领导决策的过程。在行政决策中,行政首长要处理好行政首长负责制与民主集中制的关系。坚决规避"决策任性",不能"乱决策、违法决策、专断决策、拍脑袋决策",更不能把个人凌驾于组织之上,以个人意见代替集体智慧,用经验决策代替科学决策。党委集体领导集体决策,理应坚持民主集中制原则,实行"集体领导、民主集中、个别酝酿、会议决定",在领导班子内部形成民主氛围。实行集体领导和个人分工负责相结合的制度,主要领导要具有民主作风,善于集思广益,坚持重大问题集体讨论决策。每个领导者既要切实

---

① 王若磊:《推进决策的科学化、民主化、法治化》,《中国领导科学》2016年第10期。
② 阎孟伟:《协商民主中的社会协商》,《社会科学》2014年第10期。

履行自己所分担的职责,又要关心全局工作,积极参与集体决策活动。① 正如中共中央政治局于2018年12月25日至26日召开的民主生活会上习近平总书记所指出的:"党的十八大以来,党中央各项决策都严格执行民主集中制,都注重充分发扬党内民主,都是经过深入调查研究、广泛听取各方面意见、进行反复讨论而形成的。要把我们这样一个大党大国治理好,就要掌握方方面面的情况,这就要靠发扬党内民主而来,靠各级党组织和广大党员、干部广泛听取民声、汇聚民意而来。领导干部要把民主素养作为一种领导能力来培养,作为一门领导艺术来掌握。"

最后,要建立和健全公共决策的监督机制和决策失误的责任追究制度。公共决策监督机制是公共决策的重要组成部分,它贯穿于公共决策的每一个环节,是保证决策制定科学化、民主化的必要手段。必须从目前我国公共决策监督机制存在的主要问题入手来探讨如何完善公共决策监督机制。要坚持重大问题人民代表大会讨论、审议制度。要健全公开办事制度,在行政管理尤其是在行政决策的过程中,凡是与民生福祉、与经济发展密切相关的工商、税务、土地、环保以及外事审批等业务都应该做到公开办事,其内容包括制度公开、程序公开、结果公开。在公开办事的基础上,逐步提高组织人事工作以及政府政绩考核的透明度,强化民意调查,通过公众舆论、人民来访、社会调查等各种途径和手段,了解人民群众对政府重大决策的意见以及对政府和政府部门领导人的政绩评价。要健全社会通报制度。要加强公共舆论对公共决策的监督。要形成监督合力。要扩大监督对公共政策过程的覆盖面。通过监督机制的完善,强化对决策权力的有效制约,使决策者依法用权、有限用权、尽责用权、公正用权,从而减少决策的失误。建立重大决策终身责任追究制度及责任倒查机制,对决策严重失误或者依法应该及时做出决策但久拖不决造成重大损失、恶劣影响的,严格追究行政首长、负有责任的其他领导人员和相关责任人员的法律责任。通过建立层层负责的公共决策责任体系及其追究制度,使每一个决策者都增强自己的责任感和法律意识。

---

① 谭兴中:《论推进我国公共决策民主化科学化规范化》,《西南民族大学学报(人文社科版)》2005年第9期。

第三章 实现公共决策的科学化、民主化、法治化

四、依法决策是保证

实现公共决策的法治化,就是要依法决策,其含义是行政决策主体依据法定程序、法定权限和法律规定进行决策,并以合法性审查确保决策者的决策行为有法律依据和法律授权。依法决策是保证,只有依法决策才能从根本上保障和实现公共政策的公共性、合法性,因为现代法治精神与公共政策的公共性是高度契合的;也只有依法决策,才能维护和保障科学决策、民主决策的体制机制、程序、环境和条件。实现公共决策法治化的具体要求,首先是有法可依,即建立健全决策法律制度,决策行为才有所遵照。其次是要做到依法决策。务必要严格按照法定程序、法定权限、法律依据进行决策,法律方能有生命力。再次是违法必究,即对违法行为要给予严厉的责任追究。最后是要完善行政决策法治化的保障措施,如建立健全行政决策的合法性审查机制。

我国的决策体制具有有别于西方国家的独特性。在中央层面上,中国的决策体制主要由"党""政""军""法""民"五个行为主体构成,这五个主体之间形成了"一个核心"和"四种关系",其中"一个核心"是指中国共产党是决策体制中的核心主体,"四种关系"是指"党政关系""党军关系""执政党与参政党关系""党民关系"。这种决策体制具有其历史合理性,在实现国家政治统一、推动现代化建设中发挥了不可替代的作用。因此,要实现决策体制法治化,一方面要坚持中国共产党的领导地位,另一方面要用法制理顺"四种关系",规定权力范围,划清权力界限。而在决策程序方面,党的十八届四中全会提出,健全依法决策机制,把公众参与、专家论证、风险评估、合法性审查、集体讨论决定确定为重大行政决策法定程序,建立行政机关内部重大决策合法性审查机制,建立重大决策终身责任追究制度及责任倒查机制,这意味着我国在决策程序合法化的道路上迈出了重要一步。以法治思维引领行政管理体制改革,推动决策体制和决策程序的发展,不仅是一种实践探索,而且是一种全新的决策理念和决策思想。理顺公共政策与法治的关系,探讨决策体制、决策程序法治化的实现路径、具体操作和现实效果等,是实现公共决策法治化的重要方面。党的十八届四中全会通过的《中共中央关于全面推进依法治国若干重大问题的决定》指出把健全依法决策体制作为建设法治政府的主要任务之一。2015年12月,中共中央

| 公共政策分析 |

和国务院印发的《法治政府建设实施纲要（2015—2020年）》中明确提出，"到2020年基本建成职能科学、权责法定、执法严明、公开公正、廉洁高效、守法诚信的法治政府"目标。推进法治政府，离不开公共决策的法治化建设，需要把公共决策纳入法治轨道。

复习思考题

1. 结合我国改革开放的成就谈谈公共政策与国家经济社会发展的关系。
2. 论述公共政策的重要性。
3. 与道德相比较，公共政策对人的行为发挥规范作用的特点是什么？
4. 试述公共政策与法律的关系。
5. 实现公共决策的科学化、民主化、法治化有什么重大意义？
6. 实现公共决策的科学化、民主化、法治化的途径有哪些？

参考文献

1. 〔日〕药师寺泰藏:《公共政策》,张丹译,经济日报出版社1991年版。
2. 〔美〕米切尔·黑尧:《现代国家的政策过程》,赵成根译,中国青年出版社2004年版。
3. 〔加〕迈克尔·豪利特、M.拉米什:《公共政策研究:政策循环与政策子系统》,庞诗等译,生活·读书·新知三联书店2006年版。
4. 〔美〕威廉·N.邓恩:《公共政策分析导论(第二版)》,谢明等译,中国人民大学出版社2010年版。
5. 〔美〕丹尼尔·W.布罗姆利:《经济利益与经济制度——公共政策的理论基础》,陈郁等译,上海三联书店、上海人民出版社1996年版。
6. 〔美〕托马斯·戴伊:《理解公共政策(第十版)》,中国人民大学出版社2004年版。
7. 〔美〕斯图亚特·S.那格尔编著:《政策研究百科全书》,林明等译,科学技术文献出版社1990年版。
8. 〔美〕E.R.克鲁斯克等:《公共政策词典》,唐理斌等译,上海远东出版社1992年版。
9. 〔美〕丹尼斯·C.缪勒:《公共选择理论》,中国社会科学出版社1999年版。
10. 〔美〕戴维·L.韦默、〔加〕艾丹·R.瓦伊宁:《公共政策分析理论与实践(第四版)》,刘伟译,中国人民大学出版社2013年版。
11. 李国正主编:《公共政策分析》,首都师范大学出版社2019年版。
12. 王坤:《公共政策分析》,天津人民出版社2018年版。
13. 王星闽主编:《公共政策分析》,中国财政经济出版社2017年版。
14. 顾建光主编:《公共政策分析学》,上海人民出版社2004年版。
15. 顾建光编:《公共政策分析论述》,上海人民出版社2013年版。
16. 刘圣中主编:《公共政策学》,武汉大学出版社2008年版。
17. 舒泽虎编著:《公共政策学》,上海人民出版社2005年版。
18. 王曙光等:《公共政策学》,经济科学出版社2004年版。
19. 严强主编:《公共政策学》,社会科学文献出版社2008年版。
20. 陈庆云主编:《公共政策分析》,北京大学出版社2006年版。
21. 朱亚鹏:《公共政策过程研究:理论与实践》,中央编译出版社2013年版。
22. 宁骚主编:《公共政策学》,高等教育出版社2003年版。

23. 汪大海主编:《现代公共政策学》,清华大学出版社 2010 年版。
24. 王春福、陈震聃:《西方公共政策学史稿》,中国社会科学出版社 2014 年版。
25. 陶学荣主编:《公共政策学》,东北财经大学出版社 2012 年版。
26. 朱春奎主编:《公共政策学》,清华大学出版社 2016 年版。
27. 谢明编著:《公共政策导论》,中国人民大学出版社 2002 年版。
28. 陈振明编著:《公共政策学——政策分析的理论、方法和技术》,中国人民大学出版社 2004 年版。
29. 梁之栋:《公共政策分析与研究》,西安交通大学出版社 2017 年版。
30. 赵艳霞主编:《公共政策分析》,哈尔滨工程大学出版社 2017 年版。
31. 张国庆:《现代公共政策导论》,北京大学出版社 1997 年版。
32. 张金马主编:《公共政策分析:概念·过程·方法》,人民出版社 2004 年版。
33. 陈振明主编:《政策科学——公共政策分析导论(第二版)》,中国人民大学出版社 2003 年版。
34. 赵成根:《民主与公共决策研究》,黑龙江人民出版社 2000 年版。
35. 金太军等:《重大公共政策分析》,广东人民出版社 2014 年版。

第二编

公共政策系统

【内容概要】 公共政策系统理论是对系统理论与系统分析方法的应用。本编基于系统理论和系统分析方法，分析了公共政策系统；重点探讨了公共政策系统的两个构成要素，即公共政策主体、公共政策客体；分析了每个构成要素的主要内容以及公共政策主体与公共政策客体的相互关系；并探讨了公共政策系统的环境构成。第四章主要介绍了系统论、公共政策系统的概念以及公共政策系统的构成，解析了公共政策主体、公共政策客体两个要素和二者的关系。第五章考察了公共政策环境对公共政策系统的影响和作用。

第四章 公共政策系统概论*

第一节 系统论与公共政策系统

一、系统论

"系统"(system)这个词最早出现在古希腊语中,代表的是由部门组成的整体的意思。贝塔朗菲认为:"'系统'即相互作用的元素的综合体。"①"系统"一词在《中华大辞典》里的解释为:同类事物按照一定关系组成的整体;有条理的;等等。根据系统论的观点,系统是由若干相互联系的并与环境发生作用的要素或部分所构成的具有特定功能的整体。系统的要素指的是系统内相互联系、相互作用的组成部分。要素是系统存在的基础,但是要素只是构成系统的必要条件,并非充分条件。要素只有依照一定的方式相互联系、相互作用才能构成系统。系统的要素是不同于孤立存在的要素的。要素只有作为系统的组成部分时,才能起到它在系统中应有的作用,而一旦离开了系统,脱离了与其他部分的

---

* 本章案例导入请扫书前二维码获取。

① 〔奥〕路德维希·冯·贝塔朗菲:《一般系统论:基础·发展·应用》,秋同等译,社会科学文献出版社1987年版。

相互联系和相互作用,便失去了其作为该系统的要素的性质和作用,其性质和特点就会发生根本的变化。另外,同一个要素在不同的系统中,其性质、地位和作用也是不同的。系统的各要素之间、要素与整体之间,以及整体与环境之间,存在着一定的有机联系,从而在系统的内部和外部形成一定的结构与秩序,使得系统具有整体性、有机关联性、结构层次性、环境开放性等特征。

系统论的基本原则一般包括以下几个方面。

(1) 整体性原则,即系统、要素和环境之间的辩证统一。首先,系统与要素、要素与要素、系统与环境之间存在着有机的联系,它们相互作用、相互影响,构成一个整体。其次,系统的性质和规律,只有从整体上才能显示出来,整体可以出现部分未有的新功能,整体功能不是各部分功能的简单相加。最后,系统内部各要素或部分的性质和行为,对其他要素或部分的性质和行为有依赖性,并对整体的性质和行为有影响。整体性原则是系统论的基本出发点,它要求人们在认识和处理系统对象时,要从整体着手进行综合考察,以达到最佳效果。

(2) 结构功能的原则,即系统的结构与功能的辩证统一。首先,结构是功能的基础,功能是结构的属性;结构不同,一般来说功能也不同,结构决定功能。其次,同一结构可能有多种功能;结构不同,也可获得相同或相似的功能。它要求人们在分析研究各种系统时,必须把握好系统结构和功能的辩证发展规律。

(3) 相互联系的原则,即系统的整体性是遵守各要素间的物质和能量的相互交换、转换及守恒的规律,通过信息的传递、交流等多种形式实现的。研究系统整体性时,必须搞清系统内外部物质、能量、信息的流动状态。

(4) 有序性原则,即系统都是有序的、分层次的和开放的,一般都由低级有序状态向高级有序状态发展。

(5) 目的性原则。系统有明确的目的和目标。系统往往不只具有单一目的,目的也并不在同一层次上,而是有主次之分,所以需要处理好不同目的之间的关系。

(6) 适应性原则,即在反馈机制的作用下,系统能保持内部的稳定以及与环境的协调的一种特性。系统对环境的适应性,可以说是系统的稳定性在系统外部关系上的表现。一个多变的系统是难以适应外部环境的;反之,如果环境发生激烈变化时,系统本身却毫无改变,同样也不能适应环境。

(7) 动态性原则,即现实的系统都是变化、发展的,所以我们应当在动态中协调系统各方面的关系,使系统达到最优化。

二、公共政策系统

公共政策系统是公共政策要素组合而成的共同体。从系统分析方法来看,政策系统是公共政策运行的载体,是开展政策过程的基础。西方学者克鲁斯克等人将政策系统界定为"政策制定过程所包含的一整套相互联系的因素,包括公共机构、政策制度、政府官僚机构以及社会总体的法律和价值观"[①]。国内学者陈振明对政策系统做了不同的解释,他将政策系统界定为"由政策主体、政策客体及其与政策环境相互作用而构成的社会政治系统"。我们认为公共政策系统理论是对系统理论与系统分析方法的应用。按照系统理论,不管是人们的认识活动还是实践活动,都是主客体间相互作用的动态过程。因此,我们可以将公共政策系统定义为由政策主体、政策客体及其与政策环境相互作用而构成的有机整体,其中,政策主体、政策客体不断地与政策环境进行着物质、信息和能量的交换。政策系统同其他系统一样具有整体性、相关性、动态性和开放性等特征。

系统理论认为世界一切事物都以系统的形式存在,复杂的事物又由众多的子系统构成。公共政策系统是社会大系统的一个子系统。公共政策系统本身也是由子系统构成。从系统构成的要素来看,公共政策系统可以划分为公共政策主体子系统和公共政策客体子系统。从政策过程角度来看,公共政策系统可以划分为政策信息子系统、政策咨询子系统、政策决策子系统、政策执行子系统、政策评估子系统、政策监控子系统。

(1) 信息子系统。信息是政策制定和执行的基础与依据,信息符号是政策内容传输的载体,是连接政策主体与政策客体、决策者和决策对象之间的桥梁和纽带。从某种意义上说,公共政策过程就是信息的获取、加工、传递、流动、转换与利用的过程。正确的决策来源于正确的判断,而正确的判断则取决于高质量的信息。因此,信息子系统是公共政策系统中的一个基础子系统,也是公共

---

① 〔美〕E. R. 克鲁斯克等:《公共政策词典》,唐理斌译,上海远东出版社1992年版。

政策系统的"神经"系统。信息子系统是一个由掌握信息技术的专业人员、机械设备和一些规程所组成的有组织、有结构、相互协调的复合体,主要包括情报部门、统计部门、档案部门、系统数据库、图书资料部门以及咨询、监督、反馈等部门。信息子系统存在的形式一般有对信息进行集中收集、加工处理、储存传递的信息中心和与信息中心相联结的、分布在各个职能部门的管理机构以及相关单位的信息网点,从而形成纵横交错的信息网络组织。信息子系统的任务是根据决策需要,对原始信息进行采集、储存和检查,对信息的传输加以计划,将原始信息、数据转化为价值更高、更有效的信息,并将这些信息提供给决策子系统和其他子系统。

(2)咨询子系统。咨询子系统俗称"思想库""智囊",是决策子系统的辅助系统。咨询子系统在公共政策系统中的功能和作用是:第一,提供预测研究。科学的预测是正确制定公共政策的前提之一。第二,帮助决策子系统发现问题,确定政策目标。第三,对政策方案进行设计、评估和论证。第四,提供其他政策相关问题的咨询。第五,对政策执行情况进行检验和评估。

(3)决策子系统。决策子系统是公共政策系统的中枢系统,它由拥有决策权的机构或个人组成,这些机构或个人不仅是决策活动的组织者,而且是政策的最终决定者。权威性和主导性是决策子系统的两个最基本的特征。决策子系统在公共政策系统中的功能和作用是:第一,确认政策问题。第二,明确政策目标。第三,组织政策方案设计。第四,负责备选方案的选择和最终确定。

(4)执行子系统。执行子系统是公共政策系统与环境直接作用的实践环节,也是将观念形态的政策内容转化为现实形态的政策效果、把政策的规划方案转化为可供观察与比较的实际结果的系统。执行子系统在公共政策系统中的功能是:第一,为政策方案的顺利实施做准备。第二,有效地实施政策方案,包括指挥、沟通、协调等方面的活动。第三,总结执行情况。

(5)评估子系统。评估子系统是合理配置政策资源、改进政策制定系统的一个基础子系统,它是由政策评估人员、评估对象(各类政策)、评估目的、评估标准和评估方法五大要素组成。评估子系统的功能和作用是:第一,检验公共政策的效果、效益和效率。第二,提供政策持续、修正、调整或终止的重要依据。第三,促使政策资源的有效配置。

（6）监控子系统。监控子系统是公共政策系统的一个有机组成部分，也是公共决策系统的一个特殊子系统，其任务是减少政策失误，使政策目标得以顺利实施，避免政策变形走样，促进政策内容的合法化，保持政策的权威性与严肃性。它的基本功能和作用是：第一，根据公共政策的目标，确立具体的监控标准或指标，并作为实施监控的依据。第二，对执行子系统的政策执行情况进行监控，包括执行子系统是否执行了政策、执行得如何，以纠正执行偏差，惩罚执行不力的行为。第三，反馈执行情况。客观、准确、灵敏、迅速地向决策子系统反映政策运行过程中的真实情况，使后者能够根据所得信息与预期目标进行比较，并做出适时的调整和补充。可以看出，公共政策系统既具有分散性的特点，因为它由众多功能独立的子系统构成，同时又呈现出相对集中性的特点，因为公共政策系统对每个政策子系统都进行相应的规划与控制。

第二节 公共政策系统的构成要素

一、公共政策主体

一般而言，公共政策主体（政策活动者）可以界定为直接或间接参与政策制定、政策执行、政策评价等活动的个体、团体或组织。政策主体的构成要素受各国自然历史条件、社会政治制度、经济发展水平、文化传统等因素的影响而呈现出一定的差别。许多公共政策学的相关论著都有公共政策主体相关内容的阐述，其中具有代表性的观点有以下几种。美国学者詹姆斯·安德森认为，政策主体可划分为官方决策者和非官方参与者两类。安德森指出，官方决策者是指具有合法权威去制定公共政策的人或机构。这些机构包括国家的立法机关、行政机关、行政管理机构、法院，相应地，国会议员、政府首脑、行政人员和法官这些个体也成为政策主体。非官方参与者是指政治体制外的、不直接行使公共权力的政策过程的参与者，包括利益集团、政党以及作为个体的公民。这些参与者可能在各种政策场合处于重要或主导地位，但他们自身并不拥有法定的决策权。[①] 与这一分类相似的还有查尔斯·琼斯（Charles Jones）等人的观点，他们根

---

① 〔美〕詹姆斯·E.安德森：《公共决策》，唐亮译，华夏出版社1990年版，第31页。

据政策提案的来源,将政策提案者即政策制定者分为政府内部主体和政府外部主体两大类,也就是将政策主体分为体制内和体制外两种。政府内部主体包括行政长官、一般官员、咨询者、研究机构、议员及其助手;政府外部主体包括利益集团、行业协会、委托人团体、公民团体、政治党派和传播媒介等。① 我国学者张国庆认为公共政策主体是政策系统中不可或缺的重要角色,是指那些在特定政策环境中直接或间接地参与公共政策制定、实施、监控、评估的个人、团体或组织。他通过不同标准的类型学分析出公共政策主体的构成主要包括:立法机关、行政机关、政治领袖、官僚集团、公务员、司法机关、政党、智囊团、利益集团、大众传媒、公民。② 严强将公共政策活动中的行动主体定义为参与整个公共政策过程的,对政策的规划、决策、执行和评估起到实际作用的具体组织机构和代表组织机构的个体构成的能动体系。公共政策行动主体具有具体性、代理性、能动性和社会历史性等特征。他认为从中国的实际情况出发,可以从个体与群体的关系、政治体制内外关系以及人们在政策制定与执行中的作用来研究公共政策主体的构成。③

公共政策主体泛指参加公共政策活动的能动性社会主体。从法权的角度看,公共政策主体可以分为国家公共法权主体、社会政治法权主体和社会非法权主体。国家公共法权主体这类政策主体指的是拥有法律规定的法权地位,获得法律授权,享有公共权威以制定、执行和评估公共政策的机构与职位。社会政治法权主体这类政策主体指的是经过法律认可和保护的,可参与公共政策的制定、执行、评估,但不拥有合法的权力去做出具有强制力的政策决定的社会行为主体。这类主体不拥有合法的权力去做出具有强制力的政策决定,因此不能成为国家公共法权主体,但他们往往通过合法的程序,获得社会法人资格,并得到法律的保护。社会非法权主体是指那些目的不在于参加公共政策的制定,但在需要的时候能够对政策的运行施加强有力影响的团体。从活动过程来看,所有政策活动至少包含政策的制定、执行、评估、调整、终结等能动性活动。我们

---

① 〔美〕斯图亚特·S.那格尔编著:《政策研究百科全书》,林明等译,科学技术文献出版社1990年版,"政策执行"一章。
② 张国庆主编:《公共政策分析》,复旦大学出版社2004年版,第113页。
③ 严强主编:《公共政策学》,社会科学文献出版社2008年版,第36页。

可以将政策的主体分为公共政策制定主体、公共政策执行主体、公共政策评估主体、公共政策终结主体等能动性主体。这四类政策行动主体相互影响、相互制约，共同构成公共政策的主体范畴。从公共政策过程不同阶段进行主体划分具有重要的价值。公共政策各个阶段的任务和要求是不一样的，因此对相应阶段的主体的素质要求也是不一样的，这样的划分有利于确定主体的范围和条件。政策过程不同阶段的相对分离，有利于对政策过程实施控制和监督。政策执行者与政策制定者的分离有利于发现和修正政策制定中存在的问题，而"第三方评估"又能够保证评估结果的客观性、可靠性。因此，传统政策过程不同阶段政策主体的高度重合性不适合现代公共政策过程中主体间分工合作、相互制约的要求。从狭义的角度来说，主流公共政策理论将政策制定主体视为公共政策主体。这里，我们也从政策制定主体的角度把公共政策主体划分为官方决策者与非官方参与者。

（一）公共政策的官方决策者

1. 西方国家官方决策者

官方决策者是指那些具有合法权力去制定公共政策的组织和个人。官方的决策机构包括立法机关、行政决策机关、行政执行机关、司法机关等；官方决策者的行为人包括国会议员、政府首脑、行政人员和法官等官方决策机构的代表人。

（1）立法机关。西方国家的立法机关主要是指国会、议会等国家权力机关。立法机关是政策主体最重要的构成因素之一，其主要职责是立法，即履行制定法律和政策这一政治任务。由于政治体制的不同，各国立法机关在公共政策过程中所扮演的角色不尽相同。如在美国，各个层次的立法机关常常能够独立地行使立法权，但在国防和外交政策的制定方面，总统比国会拥有更大的权力，很多时候总统的意志左右了国会的决定。而在内政方面，国会在税收、人权、社会福利、消费者保护、经济规制、环境保护等政策的制定上发挥着决定性作用。英国与美国有所不同，英国议会（下院）拥有绝对权力，它所批准和通过的法律往往是那些首先由政党提出，然后由文官起草，再由政府（首相和内阁）提交的法案。由于世界各国的政治制度不同，不同国家的立法机构在公共政策过程中所起的作用有着许多细微的差别。

(2) 行政决策机关。在三权分立的西方国家,行政机关的政策主体主要是具有决策权的行政首长和各级政府的政务官(赢得选举的政党任命)系统。一些西方国家虽然推行三权分立的政治体制,但随着行政权力的不断扩张,行政机关在政策制定过程中的地位和作用越来越突出,"行政国家"已成为一个司空见惯的提法。以美国为例,根据美国"分立与制衡"的原则,总统行使职权要受到国会和联邦法院的牵制。但在现实中,美国总统拥有广泛且很大的权力,使得总统在政府行政过程中处于核心地位。总统可利用其职权和威望协助本党成员进行州长、参议员、众议员以及其他职位的竞选;在公职人员的任命上,总统也可以利用职权照顾本党成员。总统更为积极地倡议立法,更多地使用否决权;不再满足于仅行使宪法授予的单方面的权力,而从法律、法院裁决和先例中得到更多机会以行政命令(不需经国会正式批准)和其他方式直接决策。而且,国会经常把外交与军事领域的重大决策权授予总统,所以总统拥有的外交与军事领域的权力和行动自由比其在内政方面所拥有的权力和自由要大得多。

(3) 行政执行机关。政治与行政二分的传统观点认为,政策制定一般是由政府中的"政治"部门主导的,行政执行部门只是单纯地执行这些政策。然而,现代国家政策制定与政策执行相互缠绕、不可分割的特点日益凸显,行政执行部门对政策制定有很大影响。许多政策事务往往带有复杂性和技术性特征,而且需要进行连续控制。但是立法人员缺乏必要的时间和充足的信息,导致许多问题的处理权(规制决定权)被授予了行政执行机构。行政部门负责人具有特定领域政策方面的专业知识和经验,掌握与特定政策相关的不对称信息,与利益集团、公众有密切的联系。行政执行部门以其掌握的执行权,能够使其他机构所制定的法律或政策徒有虚壳,无的放矢,其经常采用的策略就是行动拖拉和无所作为。在一些国家的政治系统中,行政执行机构还是立法建议的重要来源之一。

(4) 法院。法院常常能够通过司法审查权和法令解释权对公共政策的性质和内容产生巨大影响。它不仅规定了政府不能做什么,而且规定了政府应该采取何种行动以符合宪法和法律的规定。司法审查权是指法院有权审查立法和行政机关的活动是否违宪,如发现与宪法相冲突的情况,有权决定这些活动无效。法令解释权是指解释和决定那些只有抽象的表述且容易引起歧义的法规的含义的权力。政策的制定显然深受这种权力的制约。

2. 我国官方决策者

在我国,官方决策者是公共政策主体的核心,由执政党和立法机关、行政机关、司法机关、监察机关等国家机关组成。

(1)中国共产党。我国宪法规定,中华人民共和国是工人阶级领导的、以工农联盟为基础的人民民主专政的社会主义国家。工人阶级是通过自己的先锋队即中国共产党来实现这种领导的。因此,包括政府行政机关在内的所有国家机关都必须始终坚持中国共产党的领导。中国共产党作为各种社会公共权力的领导核心,其公共权威集中体现在公共政策的制定与执行过程中。中国共产党在国家决策体制中起着政治领导和指导作用。中国共产党的领导是通过制定和实施党的纲领、路线、方针、政策来体现的。党的政策往往以直接和间接的方式形成国家的公共政策,直接形式是指党的历次代表大会和中央全会通过的政策性文件、党的主要领导人所发表的重要讲话;间接形式是指中共中央与其他国家机关联名发布的政策文件,中共中央单独提出的政策倡议、国家机关据此制定的政策方案,以及国家有关机构以党的政策为指导原则制定的相关政策。同时,我国实行的是中国共产党领导的多党合作和政治协商制度,共产党和八个民主党派的关系是执政党和参政党的关系。民主党派作为参政党,主要是通过参加政治协商会议等方式,从政治协商和民主监督两个方面参与公共政策制定过程,对公共决策产生重要的影响。

(2)人民代表大会。人民代表大会制度是中国的根本政治制度,也是社会主义政治体制优越性的集中体现。人民代表大会制度是在"议行合一"思想的基础上、结合当代中国的实际情况发展起来的一种政治制度。"议行合一"即国家的行政机关、国家监察机关、法院和检察院都是由各级人民代表大会选举产生,并受其监督,对其负责;另外,中国共产党在人民代表大会制度中发挥领导作用。人民代表大会制度体现了人民和人民代表的至高无上的地位,体现了一切权力属于人民。在当代中国的政治体制中,全国人民代表大会作为最高国家权力机关拥有的最高权力具体为最高的立法权、最高的任免权、最高的监督权、最高的决定权。宪法规定:"中华人民共和国的一切权力属于人民。人民行使国家权力的机关是全国人民代表大会和地方各级人民代表大会。"这既规定了人民在国家生活中当家作主的地位,又规定了人民行使当家作主权力的政权组织形式和以民主集中制为原则的公共政策决策体制。在我国,全国人民代表大会是最高国家权力机关和立法机关,其制定的法律和政策具有最高的效力,人大的决策权不受行政机关、司法机关和监督机关的制约。如果其他国家机关制定的政策与全国人民代表大会制定的法律、政策相抵触,全国人民代表大会有权对其加以纠正或将其撤销。

(3) 国家行政机关。行政机关是指掌握行政管理权力的国家机构,根据国家的法律,负责制定、执行国家的政策,享有立法创议权和修改宪法的建议权,管理国家的内政、外交等行政事务。行政机关是重要的政策执行主体,同时也是重要的政策制定主体。行政机关做出的行政决策是公共政策体系的重要组成部分。行政机关是立法机构所确立的国家意志的执行者。立法机关不可能面面俱到地制定具体的政策措施,所以行政机关制定的政策、规章构成了立法机关制定的法律和政策的必要补充。

在我国,行政机关主要包括国务院及其职能部门、直属机构,地方各级人民政府及其工作部门。它们是国家权力机关的执行机关,行使国家行政权。根据宪法规定,国务院作为最高国家权力机关的执行机关,也是最高国家行政机关,统一领导全国地方各级国家行政机关的工作,国务院享有行政立法权、提案权、人事权以及全国人民代表大会及其常务委员会所授予的其他职权,概括起来包括行政立法权、法律提案权、授权立法权、行政管理权、经济管理权、社会管理权、外交管理权等。地方各级人民政府在国务院统一领导下,负责管理地方的经济、文化、卫生等各方面的行政工作,地方政府可以做出地方行政决策,既体现与中央政府的一致性、统一性,又体现一定的自主性和因地制宜的特色。目前,我国行政决策是公共政策的表现形式之一,中央政府的行政决策主要有行政法规、行政措施、决定和命令、部门规章等形式;地方政府的行政决策主要有地方性规章、地方性行政措施、决定和命令等形式。

(4) 国家司法机关。司法机关是行使司法权的国家机关,是国家机构的基本组成部分,是依法成立的行使相关国家职权的司法组织,包括法院、检察院及有关职能部门。在我国,司法机关指人民法院、人民检察院。人民法院和人民检察院作为我国的司法机关,是国家机关体系中的一个重要组成部分。根据宪法规定,人民法院是审判机关,独立行使审判权;人民检察院是法律监督机关,独立行使检察权,不受行政机关、社会团体和个人的干涉。我国的国家司法权为全国人民代表大会赋予,不独立于立法机关,只独立于行政机关、监察机关。从我国的实际情况来看,我国司法机关的作用更多地表现在政策执行与政策监督方面,并不具备实际的公共决策功能,并没有真正成为公共政策制定的主体。最高人民法院和最高人民检察院根据法律赋予的职权,对审判和检察工作中所做的具有普遍司法效力的解释是公共政策的一种特殊构成。根据宪法和1981年全国人大常委会通过的《关于加强法律解释工作的决议》,司法机关被赋予司法解释权。

(5)国家监察机关。监察机关是对于各级国家行政机关及其工作人员的工作、国家公职人员的工作进行监督、检查和纠举的国家机关。新中国成立初期,政务院曾设有人民监察委员会。后政务院改为国务院,人民监察委员会改为监察部。1959年4月监察部被撤销。1986年第六届全国人民代表大会常务委员会第十八次会议决定,恢复并确立国家行政监察体制,设立中华人民共和国监察部。2018年3月,第十三届全国人民代表大会第一次会议审议并通过了宪法修正案,设立中华人民共和国国家监察委员会,不再保留监察部,监察部并入国家监察委员会。

为了在法治轨道上治理腐败、规范权力,推进社会的法治化进程,国家进行了监察体制改革,这是我国为实现国家治理现代化,重塑国家监察制度,持续高压反腐的一项重大创举。国家监察委员会作为在国家监察体制改革下新成立的国家机关,是国家最高监察机关,独立行使监察权,由全国人民代表大会产生,负责全国监察工作。省、自治区、直辖市、自治州、县、自治县、市、市辖区设立监察委员会,地方各级监察委员会由本级人民代表大会产生,负责本行政区域内的监察工作。国家监察委员会对全国人民代表大会及其常务委员会负责,并接受其监督。地方各级监察委员会对本级人民代表大会及其常务委员会和上一级监察委员会负责,并接受其监督。国家监察委员会领导地方各级监察委员会的工作,上级监察委员会领导下级监察委员会的工作。国家监察委员会统筹协调与其他国家、地区、国际组织开展的反腐败国际交流、合作,组织反腐败国际条约实施工作。监察委员会作为行使国家监察职能的专责机关,与党的纪律检查委员会合署办公,实现党性和人民性的高度统一。监察委员会是实现党和国家自我监督的政治机关,不是行政机关、司法机关。其依法行使的监察权,不是行政监察、反贪反渎、预防腐败职能的简单叠加,而是在党直接领导下,代表党和国家对所有行使公权力的公职人员进行监督,既调查职务违法行为,又调查职务犯罪行为,其职能权限与司法机关、执法部门明显不同。同时,监察委员会在履行职责的过程中,既要加强日常监督、查清职务违法犯罪事实,并对其进行相应处置,还要开展严肃的思想政治工作,进行理想信念宗旨教育,做到惩前毖后、治病救人,努力取得良好的政治效果、法纪效果和社会效果。监察委员会在制定和执行廉政政策中发挥重要的作用。

(二) 公共政策非官方参与者

非官方参与者是指参与或影响公共政策的制定、执行、评估等政策过程,但自身不拥有合法权力去做出具有强制力的政策决定的组织和个人。相比官方决策者而言,尽管他们对政策制定过程的影响较为间接,但同样是政策制定中不可忽视的主体因素。非官方参与者包括利益集团、政党、大众传媒、思想库和公民个人等。

1. 利益集团

利益集团是基于某种共同价值、共同利益、共同态度或者某种职业和行业而形成的正式、非正式团体和群体等社会组织。其目的在于建立、维持、增进共同利益;其职责是履行利益聚合功能,以保障或增进其成员的利益。利益集团对公共政策的影响一般取决于这样一些因素:团体的规模、资金及其他资源条件、团体的凝聚力、领导层的工作技巧、团体的社会地位、竞争性组织是否存在、官方决策者对其态度、在政治系统中所处的地位等。利益集团影响政策制定的方式或途径是多种多样的,如院外活动(lobbying)、舆论宣传、政治捐款、抗议示威等。干涉立法与政策是利益集团的重要活动。如美国国会、行政当局和利益集团之间存在着一个非正式的"铁三角"关系。利益集团经常为达到自己的目的采用合法手段对立法和政策进行抵制、阻挠、拖延。根据一项研究显示,大约有2/3的美国人至少属于一个利益集团,在英国和德国这个比例大约为1/2,意大利为1/3,墨西哥为1/4。西方国家利益集团的普遍性、成熟性、活动的规范性,使得利益集团非常现实地参与到公共政策过程之中。当某些政策的实施有利于某些利益集团时,它们通常表现出积极和拥护的态度,从而成为该项政策执行的动力;而当某些政策的实施会损害或危及某些利益集团时,它们通常表现出消极和反对的态度,从而成为该项政策执行的阻力。

据美国国会研究服务部调查数据显示:截至2012年,美国民间大约拥有超过3亿支枪,人均枪支数量是1968年的2倍,最新数据表明每100个美国人拥有枪支的数量是88.8把。2014年至2017年间,美国各类枪击案件的数目及伤亡人数都呈上升趋势,仅2017年发生的大规模枪击案就造成了114人死亡,582人受伤,创下美国1900年以来的枪击案伤亡的最高数字。2017年10月1日的拉斯维加斯市枪击事件和2018年2月14日的佛罗里达州校园枪击案再次掀起了美国社会各界对枪支管控问题的激烈争论。目前美国社会关于枪支管控的争论主要涉及公民权利、政府权力与公共秩序维护之间的关系问题,而法定权利、文化传统、价值观念、利益集团政治和党派之争等各种因素也交错其中。从利益集团的数量上看,各类枪支利益集团大约有19个,其中反对枪支管控的利益集团有12个,而支持枪支管控的仅有7个。从利益集团的捐款数额来看,历年来反对枪支管控的利益集团捐款总额都要远远大于支持枪支管控的利益集团,2010年至2018年期间,反对枪支管控的总捐款额达到1.13亿美元之多,支持枪支管控的总捐款额仅为1200万美元。利益集团中影响最大的应属1871年成立的全美步枪协会,该协会已被公认为美国影响力最强的单一事务利益集团。根据该协会的报告,其注册会员已经超过了500万。它与武器生产公司及商家一道,长期在国会展开攻势强大的游说,致使不少法律制定者为了各自的政治地位和经济利益,以"有枪可以自卫"及"杀人的不是枪而是人"等理由继续维护私人拥有枪支的合法性。①

改革开放以前,我国并没有西方国家这样的利益集团,只有工会、共青团和妇联等人民团体。改革开放以后,随着社会主义市场经济体制的建立和日益完善,社会也出现了多元化的格局,各种利益集团也在不断形成和发展,成为重要的社会力量,并逐渐对我国的公共政策过程产生重要的影响。在整个政策制定过程中,国内有组织的利益团体主要通过以下几种途径参与和影响决策:直接

---

① 赵新峰、蔡天健:《美国公共政策制定过程中利益集团的行动逻辑——以全美步枪协会(NRA)为例》,《行政管理改革》2019年第5期。

协助决策者进行政策酝酿;用公共传媒表达意见;组织召开各种类型的研讨会;资助研究机构形成政策方案;行业协会领袖向决策者谏言;向决策部门有组织地谏言;向部际协调机构和最高决策者谏言;通过两会代表、委员向决策部门建议或施压等。

目前,我国利益集团发展还不充分、不平衡,突出表现在困难群体中利益集团的形成还比较缓慢,它们往往自己不能"发声"表达自身利益诉求。另外,利益集团活动还缺乏健全的法律制度的规范,利益博弈缺乏"游戏规则"。现阶段,我国正处于经济社会转型阶段,多重利益交织,诱使利益集团通过"政府俘房"方式来对公共政策的制定和实施施加影响。再加上目前国内政治体制建设还在进一步完善中,监察力度有待加强,政府官员自身素质不过关等原因,使得利益集团进行"政府俘房"有较广阔的"沃土",由此产生腐败现象。

市场经济条件下利益集团作为一种在利益表达过程中出现的必然现象,对我国公共政策的影响有利有弊:(1)利益集团参与公共决策制定有助于增强公共决策过程的科学性、民主性和合法性。首先,利益集团对政府决策机构施加影响的过程是不同利益集团间、利益集团与决策机构间的博弈过程。不同的利益集团通过博弈表达自己的利益诉求,有助于决策机构综合衡量各方利益,避免政府决策部门的独断专行,增强公共决策的民主性。其次,利益集团内部许多成员掌握专业知识并且拥有某一方面的从业经历,能够在博弈过程中利用专业知识和丰富的经验分析公共政策的利弊,提高公共决策过程的科学性。最后,利益集团积极参与公共决策有助于鼓励更多的公民参与政治。在实施"公民政治"的条件下,政府部门的寻租行为才能得到有效监督和抑制,进而促使政府决策机构严格依法决策。(2)利益集团发展及其作用的不平衡性影响公共政策的公平性。市场经济发展和社会转型导致的多重利益交织,使得我国存在众多复杂的利益集团,但是这些利益集团在成员构成、利益诉求、影响力等方面存在明显的差异。这就决定了不同的利益集团对公共政策制定所施加的影响不同。规模大、实力强的利益集团能够采用更有效的方式对公共政策的制定施加压力,而相对规模小、实力弱的利益集团在博弈的过程中处于弱势地位,不能有效地表达自身的利益诉求。最终结果就是公共决策更加倾向于代表强势利益集团的诉求,进一步加剧社会利益结构的分化。利益集团实力的不对等导致公共政策的制定和实施存在公平性方面的问题,加剧了社会以及结构的分化。政府应该积极支持以普通大众为主的利益集团的发展,扩大其对公共政策的影响力,推进利益集团的充分发展、平衡发展。

2. 政党

政党是指一定阶级、阶层或集团的积极分子为维护本阶级、阶层或集团的利益,围绕着夺取政权、巩固政权或影响政府而结合起来采取行动的政治组织。政党作为利益集团的一种特殊类型,往往以政治联盟的形式出现。其关注的政策范围要比一般的利益集团更广,对政策制定的影响当然也比一般利益集团更大。现代国家的政治统治大都通过政党政治的途径加以实现,政党常常发挥着一种"利益聚合"的功能,即政党努力将不同利益集团的特定需求转变为一般性可供选择的政策方案。在西方两党制或多党制下,政党首先与政治权力而非与政策紧密相关,换句话讲,政党对政策制定的影响往往是靠选举来实现的。它们只有在大选中取胜,把握了国家政权之后,才能把其政治纲领和政策主张转化为真正意义上的公共政策。在选举中没有获胜的政党成为反对党、在野党,承担监督政府的职责。它们凭借在议会中的合法地位对政府进行监控,影响政府的政策制定。

在不同国家、不同历史条件下,这种"利益聚合"的方式并不完全相同:在实行两党制的国家中,如英国和美国,政党总希望能够获得更多选民的支持,因而在它们的"一揽子"政策纲领中试图体现多数人的需求,并尽力避免与势力强大的利益群体发生直接的利益冲突。在实行多党制的国家中,如法国,政党只代表着各种相对狭隘的利益,其"利益聚合"的功能不能得到很好的体现。它们更多的是以各种特定利益的经纪人而非倡导者的身份出现。在实行一党制的国家中,政党是政策主体的核心力量,在政策制定中起主导作用。公共政策在一定程度上完全可以被视为执政党的政策。

3. 大众传媒

现代大众传媒主要是指广播、电视、报纸、杂志、书籍、网络等人们借以表达思想和意愿、传播各种信息的舆论工具。大众传媒具有覆盖率高、信息量大、影响面广、冲击力强等特征,其主要作用是传播信息、制造舆论、沟通思想以及传播知识等。大众传媒是现代社会最强有力、最直接、最方便的沟通手段,对政策制定过程有着非常重要的影响,被普遍视为政策主体的一个重要组成部分,有"第四种权力"之称。社会舆论虽然不是正式的权力,但对政策过程有着重大影响,可以对政府行为构成直接的舆论制约。大众传媒对公共政策的作用和影响主要体现为以下几个方面。

(1) 传媒是传播和反馈政府政策信息的窗口。传媒是宣传政策的主要渠道,通过传媒的政策宣传,人们获知、了解、理解政策。传媒也是对政策实施后反映出来的目标群体的态度、政策本身的问题、遇到的障碍等信息的反馈窗口。

(2) 传媒可以表达政策诉求,推动政策议程设置。由于大众传媒具有信息传递的直接性和迅速性以及受众的广泛性,它能快速地把少数人发现和提出的社会问题以及对公共政策的期望在社会上广泛传播,争取更多的人表达对公共政策的诉求,从而为社会问题进入政策议程创造良好的群众基础。

(3) 传媒可以形成强烈的政策舆论。大众媒介能够持续地关注整个公共政策制定和执行的过程,通过反复地报道,使某一公共政策的制定形成"焦点效应",由此形成舆论压力,促使政府决策系统接受来自公众的愿望和要求,并将其反映到公共政策方案当中。

(4) 传媒是公众参与公共政策制定的渠道。大众传媒作为一种连接公众与决策系统的桥梁,可以帮助很多无法直接与决策系统接触的公众公开表达自己的诉求,使普通民众所关注的政策问题也能够引起社会公众或决策者的注意与重视。

4. 思想库

思想库或脑库、智库是现代政策研究组织的别称。思想库是由专业人员组成的跨学科、跨领域的综合性政策研究组织,它既从事理论研究又从事应用研究,既关注学术问题又关注实际问题。它是政策主体的一个十分独特而又非常重要的构成因素,被认为是现代决策链条中不可缺少的一环,对改善政策系统和环境、增强决策的科学性、促进决策质量的提高有着积极的影响。布鲁金斯学会、胡佛研究所、兰德公司、野村研究所等一些世界闻名的思想库,在整个政策制定过程中发挥着重要作用和影响。

思想库的主要功能是设计和提供政策方案。它们把企业、金融机构、政界人物、律师事务所、高级知识分子、新闻机构等各个方面的代表结合在一起,力求就正在研究中的全国性问题应采取什么行动达成一致意见,然后对这些粗线条的政治意见、政策目标进行严格的科学意义上的研究论证,使之转化为可操作的具体政策方案。思想库在设计出政策方案之后,一方面将它分发到新闻媒体和大众传播机构,在舆论上做准备;另一方面提交至政府及立法机构。政府和议会参考各个思想库不同的政策方案及舆论反应,对于各种政策方案进行分析和综合、评估和选择,最终产生正式的官方法律、政策。思想库除了提供政策方案、充当咨询机构的功能以外,还有产生思想、充当认识机构的功能;提供政策结果信息,充当政策评估"第三方"评估机构的功能;制造舆论,传播观点,充当宣传机构的功能;向政府输送人才,充当人才的交流和储备机构的功能。例如,美国智库十分重视研究成果以及智库本身的传播与推广。传统基金会副总裁菲利普·特鲁拉克说过:"我们在推销思想方面花的钱,绝对和研究方面花的一样多。"智库广泛地采取四种办法进行思想的传播与推广:举办会议、公开演讲、政策陈述、网络传播。近年来,各重要智库开发出了令人赞叹的网站,向一切访问者提供详尽的基础资料、背景材料和研究成果。"旋转门"是美国思想库最具特色的现象之一。美国每次换届选举后,政府各部门部长等高级阁员主要不是由议会党团产生,也极少来自公务员,而是来自精英荟萃的思想库。每隔4年,很多卸任的官员会到思想库从事政策研究,而思想库的研究者有不少到政府担任要职,从研究者变为执政者,这种学者和官员之间的流通就是美国的"旋转门"。美国总统奥巴马2009年1月份宣誓就任总统后,32位布鲁金斯学会的学者进入了他的执政团队,其中很多人都是核心官员。

思想库包括以下四种类型:(1)官方思想库。官方思想库或作为最高行政长官的智囊团,或隶属于不同职能部门,或具有相对独立的建制。它们直接研究政策问题,为决策提供咨询。官方思想库有几种类型:一是最高行政长官的研究咨询机构。比如美国总统科学咨询委员会、荷兰政策科学评议会、日本审议会等。这种机构与最高决策者保持密切联系,及时向决策者提供各方面的情报和资料,提供各种备选方案,作为政策制定者进行决策的依据与参考,对最高决策者产生巨大的影响。二是相对独立的研究咨询机构。它们与行政系统关系密切,成员由政府任命,但又保持自己相对独立的组织体系和研究方法,如法国的经济和社会委员会,荷兰的国务会议和社会经济理事会。这类思想库在西方政治生活中地位很重要,对国家的立法、行政和司法都有很大影响。三是部门的咨询机构。它们为各部门提供研究咨询服务,其形式多样,层次分明,构成一个相互关联又各司其职的系统。例如,日本政府各部都有相当数量的审议会作为咨询机构。通产省设有3个审议会,厚生省设有21个审议会,这些审议会对专题进行研究,提出方案,供各部门决策选用。(2)半官方思想库。主要有三种形式:一是政府出资支持重点研究课题,把研究工作纳入为政府服务的轨道。二是思想库与政府有关机构有对口挂靠关系,直接为对口单位提供政策咨询服务。三是政府通过和思想库签订合同,建立相互依存的关系。(3)民间思想库。民间思想库是由民间发起,得到基金会或公司企业赞助的社会性政策研究机构。它具有选题自由、研究范围广、社会联系多、不受政治局限、独立性强、较为灵活等特点,是西方国家思想库的典型形式。(4)国际思想库。它是由不同国家的学者和官员组成的,以国际问题为研究对象的国际性政策研究组织。其研究范围往往涉及人类共同关心的问题,如环境保护、气象服务、战争与和平、资源利用、人口控制等。

中国官方、半官方智库包括中央政策研究室、国务院政策研究室、国务院发展研究中心、中国社会科学院、各高校中的研究机构、各部委下属的研究机构。智库是连接知识和决策的桥梁,承担着资政启民的重要作用,是一个国家政治制度和历史文化的产物。由于每个国家处于不同的发展阶段,有着各自独特的人文历史环境和资源禀赋,各国智库的发展道路和模式都是独特的。当前,全球智库发展呈现多样化、多元化的趋势,智库发展没有统一的道路和模式可循,所以中国智库发展应当坚持自己的文化传统,积极探索适合我国的智库发展模式。党的十九大报告提出,中国特色社会主义进入了新时代,是承前启后、继往开来、在新的历史条件下继续夺取中国特色社会主义伟大胜利的时代,也是全体中华儿女勠力同心、奋力实现中华民族伟大复兴中国梦的时代,更是我国日益走近世界舞台中央,为人类做出更大贡献的时代。新时代开启了中国智库发展的新征程,中国智库应当立足国情、着眼全球,深入贯彻以人民为中心的发展思想,肩负中华民族伟大复兴的责任使命,在习近平新时代中国特色社会主义思想的引领下,走出一条有别于西方的中国特色的智库发展之路。2015年1月

20日公布的《关于加强中国特色新型智库建设的意见》明确指出,总体目标是到2020年,统筹推进党政部门、社科院、党校行政学院、高校、军队、科研院所和企业、社会智库协调发展,形成定位明晰、特色鲜明、规模适度、布局合理的中国特色新型智库体系,重点建设一批具有较大影响力和国际知名度的高端智库,造就一支坚持正确政治方向、德才兼备、富于创新精神的公共政策研究和决策咨询队伍,建立一套治理完善、充满活力、监管有力的智库管理体制和运行机制,充分发挥中国特色新型智库咨政建言、理论创新、舆论引导、社会服务、公共外交等重要功能。

5. 公民个人

公民是指具备一定的国籍,依照该国宪法和法律,享有权利、承担义务的自然人。公民概念蕴含了民主的价值,是权利和义务的共同体。公民是最为广泛的非官方政策主体。公民享有参与政府管理并影响公共政策的权利,具体表现为其享有知情权、参与权、表达权、监督权。公民参与政策过程的主要途径有:以主权者身份,通过直接投票的方式决定某些重大的政策问题,直接行使个人的权利;通过代议形式,推选代表参与政策制定,间接行使个人的权利;使用威胁手段,如参加请愿、示威、罢工、罢课等活动,反对某项政策的出台,迫使政府修改或废止某一政策;通过参加政治党派和利益集团,借助团体的力量影响公共政策的制定;通过制造社会舆论或进行多方游说等手段,提出政策诉求,影响政策导向;以个人的知识、经验为政策制定提供实证依据或理论指导。[①] 公民参与公共政策过程,有利于国家与公民之间形成良性互动,确保公共政策是在公民诉求和公共利益最大化的基础上制定出的,有利于促进社会公正,有利于实现"影响政府的行政和决策,使国家政治体系的运作避免或减少对'公意'的偏离"[②]的政治功能。

在我国社会主义民主政治制度下,人民是国家的主人,"人民中心论"集中体现为党和国家的各项政策实质上反映了广大人民群众的根本利益,是他们的意志和要求的集中体现。这就决定了人民群众在公共政策过程中发挥重大作用,党和政府要坚持"从群众中来,到群众中去"的路线,通过各种渠道让人民群

[①] 张金马主编:《公共政策分析:概念·过程·方法》,人民出版社2004年版,第304页。
[②] 魏星河:《我国公民有序政治参与的涵义、特点及价值》,《政治学研究》2007年第2期。

众参与公共政策的过程之中。应该说我国社会主义国家性质为公民的合法权益提供了充分保障,也为公共决策的民主化提供了坚实的基础和广阔的空间。但我们也要看到,我国目前的公民参与还存在一些需要解决的问题与困境。

(1)公众参与公共政策活动不充分不平衡。有相当数量的公民习惯于被动地接受政策,参与的主动性和自觉性较低。导致公民参与热情不高的原因是多方面的,除传统政治文化因素外,还有诸多现实因素的影响。不少决策者对引入公众参与缺乏意愿。一些政府官员由于观念上的偏执,错误地认为公众应该绝对接受和服从公共政策,忽视他们应享有的政治权利,导致公民参与仅仅流于形式,并没有取得实质性的效果。每一项决策都要求必须有公众参与确实不足取也不现实,但那些密切关系百姓生活、直接影响相关群体切身利益的公共决策一定要吸纳利益相关者的意见。一旦决定引入公众参与,决策者就必须有诚意,广泛听取并尊重利益相关者的意见。那种走过场式的"参与"、花瓶式的"参与",不仅对民主决策毫无益处,而且很有可能严重损害政府的公信力。(2)公众参与中利益表达和博弈能力的失衡。涉及多方利益的政策制定,应该由各方进行自身利益的表达与维护,但是现行体制中许多阶层或群体缺乏表达并维护自身利益的渠道,他们的利益诉求往往是"被代表""被理解",公共参与中不同群体参与程度严重失衡。公共权力执掌者和国有垄断行业有着得天独厚的利益表达渠道,一直保持着政策制定的主导权。一些产业团体也通过行业协会或通过任职的人大代表、政协委员有了表达自身利益的正式渠道,而且有时还可以运用资源优势促使某些专家和媒体为其效力,因而对政策制定也具有较大影响。但公民参与公共政策制定的组织性渠道仍不完善。我国独立的群众性团体发展尚不成熟,公民可以直接参与政策制定过程的组织性渠道也较少,这使得目前公民的参与呈现出分散、个体化的特点,因此其对政策制定的影响力也必然受限。(3)公众参与的组织者不熟悉公众参与的形式、方法和技术。公众参与说起来简单,但要做起来且真正收到实效却相当复杂和困难。民意调查、座谈会、焦点小组、听证会……这些五花八门的公众参与形式采用哪种,参与者如何产生,如何发动和组织公众参与,参与的时机、程序和规则,都需要精心地安排和设计。否则,公众参与往往事倍功半,甚至劳而无功、事与愿违。国外已经开发了不少有效的公共审议方法,如协商式民调、公民陪审团等,并经过了大量的实践检验,效果不错。我国可以吸取其方法的精华,通过参与理念和方法的革新,化解公众参与和理性决策之间的矛盾。(4)决策者对如何解决公众参与过程中出现的冲突束手无策。参与就是让各方公开表达关于决策的意见和建议,这种表达必然会出现不同意见。这些相互冲突的意见,可能来自各方价值观的差异,可能来自不同的利益诉求,也可能源自不同的问题观察视角。面临相互矛盾甚至激烈冲突的公众意见,如何做出令各方皆满意的决策,是困扰决策者的一个难题。决策者应该具有解决冲突及协商共赢的观念、方法和技术。遗憾的是,目前各级领导、政府部门乃至相关领域的专家,对公众参与的一般事宜了解得相对较多,但对冲突解决和协商共赢的方法与技术却所知甚少。(5)政府的回应能力较低。有些地方政府对公民参与公共政策制定的信息反馈没有回应或回应不及时,打击了公民的参与热情,影响了公民对政府的信任,最终导致公民在参与政策制定时走走过场,很难真正表达自己的心声。

(三) 公共决策体制

公共决策体制决定了政策系统内部决策权力的划分及其运行机制。也就是说,公共决策体制规定了决策权力分配的制度,决策权力运行的规则、程序、方式、方法等。只有在了解公共决策体制的基础上,才能更好地理解上述政策主体的权限范围及其相互关系。

1. 公共决策体制的构成

公共决策体制是决策权力的分配以及在此基础上形成的权限关系,决策的程序、规则和方式的总和。其主要的构成因素有:(1)决策权力及其权限关系。(2)决策程序。科学的决策,必须遵循一定的程序。程序是指先做什么、后做什么,按照一定的章法、步骤办事,使思维或行为规范化、条理化。决策程序是指科学决策所应遵循的基本的逻辑步骤和阶段。(3)决策规则和方式。决策规则和方式是政策形成所遵循的原则和采取的投票方式。

2. 公共决策体制的类型

可以从不同的角度对公共决策体制进行分类,基本的划分标准是决策权力的分配。如依据最高决策者的人数,公共决策体制可以划分为首长制和委员会制;依据决策权力分配后形成的权力结构和权力运行的特点,可以划分为集权制和分权制。本书主要依据国家政权结构中权力(主要是决策权)的分配及在此基础上形成的国家机关之间的权限关系进行划分,当代世界各国的公共决策体制大体可划分为议会制、独裁制、人民代表大会制。这种分类与政治体制的分类具有一致性,由此可见政治体制决定了公共决策体制。

(1)议会制。议会制建立在西方的人民主权论和代议制理论的基础上,其基本模式是:由公民选举出他们信任的议员,由议员代表公民做出公共决策,维护公民的利益。议会制的基本形式有三种:一是总统—议会制。实行这一体制的国家主要有美国、芬兰、法国、墨西哥、阿根廷等,以美国最为典型。其主要特点有:总统作为国家元首和政府首脑,对一切行政事务具有决断权;总统与议会分别由选民选出,各自对选民负责;政府由总统组建,政府成员不能兼任议会议员,不得参与议会议案的表决;议会有权弹劾总统,但总统无权解散议会;总统对议会通过的政策方案有否决权,议会通过的公共政策方案要经总统批准才能生效;总统隶属的政党未必是议会中的多数党;总统的某些决策权受议会制约;等等。二是内阁—议会制。实行这种体制的国家主要有英国、德国、意大利、日本、澳大利亚、奥地利、比利时、加拿大、丹麦、新西兰、以色列等,以英国为典型代表。其主要特点是:国家行政权属于内阁,总统或元首是"虚位"的;议会是最高国家权力机关,内阁由议会产生,对议会负责,受议会监督;国家元首颁布的法令须首先经内阁总理(首相)签署同意;内阁所做的重大决策必须取得议会多数支持;议会可以对内阁提出不信任案,内阁也可以要求国家元首解散议会;内阁首相或总理为议会多数党领袖,内阁由多数党组成;等等。以法国为代表的"半总统制"是对内阁—议会制改革的结果,吸纳了总统—议会制的某些特点,突出表现为强化了国家元首即总统的权力。三是委员会—议会制。实行这一体制的国家主要是瑞士联邦。其主要特点是:议会至上,议会同时具有立法权和行政权;委员会作为议会的执行机关处理日常行政事务,成员可以为议会的最后决策提供咨询;委员会不能解散议会,议会也不能解散委员会;委员会做出的决策须经委员会集体讨论通过;委员会主席或副主席的权限与委员会其他成员是一样的;委员会委员的选任不受党派关系约束;等等。

(2)独裁制。独裁意为独自裁断,多指独揽政权,实行专制统治。独裁制是指实行专制统治的政治制度。独裁制的基本形式有以下几种:第一,宗教领袖型。伊朗伊斯兰共和国是宗教领袖制的典型。第二,君主亲政型。君主亲政不同于君主立宪制。海湾地区的君主制大多是君主亲政型。沙特阿拉伯王国是海湾地区最大的君主国,也是典型的君主亲政的国家。第三,军人独裁型。军队首领发动政变,获得政权后,有的镇压反对派,加强专制统治;也有的引进"民主"政体,实行大选,结果多是军人首领成为总统,在"民主"外衣的掩盖下,军人统治的合法性得到增强。

(3) 人民代表大会制。人民代表大会制是我国人民民主专政政权的组织形式。一个国家的性质是这个国家的国体,一个国家的政权组织形式是这个国家的政体。我国的国体是工人阶级领导的、以工农联盟为基础的人民民主专政的社会主义国家,与之相适应的政体是人民代表大会制度。我国的人民代表大会制属于民主集中制决策体制的一种。它是在"议行合一"原则的基础上建立起来的一种具有中国特色的决策体制,属于代议制民主决策体制的范畴,但又不同于"三权分立"基础上的西方议会制。人民代表大会制的一个重要特点是"议行合一",即国家的行政机关、法院和检察院、监察委员会都是由各级人民代表大会选举产生,受其监督,对其负责;另一个特点就是中国共产党在人民代表大会制中发挥领导作用,党的决策在中国公共决策体制中具有重要地位。

二、公共政策客体

所谓客体,从哲学意义上讲,是指进入主体实践活动领域,并与主体发生一定联系和相互作用的客观事物,是主体认识活动和实践活动所指向的对象,可分为自然客体和社会客体。公共政策客体是相对于公共政策主体而言的,是指公共政策实施中将要处理和解决的公共政策问题以及将要受到影响的目标群体。公共政策问题是公共政策的直接客体,公共政策的制定是围绕社会公共问题和公共政策问题展开的,而和问题相关的特定目标群体会在政策规定中受到行为上的规范和制约、利益上的增益或者减损,于是目标群体则构成了公共政策的间接客体。

(一) 公共政策问题

所谓问题,通常是指实际状况与预期状态之间存在差距。社会问题则是指社会的实际状态和社会期望之间存在差距,这些差距往往会导致社会的紧张状态,牵涉较为广泛的社会关系。不同的学者对社会问题有不同的界定,詹姆斯·马奇(James G. March)和赫伯特·西蒙(Herbert A. Simon)认为,(社会)问题就是要达到的状态与观察到的状态之间的距离。从唯物辩证法的观点看,社会问题也就是各种各样需要解决的社会矛盾。

社会问题是公共政策的前提和基础,要使公共政策能够有的放矢地解决社会问题,必须对社会问题有正确的认识和分析。绝大多数公共政策都是为了解决特定的社会公共问题而制定的,制定政策过程中所需要调配的资源和确立的目标都是围绕社会问题而产生,只有首先界定好社会问题,才有可能制定良好的公共政策。因此社会问题的发现和确认极为重要,用一个完美的方案解决一个错误的问题,可能比用一个不完善的方案解决正确的问题所带来的负面影响更大。邓恩认为,公共政策分析是"问题分析之学","政策分析中最致命的错误是第三种错误,即应该解决正确问题时,却解决了错误的问题"[①]。

公共政策的制定是沿着问题—社会问题—公共问题—公共政策问题这条路线发展演化的,而社会问题、公共问题和公共政策问题这三个概念的含义很接近,容易混淆。社会问题是其中外延最广的概念,与之相对应的是私人问题。制定公共政策是为了解决社会问题,但并非所有的社会问题都是由公共政策来解决,有些问题通过民间渠道能够处理;有些问题通过市场来解决;公共政策要解决的是社会问题中的公共问题,公共问题是其他社会组织和社会力量不能或者不适合解决的问题。即使是公共问题,政府也不可能通过公共政策同时加以解决,有些公共问题过于复杂,政府短时期内无力解决;有些公共问题已成为历史,不用解决;当然也有一部分公共问题是政府出于某些考虑,对其采取了消极处理的态度。最终只有一部分公共问题能够得到政府的真正重视,政府根据轻重缓急对公共问题进行筛选,使某些公共问题进入政府的政策议程,这部分社会公共问题由此转化为公共政策问题,此时公共政策问题就成为公共政策的直接客体。

(二)目标群体

政策目标群体,就是公共政策直接作用与影响的社会群体或受公共政策规

[①] 〔美〕威廉·N.邓恩:《公共政策分析导论(第二版)》,谢明等译,中国人民大学出版社2010年版,第197页。

范、管制、调节和制约的社会成员。不同类型的政策、不同作用范围的政策,其影响和调控社会成员的范围是不同的。有的政策涉及的范围几乎是所有的社会成员,比如人口与计划生育政策;而有的政策发生作用的范围较窄,所涉及的仅仅是某一阶层、某一行业或某一部门的人员或某个地区的居民。

目标群体作为公共政策作用和影响的一方,是公共政策实施的重要环节,也是公共政策实施能否产生成效的重要变量。公共政策问题的解决和政策目标的实现不能只靠政策制定者和执行者的努力,目标群体理解、接受和遵从公共政策的程度也是决定政策有效性的关键因素之一。一般说来,目标群体对政策的态度或是接受或是不接受。当然,接受又可划分为完全接受或部分接受,积极接受或消极接受;不接受也可划分为完全不接受或部分不接受,积极不接受(强烈反对)或消极不接受(不予合作)。影响目标群体在政策实施过程中的态度和作用的因素有以下几种。①

1. 目标群体的素质

由于公共政策目标群体是由各种利益主体组成,他们内部之间存在巨大的差异,这些差异包括知识水平、年龄结构、思想素质、身份地位等方面的不同。所以,不同的公共政策目标群体对同一公共政策会有不同的认知。不同阶层、年龄和身份地位的群体会对有利于自己的政策表现出支持的态度,而对那些不利于自己的政策表现出冷漠甚至反对的态度。同时,不同的目标群体提出的意见也不相同,这些都给公共政策的实施带来了难度。

2. 目标群体的规模和结构

一般来说,目标群体的规模越大,对公共政策的影响力也就越大。相反,目标群体较小时,政策实施的压力也就会小一些。目标群体的结构是指目标群体组织化与否,组织化程度如何。组织化程度较高的目标群体在政治表达方面的能力更强,对社会与政府带来的影响也就更大。面对这类群体,公共政策主体必须要有准备地按照法律规定来加强协调与合作。而政府对相对分散、组织化程度较低的目标群体实施一些权威性政策较为容易。然而,由于这类目标群体的特性,比较难以实施大规模的组织化和动员性的政策。

---

① 吕学新、杨芳:《公共政策执行的影响因素分析》,《理论界》2007年第12期。

3. 目标群体的态度

目标群体的态度是指他们对公共政策的认识、理解、同情和支持的心理状态。这种心理状态成为目标群体支持或反对公共政策的重要力量。目标群体之所以能够接受和服从，或反对和不服某一项公共政策，通常是出于以下几个方面的缘由：政治社会化的影响、传统思想观念和行为习惯的制约、对政策形式合理与实质合理的看法、对成本收益的权衡、对大局或整体的考虑、避免受到惩罚、环境条件的变化等。

三、公共政策主体与公共政策客体的相互关系

公共政策主体和公共政策客体作为政策系统必不可少的两个组成部分，它们之间有着非常密切的关系。这种密切的关系主要表现在以下几个方面。

（1）相互依存、不可分离。当某一政策系统建立起来时，公共政策主体和公共政策客体就成为这个系统两个相互依存、不可分离的组成部分。公共政策主体具有主观能动性，在政策过程中积极活动；公共政策客体是公共政策主体认识和实践的对象。双方不仅是一种认识关系，也是一种实践关系。[①] 公共政策主体和公共政策客体相互依存，每一方的存在都是以另一方的存在作为前提。

（2）相互影响、相互作用。公共政策过程是政策主体为应对来自环境的挑战及实现自身存续的需要，借助公共权力和公共资源，通过一定的方式作用于公共政策客体的过程。公共政策主体在整个政策过程中起主导作用的。公共政策主体解决公共问题的目标和努力规定了公共政策客体的范围和性质。政策客体反过来对政策主体起着限制和约束作用。根据公共政策客体的种类、性质、内容、规模的不同，公共政策主体也就各有所异；同时，随着历史条件的改变，公共政策客体在政策过程中的地位和作用也会发生相应的变化，这种变化最终也会导致公共政策主体的职能发生变化。它们之间的这种相互影响和相互作用的关系在社会管理中是非常明显的，任何政策目标的实现都取决于公共政策主体和公共政策客体之间的协调。公共政策主体要不断提高政策水平，掌

---

① 龚志祥：《中国民族政策主客体及政策环境分析》，《中南民族大学学报（人文社会科学版）》2009年第4期。

握现代政策理论与技术,并且深入实际,了解政策客体的真实情况,以有利于政策的科学制定和良性运行。

(3) 公共政策主体和公共政策客体在地位上具有相对性,在一定条件下可以相互转化。公共政策主体在某些情况下可以作为客体而存在,公共政策客体也可以作为主体而存在。如国家公职人员在制定和执行某项具体政策时,是作为公共政策主体而存在的;而当他们在日常私人生活中受到该项政策规范和制约时,是作为公共政策客体而存在的。公民作为国家主权的拥有者,当他们通过各种途径参与公共政策活动时,是公共政策的主体;而公民作为社会成员显然又是公共政策的客体。

复习思考题

1. 什么是系统?如何理解系统论的基本原则?
2. 公共政策系统的构成要素有哪些?
3. 结合实际,谈谈人民代表大会制的决策体制的优势。
4. 如何看待非官方政策主体在公共政策系统中的地位与作用?
5. 试述智库的类型与功能。
6. 结合实际,论述如何建设中国特色新型智库体系。
7. 试比较议会制、独裁制、人民代表大会制三种决策体制的异同。
8. 如何理解公共政策客体中的公共政策问题?
9. 论述公共政策主体与公共政策客体之间的关系。

第五章 公共政策环境*

第一节 公共政策环境概述

一、公共政策环境的概念

公共政策系统是一个与外部环境紧密联系的系统,受到自然和社会的各种因素的制约和影响,政策系统与政策环境相互影响、相互作用。政策环境决定和制约政策系统,起着主导作用;政策系统反过来会改善和塑造政策环境,具有反作用。因此,对公共政策环境的考察可以从两个角度入手:一是研究公共政策环境对公共政策制定、执行、监控等过程的影响;二是研究公共政策对公共政策环境的影响和作用。

从广义上而言,环境是指事物周边的境况,几乎涵盖所有因素。事物与环境之间往往是既相互分离又彼此渗透的关系。环境因素对事物本身总会产生或多或少、或直接或间接、或强烈或一般、或明显或隐晦等形式多样、程度不同的影响。

在19世纪达尔文学派的动植物学家们曾广泛地运用"生态"一词来描述生

---

* 本章案例导入请扫书前二维码获取。

物体如何生存和适应它们所在的环境。在 20 世纪 20 年代,一些社会学家开始借用"动植物生态"的概念对人类社会进行分析。他们认为在日益复杂的组织系统内部人类生活具有相互依赖性,而且有机系统在生存形态上与该系统周围的环境趋向于均衡化。

生态是指生物体的生存空间和条件,它与生物体共同构成生态系统,在这个系统中,生物体与环境进行物质、能量和信息的交换,从而实现自身新陈代谢的生命过程,并维持生态系统的动态平衡。研究政策环境可以借助行政生态学的研究方法和理论成果,把政策与环境的互动视为一个生态系统。

美国哈佛大学教授约翰·高斯(John Gaus)是最早把行政问题与外部环境联系起来研究的学者。他在 1936 年发表论文《美国社会与公共行政》,初步指出行政环境与行政管理之间的关系。1947 年,高斯又出版了《政府生态学》,标志着表他正式将生态学引入行政管理研究领域。之后,美国夏威夷大学教授弗雷德·里格斯(Fred Riggs)在 1961 年出版的《行政生态学》中正式运用生态学的理论与方法研究行政问题,在当时的行政管理领域引起了强烈反响。同时,里格斯通过对各国行政生态要素的分析,提出影响一国行政生态的五个要素,分别为经济要素、社会要素、沟通网络、符号系统和政治架构。两位学者的研究都表明了行政环境对行政管理的巨大影响。此外,彭文贤的《行政生态学》,黄达强等主编的《行政管理学》,王沪宁、竺乾威主编的《行政学导论》,陶学荣等主编的《公共行政管理学》等著作都涉及了行政生态学的问题。

那么,什么是政策环境呢?通常,我们认为,政策环境是指作用和影响公共政策系统的所有外部因素的总和。它涉及诸多因素,从人到物,从自然到社会,从历史到文化,几乎无所不包。对于公共政策环境,我们需要知道三点:第一,公共政策环境是一个包含大量因素的复杂系统;第二,公共政策环境对于公共政策的制定具有十分重大的影响,决定了公共政策的必要性以及公共政策执行的效果;第三,公共政策环境与公共政策系统之间通过资源和信息的交流构成一个循环系统。

二、公共政策环境的特征

(一)复杂性

公共政策环境是一个包含大量因素的复杂系统,它的范围和影响程度会随着社会的进步而不断扩大和加深。根据公共政策环境的作用与影响是否直接、具体来分类,公共政策环境可以分为一般环境和工作环境;从政策适用的地域来分类,公共政策环境可以分为国内环境和国际环境;从公共政策环境对政策产生影响的时间来分类,公共政策环境可以分为历史环境和现实环境;从表现形式来分类,公共政策环境可以分为物质环境和精神环境,其中,物质环境包括经济环境、自然环境等,精神环境则包括社会文化环境和制度环境等。从这些分类中我们可以知道,公共政策环境具有十分复杂多样的特性。要用全面、综合的眼光来看待公共政策环境,要将公共政策环境放在不同层面来进行比较,要对公共政策环境进行全面的评估,不能过分强调和夸大某个方面而忽视了其他方面。

与复杂性相联系的是环境的差异性。不同国家、地区、时期的决策者面临着完全不同的环境因素。充分认识公共政策环境的复杂性、差异性对于制定科学的公共政策具有十分重要的意义。而对于公共政策环境的各种不科学、不全面的认识,会导致公共政策主体制定出不适合政策环境需求甚至错误的公共政策。

(二)多变性

多变性指的是公共政策环境是一个不断变化的体系。从哲学上说,每个事物都处在不断运动变化的过程中,公共政策的环境因素当然也是如此。比如,一国的政治环境,无论是政治结构、政治体制还是人们的政治心理,都处在不断的发展变化之中。至于经济、文化因素,无论是在社会平稳发展时期还是在社会的急剧转型时期,都会发生变化。公共政策环境变化的另一个原因是公共政策的作用和影响。公共政策的产生不仅受环境影响,而且政策一旦形成和实施,就会反过来对产生和制约它的环境产生反作用,从而引起环境的变异。由于公共政策环境的迅速变化,许多公共政策不能适应公共政策环境的需求,需要及时做出改善。这些改善后的政策又会反过来对公共政策环境有新的影响,从而形成一个不断变化的循环过程。当然,公共政策环境是变化性和稳定性的统一。在一定时期和特定领域,公共政策环境具有一定的稳定性。这种稳定性既可以通过这一地域的自然环境的稳定性来体现,又可以通过政治、经济、文化结构和相关制度的稳定性来体现。

(三) 突发性

突发性是指公共政策环境可能发生超出预期的变化。虽然公共政策环境的变化一般是有规律可循的，比如一些政治、经济和文化环境的变化趋势是政策制定者事先可以预料的，但是也有一部分是突发的，超出了决策者的预料。这些突发性的环境因素主要有以下几类：第一类是重大自然灾害。虽然人类对自然的变化已有许多方法来进行预测，但还是无法准确地预知特大自然灾害。第二类是国际范围的危机。目前我们的国际关系知识还不足以准确预测和防范特大国际事件。还有一类是综合性危机。人们虽然可以对少数已显露的环境因素的发展趋势有所认识，但对环境因素中潜在的矛盾与综合性的危机缺乏预测能力。环境因素的突发性往往会给政策过程造成重大影响。以新冠疫情为例，在疫情早期，湖北和武汉的一些官员在应对突发性环境因素时，没有及时出台公共政策进行防控，反而掉以轻心、优柔寡断，导致错失截断病原的良机。《国家突发公共卫生事件应急条例》第五条指出："突发事件应急工作，应当遵循预防为主、常备不懈的方针，贯彻统一领导、分级负责、反应及时、措施果断、依靠科学、加强合作的原则。"《国家突发公共卫生事件应急预案》也要求："做出快速反应，及时、有效开展监测、报告和处理工作。"这说明，在未知的特大类应急事件来临之前，即预知到政策环境突发性变化时，就要绷紧风险意识，及时根据变幻莫测的环境调整公共政策。

(四) 特殊性

特殊性主要是指政策环境对于具体的公共政策来说是各不相同的。一项公共政策是否有效，是否能够促使政策环境的优化和改善，关键是看该项公共政策是否适应其所处的特殊的政策环境。同一项公共政策，在此国可能是有效的，而在另一国则可能是无效的甚至是起反作用的。所以在制定公共政策之前，首先要考虑的就是公共政策环境的特殊性因素，考虑公共政策是否适合于当前的政策环境，切忌盲目引进、照搬照抄。政策主体只有以科学的态度、求实的精神，认识和把握经济、政治、文化、历史、自然、社会等因素的特点，结合特定时期的社会性质、主要矛盾，分析客观环境的各种特殊性，才能制定出符合实际的公共政策。

三、公共政策系统与公共政策环境的关系

公共政策是政策环境的产物,二者是辩证统一的关系,即相互联系、相互依存、相互影响、相互作用。就其关系而言,环境决定和制约政策,起主导作用;政策改善和塑造环境,也具有反作用。

(一) 公共政策环境是公共政策系统赖以存在的前提和基础

公共政策因政策环境的需要而产生,并随着政策环境的变化而变化。根据经济基础决定上层建筑的原理,在生产力水平极度低下、私有制尚未形成的阶段,生产关系十分简单,公共政策就没有存在的必要。随着生产力的不断发展,尤其是剩余劳动产品的出现直接导致了私有制的出现,在这种情况下,社会出现了统治阶级和被统治阶级。作为统治阶级管理社会公共事务工具的公共政策也应运而生了。随着社会规模的不断扩大,生产力水平的不断提高,社会生产关系的日趋复杂,公共政策也不断地复杂化、专业化和体系化。可见,公共政策是在一定的政策环境下产生并且存在于特定的政策环境之中,脱离了政策环境的前提,公共政策就没有存在的必要。

(二) 公共政策系统要适应公共政策环境[①]

公共政策系统依存于一定的政策环境之中,不能脱离政策环境而单独存在,也不能超越政策环境而存在;特定的环境制约着公共政策系统的发展。公共政策是随着社会的发展由环境的需要而产生的。有什么样的公共政策环境,就应该有什么样的公共政策系统,政策环境的发展变化必然导致公共政策系统的发展变化,但公共政策系统也不是完全消极和被动的,它对政策环境也具有一定的能动作用。公共政策系统如果不能适应当前政策环境,轻则失效,重则会对社会产生巨大的危害和破坏。公共政策必须适应政策环境的要求,盲目照搬别国的公共政策,不加分析,不结合本国实际情况,必然导致失败,造成严重的损失。西方发达国家在长期的公共事务管理过程中发展出了一整套完备的公共政策体系,显现出了较好的政策效果,于是一些发展中国家照搬西方发达国家的管理模式和公共政策,但是结果却不尽如人意。因此,我国政府在推行

---

① 参见谢明编著:《公共政策导论》,中国人民大学出版社2002年版,第50页。

公共政策的过程中强调从中国自身的国情出发,走中国特色社会主义发展道路是十分正确的做法。

(三)公共政策环境的变化是公共政策系统变革的动力

我们知道,公共政策环境具有多变性。随着生产力的不断发展和生产关系的变革,公共政策环境也会随之发生改变,这种改变是客观存在的。公共政策是否适应公共政策环境的变化决定着其是否有效、效果如何。如果公共政策环境发生了重大的改变,而公共政策却未能及时调整,那么公共政策很可能成为阻碍社会发展的消极因素,在新的公共政策环境的强大压力下,公共政策会被迫做出调整来适应新环境。公共政策作为社会系统中解决社会公共事务的工具,时刻都面对着巨大的压力,而这种压力的本质要求是解决公共政策系统与政策环境之间的矛盾,让公共政策满足新的政策环境的需要。从这个意义上讲,公共政策环境对于公共政策系统的压力恰恰是公共政策变革的动力,促使公共政策不断地演进。

(四)公共政策系统对于公共政策环境具有能动的反作用

从上文中我们可以看出,公共政策环境对于公共政策系统具有决定性的作用,是主导因素。公共政策系统是随着社会的发展由环境的需要而产生的,政策环境的发展变化必然导致公共政策系统的发展变化,公共政策系统必须适应政策环境,但公共政策系统也不是完全消极和被动的,它对政策环境也具有一定的能动作用。如果公共政策系统能够适应政策环境变化,并且能够推动政策环境优化,就能够改善政策环境,推动社会发展;反之,则会造成政策环境的不断恶化,造成严重后果。

第二节 公共政策环境的构成因素及其对公共政策系统的影响

公共政策不能离开公共政策环境而孤立存在,政策源自环境,也必须适应环境。不仅如此,政策环境的构成因素复杂多变,各种因素都体现了政策环境的某一方面,都对公共政策系统产生影响。

一、自然环境

公共政策的自然环境是指一个国家在一定地理位置上的自然资源、生态系统、气候条件等的总和。它为人类社会生存提供生物资源和非生物资源,是人类赖以生存的场所和创造文明的自然前提。自然环境是一个国家生存和发展的物质基础,也是国家经济建设的立足点和出发点,构成政策系统最基础、最稳定的环境。① 自然环境与公共政策的关系体现在:(1)自然环境影响公共政策过程。自然环境与其他多种环境组成一个外部系统,对公共政策过程发生影响。(2)公共政策影响自然环境变化。人具有主观能动性,因此,人类的活动可以改善自然环境、造福于人类,也可破坏自然环境、祸害于民。一个国家或地区的自然环境究竟会向哪个方面发展,则取决于政府是否对生态环境有科学认识,能否按客观规律解决自然环境与经济发展的矛盾,在资源、生态环境等方面制定出科学的公共政策,形成和保持一个良性循环的自然环境,以实现公共政策与自然环境的共赢。

二、经济环境

经济环境是指对公共政策系统具有重要影响的各种经济要素的总和。它包括生产力的性质、生产资料的所有制形式、经济结构、经济制度、经济体制、经济总量等。马克思主义认为,经济基础决定上层建筑,上层建筑对经济基础具有反作用。无论何种性质的公共政策主体,其决策体制、决策目标、决策行为、决策原则、决策方法都要受到经济环境的制约。

(1)经济环境是制定和执行公共政策的基本出发点。公共政策系统不可能超越经济环境所提供的物质条件。公共政策系统只能对经济资源的存量进行科学合理的配置,而绝不能超量配置。同时,政策系统对存量资源的配置也不可能脱离经济制度或经济体制的框架,否则必然引起经济制度和体制的反弹。

(2)经济环境提供了公共政策系统运行所必需的资源。公共政策的制定、执行、评估和监控等活动都需要消耗一定的人力、物力、财力、信息、权威等资

---

① 宁骚主编:《公共政策学》,高等教育出版社2003年版,第242页。

源。公共政策系统提取的经济资源不可能是无限的,总要受到经济规模总量、经济实力的限制。

（3）经济环境影响公共政策系统的经济目标取向。在现代公共政策中,经济政策占据着主导地位。公共政策主体不可能仅凭自己的主观愿望制定和推行某项政策,而必须将特定时期的经济状况、生产资料所有制形式、经济利益矛盾、经济资源分配等因素作为制定和实施经济政策的基本依据和主要内容,并由此决定公共政策不同的经济目标取向。

（4）经济体制影响政策作用的范围和方式。新中国经济体制经历了计划经济到社会主义市场经济的演变,不同的经济体制对政策系统提出了不同的要求,影响到政策的导向、政策作用的范围、政策作用的方式。我国在计划经济向社会主义市场经济转变的过程中公共政策的变化是非常明显的,公共政策必须适应市场经济的内在要求。

三、政治环境

政治环境是指对公共政策系统具有重要影响的政治状态,包括一个国家或一个地区的政治体制、政党制度、政治结构、政治文化、政治关系等。政治环境对公共政策的影响是最为直接的。政治环境对公共政策的影响主要表现在如下三个方面。[1]

（1）政治环境因素决定着公共政策系统的性质。一国特定的政治体制和政治结构决定了立法机关、行政机关、司法机关、阶级、阶层、政党、利益集团、非政府组织、公民等政策主体的权力及相互之间的关系。公共权力在各政策主体之间的分配方式以及运行机制决定了公共政策系统的性质。当公共权力掌握在代表社会绝大多数人的阶级、政党和利益群体手中时,公共政策要维护的就是绝大多数公众的利益;反之,政策就只是为社会的少数人服务。

（2）政治环境因素决定着公共政策系统的民主化程度。民主化是政治生活的核心。如果体制外的政策主体缺乏参与公共政策过程的制度化途径,体制内主体与体制外主体缺乏良性互动,政策系统就会成为封闭的、专断的系统。

---

[1] 陈潭编著:《公共政策学》,湖南师范大学出版社 2003 年版,第 100—101 页。

在民主程度较低的社会中,政策的制定与实施是少数政府高官所把控的,政策不可能以维护大多数社会公众的利益为目标。只有构建通畅的制度化的参与途径,让公众能够参与决策,公共决策民主化才能实现。

(3) 政治环境因素决定着公共政策的合法化程度。一项好的公共政策必须是合法的。公共政策的合法化程度是由整个社会的法治状况决定的。法治状况即一个国家或地区的法律体系、法律机构、执法和公民守法状况。只有在一个法律制度健全、司法独立,真正做到依法治国、依法行政的社会中,公共政策才有可能从内容到形式都实现合法化。有了合法化的政策,再加上完善的法治环境,公共政策才能得到有效贯彻和实施。

(4) 政治环境因素决定着决策体制和决策方式。政治体制和政治制度是一个国家的权力构成及权力运行的组织制度,它决定公共政策的决策机构及其权限关系和决策方式,可以说政治体制决定了决策体制,政治制度是对公共政策活动的规范和约束。

四、社会文化环境

社会文化环境是对公共政策系统具有重要影响的社会状况与文化状况的总和。社会文化环境包括人口规模、性别比例、受教育程度、民族构成、社会道德、社会风尚、人口素质、教育科技发展水平、文化事业发展水平等。社会文化环境对公共政策系统的影响体现在如下几个方面。

(1) 社会文化环境影响公共政策制定者和执行者的素质。社会文化环境越优越,政策制定和执行团队的整体素质就越高,就越有可能制定出好的政策,进而更好地管理社会公共事务;反之,公共政策就会出现失误或失败,管理效率低下,即使是好的公共政策也难以有效实施。

(2) 社会文化环境影响公共政策受众的素质。如果一个社会的政策目标群体有着良好的素质,公共政策的推行就越顺畅,摩擦就越少;反之,阻碍就越大。政策目标群体良好的素质是在优良的社会环境中养成的。

(3) 社会文化环境影响公共政策系统运行的伦理和心理条件。无论是政策制定者还是政策执行者,都处于一定的文化传统氛围之中,并因此在公共政策的形成和实施过程中不可避免地带有主观判断、价值选择和文化取向的色彩。一个社会具有良好的伦理道德传统,良好的风气,井然的秩序,公共政策制定者和执行者具有正义感和责任感,目标群体具有良好的社会心理,政策系统运行起来就比较顺畅。

(4) 社会文化环境中的政治文化对公共政策系统影响更为直接。政治文化是指一个国家在特定历史时期形成的政治意识、理论、信仰、态度、感情、评价等。一定的政治文化背景会形成一定的政策文化。政治文化的各方面内容都对公共政策产生这样或那样的作用和影响。政治价值观规范并制约政策主体的行为及方向;政治理论为公共政策过程提供理论指导;政治意识形态是决定政策主体价值取向和行为准则的无形力量;政治信仰是决策主体决策的指南针和精神支柱。

五、国际环境

国际环境是指一国与他国的相互关系以及他国之间的相互关系的总称。它既包括全球范围内政治、经济、文化演变发展的一般趋势、全球秩序及相应的规则,也包括对一个国家或地区的生存与发展产生影响的,由国家间、国际组织间的竞争、合作与冲突而形成的具有一定稳定性的政治、经济、文化关系。全球各个国家和地区越来越成为人类命运的共同体,在全球化、市场化、信息化的发展趋势下,国际环境对公共政策的影响日益显著,主要表现在如下几个方面。

(1) 国际环境影响公共政策的价值选择。当今世界的全球化趋势、和平与发展的主题要求政策系统将注意力集中到经济建设上去,尤其是对于发展中国家而言;在制定外交政策、科技政策、经贸政策时,要把目标定位在建立人类命运共同体上。同时,经济全球化又是把双刃剑,它也会对发展中国家的经济、政治、教育、科技、文化等方面产生巨大的影响和冲击,所以在制定对内对外政策时,要维护本国的国家利益,必须坚决反对强权政治、霸权主义。

(2) 国际环境影响公共政策的参照系选择。全球化趋势要求一个国家或地区的公共政策系统打破故步自封的状态,与其他国家或地区的政策系统开展竞争与合作。政策系统之间的交流与互动为评价政策系统运行效能提供了新的参照系,为公共政策的目标定位和方案选择提供了参考依据。[①]

---

① 陈庆云主编:《公共政策分析》,北京大学出版社2006年版,第80页。

（3）国际环境影响公共政策的途径选择。在全球化的影响下，国际环境充满了机遇又潜伏着危机，各国政府在制定和实施公共政策时，一方面要选择加强国际合作的政策途径，通过双边、多边的合作，壮大自己；另一方面又要利用已有的国际规则，选择依靠实力参与竞争，在竞争中发展自己。

（4）一个国家的公共政策受到国际组织的条约或公约的约束。随着国际交往和合作的日益加强，国际组织的条约或公约逐渐增多，对一个国家的公共政策产生重要的影响，甚至内化为一个国家的公共政策的组成部分。国际组织的条约或公约的存在和作用，使得各国公共政策范围和功能发生转变。

（5）一个国家的综合国力决定了它在国际公共政策舞台上的影响力。一国的综合国力是决定其国际地位的基本要素，决定一国在国际事务中所处的地位，表明该国在国际上的话语权和行动分量，也是该国决策者制定和评估其政策的重要依据和影响其确立外交政策目标的重要因素。随着我国综合国力的提高和被实践检验的成功政策的影响力的扩大，"中国方案""中国经验"开始被世界其他国家学习和模仿。

复习思考题

1. 什么是公共政策环境？公共政策环境具有哪些特征？
2. 如何理解公共政策环境对公共政策系统的作用和影响？
3. 公共政策环境的构成要素有哪些？
4. 分析中国传统政治文化对中国公共政策系统的影响。
5. 结合全球防控新冠肺炎疫情的现实，论述国际环境的重要性。

参考文献

1. 〔美〕E. R. 克鲁斯克等:《公共政策词典》,唐理斌等译,上海远东出版社1992年版。
2. 〔美〕詹姆斯·E. 安德森:《公共决策》,唐亮译,华夏出版社1990年版。
3. 〔美〕斯图亚特·S. 那格尔编著:《政策研究百科全书》,林明等译,科学技术文献出版社1990年版。
4. 〔加拿大〕迈克尔·豪利特、M. 拉米什:《公共政策研究:政策循环与政策子系统》,庞诗等译,生活·读书·新知三联书店2006年版。
5. 〔美〕R. M. 克朗:《系统分析和政策科学》,陈东威译,商务印书馆1985年版。
6. 〔奥〕路德维希·冯·贝塔兰菲:《一般系统论:基础·发展·应用》,秋同等译,社会科学文献出版社1987年版。
7. 〔美〕道格拉斯·C. 诺思:《经济史中的结构与变迁》,陈郁等译,上海三联书店、上海人民出版社1994年版。
8. 〔美〕伦纳德·西尔克等:《美国的权势集团》,金君晖等译,商务印书馆1994年版。
9. 〔美〕约翰·克莱顿·托马斯:《公共决策中的公民参与:公共管理者的新技能与新策略》,孙柏英等译,中国人民大学出版社2004年版。
10. 宁骚主编:《公共政策学》,高等教育出版社2003年版。
11. 张立荣:《中外行政制度比较》,商务印书馆2013年版。
12. 朱光磊:《当代中国政府过程》,天津人民出版社2002年版。
13. 杨亚琴等:《2017年中国智库报告——影响力排名与政策建议》,上海社会科学出版社2018年版。
14. 陈潭编著:《公共政策学》,湖南师范大学出版社2003年版。
15. 林水波、张世贤:《公共政策》,五南图书出版股份有限公司2008年版。
16. 赵成根:《民主与公共决策研究》,黑龙江人民出版社2000年版。
17. 蔡定剑:《中国人民代表大会制度》,法律出版社1998年版。
18. 李建军等编著:《公共政策学》,华南理工大学出版社2009年版。
19. 陈庆云主编:《公共政策分析》,北京大学出版社2006年版。

第三编

公共政策过程

【内容概要】 公共政策是一种复杂的社会现象,它涉及众多相互作用的因素,并表现为一系列功能活动环节所构成的过程。政策科学一开始就把政策过程作为核心主题。20世纪80年代以前,公共政策过程研究的基本和主导的途径是阶段途径,即把政策过程划分为几个阶段分别加以研究。近二十年来,阶段途径受到了批评与挑战,人们提出了新的替代途径和概念框架,从而丰富了政策过程的理论。然而,总体上讲,阶段途径还没有被其他途径取代,因此,本书仍然采用阶段途径来分析公共政策过程。参考国内外学者的看法,结合我国政策实践情况,我们将公共政策过程划分为公共政策制定、公共政策执行、公共政策评估以及公共政策调整与终结四个前后相继、环环相扣的阶段,它们构成了一个完整的公共政策过程或者一个政策的生命周期。公共政策过程是公共政策学的核心内容。没有过程就没有结果,优化公共政策过程是提高公共政策质量、发挥公共政策效能的前提和基础。成败在于细节,公共政策过程的每一阶段及每一环节在整个公共政策过程中发挥着不可替代的作用。过程也就是流程,也就是程序。优化流程,完善程序,对提高公共政策活动效率与质量,有效制约公共政策主体权力的运行,有着十分重要的意义。

第六章　公共政策制定*

第一节　公共政策制定的原则

一、信息完备原则

信息是公共政策制定的基础和依据。公共政策制定实际上就是关于政策信息的输入—处理—输出的过程，与信息息息相关。信息的全面性、真实性影响公共政策的科学性。换句话说，公共政策的科学性与信息的全面性、真实性成正比。在现代社会中，信息在公共政策制定中的地位日渐凸显。"巧妇难为无米之炊。"是否能够全面、及时而准确地捕捉到信息，是公共政策制定活动能否成功的关键。

二、系统协调原则

从系统论的观点出发，任何事物都处于普遍联系中。对于一项政策而言亦是如此。政策不是孤立存在的，总是与其他政策相联系，并处于一个政策体系中。由此，公共政策制定要从政策的系统性出发，将政策置于政策体系中研究，

---

* 本章案例导入请扫书前二维码获取。

搞清楚它与其他政策的关系。如果一项政策从某个角度或局部范围分析是合理的,但在整个政策体系中产生一定负面效应,那就应该制定相应的政策与之配套,或者暂时不执行这项政策。要处理好公共政策系统内外部各要素、各层次之间的关系,带着全局观念,统筹安排,增强政策体系的整体效应。既然任何政策都处于一个政策体系之中,那么其制定过程必定会涉及多个部门,产生的影响也是多方面的,因此,公共政策制定必须坚持协调原则。公共政策要充分考虑整体利益和局部利益、内部条件和外部条件、眼前利益与长远利益、主要目标与次要目标等因素。现实生活中,新政策与老政策"打架",此政策与彼政策"撞车",小政策与大政策抵触等现象屡见不鲜,就是公共政策制定过程中缺乏系统协调性的明显例证。

三、科学预测原则

制定政策是对未来行为所做的一种设想,是在事情发生之前的一种预先分析与选择,故具有明显的预测性。因为制定政策就是政策制定者按其意愿和设想安排未来,去实现一定目标。要达到这个目的,首先要估计未来会出现的各种情况,即对各种可能发生的事件加以认真考虑,以适应未来的多种变化。预测是根据过去、现在的相关信息,探索和推测所关心的研究领域在未来的可能发展趋势,并估计和评价各种可能结果。正是由于这个原因,有人认为预测是制定政策的前提。只有建立在可靠预测基础上的政策,才是切实可行的。我国在人口、生态与环境保护方面所出现的政策失误,正是因为缺乏真正的科学预测造成的。"凡事预则立,不预则废。"政策分析中所涉及的因素错综复杂,要得到理想的预测结果,必须全面了解所要研究的政策问题的历史和现状,要注意数据资料的收集和整理,保证其可靠性和完整性。为了使重大问题的预测结果有较高的可信度,需要综合利用预测的科学方法与技术。

四、现实可行原则

政策总是要付诸实施的,要实施就得具备实施的现实条件,即具有可行性。不然,无视现实条件与可能,即使再好的政策也会因无法实施而缺乏实际价值。

公共政策的制定作为具体的实践活动,也要遵循现实可行的原则,需要充分考虑政策实施过程中的现实情况以及会遇到的问题,进行政治、经济、社会、行政、技术等方面的可行性分析,从而使政策建立在牢固的现实条件的基础上,进而提高政策的可实施性。

五、依法决策原则

依法决策原则就是公共政策制定要严格遵守宪法和法律规定。在法治社会中,公共政策的制定必须是一项依据法律法规的规范性行为,必须遵循法定的程序,设计的政策方案要符合法律法规要求,必须承担政策结果的法律责任。中共十八届四中全会提出"健全依法决策机制",把公众参与、专家论证、风险评估、合法性审查、集体讨论决定确定为重大行政决策法定程序。依法决策是政策制定的基础与重要前提,只有坚持依法决策,才能推进依法治国,让法治思维深入人心,保障公共政策的合法性、合理性。

六、民主参与原则

民主的内涵与实质是权力的分享。任何一项公共政策,不仅是政府的行政诉求,而且是全社会的利益诉求。公民参与政策制定是维护公民合法权益的重要途径。公众在一般情况下作为目标群体,最了解一项公共政策的优劣情况。"知屋漏者在宇下,知政失者在草野。"公民参与公共政策,积极表达自己的利益诉求,通过政民互动,可以使公共政策沿着更公平合理的方向发展,从而保证公共政策的公共利益取向。因此,在公共政策制定过程中,政府只有保障了公众的知情权、表达权以及监督权的实现,才能了解民意,集中民智,正确、科学地制定出公共政策。我国是社会主义国家,人民是国家的主人,让人民充分参与公共政策制定是社会主义民主的本质要求。社会主义协商民主作为我国人民民主的重要形式,必须充分发挥它在公共政策制定方面的重要作用。中共十九届四中全会指出:"坚持社会主义协商民主的独特优势,统筹推进政党协商、人大协商、政府协商、政协协商、人民团体协商、基层协商以及社会组织协商,构建程序合理、环节完整的协商民主体系,完善协商于决策之前和决策实施之中的落实机制,丰富有事好商量、众人的事情由众人商量的制度化实践。"

七、稳定可调原则

公共政策作为一种解决社会问题的方法,要具有相对连续性和稳定性,要考虑新政策与原有政策的衔接或过渡,不能朝令夕改、大起大落。在坚持稳定原则的同时,也要注意公共政策不是僵化不变的,而要随环境的变化适时调整。任何一个政策系统都是在与外界环境进行不断的物质、能量和信息的交换过程中的,是一个开放的系统。公共政策应该要适应环境的变化,保持政策的弹性。由此可见,公共政策制定既要把握政策的稳定性,也要注意政策随环境变化的灵活性。政策的稳定性与灵活性并不矛盾,是可以有机统一的,政策制定者只有把握好两者的关系,才能在着力于解决现有问题的同时,避免新问题的产生,增强政策与环境的协调适应性。比如我国在应对2020年新冠肺炎疫情时,随着疫情渐渐稳定下来,仍然没有放松对疫情的防控,而是改变了总体策略,步入了常态化疫情防控阶段;同时,为克服受疫情影响的经济与民生问题,大力推进企业复工复产工作,做到疫情防控和经济发展两不误,这些调整体现了对原有疫情防控政策要义的延续和对环境变化的主动适应。

八、择优原则

公共政策制定过程实际上是一个择优过程。没有选择就没有决策。约翰·杜威在《我们如何思维》一书中提出解决问题的步骤:(1)问题是什么?(2)备择方案是什么?(3)哪个备择方案最佳?这些步骤在一定程度上正确地反映了决策这一认识过程的内在规律性,因而为多数决策学者所接受。这些决策学者把决策程序大体分为明确问题、确定目标、拟订方案、选择方案、实施决策这样几个既相对独立又前后联系的基本步骤,认为只有严格遵循这些步骤展开决策工作,才能够保证决策的民主性与公共性。我国一些地方政府规定对于重大问题的决策如果没有两个以上的备择方案不做决策就是坚持择优原则的体现。

第二节 公共政策制定的过程

公共政策制定是一项复杂的活动,它由一系列步骤所构成。安德森认为政策形成涉及三个问题:公共问题是怎样引起决策者注意的;解决特定问题的政策意见是怎样形成的;某一建议是怎样从相互匹敌的可供选择的政策方案中被选中的。① 国内外不少学者对政策制定过程步骤的划分提出了不同的看法。我们认为公共政策制定过程包含了政策议程的建立、政策问题的界定、政策目标的确立、政策方案的设计、政策方案的论证、政策方案的抉择、政策方案的合法化七个步骤。这七个步骤可以进一步概括为三大环节,即政策议程建立、政策方案规划、政策方案合法化。

一、公共政策议程的建立

(一) 政策议程的含义

所谓政策议程,就是将社会问题纳入政府制订政策计划的过程。这是解决社会问题的关键一步,社会问题被提上政府议事日程,纳入决策领域,政府开始制定政策加以解决。社会问题因此就转变为政策问题。政策议程本质上是社会的各阶层、各种利益团体和公众反映与表达自己的愿望和诉求,促使政策制定者制定政策的过程,也是政党或政府综合其所代表的阶级、阶层和集团的利益,并通过政策制定予以体现的过程。建立政策议程是公共政策制定程序的第一步,也是整个公共政策过程的开端。没有这一环节就没有后续政策活动的开展。建立政策议程的过程也是列出"问题清单"的过程,政府面对众多的社会公共问题,如何分清轻重缓急,优先解决什么问题,重点解决什么问题,这是政府不能同时解决所有问题的情况下的必然选择,而这种对问题的"筛选"具有全局性、战略性意义。

(二) 政策议程的分类

对于政策议程,政策科学家从不同视角进行研究,区分出不同类型的政策

---

① 〔美〕詹姆斯·E. 安德森:《公共决策》,唐亮译,华夏出版社1990年版,第65页。

议程。琼斯在《公共政策研究导论》一书中,从政策活动的功能方面将政策议程分为以下四类:(1)问题确认议程以使问题得到严肃和认真的对待。(2)提案议程。这是从确定问题进展到发现解决办法的议程。(3)协议或讨价还价的议程。这是使提案得到支持并进一步推进的议程。(4)持续议程。这是使问题得到持续检验的议程。① 拉雷·N. 格斯顿(Larry N. Geston)将政策议程划分为实质性议程与象征性议程、公开议程和隐蔽议程。② 罗杰·科布和查尔斯·爱尔德(Roger Cobb and Charles Elder)最早将政策议程区分为系统议程和政府议程,后来科布将其改为公众议程与正式议程。从文字表述与其要反映的实质内容看,公众议程和政府议程的叫法更为贴切,因为公众议程反映的是以社会公众为主体对政策问题展开的讨论,而政府议程则反映以政府为主体对政策问题进行的讨论。我们借鉴科布和爱尔德的观点,从政策议程的参与主体和政策议程的性质的角度,将政策议程分为公众议程和政府议程。

1. 公众议程

公众议程是指公众在某一时期对某一社会公共问题普遍关注,向政府表达政策诉求,要求通过政策解决问题的政策议程。社会上存在的公共问题是较多的,并非所有的公共问题都能够进入公众议程。那么,什么公共问题能够进入公众议程呢?林水波和张世贤认为,一个公共问题要进入公众议程,需要具备三个条件:一是该公共问题必须在社会上广泛存在并受到广泛关注,或者至少为公众所感知;二是大多数人都认为有采取行动的必要;三是公众普遍认为,这个问题是某个政府职能部门权限范围内的事务,而且政府应当给予适当的关注。

在公众议程中,对社会公共问题的讨论往往从与政策问题具有紧密联系的特殊群体开始,然后逐步扩散到一般的社会公众和组织。公众议程是社会上多数公众和组织对社会公共问题进行讨论和分析的过程,讨论的途径和方式是多种多样的,报纸、杂志、广播、电视等传统媒体和微博、微信等新媒体都是公众对社会公共问题展开讨论的渠道。在目前互联网日益普及的背景下,互联网由于

---

① 陈振明主编:《公共政策分析》,中国人民大学出版社 2003 年版,第 67 页。
② 〔美〕拉雷·N. 格斯顿:《公共政策的制定:程序和原理》,朱子文译,重庆出版社 2001 年版,第 60—70 页。

其传播速度极快和传播不受时空的限制,已成为公众对社会公共问题进行讨论的非常重要的途径。如今,我们经常可以看到,公众对社会公共问题的讨论大多数是从互联网发起的,在微博、微信等新媒体中引发社会舆论。公众议程对社会公共问题的讨论不仅在于界定公共问题的性质,分析其成因,更重要的是向政府提出政策诉求,引起政府对该问题的注意。一般而言,尽管并非所有公众议程讨论的问题都能够引起政府的注意,但是公众议程的讨论对政府形成一种外在压力,从而使得该问题或多或少具有进入政府议程的可能性。

2. 政府议程

政府议程是决策者对社会公共问题进行关注,并将其纳入决策范围的政策议程。政府议程是实质议程,因为政府议程是政府部门按正式或固定的程序行动的过程,所采用的方法是比较严谨的和科学的,所分析的内容也比较具体和集中。在政府议程中,政府决策人员和专业分析人员是政策问题分析的主体。

政府所面临的公共问题往往既有旧的或常规的问题,又有新出现的问题,这两种类型的公共问题都可能会进入政府议程中。因此,科布和爱尔德又将政府议程讨论的内容分为旧项目和新项目两种类型。旧项目是指以某种常规形式出现于政策议程中的问题或事项。政府每年、每季度或每月都需要进行处理和解决的问题就属于旧项目。例如,每年政府预算制定等都是旧项目。新项目是指政府要讨论和处理的以前没有出现过的新的公共问题或事项。例如,对某种新出现的疫情的控制和处理、对军事政变的处理等都属于新项目。政府对于旧项目比较熟悉,且有比较成熟的解决方法,而对于新项目往往知之较少,因此,旧项目通常能够得到政府的优先处理,而新项目则经常往后排。但是,随着时间的推移,新出现的社会公共问题也会变成旧项目,因而也逐步得到政府的解决。

3. 公众议程与政府议程的联系和区别

在一般情况下,一个政策问题的提出过程是:某一社会公共问题引起关注,进入公众议程,然后再进入政府议程,最后形成公共政策问题。公众议程和政府议程作为政策议程的两种不同类型,从不同角度反映了政策问题从提出、讨论到认定的现实过程。公众议程和政府议程统一于政策议程,是政策议程的两个不同阶段。一般而言,社会问题转变为政策问题先要经过公众议程,然后才能进入政府议程。很多的社会问题虽然处于公众议程之内,但决策系统并没有把它们列入政府议程。也有许多问题不经过公众议程,直接进入政府议程。

这两种政策议程既有区别,又有联系。从参与主体看,公众议程的参与主体主要是公众和社会组织,即非公共权力部门;而政府议程的参与主体则是以政府为主的公共权力部门。从讨论的内容看,公众议程主要对一些比较抽象的和不太明确的政策问题进行讨论;而政府议程所讨论的政策问题则是比较明确和具体的。从功能看,在公众议程中,公众和社会组织可以从各个角度对政策问题进行讨论和分析,充分发表自己的见解,然而讨论的目的主要是引起政府有关部门的注意,而不是提出具体的解决问题的方法;但是在政府议程中,政府决策者和政策分析人员将采用各种方法分析和认定政策问题,并提出试图解决问题的具体方案。

虽然公众议程和政府议程具有较大的差别,但它们之间也是具有一定联系的。虽然公众议程不是认定和解决政策问题的实质过程,但是公众议程所进行的讨论将会影响政府议程,某种经过公众议程讨论的公共问题可能会直接进入政府议程。而在政府议程讨论的公共问题,政府觉得其讨论不够成熟或者还有疑问时,可以将公共问题交由公众议程进行讨论,在经过公众议程讨论后,又回到政府议程中。可以说,政策问题的最终认定往往是公众议程和政府议程共同讨论和分析的结果。

4. 构建公众议程与政府议程良性互动机制①

并非所有的社会公共问题都能转化为政策问题,社会公共问题只有经过政策议程引起决策者的关注,才能转化为政策问题进而通过公共政策加以解决。公众议程与政府议程越是统一,越能说明政府议程建立在公众议程的基础之上,越能说明在政策议程这个环节上体现了民主决策。实现公众议程与政府议程的统一需要构建以下公众议程与政府议程的良性互动机制。

(1)民意调查机制。实现公众议程与政府议程良性互动,民意调查是基础。民意调查是政府坚持群众路线,主动深入基层的行动。只有通过民意调

---

① 郭渐强、杨婕敏:《构建公众议程与政府议程良性互动的机制——基于湖南省"三问"活动的启示》,《湖南师范大学社会科学学报》2012年第5期。

查,政府才能真实了解公众呼声,将公众最关心的问题提上议事日程,在政策议程中采纳公众的意见。政府可以通过"走基层"活动深入调查研究,也可以在门户网站上设立专门的民意调查栏目,了解公众关注的问题。政府鼓励发展独立的民间民意调查组织,从而专业高效地调查社会的实情。相关负责人要将民意调查结果及时公开、及时反馈,并将调查结果作为建立政策议程的依据。

(2)民意表达机制。在信息社会中,互联网在公众的政治、经济和社会生活中扮演着不可或缺的角色。在日常的地方政府治理中,不仅存在着公众主动参与的模式,而且有些地方政府积极邀请公众通过网络来参与治理,为地方政府的治理建言献策,以及提供更多的网络参与平台力推网络问政。各级政府主动借助网络平台征询民意,互联网成为政府与公众的"直通车",如胡锦涛总书记通过人民网与网民进行交流,各省、区、市政府门户网站设立领导信箱、民意征集、在线访谈、公众论坛等栏目,开启了倾听民意的窗口,促使公众超越时空的限制提出自身诉求。因此,完善民意表达机制必须加强电子政务建设,充分发挥网络问政的作用。另外,信访作为一种较为直接的民意表达方式,是联系政府与公众的重要桥梁,是公众表达利益需求的重要渠道。必须完善信访制度,变堵为疏,使民意表达畅通无阻。同时,我们还要完善其他制度性民意表达机制。

(3)官民互动机制。公共政策议程的构建是政策相关者围绕公共问题的性质、轻重缓急、解决的可能性等进行持续和真诚对话的过程,是各政策相关者不断从多样化的意见中通过偏好转换来逐步达成共识的过程。定期召开的座谈会是官民互动的有效平台。座谈会避免了以往群众与政府官员之间联系的众多限制与中间环节,使群众能够直接向决策者提出自己所关心和希望解决的问题,保障自身利益。政府有关部门可以通过定期召开座谈会,了解民众需求,与公众直接对话、民主协商,加强与民众的沟通。公布领导干部电话是近些年来开辟的官民互动的新平台。为了拓宽公众利益表达的渠道,一些地方政府已经公布了主要领导干部的电话,但经常曝出领导干部电话无人接听、打不通的新闻,这就降低了政府公信力。公开电话根本上还是要让群众"找得到人、办得好事、解得了难、交得上心",实现政府与公众交流沟通的"零距离"。所以,我们还要不断构建其他行之有效的官民互动的新平台,从而完善官民互动机制。

（4）社会舆论导向机制。某些社会问题通过媒体报道形成的社会舆论压力，最终引起了政府的重视。社会舆论在促使公众议程走向政府议程的过程中具有不可替代的作用。要充分发挥媒介对社会舆论形成的作用，就要增强媒介的独立性、加强新闻从业人员的职业素养。对于与社会困难群体息息相关的社会问题，媒体必须加强宣传报道，遏制既得利益群体的掩盖行为，促使社会底层问题进入公众议程并最终走向政府议程。

（5）信息公开与反馈机制。要通过各种渠道征集公众的意见、建议、对策，将其中有重要参考价值的进行上报，选择有代表性的请媒体公开发表或出版发行。政策主体在信息接收、公开和反馈的过程中，必须坚持公共利益高于个人利益的原则，必须实事求是地反映和传递客观事实和民情民意，不能掺入个人感情色彩和私利倾向，否则将造成信息的失真，导致政府议程与公众议程的割裂。

（6）政策评估与问责机制。政策评估和问责机制对公众议程与政府议程的良性互动起监督保障作用。政策评估主体不能仅限于政府内部人员或机构，社会公众也必须成为政策评估的主体之一。政府决策是否解决了与公共利益密切相关的问题，公民的呼声是否得到有效反馈，民情民意在决策中是否被重视等，公众对于这些最具发言权。公众的评估监督会使决策者在政策议程构建中感到潜在的压力而关注公众议程中的社会问题，从而促进公众议程走向政府议程。同时，在政策议程设置过程中，必须建立行之有效的问责机制，将议程建立、政策评估结果与政府绩效考核挂钩，与政府官员责任挂钩。通过责任追究的压力防止决策者出于自利动机阻碍公众议程走向政府议程。通过责任追究落实相关决策者的责任，增强决策者对公众的责任感。

构建上述机制具有以下几个方面重要意义。

第一，有利于实现决策民主化。决策民主化是我国社会主义民主法治建设的重要内容，是指在决策过程中提高公民参与度，集思广益，听取民众意见，并按民主程序进行决策。中共十六大报告指出："正确决策是各项工作成功的重要前提。要完善深入了解民情、充分反映民意、广泛集中民智、切实珍惜民力的决策机制，推进决策科学化民主化。"民意表达是决策民主化的基础，公众通过各种民意表达机制向政府有关部门提出政策诉求，表达对某一社会问题的看法，使得公众普遍关注的社会问题引起决策当局的注意，从而由公众议程进入政府议程。决策者迫于公众议程的压力，在决策时吸纳社情民意，会做出符合公众呼声和公共利益的决策。没有公众议程与政府议程的良性互动来反映民意、集中民智，也就无所谓决策的民主化了。

第二，有利于遏制隐蔽议程。并非所有的社会问题都能转化为政策问题，在现实社会中，少数利益集团通过控制、封杀舆论报道，打击揭发社会问题的个人和团体，导致公众议程无法走向政府议程而成为隐蔽议程。同时，政府决策者与公众价值观念存在偏差，也会致使公众议程中某些社会问题走向隐蔽议程的命运。隐蔽议程会对政府的合法性和效能产生负面影响。公众议程与政府议程良性互动有利于遏制隐蔽议程。通过建立健全民意表达机制，减少公众议程与政府议程沟通的中间环节，实现公众与决策者的直接对话。通过建立信息公开机制使政府的政务透明，有利于公众知悉政府的决策动态。

第三，有利于增强公共政策的公共性。公共政策是为了处理公共事务、解决公共问题而制定的，公共性是其本质属性。公共问题的确定要以公共利益作为基本价值取向，公共政策制定要以实现公共性为标准和目的。公众议程就公众最关心、与自身利益密切相关的问题向政府提出诉求，政府通过筛选排序，能够切实地了解并解决与公共利益紧密相关的公共问题。公众议程与政府议程的良性互动能够促使决策者有效解决公共问题，增进公共利益，有利于增强公共政策的公共性。

第四，有利于公共政策执行。政府公信力的提升是公共政策顺利执行的基础。政策议程的构建是利益相关者进行对话协商的过程，公众通过公众议程与政府议程的良性互动，表达自身诉求和观点见解，实现其在政策议程构建中的参与权和话语权。在协商民主的前提下制定公共政策，有利于增加公众对政府的信任和支持，提升政府公信力，为政策执行建立广泛的群众基础。

(三) 建立政策议程的影响因素

影响政策议程建立的因素有很多，西方学者对此做了不同的概括（见表 6-1）。

表 6-1 建立政策议程的影响因素

安德森《公共决策》	科布和爱尔德《美国政治中的参与:确定议程的动因》		琼斯《公共政策研究导论》
1. 政治领导人 2. 危机/引人注目事件 3. 抗议活动 4. 大众传媒关注	内部: 1. 自然灾难 2. 不可预测的人为事件 3. 技术变革 4. 民权抗议 5. 工会罢工 6. 生态变化	外部: 1. 战争行为 2. 武器技术革新 3. 国际冲突 4. 世界联盟变化	1. 政治运动 2. 对大量人员造成威胁的事件 3. 大规模的宣传 4. 个人的努力 5. 先前政策的应用

国内学者也对影响政策议程建立的因素进行了概括。有的学者认为,影响公共决策部门拟定政策议程的主要因素包括公众、利益集团、主要决策者、智囊机构、新闻媒体、突发事件[①];还有的学者认为,这些因素包括政治领袖和权力精英、突发性事件或危机事件、广泛的民意以及大众传播媒介等[②]。根据以往的研究,我们认为,建立政策议程的影响因素有以下九种:

1. 政治领导人

政治领导人作为决策系统的核心,其对政策系统的影响往往来自制度的授权,他们常常扮演政策议程主要决定者的角色。"无论是出于政治优先权的考虑,还是因为对公众利益的关切,或者两者兼而有之,政治领导人可能会密切关注某些特定的问题,将它们告知公众,并提出解决这些问题的方案。"[③]例如,1974 年尼克松政府关于放松《清洁空气法案》中某些污染控制标准的建议便直接提上了国会的议程。杰克·沃克在研究了美国参议院政策议程之后指出:参议院有一些活跃的立法者受推动社会变革的愿望和渴望获取改革者声望的迫切心情所驱动,会去探究那些可能成为参议院决策议程上的新事项的问题。政治领导人对社会公共问题的关注受领导者多种个人因素的影响,如个性特征、成长经历、实践经验、受教育状况等。

---

① 王满船:《公共政策制定:择优过程与机制》,中国经济出版社 2004 年版。
② 胡伟:《政府过程》,浙江人民出版社 1998 年版,第 237 页。
③ 〔美〕詹姆斯·E. 安德森:《公共决策》,唐亮译,华夏出版社 1990 年版,第 72 页。

2. 政治体制

政治体制是国家政权的组织形式、活动方式和政治规范的总和。政治体制的科学化、民主化程度是建立政策议程的重要影响因素。在政治体制运行和作用的过程中，政治活动得以进行，政治权力和政治规范得以实现，政策议程得以建立。政治制度为政策议程的建立提供了制度安排。例如，选举制度一般用于选举立法机关的代表和政务类公务员、对重大决策的投票表决以及对选举的代表和公务员进行监督和制约。选举的过程实际上是选举人对自己的利益和意愿的一种选择，是对决策者的一种选择，是对政策的一种选择。人民代表大会制是我国的根本政治制度，也是广大人民群众参政议政的基本形式。不少有关国计民生、经济和社会发展的重大问题就是首先由人大代表提出来，而后纳入政策议程的。

3. 政治组织

政治组织影响着政策议程的建立，是政策议程建立的基本条件。社会问题往往是涉及全局的事情，与公众利益密切相关，因而建立政策议程是一个复杂的过程。一般来说，单靠个人的力量是难以建立政策议程的，必须借助一定的组织形式，如政党、政治团体、社会组织。当一个社会问题被某个政治组织提出来，就比较容易引起政府和社会的关注，更加容易被列入政策议程。在我国，这些政治组织主要是政党、工会、妇联等组织。这些组织收集和反映其所代表的那部分社会成员的利益、要求和呼声，从而推动政策议程的建立。例如，近年来，我国各民主党派积极开展专题的调查研究活动，就大政方针和建设、改革的重大问题出谋划策，提出意见和建议，其中一些意见和建议被列入了政策议程。

4. 利益集团

利益集团是在政治共同体中具有特殊利益的团体，它们在政治生活中的一个主要目的就是影响政策制定过程，以实现自己的主张。利益集团既可能积极推动政策议程的建立，也可能阻碍政策议程的建立，对政策议程的建立具有较大的影响。一般来说，在政策议程建立的过程中，利益集团往往是通过利益诉求影响政策制定者。戴维·B.杜鲁门在《政治过程：政治利益与公共舆论》一书中提出，各种利益团体寻求着某种合理的平衡状态，如果某一事物威胁到这种合理的平衡,那么它们便会做出反应。各种利益集团就与自己利益密切相关的问题,单独地或联合其他团体向政府提出要求,并通过游说、宣传、助选、抗议和施加压力等手段迫使政府将其列入政策议程,并采纳有利于自己的政策建议。

5. 大众传播媒介

大众传播媒介被誉为"第四种力量",具有信息量大、涉及面广、冲击力强和传播迅速等特点,能够迅速形成强大的舆论压力,从而促使政策议程的建立。大众传播媒介在政策议程建立过程中发挥的作用和影响主要体现在:一是充当社会问题的传播者,以争取多数人对问题的关注和议论,推动公众议程的建立;二是充当积极的沟通者,把社会与公共政策系统连接起来,拓展政府搜集公共问题信息的渠道;三是给决策者施加强大的舆论压力,进而加速政策议程的建立。例如,我国贫困地区儿童失学的问题,通过新闻媒介的披露,引起强烈的社会反响和政府的高度重视,从而促进了"希望工程"的出台和实施。

6. 公民

公民诉求是指公民的某种愿望明确地向政府表达出来,常常是推动政府认定政策问题的信号。日常生活中,公民对于某些影响或损害自身权益的问题感到不满时,一般通过各种途径向政府反映自身诉求,寻求解决方案。在某些情况下,如果问题得不到解决,公民还会采取一些威胁性的方式(如游行、示威、抗议、罢工、暴乱等)向政府施加压力,迫使政府采取行动解决问题。在网络时代,通过自媒体,任何公民都可以独立地发布和传播自己的言论,自由地交换各自的信息、知识和经验。这种互动行为使民众感到自己在政治生活方面是可以有所作为的,在公共政策过程中是有一定影响力和话语权的,从而调动了公民参与的积极性,激发了他们民主参与的热情。自媒体能使公民花费最少的时间、精力和金钱来获取最多的信息内容,极大地降低了公民的参与成本,增加了公民参与公共政策的可能性,提高了公民参与的能力。网络时代公民参与政策过程必然产生网络舆情。所谓网络舆情是多数民众对周围发生的各种社会现象、问题所表达的信念、态度、意见、情绪等情感的总和。可以说,网络是继报纸、广播、电视之后的"第四媒体",网络舆情成为社会舆情中一个重要组成部分。网络舆情具有对民意进行集合和扩散的效应,它将加快社会问题向政策问题的演变,进而使政府的声音与民众利益表达的声音有机地结合起来,形成"政策问题",打开"政策之窗"。

7. 智库及专家学者

智库通过发现和建构公共问题、提出政策行动建议、预测政策前景等活动来推动政策议程建立。推动政策议程建立是智库的一项重要功能。俗话说"术业有专攻",专家学者在各自的研究领域中,能够凭借自身的专业优势和特长,迅速发现社会的问题并找出问题症结,还能够运用理论知识和科学技术,对问题的发展趋势进行科学预测,并提出问题的解决方案。专家学者取得的学术成果将会加速政策议程的建立。值得一提的是,有些人并不精于学术,但由于其丰富的经验同样也成为某一政策领域的专家,也会影响政策议程的建立。

8. 危机或突发事件

危机或者突发事件,如自然灾害、社会经济灾难、战争、重大社会冲突、抗议活动、国际冲突、重大社会事故、重大技术突破等,具有突发性、紧急性、高度的不确定性、威胁性这四种特征。危机或突发事件情境下的政策制定主要依靠非程序化的政策制定。危机状况(信息有限、资源有限、时间紧迫等)对政策议程的建立提出了及时、正确、高效的要求。危机或突发事件会让相关问题的解决变得迫切,促使这一问题被提上政策议程。因此危机或突发事件构成了政策议程建立的触发机制,是政策议程建立的导火索和催化剂。1957年,当苏联第一颗人造地球卫星发射时,美国政府匆忙将航天技术发展提上政策议程。20世纪90年代小煤矿爆炸事故在我国经常出现,这促使政府将关闭小煤矿提上政策议程。2020年年初新冠疫情的暴发促使国家将禁止野生动物交易纳入政策议程。

9. 问题自身的特征

众所周知,现实中的社会问题是层出不穷、纷繁杂乱的,社会问题只有转化为政策问题,才有希望得到解决。政策问题具有主观性、公共性、相互关联性、发展变化性等特征,它们往往不是突然发生的,而是逐渐形成的。随着社会情境的变化,政策议程的建立也处于不断变化之中。一个政策问题的产生可能是以前政策决策和执行不当或发生偏差的结果,也可能源于前一政策问题的解决。政策问题的性质和特征、成因等不同,进入政策议程的途径、时效就会不同。

(四) 社会公共问题进入政策议程的障碍

众所周知,现实社会中的社会公共问题层出不穷、比比皆是,并不是所有问题都会进入决策者视野,更不是决策者一注意这些问题就能制定相应的政策予以解决。社会问题只有转化为政策问题才有希望得到解决。社会公共问题进入政策议程主要有以下障碍。

1. 政治原则偏离

政治原则是指政治行为主体在政治实践活动中必须依据的准绳,任何国家都有被视为立国之本的基本政治原则,它反映着统治者的政治利益和要求,反映着人们从事政治活动的性质,体现着社会成员的政治地位和社会关系。坚持政治原则能把握正确的政治方向、达到预期的政治目的。当偏离政治原则的政策诉求影响到统治者的政治利益和要求、威胁到社会稳定、危及社会发展方向和发展道路时,政治系统会把这些政策诉求阻挡在政策议程之外。

2. 价值取向偏离

价值观念是人们判断事物好坏的重要标准。基于不同的价值判断,人们面对同一个问题时,会产生不同的反应,会对解决方法做出不同的选择。任何社会都有占主导地位的价值观念和信仰体系,在价值观念背后,与时代吻合的主导价值观在起决定性作用。凡是偏离社会主流价值取向的诉求或解决方案,都很难进入政策议程。

3. 政策系统封闭

按照系统论的观点,政策系统不断与外部环境进行物质、能量和信息的交换。政策系统一旦封闭,就切断了与外界的联系,使得社会公共问题难以进入政策议程。政策系统一旦封闭,公众和政府的沟通渠道就会被阻塞,公众的利益诉求、对公共问题的关注和讨论等方面的信息就会滞留在政策环境中而不能进入政策系统,也就不能被决策者感知和接收。

4. 利益驱动

公共政策的实质就是对社会利益的一种权威性再分配。社会公共问题能否进入政策议程以及最终会形成什么样的政策,受制于利益。马克思说过:"人们为之奋斗的一切,都同他们的利益有关。"①人们总是通过各种渠道和途径向决策者表达自己的利益要求。无论是公众还是决策者,其政策活动都会受到利益的影响。现实中有一些决策者从个人私利上盘算荣誉升迁,想问题考虑的不是群众能不能得利,而是能不能为个人升迁增加筹码、积累资本,专拣能够吸引"眼球"的事做;对那些难以形成影响、不显山露水的事,群众呼声再高、意愿再强烈也不愿意去做。有的决策者急于显示个人才能与政绩,急功近利,竭泽而渔,做出不少华而不实、留下后遗症的"泡沫政绩"。

5. 承受能力不足

社会公共问题进入政策议程,政府必须承受新的外来刺激或压力,这考验了政府的承受能力和解决问题的能力。一旦社会公共问题超出了政府承受的能力,尽管有的问题的提出对社会有利且符合公众愿望和时代潮流,也会因政府承受能力不足而被排斥或忽视,难以进入政策议程。

6. 表达方式失当

社会公共问题需要加以描述和解释后呈现给决策者。表达社会公共问题的方式直接影响了政策制定者对该项社会公共问题的认识,进而影响到政策制定者的判断。如果表达社会公共问题的方式失当,那么政策议程就难以建立。

(五)社会公共问题进入政策议程的途径

社会公共问题通常经由以下四种途径进入政策议程。②

1. 社会中的团体或个人主动介入,政府只是有限介入

对于社会中部分团体或者个体认为很重要的社会公共问题,政府只是有限介入的原因有四种:

(1)政府基本上不知道这些社会问题的存在。

(2)政府知道问题的存在,但没有权力去处理。现代政府是有限政府,不是具有处理一切问题权力的万能政府。

(3)政府知道问题的存在,也有权力去处理,但无能力处理。政府的一切

---

① 《马克思恩格斯全集》(第1卷),人民出版社1995年版,第187页。
② 〔美〕斯图亚特·S.那格尔:《政策研究百科全书》,林明等译,科学技术文献出版社1990年版,第94—96页。

行政行为都需要消耗资源。在介入社会公共问题时,政府可能缺乏人力、物力、财力等资源的保证,导致无力处理这些问题。

(4) 政府知道问题的存在,也有权力与能力处理,但不能马上列入政府的议事日程,因为政府处理问题有轻重缓急的排序。

2. 政府主动介入,社会中的团体或个人只是有限介入

政府主动发现并解决问题有以下四种情况:

(1) 政府往往会从长远的角度考虑问题,以维护社会利益最大化。如对于保护环境这一类全局性的问题,政府会从全局利益和长远利益上考虑并加以解决;而对部分社会团体或个人来说,他们更多关心的是眼前与局部利益。

(2) 政府需要主动关注困难群体的政策诉求。社会上的一部分团体或个人由于缺乏资源或能力,无力向政府请求帮助,而实际上他们又特别需要政府的关注。政府的政策制定者可能会主动发现他们,也有可能十分偶然地了解到他们的境况并着手解决他们的困难。

(3) 在各种利益的冲突中,为维护社会的公正,政府需要主动干预,保护利益冲突中的受害者。

(4) 政府会从自身利益的需求出发,主动地发现问题。

3. 政府及社会团体或个人都主动介入

建立政策议程大多数情况下是政府和私人活动共同作用的结果。这种作用大致有三种情形。

(1) 政府希望解决的问题与公众要求解决的问题完全一致或基本一致,这时能相当迅速地进行政策问题的构建并顺利地列入政策议程。

(2) 政府希望解决的问题与公众要求解决的问题完全相反或基本相反。双方的主动行为演变成尖锐的冲突行为。由于在事件与环境的理解上双方产生了差异,而这种差异又会派生出其他各种相关问题,就会进一步加深矛盾与冲突。

(3) 政府希望解决的问题与公众要求解决的问题,在多数情况下既有共同的一面,又有差异的一面。认识上的差异也会导致一定的冲突,但这种冲突可以通过协调最后取得认识上的一致,而使问题进入政策议程。

4. 政府与团体、个人都不主动介入

这种类型从理论上似乎是存在的,但在实践中极其少。"可能是由于受某一事件影响的人没有可利用的方法,也可能由于缺乏能向政府提出请求的组织,或者干脆是由于和其他公共问题相比较,缺乏引起政府注意的竞争力,也可能私人团体或政策制定者都尽力避免确认这种问题。"①

(六)政策议程建立的模型

政策议程建立日益受到学术界的重视,学者们从不同角度提出了各种模型,来概括不同时期不同国家政策议程建立的过程与特征。

1. 罗杰·W. 科布的政策议程建立模型

罗杰·W. 科布在《比较政治过程的议程制定》中,根据政策问题的提出者在议程中的作用以及扩散其影响力的范围、方向和程序,以政策诉求主体为标准,把政策议程划分为内在创始型、外在创始型和政治动员型三种模型。

(1)内在创始型。内在创始型是指决策诉求源于政府机构内部的人员或部门,其扩散的对象主要限于"体制内"或者"系统内"的相关团体和个人,一般不涉及社会一般公众。内在创始型的主要内容是:一是政策建议或政策方案起源于执政党和政府内部的某个单位,或者起源于接近执政党和政府的某个团体;二是问题扩散的对象是与这个团体或单位有关的团体或单位,而不是一般公众;三是问题扩散的目的是形成足够的压力或影响,促使政策制定者将问题列入正式议程。在整个议程建立和政策形成的过程中,社会大众没有参与,这是因为问题提出者不希望把问题列入公众议程中,而希望凭借自身的力量直接将问题纳入正式议程。对于这种内在创始型的政策议程来说,政策诉求主要源自政府系统内部,扩散也只局限于政府范围内,政策制定过程中涉及的政策主体主要是中央政府以及各地方政府。该模型在权力集中、民主程度较低的社会较为普遍。

(2)外在创始型。外在创始型是指决策诉求由政府系统以外的个人或社会团体提出,经阐释和扩散进入公众议程,然后通过对政府施压的手段使之进

---

① 〔美〕斯图亚特·S. 那格尔:《政策研究百科全书》,林明等译,科学技术文献出版社1990年版,第96页。

入政府议程。外在创始型的政策议程建立的过程是开放和公开的,所以也叫"外输入"模型。外在创始型政策议程运行的情况为:政策问题的察觉者和提出者是执政党和政府系统以外的个人或社会团体;他们表达或提出了某个要求;他们企图把问题扩散到社会上其他的团体之中,使该问题进入公众议程;给决策者以足够的影响力,最后使问题能够进入政府议程。这种模型在民主程度较高的社会比较常见。

(3) 政治动员型。政治动员型是指具有权威作用的政治领袖主动提出决策意向,并使之进入政府议程。一般情况下,政治领导人的政策意向往往能够成为政府的最终决策。这种情况下,政策已被决定,之所以还要建立政策议程,主要是为了寻求社会大众的理解和支持,以便更好地贯彻实施政策。政治动员型政策议程以政府议程为基点,以公众议程为对象,旨在使政策方案顺利执行。该模型通常出现在权力集中的社会,在这种社会里,政府及其核心决策者具有很强的权威;在政策议程建立的过程中,权力精英的作用比较突出。

改革开放前和改革开放后的一段时间内,我国实行计划基础上的权力高度集中的政治体制,在当时社会结构分化程度较低的背景下,社会利益的表达与综合一般由政治系统内部权力精英做出,经过分析、研究和调查,然后将他们认定的社会利益输入公共政策系统中。因此,当代中国较长一段时间内政策议程的建立更多是内在创始型和政治动员型,而较少使用外在创始型,这就使公共决策更多地呈现出"单方案决策"的特征,而不是多方案的择优。经验教训表明,社会问题如何"输入",政策议程的建立成功与否对当代中国公共政策制定十分重要。随着民主政治的发展、决策民主化的推进,我国政策议程建立模型开始从内在创始型和政治动员型为主转变为外在创始型为主。

2. 约翰·W. 金登的多源流分析模型

多源流理论最早是由美国政治学家约翰·W. 金登在 1984 年出版的《议程、备选方案与公共政策》一书中提出来的。金登用了四年的时间进行了深入的访谈和研究,在对科恩、马齐和奥尔森提出的垃圾箱模型进行改造的基础上,提出了政策过程的多源流理论。多源流理论引起了学者们的广泛关注,并被应用于对医疗、运输、电信与财政等领域内政策的分析中。近年来,国内也有一些学者将多源流理论应用于我国的一些政策分析中。多源流理论认为,政策的制定是在一种"模糊性"条件下进行的。这种"模糊性"是指对于同样的环境或现象有着多种思考方式的状态。该理论认为,在政策系统中存在着三种不同的源流,即问题流(Problem Stream)、政策流(Policy Stream)和政治流(Political Stream)。图6-1显示了该模型的基本架构。

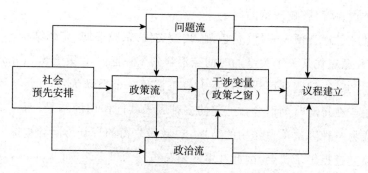

图6-1 政策议程设立的多源流模型

(1)问题流。问题流主要是关于问题的界定,包括问题是如何被认知的,以及客观条件是如何被定义为问题的。问题很多,然而并不是所有的问题都能够得到政策制定者的关注从而进入政策议程。我们需要了解的是:为什么其中一些问题能够得到政策制定者的关注,以及它们是如何引起政策制定者的注意的。金登认为问题常常通过以下三种途径引起决策者关注:首先,社会问题存在与否及其重要程度,这可以用一系列指标来反映;其次,一些重大事件或危机事件经常能够导致决策者对某个问题的关注;最后,从现行项目中所获得的反馈信息可以推动他们对问题的关注。

(2)政策流。政策流与解决问题的技术可行性、问题解决方案的公众接受度等有关。在政策系统中,存在着政策共同体。"政策共同体是一个包含着官僚、国会委员会成员、学者和思想库中的研究人员的网络,网络成员共同关注某一政策领域中的问题。"①围绕着问题的解决,政策共同体中的专家们提出了许多意见和主张。他们四处宣传自己的主张,希望自己的政策建议能够得到重

---

① 〔美〕约翰·W.金登:《议程、备选方案与公共政策(第二版)》,丁煌等译,中国人民大学出版社2004年版,第109页。

视。这就构成了政策系统的政策流。在政策的选择过程中,有些政策建议能够得到重视,另一些却会被抛弃。原因是多方面的,如它们的技术可行性、与主导价值的适合程度、预算可行性、可能遇到的支持或反对等。

(3) 政治流。政治流涉及公众情绪、压力集团间的竞争、行政机构或立法机构的换届这三个因素。这些因素都能够促使政治家们在考虑问题时调整他们的侧重点,从而影响政策的制定。

在某一种社会预先安排(价值观、政治文化、宗教信仰、宪政结构等)的背景下,这三种源流在某一个关键的时间点汇合到了一起,"政策之窗"(Policy Windows)就打开了,问题就可能会被提上政策议程。金登认为:"一个项目被提上议程是由于在特定时刻汇合在一起的多种因素共同作用的结果,而并非它们中的一种或另一种因素单独作用的结果。"[1]政策之窗的打开为问题被提上议事日程或政策变迁提供了机会,因此政策之窗又被称为机会之窗(Windows of Opportunity),即"政策建议的倡导者提出其最得意的解决办法的机会,或者是他们促使其特殊问题受到关注的机会"[2]。政策之窗关闭的原因有以下几个:政策制定者认为他们已经通过决策或者立法将问题处理好了;政策制定者没有付诸实际行动;没有可供选择的政策备选方案;打开了政策之窗的人不再拥有权力;重大事件或焦点事件已经消失。[3] 政策活动家是指在政策问题进入议程过程中具有重要影响力的政策倡导者,他们愿意利用自己的时间、精力、名望、财力等,去抓住并利用政策之窗开启的机会促使问题流、政治流与他们所倡导的政策流这三种源流结合,以确保他们的政策建议能够进入政策议程并形成特定的政策结果。问题流、政策流和政治流通过政策活动家而结合,那么社会公共问题"出线"即进入政策议程的机会将显著增加。

三种源流的划分对政策过程中最重要的因素进行了有效的归类。通过多源流理论,我们可以对影响政策议程建立的因素有一个比较清楚的了解:偶然的社会事件或政治事件都能为政策开启机会之窗,当问题流、政策流和政治流

---

[1] 〔美〕约翰·W. 金登:《议程、备选方案与公共政策(第二版)》,丁煌等译,中国人民大学出版社2004年版,第225页。
[2] 同上书,第209页。
[3] 同上书,第213—214页。

时机都比较成熟时,这样的机会之窗就有可能被用来促进政策议程的建立。总之,这种理论实际上告诉我们,并不是所有的问题都能够上升到政策议程,并不是所有的政策建议都能够得到实施,而那些最终得到解决的政策问题是因为它们获得了比较好的机会并且抓住了这个机会。

二、公共政策方案规划

所谓方案规划,指的是对政策问题的分析研究并提出相应的解决办法或方案的活动过程,它包括问题界定、目标确立、方案设计、方案论证、方案抉择五个步骤。方案规划的目的是解决既定的政策问题,方案规划的基本内容是方案设计和方案择优。

(一)政策问题的界定

公共问题进入政策议程后转化为政策问题。政策问题的界定是公共政策方案规划的起点,具有基础性作用,因为政策方案的实质是解决政策问题的方案。政策问题的界定是对问题的分析、解释和判断的过程。

1. 政策问题界定的内容

政策问题固有的复杂性要求对政策问题进行全面的界定。

(1)定性,即确定问题的性质。这是对一个政策问题进行界定的前提和基础,主要是明确这是一个什么样的政策问题,这个问题的本质是什么,并根据一定的标准对问题分类,明确所要界定的问题是什么类型的问题。政策问题数量庞大、领域广泛、性质复杂,利用科学的标准,对之进行分类,可以深化对政策问题性质的认识。我国通常按问题所涉领域,将政策问题划分为政治问题、经济问题、社会问题、文化问题、生态问题。也有学者做了其他的分类。谢明把政策问题划分为两类:一是过失性社会问题;二是结构性失衡问题。[1] 国外一些学者提出了其他一些分类标准。邓恩从政策问题的结构角度出发,把政策问题划分为结构优良、结构适度、结构不良三种类型。[2]

(2)定量,即测定问题的范围与程度。问题是理想状态与现实状态的差

---

[1] 谢明编著:《公共政策导论(第四版)》,中国人民大学出版社2015年版,第113页。
[2] 〔美〕威廉·N.邓恩:《公共政策分析导论(第二版)》,谢明等译,中国人民大学出版社2002年版,第163—164页。

距,这种差距可以用量化手段分析和描述,用数字化的语言加以表述。对问题的定量分析能够实现对问题的精确化、具体化描述。

(3) 定位,即厘清与其他相关问题的关系。这是由政策问题具有关联性的特点所决定的。政策问题之间往往相互联系、相互影响、相互作用。对问题的界定不能孤立地进行,必须厘清该问题与其他问题的联系与区别。

(4) 定向,即确定政策问题的发展方向,跟踪问题发展的趋势。政策问题具有动态性的特点,因此对政策问题的界定要有发展的眼光,把握问题产生、发展变化的过程,分析问题的过去、现在和未来。

(5) 定因,即寻找问题发生的原因。这是问题界定的关键点。人们的注意力往往被问题"是什么"所吸引,从而制定针对问题现象的解决方案,而容易一时忽略了对原因的分析。这样仅仅针对问题表面的政策是治标不治本的,就好像给咳嗽的患者吃止咳药,却不考虑患者咳嗽的真实病因,只能暂时缓解症状,却不能根治疾病。寻找政策问题产生的原因是一种创造性活动,要尽可能从多方面查找原因:可以先展开横向分析,从错综复杂的原因中找到主要原因;然后进行纵向分析,从表面的直接原因入手,通过层层"剥洋葱皮",最终找出根本原因,即政策分析中的"元问题"。

2. 政策问题界定的方法

上述关于问题性质、原因、类别、范围、程度、发展趋势等方面内容的界定需要使用科学的方法。邓恩认为政策问题界定方法主要有八种,各种界定方法包括目标、程序、知识来源、评价标准几个维度。①(如表6-2所示)

表6-2 政策问题界定的方法

方法	目标	程序	知识来源	评价标准
边界分析	估计"元问题"的边界	饱和抽样、问题启发与积累	知识系统	限定范围内的正确性
类别分析	澄清概念	概念的逻辑划分与分类	个别分析人员	逻辑一致性

---

① 参见〔美〕威廉·N. 邓恩:《公共政策分析导论(第二版)》,谢明等译,中国人民大学出版社2010年版,第178—196页。

(续表)

方法	目标	程序	知识来源	评价标准
层级分析	明确可能的、可行的和合理的理由	原因的逻辑划分与分类	个别分析人员	逻辑一致性
综摄法	确认问题间的相似点	建立个人的、直接的、象征性的、幻想的类比	个别分析人员或集体	比较的合理性
头脑风暴	产生想法、目标和战略	产生想法和评价	集体	共识
多角度分析	产生洞察力	综合运用技术、组织和个人的观点	集体	洞察力的改进
假设分析	冲突性假设的创造合成	明确利益相关人，提出假设、质疑、集中并合成	集体	冲突
论证图形化	假设评估	合理性和重要性的评估排序并制图	集体	最佳的合理性和重要性

（二）政策目标的确立

所谓政策目标，是指政策制定者期望所制定政策能够达到的效果。政策目标来自政策问题，政策的目标就是要消除产生政策问题的根本原因，缩小以至消除理想状态与现状的差距。政策目标是政策方案设计和优化的基础和依据，是政策执行的指导方针，是政策绩效评估的参照标准。

1. 政策目标确立的原则

政策目标确立一般遵循 SMART 原则。

Specific（特定的、具体的）：确立的政策目标必须是明确的，具有针对性，能够切中问题要害，有的放矢，而不能模棱两可。政策目标只有表达准确，界定清楚内涵和外延，才能为政策设计者提供依据和方向。否则政策方案的设计就容易无所适从，陷入迷茫。

Measurable（可测量的、可度量的、可衡量的）：确立的政策目标必须是能够测量的，有适合的定性或定量的指标衡量，即公共政策所要达到的状态能够测量,只有达到预定的标准才算完成。政策目标的确立应尽可能量化,要有具体的分层次的衡量标准。

Attainable(可得到的、可实现的、可操作的):确立的政策目标必须切实可行,是通过努力能够实现的。政策目标既不能过高,也不能过低,要正确处理好政策目标的可行性。由此,在确立政策目标时,既不能好高骛远,也不能安于现状,而应立足现实,确保政策目标的切实可行。

Relevant(相关的):政策目标往往不是单一的,而是与其他目标相互联系。各个政策目标之间具有一定的内在逻辑关系,是相互关联的。由此在确立某一政策目标时应避免与其他政策目标相冲突。同时还要处理同一政策本身的总目标与子目标的关系,实现它们之间的一致性。

Time-bound(有时限的):确定的政策目标需要在一定时间内实现,否则政策目标的实现将遥遥无期。与此同时,确定政策目标实现的时间限制也能够督促政策执行者高效、高质量地执行政策。

2. 政策目标确立的影响因素

政策目标是针对政策问题,由政策制定主体发挥能动性创设或确立的。在拟定政策方案时,政策制定主体必须谨慎地、系统地思考政策系统内外与政策目标发生关联的一系列因素。影响政策目标确立的主要因素有:(1)前期政策实施的情况。先前政策实施的结果是确定后续政策目标的经验依据。(2)支持的资源。即整个政策过程周期中可能得到的人力、物力、财力的支持,是政策目标确立的基础。(3)政策制定主体的观念。是选择稳健的目标还是选择有风险的目标与政策制定主体的价值观念、创新意识关系极大。(4)要完成的政治任务。一般来说,下级政府许多的政策目标都是直接来源于上级政府的指令,即便如此,具体政策目标仍须与政策主体所处的实际情况相符合。(5)政策运行时的政治因素。任何政策目标的设定必须具有政治可行性,政策目标必须与现实政治制度及政治目标相吻合。(6)政策运行时的社会因素。政策的制定与实施是一个社会过程,政策目标必须与各种社会因素相协调。(7)政策运行时的经济因素。有些政策在制定和实施时所需要的资源不仅和一定的经济状况有关联,而且与经济结构、经济运行直接相关。在选择政策目标时,必须考虑经济可行性。(8)政策运行时的技术因素。许多政策的在制定和实施过程中包含着较多的技术要求,因此,在选择政策目标时,必须考虑技术的可行性。(9)政策运行时的自然因素。有些政策与自然地理状况有关,政策目标的确定离不开对自然状况的考虑。

(三) 政策方案的设计

政策方案设计是指"在政策目标明确的前提下,探求、拟制和构建实现政策目标的各种可能途径的过程"①。由于决策者的学识、精力、时间有限以及事务繁杂等原因,决策者更多的是参与评价方案和选择方案。而方案设计这一工作通常是由专家学者,尤其是咨询机构辅佐完成的。政策方案设计这一过程被形象地称为"大胆假设,小心求证"的过程,也就是首先大胆设想,提出各种方案设计轮廓,然后对方案轮廓进行严格细致的具体化加工。

1. 政策方案的轮廓设想

抓住公共政策问题的实质和关键,从不同的角度大胆构想各种可能的政策方案,勾画政策方案的轮廓,保证政策备选方案的全面性和多样性。在政策方案轮廓设想过程中要遵循的原则有:一是多样性。政策方案设计者需要尽可能设想各种可能性,形成大量的初步方案,给政策方案抉择提供选择空间。二是互斥性。在此阶段的政策方案要呈现出互斥的状态,不能出现交叉重叠的方案。三是创新性。政策方案的轮廓设想阶段需要体现创新性。没有创新性就没有多样性。轮廓设想阶段要有勇于开拓、敢于打破传统观念和常规的勇气与魄力。在这个步骤中,头脑风暴法是一个常用来在短时间产生多个方案轮廓的办法。

2. 政策方案的细节设计

政策方案的细化是指对初步勾勒出来的政策方案轮廓进行细化填充,使之成为完善的政策方案。细节设计在轮廓设想阶段的方案进行筛选后方可进行。细节设计过程中要遵循的规则有:一是可操作性。在对保留下来的方案进一步具体化时,要充分考虑方案的可操作性。二是真实性。细节设计过程需要实事求是的精神,小心求证,就方案的各个细节进行严格的论证、反复的计算和细致的推敲。

---

① 顾建光:《公共政策分析学》,上海人民出版社 2004 年版,第 163 页。

(四)政策方案的论证

政策方案的论证是政策制定的一个重要环节。对各个政策方案进行论证可以为接下来的政策决策提供依据。

1. 政策方案论证的内容

政策方案论证是一项复杂而全面的系统工程,论证的内容涉及众多领域,主要包括以下几个方面。

(1)方案的完整性。政策方案的完整性是公共政策方案的完善性、科学性、合理性的前提。如果一个政策方案呈现不完整的状态,则这项政策方案肯定是不完善的、不科学的、不合理的,那么这个政策方案就是不可取的。

(2)方案的可行性。政策方案的可行性论证是政策方案论证的关键。它主要是论证政策方案在现实条件下是否切实可行,是否适应政策运行环境,能否被贯彻执行等。政策方案的可行性论证包括:①政治可行性,指政策方案在政治上与国家的性质、政治制度、政治思想和发展方向保持一致,符合国家利益、人民群众利益,能被社会和人民群众所拥护和接受;②经济可行性,指政策方案能够获得各种经济资源的充分支持,并能和国家经济的整体发展相配合;③行政可行性,指行政或管理的可操作性,即政策方案的实施能够得到行政组织、行政人员和行政程序的充分配合;④法律可行性,指政策方案中没有为法律所限制或禁止的内容;⑤技术可行性,指某项政策方案的实施具备相应的技术手段以达成政策目标;⑥社会可行性,指政策方案在现有的社会发展水平和社会成员心理承受能力的情况下能够实现目标的程度。我国目前还提倡重大决策方案要进行不可行论证。所谓不可行论证,是专门从政策方案的"不可行"方面进行分析,对可行性报告提出反驳的意见,从相反的角度为完善政策方案提供参考意见,为决策创造一个兼听的平台。

(3)方案的效应性。任何政策方案都不是尽善尽美的,都是有利有弊、有得有失的,既有正面效应,也有负面效应。由此,就要对政策方案的利弊得失进行全面的衡量和论证,对政策方案在未来环境下可能产生的多种结果进行预测,全面地评估政策方案。

(4)方案的协调性。在社会这个大系统中,各项政策都是相互联系、相互影响的。由此,论证所提出的政策方案与其相邻公共政策是否适应协调就很有必要。

(5)方案的风险性。一般来说,每个政策方案都会有不同程度的风险,必须对各个备选方案的风险大小程度和风险防范能力进行论证,以确保公共政策方案的稳妥可靠。

2. 政策方案论证的方法

(1)经验分析法。经验分析法指主要以经验知识为依据和手段而分析认识事物的一种科学分析方法。在政策方案论证中需要归纳历史上相关政策成功或失败的经验教训,支持、补充或否定已有方案,特别是要注意了解以往或目前正在实施中的有关政策的效果。

(2)抽象分析法。抽象分析法是利用抽象思维,抽取方案中各个主要要素及其之间的联系进行研究论证的方法。要注意的是,在使用这种方法时要反映方案的本质,而不是对每一要素及联系都进行论证。

(3)比较分析法。比较分析法亦称对比分析法、指标对比法,是对不同政策方案进行的对比分析论证。

(4)成本与效益分析法。效益分析法是通过分析项目的全部效益(包括经济、社会效益与生态效益)来评估项目价值的一种方法。成本分析法与效益分析法相对,是分析项目的全部成本。它是在政策方案论证中对各个政策方案实施可能付出的代价进行预测,从而评估该政策的效益费用比。

(5)风险分析法。风险分析法是根据项目风险的分布对项目做出选择的方法。对政策实施后可能带来的效益和遭遇的风险进行分析,以论证该政策方案能否承受可能的风险。

(6)综合分析法。综合分析法就是综合采用以上各种分析方法中的两种或多种对公共政策方案进行分析的方法。为了全面论证公共政策方案,应综合采用各种评估方法。

(7)相关利益方听证法。听证是在制定直接涉及公众或公民利益的公共政策时,为了合理、有效地制定和实施公共政策,听取利害关系人、社会各方及有关专家的意见以保证公共政策合理合法的一种必要的规范性程序和方法。政策听证会在提高和保证公共政策的公共性、科学性、民主性上发挥着重要作用。事前听证为政策备选方案的评估择优创造了条件。在听证过程中,各方代表就备选方案的优劣充分发表自己的看法,以达到集思广益、平衡利益、形成共识的目的。从某种意义上可以说,决策听证是对政策备选方案进行比较、鉴别的一种十分科学的有效的方法。

(8)方案后果预测法。政策方案总是面向未来的,其后果是在未来发展变化的条件下产生的,因此对政策方案后果的预测是政策方案设计中的重要组成部分,也是一种重要的论证方法。方案后果的预测包括两个方面:一是客观条件变化的预测。条件的有利或不利直接影响着政策方案实施所付出的成本以及所产生的效果。二是政策方案效果的预测。只有知道了方案的预期效果,才能辨别方案的好坏优劣,为方案选择打下基础。

(五)政策方案的抉择

政策决定者根据自己的价值偏好、态度、立场、知识、经验等,判断客观情势,权衡利弊,确定价值,对政策方案择优。政策方案的抉择是公共政策制定过程中最具实质性意义的阶段,政策方案抉择的正确与否,将直接影响到该项政策的成败。政策方案抉择错误甚至会导致政策方案规划前功尽弃。

1. 群体决策的择案规则

(1)全体一致规则。全体一致是指决策主体所做决议须由全体成员一致同意方可生效,若有任何成员否决则决议无效。全体一致规则的初衷是好的,也能在一定程度上促进政策效果和利益最大化的实现,但它易被误用,无法取得与初衷一致的实际效果,且决策成本高。

(2)多数规则。一是简单多数规则。简单多数规则是指在多种政策方案的选择中,哪一个方案得到的赞成票最多,则该方案胜出,不必超过半数。因此,简单多数规则也叫"相对多数规则"。由于全体一致规则容易导致很高的决策成本,所以简单多数规则在实践中是运用最为普遍的投票规则。其优点在于能够大大降低决策成本,缺点是可能造成决策不科学、不民主的问题,如相对多数实际上是占全体少数的局面。

二是过半数规则。过半数规则也叫绝对多数规则,指在决策中至少有一半以上的人投票支持的方案获得通过。过半数规则常见于议事组织,通常使用此规则来支持或反对若干决定。过半数规则是现代社会中采用最广泛的择案规则。其优点在于:比全体一致规则的决策成本低,比简单多数规则民主。其缺点在于:当多数人的净收益小于少数人的损失时,社会整体收益为负;可能出现投票循环;易产生多数人强制少数人的现象,即导致"多数人暴政"。

(3) 多数规则的变异形式。一是孔多塞标准,又称"两两对比法"或"成对表决法",指对所有的备选方案都进行成对的比较,先表决两个方案,获得群体成员过半数赞成票的方案再同余下的方案进行成对比较,依次表决直至得出最终结果。例如,有 A、B、C 三个备选方案,由甲、乙、丙三人组成的决策群体对之进行成对表决,如果甲和丙认为 B 优于 A,那么 A 就会被放弃,留下 B 与 C 进行比较,如果甲和乙认为 B 优于 C,那么 B 就获得最终通过。

二是博尔达计数。按投票者的偏好顺序,给 M 个方案中的每一个方案打分,分值从 1 到 M,分数最高为 M,最低为 1,然后把每一个方案的所有得分加总,得分最高的方案通过。这种多数决定的方法也被称为"偏好次序表决法",即先由各成员对备选方案标明其偏好,然后由群体运用加权计算法排出各方案的优劣顺序,并做出最后的选择。表示群体成员偏好的形式有偏好程度、偏好顺序两者。

三是赞成投票制。赞成投票制也称"同意表决法",即先由群体成员对所有他们认为可以接受的方案投赞成票,得票最多的备选方案即可通过。这种方法虽然简单,但它通过忽略各个成员偏好次序的具体信息而获得了群体偏好次序的综合信息,因而能对群体的建议做出敏感的反应,从而有效地避免了自相矛盾的情况出现。

四是淘汰投票制。淘汰投票制也称"否定表决法",即先由群体成员对所有他们认为可以舍弃的方案投反对票,得票最多的备选方案即被淘汰,直至剩下最后一个备选方案。

2. 政策方案抉择的基本依据

(1) 政策目标是否正确。政策目标的作用是确立一定时期的历史任务,使政策完成一定的使命。政策目标是引导政策前进的基本方向。政策能否达到预期目标,是政策方案抉择的首要依据,直接关系到政策方案的成败。

(2) 政策要素是否完整。政策要素是构成一个完整的政策所需要的组织成分,它包括政策主体、对象、价值、目标、资源、措施等。构成政策的这些要素彼此之间不是孤立的,而是相互联系着的。缺少任何一个要素都是不完整的政策方案,优化任何一个要素都有利于政策的完善。

（3）依据的信息是否真实。政策方案是在广泛搜集信息后形成的,信息的真实性奠定了政策方案是否正确的基础,关系到政策方案是否直击问题症结。政策方案越是在广泛调查研究、了解信息源及其变化规律的基础上制定的,政策方案就越正确。

（4）对信息加工的立场和观点是否正确。信息加工是将收到的原始信息资料,按照一定的要求,通过严格的程序,采取科学的方法,进行分类、排队、比较、判断、选择和编写。信息加工是制定政策方案的重要环节,其立场和观点影响到政策方案的价值偏好。

（5）支付的成本是否合理。一项政策在产生社会效益的同时,也会产生一定的成本费用。政策成本的合理性影响到政策方案的科学性、合理性。

（6）政策方案实施的副作用。一旦实施了某一政策方案,必然要承担由政策实施所产生的副作用。副作用越小,政策方案被选择的可能性越大。

（7）与相邻政策的关系是否协调。从系统论出发,政策都是相互联系、相互影响的。在社会这个大系统中,各种政策共同作用于社会问题的解决。一项政策与相邻政策的协调性会影响政策执行顺利与否。

（8）政策出台的条件和时机。政策的实施要考虑时机与条件,这就有一个把握好政策出台时机的问题。政策在什么时候出台,在什么条件下推行,其中大有文章,值得研究。正如邓小平所说:"改革没有万无一失的方案,问题是要搞得比较稳妥一些,选择的方式和时机要恰当。"[①]

三、公共政策方案的合法化

陈振明等学者把合法化视为政策制定的一个环节。合法化是政策方案转为政策的必由之路,是政策制定与政策执行的分水岭。一项公共政策方案被确定为最终采纳的方案之后,只有通过合法化转化为正式政策,获得权威性和合法性,为公众所认同,才能得以实施。

---

① 《邓小平文选》(第3卷),人民出版社1993年版,第267页。

（一）政策方案合法化的含义

对于政策方案合法化的概念，不同的研究者的理解不尽相同。(1)从立法层面来理解。朱志宏认为："政策合法化，就是赢得多数立法人员对政策方案的支持。"[①] (2)从程序层面来理解。陈振明认为："所谓政策合法化是指法定主体为使政策方案获得合法地位而依照法定权限和程序所实施的一系列审查、通过、批准、签署和颁布政策的行为过程。"[②] (3)从政策执行对象来理解。兰秉洁在强调程序重要性的同时，重视政策执行对象的服从，或者说公众的认可、接受、遵从和推行。[③] (4)从合法化的范围来理解。陈庆云从广义与狭义角度出发对合法化进行了解释。广义上，他认为能够被公众认可、接受、遵从和推行的政策就是具有合法性的政策，而使政策能够被公众认可、接受、遵从和推行的过程就是公共政策的合法化过程。狭义的合法化偏重于从法律角度来解释，即合法的公共政策包括合法的决策主体、合法的决策程序、合法的政策内容。[④]

在确定公共政策方案合法化的含义时，首先要界定清楚合法性和合法化两个概念。合法性是指某事务由于被判断或被相信符合某种规则或者具有某种基础而被承认或被接受。公共政策的合法性意味着一种尽可能充分的公共性，意味着一项公共政策的制定、出台和生效主要取决于社会公众对政策正当性、合理性的认同。合法化可以理解为在合法性可能被否定的情况下对合法性的维护，也即合法化是指合法性的客观基础被质疑的时候，为达成关于合法性的共识的努力。合法化是在程序上或形式上对合法性的宣示、赋予、维护。由此可以理解，所谓具有合法性的政策就是能够被公众认可、接受、遵从和推行的政策，而使政策能够被公众认可、接受、遵从和推行的过程，就是政策方案合法化的过程。

我们认为，政策方案的合法化是指特定的公共权力主体依据法定权限和程序，对政策方案予以审查、通过、批准、签署和颁布，将其转化为正式政策，使之具有合法性，获得合法地位以及得到社会认同和遵循的效力的过程。

---

① 朱志宏：《公共政策》，三民书局1991年版，第184页。
② 陈振明主编：《公共政策分析》，中国人民大学出版社2003年版，第197页。
③ 兰秉洁、刁田丁主编：《政策学》，中国统计出版社1994年版，第127页。
④ 陈庆云主编：《公共政策分析（第二版）》，北京大学出版社2011年版，第146—147页。

（二）政策方案合法化的重要意义①

政策方案合法化在政策过程中占有举足轻重的地位，在实践上也具有重要意义。这主要表现在如下三个方面。

1. 依法决策的重要体现

2004年国务院公布《全面推进依法行政实施纲要》，提出"全面推进依法行政，经过十年左右坚持不懈的努力，基本实现建设法治政府的目标"。中共十八大报告中也明确提出了全面推进依法治国，建成法治政府的新任务。依法行政是依法治国的根本要求，是我国建设和发展社会主义市场经济体制的客观需求。依法行政强调行政主体在行使行政权时必须依据法律、符合法律，不得与法律相抵触。依法决策是依法行政的内在要求。在政策方案合法化的过程中，对决策内容、程序是否与法律相冲突进行严格审查，确保政策方案于法有据，充分体现依法行政的要求，是我国政府依法行政的重要体现。

2. 公共决策程序建设的基本内容

"重实体，轻程序"的观念在我国一直存在。人们普遍只重视决策的实体内容是否合法，而忽略程序合法的重要性。公共决策程序合法性是政策合法性的重要组成部分，仅从内容的合法性来对决策进行评判是不合理的。最近几年，我国已经开始认识到程序之于决策的重要性，并逐渐开始加强对决策程序的建设。中共十八届四中全会提出，健全依法决策机制，把公众参与、专家论证、风险评估、合法性审查、集体讨论决定确定为重大行政决策法定程序。许多地方政府也制定了相关法规来规范行政程序，并明确规定重大行政决策方案需进行合法化这一过程。如《湖南省行政程序规定》共十章一百七十八条，第三章行政决策程序从第二十九条至五十三条对重大行政决策行为和制定规范性文件的行为予以程序规定，其中就包含第三十九条"重大行政决策方案草案经政府分管负责人审核后，由行政首长决定提交政府常务会议或者政府全体会议讨论。政府常务会议或者政府全体会议审议重大行政决策方案草案，应遵循以下程序：（一）决策承办单位作决策方案草案说明；（二）政府法制部门作合法性审查或者论证说明"。第四十二条规定："由行政机关作出决

---

① 郭渐强、彭璐：《重大行政决策方案合法化研究》，《湖南师范大学社会科学学报》2014年第2期。

定的重大行政决策,决策机关应当在作出决定之日起 20 日内,向社会公布重大行政决策结果。"《湖南省重大行政决策合法性审查暂行办法》从 2016 年 5 月 1 日起实行,该办法对重大行政决策方案合法性审查这一程序进行了专门规定,有利于公共决策程序建设。

3. 政策能够顺利执行的前提条件

公共政策的最终方案是否具有合法性,是否能够得到社会的赞同和有效的实施,需要合法化这一过程使政策方案获得合法地位,使政策方案转变为正式的具有权威性的公共政策。只有经过合法化这一过程的决策方案才能具有执行的效力。未经过合法化的决策方案本身不具有合法性,同时也缺乏权威性,较难获得公众的认同和配合,所以政策在执行上就会受到来自目标群体的阻碍,最终使得整个政策失败。政策方案合法化起着承上启下的作用,联结着政策方案的制定和政策的执行两方面,是政策能够顺利执行的前提条件。

(三) 政策方案合法化的特征

(1) 所有政策方案有其合法化过程。没有经过合法化的所谓政策均不成其为政策,这不但包括中央政策,还包括地方政策。政策方案合法化的目的就是使政策获得合法地位,使其转化为合法有效的政策,从而获得公众认可、接受和执行,最终实现政策目标,解决政策问题。

(2) 政策方案合法化的主体具有广泛性和特定性。政策合法化的主体是依法有权使政策方案获得合法地位的国家机关。主体与权限是一个问题的两个方面。谁有权使政策方案合法化,谁就成为政策合法化的主体。换言之,成为政策合法化的主体,必须具有相应的权限。这就导致了政策合法化主体的两个基本特征,即宏观上的广泛性和微观上的特定性。宏观上的广泛性是指从总体上看,政策合法化的主体是相当广泛的。有权使政策方案获得合法地位的国家机关都可以成为政策合法化的主体。微观上的特定性是指每一项政策方案的合法化主体是特定的。尽管总体上政策合法化的主体是广泛的,但这并不意味着任何一项政策方案的合法化活动都可以随便由任意一个国家机关来进行。主体只能在其法定权限内实施政策合法化行为,如依照宪法规定,国务院只有各部委有权发布行政规章,而国务院直属机关不具有这项权限。应该注意的是,不能把政策合法化主体的特定性理解为每一项政策的合法化主体都是单一的。有些政策的批准机关和发布机关不同,其合法化主体也就分属两个机关,如国务院组成部门或者省级人民政府制定的某些规章,报国务院批准后,又由制定机关发布施行。其批准机关是国务院,发布机关是国务院组成部门或省级人民政府,显然,二者都是政策合法化的主体。政策合法化主体如何确定,关键是看法律对国家机关的权限如何规定,不具有法定的公共政策制定权力或超越法定权限的国家机关都不能使政策合法化。法律针对不同的国家机关规定了不同的职权,政策合法化的主体必须在各自的法定权限内使相应的政策方案合法化。任何一个国家机关超越法定权限就不能制定和颁布政策,否则,其所制定和颁布的政策就会被视为违法无效,同时也要承担违法后果。

(3) 政策方案合法化的程序具有相对性。政策方案合法化的程序是指政策方案获得合法地位的步骤、次序和方式。政策的内容、形式和效力范围不同,政策方案合法化的程序也不一样。立法机关或权力执行机关的政策方案合法化过程基本包括提出议案、审议议案、表决和通过议案、公布政策,这说明立法机关的政策方案合法化过程强调公平与民主。行政机关的政策方案合法化过程包括法制工作机构的审查、领导决策会议的讨论决定、行政首长签署发布政策。国务院制定重大政策时,由国务院常务会议或全体会议讨论决定,由国务院总理签发;一般性政策国务院总理有权直接签署发布。相对而言,行政机关的合法化过程强调效率。政策合法化的程序,虽然不尽一致,但都有共同的标准,即要符合法律规定;都有基本的步骤,即包括审查、通过、批准、签署和颁布政策等一系列行为过程。

(四) 完善我国政策方案合法化的对策建议

1. 加强法制工作机构建设

法制工作机构作为重大行政决策方案的"把关者",政府应重视其在重大行政决策方案合法化过程中的主导地位和指导作用。首先,应重视法制工作机构的职能,确保法制工作机构的地位与职能相称。政府可以通过各种方式宣传法制工作机构的工作内容及其重要性,从思想上改变政府内部对法制工作机构的忽视。与此同时加快相关制度规定的建立,为法制工作机构的工作提供有效的制度保障,使其有法可依,有规可循。其次,完善法制工作机构的人员结构。加大经费的投入,为现有工作人员提供学习机会,培养其专业知识,提高其综合素质以应对法制工作的高要求。与此同时,加强人员配备,大力吸收专业知识扎实、综合能力强的人才,一定程度上扩大法制工作机构人员规模及提升整体工作水平,提高工作效率,使法制工作能够高效高质的完成。再次,基层法制工作机构须得到进一步重视。虽然自2008年国务院公布《关于加强市县政府依法行政的决定》后,我国基层法制工作机构建设有很大进展,但是就现阶段而言,基层政府法制工作机构建设仍得不到重视,甚至在一些地区根本没有法制工作机构的现象仍旧存在。基层政府离老百姓最近,其所做决策与老百姓日常生活更是息息相关,所以,必须保障基层法制工作机构的顺利运行,保证政府行为的合法性,从而保护公众的切身权益不受侵犯。2018年党和国家机构改革将政府法制办并入司法部门,有助于理顺两部门交叉职责,实现简政放权,促进资源整合,提高行政效率,减少行政干预,有利于实现法律公平正义。这是加强法制工作机构建设的重大措施。

2. 健全对政策方案合法化过程的监督机制

首先,在政策方案合法化过程中引入各级人民代表大会及其常务委员会的监督。我国现阶段政策合法化主体主要是人民政府内部的法制工作机构,较为单一,合法性审查工作很容易受到各种因素的影响,其监督作用难以发挥,通过合法化环节以后的重大行政决策方案的合法性仍旧得不到保证。所以在政策方案合法化过程中增加各级人大及其常委会的监督,可以在一定程度上避免法制工作机构在合法性审查过程中的违法行为,减少其工作的随意性。加强各级人大及其常委会的监督能力,第一,应加强制度建设,加快制定相关政策,明确各级人大及其常委会在合法化过程中的监督权限,规范其监督方式,为各级人大及其常委会监督政府合法化行为提供有效的依据;第二,各级人大及其常委会应加强自身监督能力,深入进行专项调查,加强信访工作,综合运用多种监督手段,适当采取刚性手段,避免"虚监""弱监"现象的出现。

其次,在政策方案合法化过程中应加强社会监督。公民自身应自觉树立监督意识,主动对政策方案合法化行为行使其监督权。与此同时,政府应该使整个合法化环节公开透明化,在整个过程中利用各种途径及时将相关信息予以公开,为公众监督提供参照;通过法律明确公众的监督权及监督方式,为公众的监督提供最有效的保护。而被称为人民喉舌的新闻舆论,能充分反映群众的意见,为群众监督提供更及时的信息,所以应明确新闻舆论在社会监督中的重要作用,通过立法途径对其权利进行保护,对于其监督权限进行明确的法律规定,减少政府的行政干预,充分发挥新闻舆论的监督作用。

3. 完善并严格执行政策方案合法化程序

我国现在的政策方案合法化过程仍然存在一些隐蔽性,许多重大行政决策透明度不高,这就不可避免地存在合法化主体受利益驱使在合法化过程中随意减少环节步骤或不严格遵守程序规定的现象,这样容易使人民群众对决策方案缺乏信任,削弱其合法性。所以通过法律法规对合法化程序进行统一规定是必不可少的。加快程序法规的建设,通过法律法规规范、细化合法化程序,有效防止合法化主体随意变更、增减合法化步骤,为违规行为的惩处提供有效的依据,有利于加强合法化过程的权威性,进而保证政策方案的权威性。[①]

第三节 公共政策制定的理论模型

公共政策制定的理论模型是一种政治分析模型,亦是一种概念模型,是描述性模型与语言模型的综合形式。美国学者盖斯(Saul I. Gass)认为:"政策模型是对问题情势的选定方面的简化表达,这一问题情势是为特定的目的而构建的。"[②]由此可见,公共政策制定的理论模型是政策制定者和政策学术研究者不断研究总结出来的,以便社会公众理解和解释政治生活,使其在面临一项公共政策时能够思考其产生的原因和要解决的问题,以及可能产生的社会效果和对未来社会发展的影响。在方法论上,公共政策制定的理论模型属于定性分析的范畴,种类繁多,且分类标准较复杂。这里主要介绍和分析有着重要影响和极具代表性的理论模型,包括理性决策模型、渐进决策模型、混合扫描决策模型、博弈决策模型、系统决策模型、精英决策模型、集团决策模型。

[①] 郭渐强、彭璐:《重大行政决策方案合法化研究》,《湖南师范大学社会科学学报》2014 年第 2 期。
[②] 转引自〔美〕威廉·N. 邓恩:《公共政策分析导论(第二版)》,谢明等译,中国人民大学出版社 2002 年版,第 169 页。

第六章 公共政策制定

一、理性决策模型

(一)完全理性决策模型

完全理性决策模型认为,理性的政策是能达到最大社会效益的政策,只要理性地考虑决策过程中的每一个步骤,最后所形成的公共政策必然是合理的,是能够实现社会效益最大化的。理性决策模型约在19世纪末20世纪初开始兴起于经济学和军事防务领域,在20世纪50年代至70年代得到了充分的发展。理性决策模型的基本观点是:人们决策是遵循最大化原则,抉择最优方案,谋求最大效益;作为决策的主体,始终坚持理性化活动,不存在任何非理性成分。托马斯·戴伊对决策的理性做了界定:"一项理性的政策之所以理性,是因为它以社会收益最大化为目标,即政府应当选择给社会带来的收益最大限度地超过所付成本的政策。如果收益没有超过成本,政府应避免采用这些政策。"①

完全理性决策模型实现的基本条件是:(1)在决策过程中必须获得全部有效的信息,非常清楚那些直接或间接参与公共政策制定的人的社会价值偏向及其所占的相对比重,并进行理性比较;(2)寻找出与实现目标相关的所有决策方案;(3)能够准确地预测出每一个方案在不同的客观条件下所能产生的结果,并考虑实施某一政策方案可能对其他方案产生的各种影响;(4)通过成本收益分析,选择成本最低,获益最大的政策方案,即最优政策方案。(见图6-2)

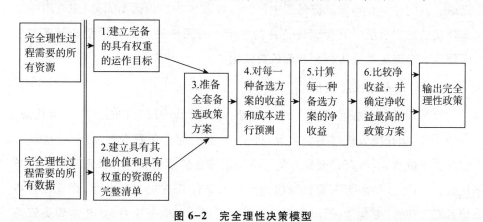

图6-2 完全理性决策模型

---

① 〔美〕托马斯·戴伊:《理解公共政策》,彭勃等译,华夏出版社2004年版,第15页。

完全理性决策模型是以一些基本假设为前提的:第一,决策者面对的问题必须是既定的,且该问题是容易被发觉并相对重要的。第二,决策者有明确的价值目标,且可以对各个目标的重要性进行排序。第三,决策者能穷尽所有的备选方案。第四,决策者能够对每一种方案的损益程度进行计算,并能够进行比较和选择。① 由此可见,理性决策模型的条件极其严苛,在现实生活中几乎没有办法实现。现实中不存在完全理性决策模型所要求的条件,原因在于:(1)决策目标不是单一、明确和绝对的,而是多元、模糊和相对的;(2)人是感情动物,存在理性缺陷,其行为往往受到个人偏好、性格特征等非理性因素的影响;(3)人处理信息的能力是有限的,如人对信息的感知能力有限、人的记忆能力有限;(4)决策所面临的情况往往是价值冲突而非价值一致;(5)决策总要受制于时间、人力、物力、财力等资源条件。

　　从理论角度而言,运用完全理性决策模型找到最佳方案这一做法并不是不可行的。然而社会现实不等于理论假设,完全理性决策模型的限制条件使其遭遇到许多现实的障碍,因而政策实践中的许多现象都难以用它进行解释。完全理性决策模型失效的主要原因不在于它的逻辑体系有缺陷,而在于其前提假设有问题、其限制条件过于苛刻。尽管它具有乌托邦色彩,但对它采取过于简单和绝对的否定态度也是不可取的。理想主义虽然缺乏实践基础,但也绝非无稽之谈。人们总是在追求尽善尽美中得到较善较美的。正因为如此,完全理性决策模型的思想价值一直受到理论界的肯定。对完全理性决策模型的批评与思考催生出有限理性决策模型和渐进决策模型。

(二) 有限理性决策模型

　　完全理性决策模型遭到了许多学者的批判,其中以赫伯特·西蒙为代表。西蒙认为,理性决策模型不切实际,过于理想化,完全不符合现实生活,也缺乏实际应用价值,一方面是因为人类自身知识信息的不完备性和价值判断的差异性等;另一方面是因为人类自身能力和技术条件具有现实局限性,并且社会环境具有多样性、变化性,所以影响政策制定的因素具有复杂性,如要达到决策的

---

① 负杰:《公共政策研究的理论与方法》,河南人民出版社2003年版,第326—328页。

最优化几乎是不可能的。基于此,西蒙修正了完全理性决策模型,提出了用"相对满意"标准代替"最优化"标准的有限理性决策模型。有限理性决策模型又称西蒙模型。这是一个比较现实的模型,它认为人的理性是处于完全理性和完全非理性之间的一种有限理性。

有限理性决策模型的主要观点如下。

(1)西蒙认为,现实生活中决策者的理性是介于完全理性与非理性之间的有限理性,他们不是经济人,而是行政人。行政人的价值取向和目标往往是多元的,受到多方面因素的制约,经常处于变动状态且表现出冲突特征。行政人的知识和能力水平可能是有限的,其决策行为往往会受其心理因素的制约,他们不可能也不奢望发现最优解,只要找到满意解就知足。

(2)完全理性决策模型假设先有明确的目标设定,然后再选择达到目标的手段。对此,西蒙认为,一方面决策并不能保证一开始就有十分明确的目标,而决策环境又经常不容许我们等到目标完全明确之后再作选择,所以决策目标只能是有限的目标。

(3)决策者追求理性,但又不是最大限度地追求理性,而只要求有限理性。这是因为人的知识有限,决策者既不可能掌握全部信息,也无法认识决策的详尽规律。比如说,人的计算能力有限,即使借助计算机,也没有办法处理数量巨大的变量方程组;人的想象力和设计能力有限,不可能把所有备选方案列出;人的价值取向并非一成不变,目的时常改变;人的目的往往是多元的,而且互相抵触,没有统一的标准。因此,作为决策者的个体,其有限理性限制他做出完全理性的决策,而只能尽力追求在他的能力范围内的有限理性。

(4)决策者在决策中追求"满意"标准,而非最优标准。在决策过程中,决策者定下一个最基本的要求,然后考察现有的备选方案。如果有一个备选方案能较好地满足定下的最基本的要求,决策者就认为达到了满意标准,就不愿意再去研究或寻找更好的备选方案了。这是因为,一方面,人们往往不愿发挥继续研究的积极性,仅满足于已有的备选方案;另一方面,由于种种条件的约束,决策者本身也缺乏这方面的能力。在现实决策活动中,决策者往往得到的是较满意的方案,而非最优的方案。

有限理性决策模型对完全理性决策模型进行了有效修正,更符合人类和社会的实际状况;有利于降低决策成本,具有较强的实践基础和应用价值。

二、渐进决策模型

渐进决策模型认为,政策制定的实际过程并不完全是一个理性过程,而是对以往政策不断补充和修正的过程。政策制定只能根据以往的经验,在现有的政策基础上实现渐进变迁。决策者要依据现有方案,通过与以往政策的比较,考虑不断变化的环境需要,对以往政策进行局部的、小范围的调适,逐渐把一项旧的政策转变成为一项新的政策,也就是"积小变为大变"的过程。渐进决策模型最初由美国学者查尔斯·林德布洛姆于1959年发表的《"渐进调适"的科学》一文中提出。渐进主义政策理论认为,由于政策制定主体的广泛参与和制衡,政府的公共政策实际上只是根据过去的经验而对现行政策做出的局部的、边际性的调适。这种调适源自渐进的政治,并主要通过政党政治来实现。调适的成功与否则取决于是否能够在一种渐进演变的过程中逐步寻找出关于既定政策的共同看法。① 渐进决策模型遵循三个基本原则,即按部就班原则、积少成多原则和稳中求变原则。

渐进决策模型的主要特点是:(1)渐进决策模型要求决策者必须保留对以往政策的承诺。政策制定要以现行政策为基础,不能重打鼓另开张。(2)渐进决策模型注重研究现行政策的缺陷,并不强调有所创新,但也不是无所作为,只是注重对现行政策的修改与补充,以弥补现行政策的缺陷。(3)渐进决策模型强调目标与方案之间的相互调适,注重反馈调节,并在试探和摸索中前进。该模型认为,政策的趋同程度左右着政策成败,在这种动态的修改和补充中,决策者需要寻求广泛的参与和制衡,政策制定过程因此会较为缓慢,难以实现完全的革新。基于此,以改变未来为目的、实现公共利益的公共政策,实际上是也只能是局部地、有限地对于过去政策的修改和补充或者是对于过去政策的边际性变革。林德布洛姆的渐进决策模型如图6-3所示。

---

① 林水波、张世贤:《公共政策》,五南图书出版公司1982年版,第27—44页。

第六章 公共政策制定

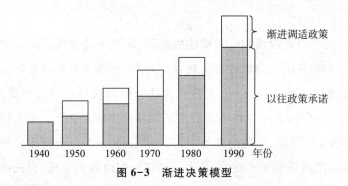

图 6-3 渐进决策模型

渐进决策模型有其自身的合理性和优势。首先,它指出了理性决策模型的缺陷,为人们研究决策提供了新的视角和新的模式,使得决策科学进一步向前发展,为理论研究提供了启示。其次,在实践上,渐进决策模型看到了决策过程中利益冲突、目标矛盾的现象,看到了决策不完美的必然性,由此指出决策需要在实施过程中不断地调整修订,循序渐进,从而既减轻决策成本,又保证决策的延续性,同时还能使决策在实施过程中不断贴合目标,保证对决策的控制,防止决策的重大失误和不可挽回的损失的出现。最后,渐进决策模型降低了决策的实施难度,避免了激进的改革可能造成的社会动荡、利益集团极力阻挠的局面,是达到改革目标的另一条路径。

但同时,渐进决策模型强调必须要在原有政策上进行修改调整就势必要求肯定原有政策的正确性,同时也限制了政策替代的可能性。正如林德布洛姆所意识到的那样,渐进政策制定所处理的是既有的相对简单的问题而不是将来要发生的复杂问题,因而它在政治上追求的是安全的而不冒险的精神,这样的公共政策就变成了补救性的措施而不是创新性的方案。因此渐进决策模型亦受到了批评。批评者认为,该理论不仅过于重视短期目标和现实行为,因而偏于保守,容易产生短视的决策,不利于社会的长期发展,;而且不适用于战争、灾难事故等重大的突发的公共政策问题。另外,其党派调适的主张极易酿成党派利益之争,失却公共政策的社会目的。[①] 它的循序渐进也会在另一种程度上演变为保守性,或成为利益集团利用的工具,或会延误决策的时机,最终阻碍社会的

---

① A. E. Tzioni, "Mixed Scanning: A Third Approach to Decision Making," *Public Administration Review*, Vol. 27, No. 4, 1967, pp. 387-388.

发展进程。

我国的改革开放政策制定和实施的过程,较充分地体现了渐进决策模型的特点。改革是先从生产力比较薄弱的农村起步,再逐步向城市推进的。家庭联产承包责任制在安徽产生,经过实践检验符合解放农村生产力的要求,进而在全国推广。1984年,改革在城市经济生活的各个层次上展开。由于城市人口众多,各种矛盾交织复杂,不能简单地"一刀切",只能一步一个脚印,"摸着石头过河"。我国的改革是全面的改革,是先以经济体制改革为主线,再围绕经济体制改革来逐步推进政治体制改革。经济基础决定上层建筑,经济体制改革牵一发而动全身。中国的改革没有急于先走政治体制改革的道路,而是通过解放和发展生产力,由经济发展来带动政治改革,这符合马克思主义政治经济学的基本原理。开放是先在东南沿海一带开放,再推向内地。1980年在深圳、珠海、汕头、厦门设立经济特区,通过设立经济特区这个试验田来摸索我国的市场经济道路。1984年5月进一步开放14个沿海港口城市,将开放的点扩大为线。翌年又将长江三角洲、珠江三角洲、闽南厦漳泉三角地区,以及胶东半岛、辽东半岛开辟为经济开放区,实现点线面结合。1988年4月,设立海南经济特区,进一步加快了开放的步伐。1990年4月,中共中央、国务院又做出了开发上海浦东的重大战略决策,成就了如今长三角地区经济繁荣的局面。目前,我国基本形成了经济特区、沿海开放城市、沿海经济开放区、内地这样一个全方位的开放格局。

这种先易后难,从薄弱环节突破,再"啃硬骨头"的做法,有利于保持社会稳定,避免改革失败,体现了渐进决策模式的优势。在特定的历史背景下,采取渐进式改革开放政策是必然的。1978年正值"文化大革命"结束后不久,"文革"后的中国社会千疮百孔,无论是国民经济还是社会秩序,一切都处于百废待兴的状态,因此在政策颁布实施的过程中一个不小心就会导致社会动荡。当时中国改革开放可以说是史无前例的,一切改革开放措施对于当时的中国来说都是新的尝试,而在这之前中国一直模仿借鉴其他社会主义国家的制度政策。因此,改革的每一步都是探索,要及时总结与改进,一步一步走稳才能一步一步走强。只有处理好了稳定、改革和发展三者的关系,我国的改革开放事业才能取得最终的胜利。采取渐进式改革开放方式是在充分考虑了我国的国情,从实际出发做出的正确且伟大的决策。

三、混合扫描决策模型

阿米泰·艾齐奥尼(Amitai Etzioni)于1967年在《混合扫描理论:决策的第三种方法》中提出了混合扫描理论。他延续了西蒙、林德布洛姆对完全理性决策模型的批评,认为由于"决策者的能力有限",而且"价值体系总是变化的",无法对目标和手段进行清楚、一致的界定,加上"信息收集很难全面,决策者面对的是一个开放的变量系统,所有结果都无法预测",因此,将理性决策模型作为政策制定的方法是不尽如人意的。同时,他还指出了渐进决策模型的缺陷:由渐进主义者所做出的决策仅仅反映了社会势力中最强大而且又组织起来的那部分人的利益,而社会底层、政治上无组织的那部分人的利益被忽视了;渐进主义把注意力集中在短期的目标上,只是改变现行政策的某些方面,因而往往忽视基本的社会变革,这可能导致社会又循环至原地或因缺乏方向而持续偏离;对于重大的、带有根本性的决策,如宣战等,渐进主义无能为力。因此,艾齐奥尼希望在理性决策模型与渐进决策模型之间寻求既能吸收两者的长处而又扬弃其缺点的中间道路。作为决策的"第三条道路",混合扫描模型既不像理性决策模型那样要求进行彻底的方案搜寻,也比渐进主义更具战略性与创新性。比起理性决策,混合扫描决策少了一些细致和苛刻,却又比渐进决策更宽泛和全面,不容易局限在有限的备选方案中。我们可以通过表6-3对几个模型的比较[①],看出它们的渊源与决策特点。

表6-3 决策模型比较

	完全理性	有限理性	渐进主义	混合扫描
方法	规范	规范/描述	规范/描述	规范/描述
适用范围	所有决策	所有决策	渐进的、非基本的决策	所有决策

[①] Paul A. Haynes, "Towards a Concept of Monitoring," *Town Planning Review*, Vol. 45, No. 1, 1974, pp. 6-29.

（续表）

	完全理性	有限理性	渐进主义	混合扫描
最佳适用	经营决策	承认并应对人的有限理性	达成和解	根据决策层级做出适应性调整
首要考虑	效率	寻找一个可以接受的方案	妥协、调解冲突	根据决策层级而不同
决策环境	静态的	静态的	问题反复出现且连续改变	适应各种环境
目标	由外部行动者确定；按程序确定；在对各方案进行实证分析前确定	按程序确定；在不出现问题的情况下不变	可能在决策过程中获得；价值、目标和实证分析混在一起	可以总结并至少按定序尺度排序；基本决策是基于目标的，渐进决策是基于基本决策的
方案搜寻	全面彻底	按先后顺序	仅仅考虑那些与现存政策有稍许不同的政策	至少从两个角度：一是广泛但粗略；二是在广泛扫描的基础上重点详细考察少数方案
方案选择	基于分析，选择能达到预期目标的最佳方式；非政治性	接近现状	获得足够投票；包含妥协与交易；接近现状	满足价值排列的最佳方案
方案评估	使用最完全的信息	按先后顺序	使用很少的信息和时间	根据情况和资源而定，弹性较大
分析限度	综合全面地考虑每个重要因素	受人类思维的有限性限制	十分有限——忽略重要后果、方案和有影响的价值	广泛的全景扫描；详细分析小范围的方案

艾齐奥尼借助卫星扫描的两个镜头——广角低分辨率镜头与变焦高分辨率镜头来说明混合扫描决策模型的原理。第一个广角低分辨率镜头进行多角度摄像，它能观察全部空间，但观察不了细节；第二个变焦高分辨率镜头根据广

角扫描的线索对某个范围的空间做深入、细微的观察,但不观察已为多角度摄像机所观察的地区。混合扫描决策模型要求决策者将这"两种镜头"结合起来使用,即不对所有信息进行细致考察,而仅仅运用广角扫描提供的线索,深入研究曾出现过问题的节点,即运用广角扫描为放大观测提供依据。混合扫描的优势体现在:一方面,对所有地区进行广角扫描比"高分辨率"的聚焦观察更经济;另一方面,在广角扫描提供线索后再进行细致观察,也防止了人们因仅使用广角扫描而遗漏信息。

艾齐奥尼将决策划分为两个层次:高阶的、调整基本方向的根本决策;为根本决策做铺垫并实现根本决策的渐进决策。高阶的理性决策过程确定了行动的基本方向,而渐进决策形成过程则为理性决策做准备,并执行根本性的决策。换句话说,渐进决策以根本决策为前提,受根本决策影响,为根本决策做铺垫。因此,混合扫描模型是一个分层模型,它将高层级的、根本的决策与低层级的、渐进的决策结合起来。"扫描"是指寻找、收集、处理和评估信息并得出结论的必要活动。与此同时,混合扫描还包含了资源分配规则,以基于形式的变化确定不同层级决策过程中的资源配置。

医学领域最先运用混合扫描方法。医生使用这种方法制定治疗方案,相对于渐进主义者的缺乏目标,医生知道有针对性地重点考察某些器官;相对于理性主义者的全面综合,医生不会等找到关于个人病史的所有资料之后才开始治疗,也不会在初步诊断中就使用所有的治疗方法。医生事实上使用了混合扫描的方法,既对病人的健康进行通盘考虑,但又会根据病人的自述,集中考察某些区域,开始尝试性的治疗,如果不成功,再尝试其他方法。

混合扫描决策模型将理性主义与渐进主义两个模型结合在一起,可以提高决策过程的实际说明能力,并根据情况以不同的比重将两者结合,从而灵活地适应政策环境。根本决策与渐进决策的提出加深了人们对决策过程的理解。这使得混合扫描决策模型看上去很有吸引力。但是艾齐奥尼的混合扫描模型很难让人觉得有创新性,因为他仅仅是将两个已存在的模型拼接在一起。他认为双方的观点都对,但都有失偏颇,只有将二者结合起来才是最正确的。这种总结虽然看上去无懈可击,但意义不大,因为它无法促进"真理越辩越明"。而对于如何在两个极端中间依据环境选择决策模型,虽然艾齐奥尼给出了一系列程序,但其是否可行,依然受到质疑。从整体上看,艾齐奥尼在他的文献中并没能提供混合扫描决策模型的详细操作流程,特别是在他的讨论中缺乏从理性模型如何转移到渐进模型的明确说明。混合扫描决策模型寻求结合理性模型与渐进模型的优点,同时避免二者的缺点,但现在对于混合扫描决策模型是否能够做到既具操作性又不陷于保守,还缺乏有力论证,因为缺点可能仅仅是被重新定义了,或者被移到了决策过程的其他环节。混合扫描决策模型不能保证它可以解决理性主义与渐进主义面临的难题。①

四、博弈决策模型

博弈决策模型的理论基础是博弈论。博弈论起源于21世纪初,1994年约翰·冯·诺伊曼和奥斯卡·摩根斯顿(John von Neumann and Oskar Morgenstern)合著的《博弈论与经济行为》奠定了博弈论的理论基础,约翰·纳什(John Nash)等人使博弈论最终成熟并进入实用领域。

博弈是一些个人、组队或其他组织,面对特定环境条件,在特定规则下,同时或先后,一次或多次,从各自允许选择的行为或策略中进行选择并加以实施,各自取得相应结果的过程。

定义博弈需要设定下列基本内容。

(1)博弈参与者(players):在所定义的博弈中究竟有哪几个独立决策、独立承担后果的个人或组织。在博弈的规则确定之后,各参与方都是平等的,大家都必须严格按照规则办事。

(2)博弈策略/行为组合:各博弈方各自可选择的全部策略(strategies)或行为(actions)的集合,即规定每个博弈方在进行决策时,可以选择的方法、做法或经济活动的水平、量值等。

(3)博弈次序(orders)。一次博弈必须规定其中的次序,次序不同一般就是不同的博弈,即使其他方面都相同。

(4)博弈方支付(payoffs)。对应于各博弈方的每一组决策选择,都应有一个结果表示该策略组合下各博弈方的所得或所失。一次博弈必须对支付做出规定,支付可以是正值也可以是负值,这是分析博弈模型的标准和基础。

---

① 刘文婧:《混合扫描决策模型:理论与方法》,《理论界》2014年第1期。

博弈决策模型的理论假定是,决策是参与者互为因果、相互关联的选择;结果是,在竞争性环境中,理性人无法自行做出一个"最优"的选择,"最优"的选择还取决于其他人的选择。

博弈决策模型基本内容包括:

(1)博弈各方可以确定,且都能够实施理性的选择行动。

(2)博弈各方调整自己的行为,不仅要根据自己的需求和能力,还要看他如何预测其他博弈方的行为。

(3)博弈论运用于竞争环境,产出取决于博弈各方行为策略。

(4)博弈论是一个抽象和演绎的决策模式。它并不在于描述人们实际上究竟如何选择,而是描述如果人们都是完全理性的,他们在竞争环境中会如何着手进行选择。最简单的博弈形式是二阶矩阵,即只有两个参与者,而且每人仅有两种选择。博弈决策模型的典型案例是"囚徒困境"(Prisoners' Dilemma)。(见图6-4)

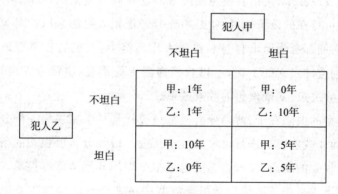

图6-4 囚徒困境

"囚徒困境"博弈模型用一种特别的方式为我们讲述了一个警察与小偷的故事。假设有两个小偷甲和乙联合犯事、私入民宅而被警察抓住。警方将两人分别置于不同的两个房间内进行单独审讯。对每一个犯罪嫌疑人,警方给出的政策是:如果两个犯罪嫌疑人都坦白了罪行,交出了赃物,由于证据确凿,两人都会被判有罪,各被判刑5年;如果只有一个犯罪嫌疑人坦白,另一个人不坦白而是抵赖,则以妨碍公务罪(因一个犯罪嫌疑人的坦白而获得证据表明其有罪)

再加刑5年,而坦白者因有功被减刑5年,立即释放;如果两人都不坦白,则警方因证据不足不能判两人的偷窃罪,但可以私入民宅的罪名将两人各判入狱1年。图6-2给出了这个博弈的支付矩阵。现在来看看这个博弈可预测的均衡是什么。对甲来说,尽管他不知道乙做何选择,但他知道无论乙选择什么,他选择"坦白"总是最优的。显然,根据对称性,乙也会选择"坦白",结果是两人都被判刑5年。但是,倘若他们都选择"不坦白",每人只被判刑1年。在四种行动选择组合中,(不坦白、不坦白)是帕累托最优的,因为偏离这个行动选择组合的任何其他行动选择组合都至少会使一个人的境况变差。不难看出,"坦白"是任一犯罪嫌疑人的占优战略,而(坦白,坦白)是一个占优战略均衡。

博弈决策模型说明,我们无法从单方判断一个决策是否为最佳决策,而必须配合对方的行动才能得知;也就是说,当双方处于竞争状态时,往往需要猜测或者估计对方将要采取的一切可能行动,然后再运用理性的方法决定自己的对策。它的有效性在于,决策者要想使决策活动和政策方案的选择是有效的即做出具有较强可行性的政策选择,就必须充分考虑别人可能采取的对策。在竞争的环境中,人们都会为追求自身利益最大化而努力,人们有权平等地参与利益竞争,因为利益冲突无处不在,所以政策博弈无处不在,决策者需要知己知彼,才能做到正确决策,实现理想的政策效果。

博弈模型的缺陷在于,博弈分析通常只被社会科学家视为一种分析思路或研究工具,而非政府官员进行决策的行动指南。博弈分析所强调的条件与现实生活还有着很大的距离,决策方案的选择很少像博弈局势那样简单。决策者很难清楚地知道或真正了解他们从可选方案中所能得到的确切收益以及他们的对手可能做出的行动选择。局中人在做出理性决策时存在着许多障碍,而博弈论排斥政策参与者的情感、意志、经验等心理因素的影响,这就削弱了博弈论的现实可行性。

五、系统决策模型

系统决策模型是一种视公共政策为政治系统对来自环境需求的反应的决策模型,是美国著名学者戴维·伊斯顿于1979年在《政治生活的系统分析》中提出来的。它将公共政策的制定放在政治、经济、社会与文化环境中进行考察和解释,强调环境对政治系统的作用,将政策看成是环境对系统作用下的产出。

系统决策模型有几个主要概念,分别是政治系统、环境输入、要求与支持、环境输出。所谓政治系统是指对社会价值进行权威性分配的相关机构和运行过程。所谓环境是指政治系统的外部条件与状况。输入表示政治系统与环境之间的概括性变量,这种变量在最广泛的意义上包括了系统外部以一切可能的方式改变、修改或影响系统的所有事件。在所有事件中,要求和支持为主要的输入。要求表示构成政治系统环境的个人和团体为了得到一定的利益或实现一定的价值理念而以政治系统为诉求对象提出的采取行动的政策主张。一般地说,那些代表广泛或者表现强烈的要求会直接影响公共政策的规定性。支持表示个人和团体接受选举的结果,遵守法律,缴纳税收,服从决定。输出表示政治系统制定和执行的公共政策(完成了对社会价值的权威性分配)并以此影响环境,改变环境提出的要求,增强或降低环境的支持。

从一般系统论的观点看,系统的要素是相互联系的。因为政治系统的复杂性,人们视它为黑箱,一般不仔细研究清楚它的结构,而只是对输入(投入)、系统、输出(产出)之间的关系进行研究。

政治系统与环境之间的互动关系如图6-5表示。

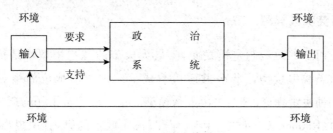

图 6-5 系统决策模型

系统决策模型的主要内容是,公共政策制定系统与环境之间的关系是互相影响的动态过程,这种过程是反复循环的,政策输出会引起公众要求的变化,而新要求的不断提出会促使新的政策不断出台。对政治系统来说,保护自身权益,维持长久生存的途径是:产出要满足环境需求,符合民众利益;加强系统自身建设,完善内部机制;对冲突性的输入要有协调措施。对环境反馈来说,有效的途径是:实施公共政策后需要进行评价,并将评价结果叠加到输入中,达到影响输出之目的,即修改和补充原有的公共政策。

系统决策模型对政策分析的启发性作用表现在下列问题的提出:

(1) 什么样的环境条件促成其对政治系统的压力?

(2) 什么样的政治系统能将需求和支持转化为公共政策,并维持系统的长久生存?

(3) 环境的压力如何影响政治系统的特征?

(4) 政治系统的特征如何影响公共政策的内容?

(5) 环境的压力如何影响公共政策的内容?

(6) 公共政策怎样通过反馈作用于环境并影响政治系统的特征?

系统决策模型并没有描述政策如何在政治系统中产生,没有很好地说明一项决策是如何做出的,且在这一理论体系中,并没有体现一定的价值取向。尽管如此,它对政策过程从宏观角度进行了分析,较好地解释了政治现象的复杂性和动态性,以及政治系统与环境的动态平衡性。在稳定的环境里,需求和支持变化不大,政治系统只需渐进地修改公共政策的内容;在快速变迁的环境里,需求和支持变化很大,为适应变化并获得自身生存的条件,政治系统必须实行彻底改革,使系统的产出即公共政策符合新的需求。

六、精英决策模型

就自上而下的政策制定模式而言,最为典型的理论模型就是传统精英决策模型。精英决策模型是将公共政策看成反映占统治地位的精英们的价值和偏好的一种决策理论,又叫杰出人物模型。这一模型是由托马斯·戴伊和哈蒙·齐格勒(Harmon Zeigler)于1975年在《民主政治的讽刺》中提出,之后托马斯·戴伊于2001年、2009年分别在《自上而下的政策制定》《理解公共政策》等著作中进一步论述。精英决策模型的其他代表人物有意大利的帕罗托与莫斯卡、德国的米歇尔斯、美国的赖特·米尔斯。

精英决策的基本观点可以简单地概括为如下几点:(1)社会是分层的,包括有权势阶层和无权势阶层,前者占人口比例中的少数,但能决定社会价值的分配;(2)精英并非代表大众,他们并不是按照比例从社会上层中挑选出来的;(3)非精英阶层想进入精英阶层的过程是连续而缓慢的,这样才能保持社会的稳定性,避免革命,同时,只有认可精英共识的非精英才有可能进入精英阶层;(4)精英们有着较为一致的社会基本价值观,公共政策反映的是精英的主导价值观而非大众的需要,公共政策的变迁也是渐进的而非革命性的;(5)精英决策很少受到冷漠、麻木的大众的直接影响,反而是精英影响大众。① (见图6-6)

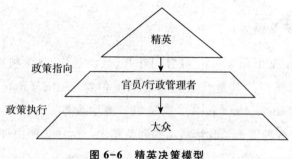

图6-6 精英决策模型

关于公共政策的制定,精英决策模型提供了新的分析角度和方法,打破了传统的理论分析框架,把政策看成是杰出人物行为的产物,只反映杰出人物的价值观,并服务于他们的目标,有其合理性。同时,它也成为最受争议的政策制定模型之一。迄今为止,这个模型的提出者和追随者认为,现今在任何政治制度下,总是少数人统治着多数人,只要代议制民主仍然是现今人类政治民主的主要形式,那么"精英决策"就不可避免。人类政治民主的理想形式是最广大的人民直接管理国家,但政治民主在本质上是由社会经济的整体发展水平所决定的。这种模型较好地解释了现实政治生活中,不同群体或者个体对公共政策的影响存在较大差异的主要原因。它揭示了现代民主国家的根本理念"主权在民",与实际的政治过程和政策过程总是由直接掌握政权的少数人来主导的这一难以克服的悖论。在发展中国家特别是带有专制色彩的政治系统中,精英决策模型在分析和解释政策制定的过程中具有较强的适应性。

与此相对应,精英决策模型的批评者认为,该模型的最大缺陷在于它忽视了现代民主国家公众政治参与的愿望和能力及其发展变化的趋势,以及忽视了

---

① 〔美〕托马斯·R. 戴伊:《理解公共政策(第十二版)》,中国人民大学出版社2009年版,第21页。

精英对公共政策的影响在时间和地域上的暂时性和特殊性,过分夸大了杰出人物的作用,因而其对公共政策的解释力并不具有普遍意义。在任何一个大众参政议政程度较高的社会里,人民群众的影响仍是占主要地位的。从发展民主政治的要求看,政府最基本的目标是为广大人民群众谋利益,其决策既要真正能代表并反映他们的需求,又要获得他们的支持和拥护,否则任何一个政治系统都不可能是稳定的和发展的。

七、集团决策模型

集团决策模型由戴维·B.杜鲁门在其《政治过程:政治利益与公共舆论》一书中提出,该模型的其他代表人物还有罗伯特·达尔(Robert Dahl)、格兰特·麦康奈尔(Grant McConnell)、曼瑟尔·奥尔森等。这个模型的基本假设是,社会中存在各种能参与政治活动的利益集团。这些集团由拥有一定权力并具有共同利益或观点的人组成,他们为了维护或实现自身的利益,总是以集团形式参与和影响政治生活。在集团决策模型中,各利益集团的政治活动过程就是它们影响政府的过程。利益集团为了实现本集团的利益围绕政府开展活动。但是,各个利益集团之间的利益是有差异的,团体之间必然存在竞争。要使社会稳定地发展,就必须对各种群体利益或团体利益进行沟通、协调,以实现利益、权力、价值上的平衡。集团之间的相互作用和斗争是政治生活的根本事实。在如美国那样的多元化社会中,存在着大量的政治利益集团。尽管这些利益集团在利益、规模、结构和活动方式上是多样化的,但一般地说,某一利益集团往往关心的是与某一具体问题相关的政策。不同的利益集团对同一个政策常存在着相互矛盾的理解与追求,因此政府就有必要寻求利益集团之间冲突性要求的平衡。

利益团体是指社会中有着共同利益、共同观点和看法并有权力对其他团体提出要求的社会团体。集团决策模型将公共政策看成利益集团之间相互斗争、协商、妥协、定约的产物。所谓公共政策,是指某一特定时间里,团体间的争斗所达到的平衡,它体现了那些一直试图获取优势的并相互竞争着的党派或集团之间出现的均势。从集团决策模型来看,集团是个人与政府发生联系的纽带,不同的团体有着不同的要求,来自不同团体的不同要求都聚敛于政府,从而对其形成不同程度的压力。集团间的互动是政治生活的基本特征,政治过程则是各利益集团争取影响公共政策的行为过程,利益集团之间的互动将不断地影响政府制定公共政策的动机与结果。政策主要是占支配地位的利益集团利益的反映,它是各种利益集团之间竞争后所形成的平衡,这种平衡取决于各个利益集团的影响力,随着影响力的格局化,政策也随之改变。(见图6-7)

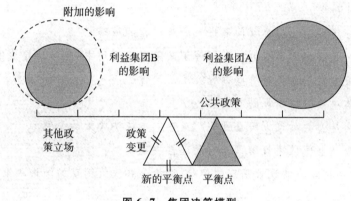

图 6-7 集团决策模型

集团决策模型是从政治系统的中层分析单位——政治团体着手,向上可以分析整个政治过程,向下可以分析团体成员之间及团体与成员之间的利益互动。这种分析方法同时从上下两个方面展开分析,打破了传统比较政治对正规结构和法律结构的研究。集团决策模型的合理性或优点是:第一,它用团体冲突及冲突的均衡来描述社会政治活动,说明了政策问题产生及政府议程形成的途径及方式,较好地揭示了多元民主社会政策形成的实质。第二,它有助于人们认清西方发达国家的政策过程及特点,即政策制定是政治过程的决定性阶段,而政治过程则是各集团争取影响公共政策的行为过程。政策制定过程是相互竞争着的集团之间达成力量平衡的过程,每一政策都是集团间妥协的产物。但集团决策模型过分夸大团体的作用。按照集团决策模型的理解,政府在政策制定过程中完全处于被动地位。这既低估了决策者在政治过程中所起到的独立的又富有创造性的作用,又没有充分认识到政策制定中其他因素的重要影响,例如它无法解释危机时期政府的许多政策,对于多元主义政治体制以外的那些政治体制的决策过程也缺乏解释力。

复习思考题

1. 公共政策制定的原则有哪些?
2. 论述公共政策制定在整个公共政策过程中的地位与作用。
3. 公众议程和政府议程的关系是什么?如何构建公众议程与政府议程的良性互动机制?
4. 试分析影响社会公共问题进入政策议程的障碍。
5. 什么是政策方案规划?如何理解政策方案规划中"细节决定成败"?
6. 政策方案论证包括哪些内容?
7. 群体决策的择案规则有哪些?
8. 什么是公共政策方案合法化?谈谈它与依法决策的关系。
9. 比较完全理性决策模型与有限理性决策模型。
10. 结合我国公共政策制定的经验,评价公共政策制定的渐进决策模型。

第七章 公共政策执行*

第一节 公共政策执行概述

一、政策执行研究的理论背景

自政策科学诞生以来,公共政策制定就是研究的重点。从20世纪70年代开始,作为公共政策过程中关键环节的公共政策执行,逐渐受到学界重视。尤其是美国公共政策研究领域出现了一场研究政策执行的热潮,形成了声势颇大的"执行运动"(Implementation Movement)。

政策执行研究的兴起并不是偶然的,而是有其深刻的理论上与实践上的原因。从理论上看,在美国20世纪60年代末70年代初政策科学取得突飞猛进的发展,政策科学研究视野的拓宽要求对政策系统和政策过程的各种因素和环节做全面深入的研究。过去人们偏重于政策制定或规划的研究,而忽视了对政策执行、评估和终结的研究,这制约着政策科学的发展。从政策实践上看,60年代由约翰逊政府所发起的"伟大社会"改革,以解决贫困和种族歧视为主要目标,在民权、反贫困、健康医疗、教育、城市治理、环境和生活质量等领域进行了大规

---

* 本章案例导入请扫书前二维码获取。

模社会改革。其中许多政策项目并没有取得预期的结果,这在客观上向人们提出这样一个问题,即为什么好的或比较理想的政策方案及项目也不能取得预期的结果?这促使人们去评估政策,并寻找政策执行方面的原因。正是在理论与实践的双重作用下,政策执行在 70 年代初以后成为美国及西方政策科学研究的一个焦点或热门话题。

西方的"执行运动"持续近 20 年,政策科学家们写下了大量的论著以及做了大量的实证案例分析,提出了种种关于政策执行研究的途径、模式或理论,出现了一些非常有价值的研究成果。麦尔科姆·L. 高金(Malcolm L. Goggin)等人在 1990 年出版的《政策执行理论与实务:迈向第三代政策执行模型》一书中,将西方执行研究分为三个阶段:第一阶段政策执行研究偏重政策执行实务与个案研究,第二阶段研究偏重政策执行的理论分析架构及模式的建立,第三阶段研究则试图以政府间政策执行沟通模式整合前两代政策执行研究。

纵观这一时期的执行研究文献,西方学者所提出的政策执行的研究途径主要有如下几种。

一是"自上而下"(top-bottom 或 top-down)途径,或称为"以政策为中心"的途径或"政策制定者透视"途径。这种途径假定,政策是由上层规划或制定的,然后被翻译或具体化为各种指示,以便下层的行政官员或职员执行。依照这种途径,政策过程被看作一种指挥链条,其中,政治领导人形成政策偏好,而这种偏好随行政层次的降低而不断被具体化,为下层行政官员所执行。这种途径关注的焦点是政策制定者,要考察的是他们做什么以及如何将政策付诸实践。普雷斯曼和威尔达夫斯基的《执行论》一书所采取的正是这种途径。学者们提出的影响政策执行的主要因素有"史密斯模型"的四因素说,即理想化的政策、执行机关、目标群体、环境因素;有"范·米特和范·霍恩的政策执行系统模型"的六大影响变量说,即政策标准与目标、政策资源、执行方式、执行机构的特性、系统环境、执行者的偏好;另外还有尤金·巴达克的控制博弈理论和托马斯·R. 戴伊的实证研究。

第一代政策执行研究模式的贡献在于推翻了人们认为理所当然的观念,试图弄清楚为什么完美的政策制定会导致政策失败,政策执行过程中什么地方出了问题。它首次提出了政治和行政的分离,将"政策"和"执行"区分开来,明确指出了政策执行中执行的是什么,还提出了"执行缺失"的概念,尝试对影响政策执行的多种因素进行系统的划分归类。其不足表现在两方面:首先,在方法论上,由于受到当时盛行的逻辑实证主义的影响,学者们武断地将自然科学的方法论运用到政策执行的研究中,把政策执行看作自然科学运行的过程,忽略了政策科学的人文特性;其次,它忽略了政策执行基层组织和人员的自由裁量权及其对政策执行的影响,也忽略了政策执行中许多不可预知的影响因素以及具体情境和政策变通。"上令下行"、政治与行政分离的思想导致了政策的基层执行者创新动力不足。尤其是在利益主体多元和价值观多元的社会和时代,自上而下的政策执行研究模式显然不太符合实际。

二是"自下而上"(bottom-top 或 bottom-up)途径。与"自上而下"途径相反,"自下而上"途径以组织中的个人(参与政策过程的所有行动者)作为出发点,政策链条中的较低及最低层次被当作政策执行的基础;它强调有效的政策执行是多元行动者复杂互动的结果,而非单一机构贯彻政策目标的行动的结果;有效的政策执行是基于基层官僚或地方执行机关的自由裁量权的行使,而非阶层结构的指挥命令系统;有效的政策执行必然涉及妥协、交易或联盟的活动,故互惠性措施远比监督性功能更为重要。这种模式的焦点集中于某一政策领域中的地方执行结构,强调多元行动者追求目标的策略互动。这一途径有代表性的研究成果是麦克拉夫林(M. McLanghlin)的《互相调适的政策执行》、韦瑟利和利普斯基(R. Weatherley and M. Lipsky)的《基层官僚与制度创新》、艾莫尔(R. F. Elmore)《后向探索:执行研究与政策决定》。

三是"政策/行动连续统"(policy/action continum)途径。该途径或多或少有作为"自上而下"和"自下而上"两种途径的综合的意味。按巴雷特(S. Barrett)和富奇(C. Fudge)的说法,应该将执行"当作一种政策/行动的连续统",在其中,在那些寻求将政策执行付诸实践者与那些采取行动者之间随时会发生相互作用和进行谈判。① 在这个意义上,这一过程既可以看作"自上而下"的,也可以看作"自下而上"的,政策制定者将做出限制其他行动者权力的决策,而行动者将采取规避决策者权力的行动。因而这一途径也可以说是以权力为焦

---

① S. Barrett and C. Fudge(eds.), *Policy and Action: Essays on the Implementation of Public Policy*, London: Methuen, 1981, p. 25.

点的。代表性的研究成果是范·米特和范·霍恩(Donald S. Van Meter and Cart E. Van Horn)的《政策执行过程:一个概念结构》、萨巴蒂尔和马兹曼尼安(Paul A. Sabatier and Daniel A. Mazmanian)的《公共政策的执行:一个分析框架》、高金等人的《政策执行理论与实务:迈向第三代政策执行模型》。

四是"工具选择"(instrument-choice)途径。这种途径从这样一个观察开始:政策执行在很大程度上包含了将一个或更多的政府的基本工具应用到政策问题上的行动,这些基本工具被称为政策工具(policy instruments/policy tools)。不管我们是以"自下而上"的方式,还是以"自上而下"的更传统的行政管理方式来研究政策过程,政策决策的实质或形式的过程总是包含着在可利用的政府工具箱中的一种或几种工具。①

"执行运动"的倡导者和追随者提出了各种执行理论。较有影响的有如下八种:(1)行动理论——政策执行被视为对某项公共政策所要采取的广泛行动;(2)组织理论——强调组织在政策执行中的地位,认为只有了解组织是怎样工作的,才能理解所要执行的政策以及它在执行中是如何被调整和塑造的;(3)因果理论——将政策看作一种假设,将政策执行看作是引导人们达到目的地的地图,关心政策过程中的因果关系;(4)管理理论——强调政策执行是一个管理过程;(5)交易理论——认为政策执行是一个政治上讨价还价的过程;(6)系统理论——将政策执行理解为政策行动者与环境的相互作用;(7)演化理论——主张在政策执行中重新设计目标和修改方案,政策的制定与执行是一个演化的过程;(8)政策网络理论——政策网络是政策过程中国家与社会之间不同互动类型的总称,政策执行是多元行动者之间互动的过程。

二、政策执行的含义和特点

1. 政策执行的含义

何谓政策执行?政策科学学者从不同角度进行了界定,有代表性的观点主要有以下几种。

---

① Christopher C. Hood, *The Tools of Government*, Chatham: Chatham House, 1986; Stephen H. Linder and B. Guy Peters, "The Logic of Pubilic Policy Design: Linking Policy Actors and Plausible Instruments," *Knowledge and Policy*, No. 4, 1991, pp. 125-151.

第七章 公共政策执行

杰弗瑞·普雷斯曼和艾伦·威尔达夫斯基：可以将执行看作在目标的确立与取得这些目标的行动之间的一种相互作用过程。①

查尔斯·琼斯：执行是一系列指向使一个项目生效的行动，其中尤以组织（资源、机构和使项目生效的方法的建立或重新安排）、解释（将项目语言转变成可接受和可行的计划和指示）和应用（服务、款项、工具等的日常供应）三种活动为要。②

斯诺（C. P. Snow）和特里林（L. Trilling）：任何一项化观念为行动的行为都涉及某种简化工作，而组织机构正是这种简化工作的主体；是组织机构把问题解剖成具体可以管理的工作项目，再将这些项目分配给专业化的机构去执行。于是，只有了解组织是怎样工作的才能理解所要执行的政策，也才能知道政策在执行中是如何被调整和塑造的。③

保罗·萨巴蒂尔和丹尼尔·马兹曼尼安：可以将政策执行视为这样一种过程，即用法律、上诉法院决定、行政命令，或用议会决定、内阁政令的形式，实施一种基本政策决定的过程。④

林水波、张世贤：政策执行可谓为一种动态的过程，在整个过程中，负责执行的机关与人员组合各种必要的要素，采取各项行动，扮演管理的角色，进行适当的裁量，建立合理可行的规则，达成目标共识与激励士气，协商化解冲突，冀以成就某特殊的政策目标。⑤

综合上述各家的观点，我们可以把政策执行界定为：政策执行者通过建立组织机构，运用各种政策资源，采取解释、宣传、试验、实施、协调与监控等各种行动，将政策观念形态的内容转化为实际效果，从而实现既定政策目标的活动过程。

---

① Jeffrey L. Pressman and Aaron B. Widavsky, *Implementation*, Berkeley: University of California Press, 1979, pp. XX–XXI.

② Charles O. Jones, *An Introduction to the Study of Public Policy*, California: Brooks/Coles Publishing Company, 1984, p. 166.

③ R. F. Elmore, "Organizational Models of Social Program Implementation," *Public Policy*, Vol. 26, No. 2, 1978, pp. 185–187.

④ 〔美〕斯图亚特·S. 那格尔编著：《政策研究百科全书》，林明等译，科学技术文献出版社1990年版，第112页。

⑤ 林水波、张世贤：《公共政策》，五南图书出版公司1982年版，第264页。

2. 政策执行的特点

（1）目标的导向性。政策目标是政策执行的出发点和归宿点。所有的政策执行活动都必须围绕政策目标的实现来进行。评价公共政策执行成败得失的根本标准就是其实现政策目标的程度。这就要求政策执行者具备正确领悟上级指示、深刻把握政策目标的能力以及敏锐的洞察力，然后以政策目标为导向，正确合理地贯彻执行政策。

（2）内容的务实性。政策制定是一种认识和分析的过程，具有务虚性；而政策执行是具体实施政策内容，实现政策目标的过程，政策执行的每一个阶段每一个环节都是高度务实性的活动。它强调落实，重在操作，要求政策执行者具备实事求是、脚踏实地的工作作风，养成忠于政策精神的优良品质和贯彻执行政策的实际操作能力。

（3）行为的能动性。政策执行是一个复杂的过程，受到多种因素的影响。这就决定政策执行的过程不是机械照搬、简单易行的过程，执行者要充分发挥主观能动性才能适应政策执行的内在要求。公共政策执行是构筑公共政策与现实生活的桥梁和纽带，必须着眼于具体的现实社会问题的解决。因而，公共政策执行者须在全面领会政策原则的前提下，面对外部环境的复杂情况，能动地执行公共政策。同时，任何一项政策的目标和内容所涉及的因素是多种多样的，而且各种因素是相互关联、相互作用和相互影响的，政策执行者要想顺利实现政策目标，必须以系统思维为指导，采取多种有针对性的方法措施来解决社会公共问题。

（4）过程的动态性。政策执行由一系列活动构成，它是一个思想和行为需要不断变化、不断调整的过程。这也就要求政策执行者与时俱进，观察执行过程中的动态变化，不断地改变、修正和调整原定的执行策略、计划和程序。

（5）过程的时限性。这不仅指政策执行中每一个环节都有时间上的要求，还指政策执行进程的及时完成。政策执行的时限性为政策执行者设定了统一化、标准化的时间要求，避免了政策执行主体行为的随意性和随机性。

（6）对象的适用性。所谓对象的适用性，简单地说，就是指一定的政策只适用于一定的对象。任何政策都必须明确其适用范围。如何准确地表达政策适用范围，是影响对象适用性的关键。严格地说，政策执行对象的适用性是指政策的时间效力、空间效力和政策对人的效力。

（7）权力结构的集中性。这是指政策的执行需要依靠一定的权力来保障实施,政策执行的体制应该表现为集权式权力结构。执行机构的领导者应拥有足够的权力作为权威的基础,从而保障指挥统一、令行禁止的执行效果。国家行政机关的主要职责是执行,所以世界范围内绝大多数国家行政机关实行的领导体制是首长制。

（8）影响的现实性。政策制定意味着政策将要产生作用和影响,而进入到政策执行阶段,政策产生的作用和影响就具有直接现实性。公共政策执行是政府等公共机构的执行行为,其行为的好坏代表和体现政府形象,其政策质量的优劣影响公众对政府的认同感与支持度,其政策带来的结果直接与人们的利益息息相关。因此,政策执行人员要充分了解政策执行的后果和影响,注重信息反馈,做好跟踪决策,将政策的负面影响尽快控制、缩小或消除。

三、政策执行的意义

（一）实现政策目标的唯一途径

政策的出发点和归宿是解决社会公共问题,实现一定的社会政治、经济、文化发展的目标。制定政策是研究问题、确定目标的过程,而政策执行才是直接地、实际地、具体地解决问题和实现目标的过程。如果没有政策执行,设计再完美的政策方案也只能是一纸空文,政策目标也实现不了。这样,政策也就失去自身存在的意义和价值,制定阶段付出的人力、物力、财力也就成为一种浪费。毛泽东早就说过:"如果有了正确的理论,只是把它空谈一阵,束之高阁,并不实行,那么,这种理论再好也是没有意义的。"[①]美国政策学者艾利森也说,在实现政策目标的过程中,方案确定的功能只占10%,而其余的90%取决于有效的执行。

（二）检验政策正确与否的唯一标准

政策执行是政策从理论到实践,从主观到客观的过程。一项政策的正确与否,最终必须由实践来检验,实践是检验真理的唯一标准。毛泽东曾说过:"判

[①] 《毛泽东选集》(第1卷),人民出版社1991年版,第292页。

定认识或理论之是否真理,不是依主观上觉得如何而定,而是依客观上社会实践的结果如何而定。真理的标准只能是社会的实践。"[1]刘少奇同志则说:"执行政策就是实践,在实践中间调查研究,在实践中间认识客观世界……在实践中间发现新的问题,制定新的政策。所以,重要的问题在于执行,在于实践。"[2]凡是经过贯彻执行,促进了社会的进步和生产力的发展,并得到群众拥护的政策,就是正确的政策,否则就是错误的政策。政策执行不仅可以检验政策,还可以不断充实和完善政策。若在执行中发现问题和不足,则需对政策予以修正和弥补,促进政策质量的提高,以期政策问题的最终解决。正是从这个意义上说,政策执行是检验政策正确与否的唯一途径。

（三）制定后续政策的重要依据

这里讲的后续政策包括两个方面的含义:一是追踪决策。任何政策不可能一经制定就完美无缺,它需要在执行过程中不断修正、充实和完善。政策决策者要根据政策执行过程中实际情况的变化来修正和完善政策,以提高政策的可行性和有效性。二是制定新的政策。任何政策都有时效性,只能在一定的时空范围内起作用,超出这一范围,这项政策就失去效用或完成了它的使命,就要被新的政策所代替。政策执行活动及其结果是追踪决策或制定新政策的重要依据,制定后续政策尤其要以前一项政策执行后的反馈信息为基本依据。

（四）衡量公共管理效率的重要尺度

公共政策作为公共管理的重要手段和措施,能否有效执行,执行力度强弱,也是衡量公共管理效率的重要尺度。执行过程的完整性、有序性、有效性在一定程度上反映了管理的科学性和有效性。如果政策执行机构林立、权责不清、相互扯皮,导致政策执行的低效率、高成本,那么,公共管理体制也必然存在各种问题。如果普遍存在"上有政策、下有对策"的现象,管理权威就会受冲击,管理系统的凝聚力就会下降。因此,提高政策执行水平是提高公共管理水平的重要途径。

---

[1] 《毛泽东选集》(第1卷),人民出版社1991年版,第284页。
[2] 《刘少奇选集》(下卷),人民出版社1985年版,第457—458页。

四、公共政策执行的原则

(一) 原则性和灵活性相统一的原则

在政策执行过程中,坚持原则性与灵活性相结合的原则,不仅是理论与实际的需要,而且是政策本身的要求。坚持这一原则才能使政策得到有效执行,才能保证政策目标顺利实现。

所谓政策执行中的原则性,是指政策执行必须遵循政策的精神实质,保证政策的统一性、严肃性和权威性,严格按照政策规定的要求去做,全面地、不折不扣地实现政策目标。执行政策要坚持原则性,这是由政策本身固有的属性所决定的。原则性是政策本质属性的体现。只有坚持政策的原则和基本立场,才能维护政策的统一性、严肃性和权威性。失去原则性,从根本上来讲就是错误的政策执行。

所谓灵活性原则,是指在不违背政策原则精神和保持政策方向的前提下,坚持从实际出发,采取灵活多样的方式方法,因时因地制宜,使政策目标真正实现。灵活性的核心是具体情况具体分析。政策执行坚持灵活性原则,也就是在政策执行的过程中要有创造性,这也是由政策固有的属性决定的。

首先,政策总是针对特定的问题,以时间和条件为转移。我们知道,任何政策都是针对一定时空条件下的特定问题制定的。随着时空条件的变化,政策问题会发生变化,政策也会失去效力,成为过时的政策;而新政策很难及时代替旧政策,而往往有一个滞后期。在这种情况下,政策执行者就需要坚持实事求是,从实际出发,敢于冲破旧政策的某些不合理条文的束缚,具体情况具体分析,审时度势,积极灵活主动地解决实际问题,以弥补因政策的失效而造成的损失。[①]

其次,政策具有层次性和交叉性。从纵向来看,政策具有层次性。一般来说,中央的政策是高层次的政策,是从全国的总体情况出发制定的,往往是方向性、全局性、原则性的规定,具有普遍的指导意义。但是,中国幅员辽阔,各地区、各部门情况不同,差异性很大,不宜"一刀切"地执行中央或上级的政策,而是要因地制宜、灵活地制定符合当地实际的具体政策措施。从横向来看,各部

---

① 刘斌:《论政策执行的基本原则》,《理论探讨》1989年第5期。

门制定的政策相互关联和交叉。从总体上看它们也许是统一的,从局部看则难免出现矛盾。在这种情况下,执行者就需要灵活掌握实施政策的尺度。另外,即使是同一个政策,也总有其作用幅度和界限,这也给政策执行的灵活性留下余地。

在政策执行中坚持原则性与灵活性相统一的原则,就是要把政策的精神和实际情况相结合,既要创造性地实施政策,又要正确地把握政策的界限。灵活是在原则所允许的范围内的灵活,而不是违反政策随心所欲;灵活性的临界点是原则性。我们在执行政策的过程中,如果抛弃了政策的原则性,滥用灵活性,就会产生"上有政策、下有对策"的现象。反之,如果执行缺乏灵活性,面对超大时空的中国政策场域,千篇一律地"机械执行",很容易窒息政策执行的创新空间。

把原则性和灵活性结合起来,根据过去的经验教训,需要区分统一性政策、差异性政策和探索性政策。以制度化赋权给予差异性政策和探索性政策足够的自主执行空间。要鼓励政策执行主体在政策精神指导下的执行创新,不仅需要赋权,而且需要制度化赋权。只有制度化赋权,才能形成政策执行主体的合法性自主空间,并为政策执行主体提供必要的信息、建构特定的激励机制和约束条件,进而塑造政策执行主体行为偏好和行为动机,引导其在符合政策精神的方向上进行执行创新和探索实践。这就需要我们建立兼顾刚性与包容性的政策执行分类监督机制,既纠错又容错、既规范好政策照章执行又赋权鼓励地方差异化探索。

把原则性和灵活性结合起来,要求政策执行者合理有效地运用自由裁量权。政策执行中必然存在自由裁量权,它契合了灵活性的要求。自由裁量权赋予了政策执行者在执行过程中一定的选择权,这种选择权有利于发挥执行者的主观能动性。但自由裁量权有着范围和程度的限制,运用时如果超越限制,就会破坏政策执行的原则性;如果自由裁量权运用不够,又会抑制政策执行的灵活性,妨碍正常功能的充分发挥。可见,政策执行中自由裁量权的运用是一把双刃剑,既有积极的作用,又有消极的影响,所以要加强对它的控制与约束。

(二) 刚性制约与柔性协调互补原则

政策的刚性指其权威性、强制性、原则性的统一,它是针对无政府性、随意性和无规则性而言的。刚性制约具有权威性、强制性,是权力的体现。这种制约对下级是命令和服从的关系,对平级则是分清责任和相互负责的关系。

实行刚性制约,表现为从行政组织的顶部扩展到底部的相互关联而不间断的命令服从关系;从底部向顶部的每一层次,都要对上级负责,对上级的决定要无条件地贯彻执行,不能打折扣,不能截留,不能从中作梗。遵循刚性制约就需要在统一命令的前提下,政府各部门之间和上下级之间分工协调和相互配合。相互配合是必须的、强制的和严格的,不允许有相互推诿、争权夺利的现象。刚性制约以必要的强制手段作为支撑,主要体现为责任的指定性、障碍的排除性和违规的惩罚性。责任的指定性是指在执行政策时,上级领导要对下属的责任进行分解、明确任务,并要求下属在总目标的规范下完成自己对政策落实的责任。这里的责任不是可有可无的,也不是似是而非的,而是指定的、必须承担的。障碍的排除性是指在政策执行一旦出现梗阻、截留等现象时,能够及时、坚决地排除,能够变被动为主动,变堵塞为通畅,变走样为复原,使政策按正常轨道落实。违规的惩罚性是指对政策执行不力者,轻者教育使之悔改,重者按失职渎职处罚。

政策执行的柔性协调主要体现在政策执行过程中组织的上下级、平级以及执行者之间的相互协调、信息沟通、相互配合、利益互让等。一般来说,管理、指挥、教育、说服的行为会导致接收、服从的反应;帮助、支持、同情的行为会导致协助和温和的反应;赞扬、请求帮助的行为会导致响应和帮助的反应;等等。运用柔性协调,可以化解矛盾,增进相互理解和信任,在政策落实中起到事半功倍的效果。

刚性制约固然在一定程度上起到保障政策执行的作用,但是这种制约是严格依照组织职权划分来进行的,容易忽视诸如组织机构内部的复杂状况、组织外部环境的变化、组织中人员的心理反应等因素。这就需要有柔性协调来配合。如果只一味地采用刚性制约的强化落实手段,就会受到组织内部及其人员的抵制,超越客观环境的许可,就会导致刚性制约失效。因此,为了政策的有效执行,必须实行刚性制约与柔性协调互补。对于重大的有关全局的政策,对于持久性的关键性政策,使用刚性制约可以相对多一点;对于局部的政策、非关键性的政策,则可考虑多一点柔性协调。

(三) 对上负责与对下负责相统一的原则

"对上负责"和"对下负责"虽然有不同的内涵和表现形式,但本质上是统一的。其一致性表现在:党的领导作用与人民群众主体作用相一致;"民主基础上的集中"与"集中指导下的民主"相一致;党的利益与人民群众利益相一致。"对上负责"与"对下负责"的一致性表明,两个"负责"必须"结伴而行",相互贯通。这就要求我们必须坚持求真务实的工作作风,一方面,政策的上传下达要实事求是。既要认真研究和领会上级领导或政策的精神实质,又要以本地、本部门的实际情况为出发点,创造性地开展工作,寻找"上"与"下"的交汇点,从而制定既满足上级要求又适应本地具体情况的科学的政策执行方案;另一方面,执行和落实政策要实事求是。在政策的落实和执行中,既不能添油加醋、断章取义甚至刻意错误理解政策精神,也不能偏听偏信,把个别群众的利益放大为广大人民群众的利益,只顾眼前利益而忽视长远利益,更不能拖延邋遢,敷衍了事。在准确把握上级意图的基础上,深刻了解下级需求,坚持不唯上,不唯下,只唯实。

毛泽东早就提出了"向人民负责和向党的领导机关负责的一致性"的著名论断。邓小平同志尖锐地批评过"把对上级负责和对人民负责对立起来"的错误倾向。2006年,时任浙江省委书记习近平同志就撰文《坚持对上负责与对下负责的一致性》指出:"所谓对上负责,就是对上级领导机关负责;所谓对下负责,就是对人民群众负责。对各级领导干部来说,对上负责与对下负责从来都是统一的、不可分割的,对党负责,就是对人民负责;对人民负责,就是对党负责。两者统一于对党和人民事业的高度负责之中。"

目前,政策执行者在对"上"和对"下"的问题上存在着一些错误的思想和做法。主要表现为:一是"唯上",即唯上是从,敷衍群众,落实领导指示不过夜,而碰到群众问题躲着走,只想方设法地溜须拍马,谄媚上级;另一种是"唯下",只考虑本地区、本部门利益,不顾全局利益。对上级决策不服从、不尊重,弄虚作假,阳奉阴违,搞"上有政策、下有对策"。

在政策执行中要避免对上负责与对下负责的对立,就需要考虑到以下几点:

(1) 健全行政组织内部上下层级的沟通渠道。在现实生活中,我们经常发现,明明是一些好的政策,下层行政机关和群众却不领情;上级的要求,下级无法满足;下级的现实需求,上级却不想满足;上级的多项规定,下级无所适从。上级对下级的领导失误很多是信息不对称导致的。因此,作为执行者,一方面,要正确接受自上而下的政策领导和指挥,坚决贯彻落实上级的决策精神;另一方面,也要恰当运用自下而上的反馈沟通渠道,积极向领导报告执行中的情况和信息或有关问题,获得上级领导的理解和支持以及相关的指导,而不是一意孤行自作主张或刻意隐瞒反而导致执行偏差。沟通机制的正确运用是实现向上负责和向下负责相统一的保障。

(2) 要在正确领会上级精神的前提下,坚持一切从实际出发,深入实际调查研究,使上级精神更好地对接实际、落地生根。对上负责不是被动地去执行上级的硬性指标或者政策文件,而是要因地制宜,结合本地实际特点与情况,在充分了解民意、深入调查的情况下执行上级命令。从基层负担重的问题看,无论是以会议传达会议、以文件落实文件,还是滥用"一票否决"、动辄签"责任状",抑或是"数字里出政绩""材料中见成效",片面理解、人为割裂对上负责与对下负责是这些现象产生的一个重要原因。唯上不唯实、唯己不唯民、唯官不唯事的问题,与其说是"对上负责",不如说是"对上糊弄"。眼睛朝上不朝下,只考虑领导满意、不顾及基层干部群众感受,种种形式主义、官僚主义现象无疑是党和人民事业发展的大敌。

(3) 以自我行政调适为主导,完善和健全自身的行政人格。执行者要根据形势和环境的变化适时调整自己的思维和行为,并保持良好的情绪和心态。善于运用正确的权责定位来调适不同角色引发的责任冲突,避免自身行政人格发生偏离。作为基层干部,面对上层命令与群众利益的双重要求时,最重要的是保证自己的思想信念、价值观念和群众路线不动摇。调查研究多了,情况了然于胸,才能够找出解决问题、克服困难的办法,做出正确决策,推进工作落实,才能够不断增进与群众的感情,多干群众急需的事,多干群众受益的事,多干打基础的事,多干长远起作用的事,扎扎实实把改革开放和现代化建设推向前进。在地方工作的领导干部一定要把务实与务虚有机结合起来,务实要讲理论指导,要动脑筋想办法;务虚要讲实际效果,要虚功实作,不能虚晃一枪,要就实论虚,以虚率实,坚持深化理论武装求真谛,深入调查研究重实际,狠抓工作落实动真格,既重务实,又善务虚,在虚实结合中出思路,出特色,出成效。

(四) 时效性与稳妥性兼顾原则

政策执行的时效性是由实现政策目标的总体计划和要求决定的,大凡政策都有时间的要求,只是有些政策的时间要求宽裕点,有的时间要求则非常严格。这就要求我们在政策执行时有极强的时间观念,必须雷厉风行、迅速果断。如果行动迟缓、拖拖拉拉就会坐失良机,贻误大局,使政策失去执行的意义和价值。在政策制定过程中应遵循决策的科学规律,按照政策制定的程序一步步进行,宁慢勿错,不能片面追求效率。而在政策方案获准实施后,则应注重速度,讲究在最短的时间内以最小的成本实现政策目标,注重政策执行的时效性。

但是政策执行也不能一味地盲目求快。操之过急,反而欲速则不达。这就需要在注重速度的同时兼顾稳妥。如果政策执行过于快速,政策的目标群体就无法充分地适应,政策执行主体也不能进行充分的执行准备。这种突袭性的政策执行会使政策丧失一定的可预测性,造成人们的心理恐慌。政策目标的实现过程是一个处理各种既有的和新出现的矛盾的过程,需要执行人员实事求是,冷静分析,处理好各种关系,稳妥解决所遇到的问题;根据实际情况,安排好执行工作的轻重缓急,先急后缓,先重后轻,既积极又稳妥地接近和实现政策目标。

(五) 信息传递与信息反馈并举原则

在现代管理中,管理系统就是信息系统。政策执行作为一种管理活动,同样存在信息传输和信息反馈的"信息流"。公共政策以计划、指令等多种形式传递给执行者和政策对象。信息传递的要求是准确、及时、全面。信息反馈是政策控制的出发点。坚持信息反馈原则的目的主要在于:一是及时发现执行过程中偏离政策价值、政策目标的行为,以便采取有针对性的措施,确保政策价值和目标的实现;二是通过实践对政策的检验,为政策的完善和追踪决策提供客观依据。

一项政策在实施过程中,很难做到与总体目标完全一致,一点偏差也没有。在政策实施中,一旦发现了偏离,就需要政策执行部门加强跟踪检查,及时反馈信息,以便及时纠正偏差。政策在实施过程中一般可能出现这样三种情况:一是政策正确,但执行不力。对此必须采取措施,提升执行力,使政策坚定不移地得到贯彻。二是政策目标正确,方案总体上合理,只有部分不够合理,这就必须及时调整和修正方案,使其完善。三是或者政策原初目标就有误,或者原初目标虽正确,但由于原来决策所依据的主客观条件发生了重大变化,已无法继续原来的政策。这时必须对政策目标或政策方案进行修正。由此可见,不仅政策执行者应高度重视执行过程中的信息反馈,而且政策决策者、政策研究者也应该关注执行的情况,利用反馈信息来不断地修正和完善政策,以使政策更科学、更符合实际。

(六)民主与集中相结合的原则

政策执行过程中贯彻民主集中制原则是党和政府的政策得以贯彻执行的制度保障,也是我国政策执行的一大特点和优势。实行民主集中制是由我国政党和政权的性质特点所决定的。民主集中制要求民主与集中相结合,实行民主基础上的集中和集中指导下的民主。民主集中制是中国共产党的组织原则,是民主与集中的统一。民主集中制作为我国国家政权机构的组织原则,亦体现了民主与集中的统一。政策执行过程中要坚持发扬民主。在实施政策时,实行政策执行的公开化,让人民群众了解和知晓执行过程,倾听他们对政策执行的意见和建议,并主动接受他们对政策执行过程的监督,将民众的意见集中起来,然后采取一定措施,贯彻到工作中去。在政策执行中实行协商民主。中共十八届三中全会通过的《中共中央关于全面深化改革若干重大问题的决定》明确指出:"在党的领导下,以经济社会发展重大问题和涉及群众切身利益的实际问题为内容,在全社会开展广泛协商,坚持协商于决策之前和决策实施之中。"协商是政策执行过程中执行人员和目标受众交涉互动的一种双向的、温和的合作的方式,能有效缓解政策执行中的利益冲突,在社会秩序稳健发展的基础上实现公共政策目标及公共利益最大化。在实行民主的同时,也要实行集中。做好目标群体中少数对政策有抵触情绪的成员的思想转化工作,引导他们服从大局。当代中国的政策执行有着浓厚的本土特色,那就是基于党群关系的群众路线逻辑。群众路线逻辑下的政策执行,强调先锋队、摸石头、动员令、锦标赛和回头看,通过上层推动、实验示范、说服教育、全面实施及协调监控等过程和方法,推动政策的有效执行。实践证明,政策执行中实行体现民主与集中相统一的群众路线是我国政策执行取得成功的一条重要经验。

政策执行过程中既不可以没有民主,也不可以没有集中。如果说政策制定更多地强调民主的话,那么政策执行则更多地强调集中。实行必要的集中,就是要建立权力集中式执行体制,就是要敢于与个别歪曲、干扰甚至破坏政策执行的人和事做坚决的斗争。民主与集中两者应有机结合起来。违背民主集中制原则,政策执行就可能出现两种极端现象:一是权力高度集中甚至走向专制主义,表现为政策执行者只能机械被动地执行政策,无从发挥主动性和创造性,执行过程中容易出现简单粗暴、强迫命令的工作方法,带来政策执行的僵化和教条主义。二是极端民主化,表现为对待政策的随心所欲的自由主义、以自我利益为中心的本位主义。这两种情况都是我们应坚决避免的。

第二节 公共政策执行的过程

一、准备阶段

(一) 政策宣传

政策宣传是政策执行过程的开始环节和一项重要的功能活动。要使政策得到有效执行,必须首先统一人们的思想认识。政策宣传就是统一人们思想认识的一个有效手段。执行者只有在对政策的意图和政策实施的具体措施有明确认识和充分了解的情况下,才有可能积极主动地执行政策。政策目标群体只有知晓了政策,才能理解政策;只有理解了政策,才能自觉地接受和服从政策。政策宣传能促进政策目标群体对政策的认知和认同。政策宣传还具有说服、教育、动员、营造舆论环境等功能。因此,各级政策执行机构要努力运用各种手段,宣传政策的意义、目标、内容、实施政策的方法和步骤,从而为正确有效地执行政策做好充分的思想准备。

(二) 制订政策执行计划

制订计划是政策实施初期的另一项功能活动。制定政策执行计划是对总体目标进行分解,编制出政策执行活动的"线路图",明确工作任务指向,使执行活动有条不紊地进行。制订政策执行计划应遵循下列原则:一是客观性原则。编制计划要切实可行,积极可靠,排除臆断。计划的各项指标要不保守也不冒进:既不是唾手可得的,也不是经过努力仍然高不可攀的。对有关人力、物力、财力等条件必须做到"心中有数",切不可含糊笼统。二是适应性原则。编制的计划要有适应环境变化的弹性机制,计划不能做得太满太死,要留有余地,特别是要有应对意外情况发生的防范机制。三是全面性原则。编制计划要能够统筹方方面面,理顺各种关系,切忌顾此失彼。计划要前后衔接,分清轻重缓急,对不同管理层次的计划要各有侧重。四是一致性原则。执行机构内部各职能部门要做到工作目标和政策目标保持一致,上下级的政策目标保持一致,以增强组织上的统一性和方向上的一致性。

(三) 物质准备

"兵马未动,粮草先行。"物质准备主要是指必需的财力(经费)和必要的物力(设备)两方面的准备。执行者应根据政策执行活动中的各项开支编制预算。预算报经有关部门批准后,才能落实经费。准备必要的设备,包括交通工具、通信工具、技术机械设备、办公用品等,这是政策执行的物质手段。只有具备了必不可少的物质条件,政策执行才有可能顺利进行。

(四) 组织准备

组织准备工作是政策具体贯彻落实的组织保障机制。组织功能的发挥情况直接决定着政策目标的实现程度。确定政策执行机构是组织准备中首要的任务。常规性、例行性政策的执行,应由常设的执行机构承担,不必另建机构,但有时也可用提高常设机构地位的方式或者改组机构的方式来保证政策顺利进行。如果遇到非常规性或者是紧急而重大且牵涉面较广的政策,则可组建临时执行机构,但应在政策目标实现后予以撤销。组织准备的第二个重要方面是选人用人。从政策执行者的素质来说,政策执行者需要具有专业管理方面的知识技能和实践经验,具有较强的政策理解能力以及沟通、协调能力。要善于用人,做到人尽其才。最后,制定必要的管理法规制度。这可以明确政策具体推行的准则和依据,保证政策执行的正常秩序。这些法规制度主要有目标责任制度、检查监督制度、奖励处罚制度。目标责任制度、检查监督制度和奖惩处罚制度是一个有机整体,目标责任制度是核心,检查监督制度是手段,奖惩制度是杠杆,三者相辅相成,缺一不可,共同形成推动政策全面、有效实施的一套完整制度。

(五) 政策试验

政策试验是政策实施过程中的重要步骤。政策试验既可以验证政策,如发现偏差,及时反馈信息,修改和完善政策,又可以从中取得带有普遍指导意义的东西,如实施的方法、步骤、注意事项等,为政策的全面实施取得经验。政策试验一定要按照科学方法来进行,其步骤大致包括三个阶段:选择试验对象,设计试验方案,总结试验结果。对于那些涉及全局关系重大的政策,非常规性政策特别是带有风险性的政策,受各种因素制约难以进行精确定量分析的政策,缺乏政策经验、结果难以预料、后果影响深远的政策,都一定要经过政策试验。我国改革开放的一些重要政策在全面实施之前就是在局部地区或试点中加以试验,取得经验后才全面铺开的。这是具有中国特色的被实践证明的一条政策执行的成功经验。

二、全面实施阶段

政策的全面实施是政策实施过程中操作性、程序性最强,涉及面最具体、最广泛的一个环节。全面实施政策要求严格遵循政策执行的基本原则,充分发挥政策执行的功能要素,以保证政策目标的圆满实现。这一阶段包括:(1)指挥活动。指挥是执行领导者将既定目标任务和执行计划分派落实到具体的部门、单位和个人,推进执行进程,实现政策目标的行为,其主要表现形式为行政命令、决定。指挥主要有口头指挥、书面指挥、会议指挥。指挥必须统一,不能政出多门,避免多头指挥。指挥者必须拥有指挥权力,指挥必须按照层级体系进行。(2)沟通与协调活动。沟通是指执行组织之间、执行人员之间的意见交换和信息交流,以达到思想和行动上的协调一致。协调是指通过引导、调停和说服的办法使执行组织、执行人员之间建立起互相协同、相互配合的关系。(3)监督与控制活动。执行监督是指监督主体按照一定的标准和规范,运用适当的监督手段,对监督客体进行的检查、控制和矫正。执行中的控制就是通过信息反馈及时发现执行中的问题并随时纠正偏离目标的行为的活动。监控是政策实施过程的保障环节,以保证政策的全面贯彻和落实。

三、总结阶段

政策执行的总结阶段的工作内容和任务,一是对执行情况的检查。检查决策目标是否如期完成,完成的进度与效果如何,同原计划有无出入,有哪些成绩和创新,有哪些缺点和失误,等等。二是对执行情况的评定。依一定的项目要求和标准,对执行部门和执行人员的工作做出评判并给予奖惩。

对政策执行情况的总结可以为下次政策执行提供经验和教训,避免类似问题的出现,进而提高政策执行的能力和水平。总结有效的创新的经验和做法,可以为其他的政策执行提供经验和借鉴。在政策执行中有一些问题的出现是具有普遍性和共性的,一部分执行者对政策执行做出总结后,其中的问题就可以被发现和重视,从而避免了其他执行者在执行中犯类似的错误。

第三节 公共政策工具

政策执行手段可以说是传统意义上的政策工具。过去我们没有政策工具的概念和理论,至今也没有完全以政策工具的概念取代习惯使用的政策执行手段的概念。改革开放前,我国传统的政策执行手段因为与我国传统的执行文化与执行模式、与高度集权的行政体制和计划经济体制相适应,充分彰显了某些手段的优势、特色和成效,如行政手段、思想教育手段。但同时我国传统的执行手段也存在诸多问题与不足,如手段单一,忽视法律手段、经济手段的运用;行政手段在使用中出现扭曲变形,演变成简单粗暴的执行、命令主义和官僚主义等。改革开放以来,随着社会主义计划经济体制向社会主义市场经济体制的转变,政府职能转变和行政体制改革深化,政府治理模式和方式的创新,政策执行环境的变化,我国传统的政策执行手段及其运用习惯越来越暴露它的不足、缺陷。我们开始关注西方政策工具理论,反思我国传统的政策执行手段,尝试在政策执行中运用政策工具中我国传统执行手段所没有的新的执行手段、方法、机制,并取得了良好的执行效果,呈现出由政策工具替代执行手段的趋势。

一、政策执行手段

政策执行手段是指政策执行机关及其执行者为完成一定政策任务,达到一定政策目标,而采取的各种措施和方法。政策执行活动的复杂性决定了政策执行手段的多样性。每种手段都有它的优势和缺陷,因此要综合运用行政手段、法律手段、经济手段、思想教育手段,完成政策执行任务。

（一）行政手段

行政手段是依靠行政组织的权威,采取命令、指示、规定和规章制度等行政方式,按照行政系统、行政层次和行政区划来实施政策的方法。行政手段有着显著的特点:第一,权威性。行政手段依靠强制性的权威将国家的各项方针、政策,准确无误、坚决有力地推行和落实。第二,强制性。行政主体所发出的命令、规定、条例等都必须执行,有时属于根本不考虑价值补偿问题的无偿性服从,更有甚者是要求无条件地绝对服从。当然,这同法律所具有的普遍约束力的强制性不尽相同,它允许特殊情况下的灵活机动。第三,对象的有限性和时效性。在实际工作中,行政指示、命令等往往是就解决某一具体问题、完成某一项具体任务而做出的,因此,它的内容和发布的对象是具体有限的。同时,行政指令还有时效性,即它只对特定时间和特定对象有效。

行政手段具有协调统一、令行禁止的优点,有利于扭转政策执行中的不利局势,保证政策的顺利运行。其缺点是:对上级机关的要求较高,上级如有失误将会导致连锁反应;执行过程中的无偿性和下级的被动地位都不利于充分发挥下级的积极性和创造性。

（二）法律手段

法律手段是指通过各种法律、法令、法规、司法、仲裁工作,特别是通过行政立法和司法方式来调整政策执行活动中各种关系的方法。法律手段的运用,一是通过有关部门对违法行为进行制裁;二是政府机关依法制定和执行行政法规、部门规章,以调整相关社会关系,并对政策执行活动进行控制和监督。法律手段除了和行政手段一样具有权威性和强制性外,还具有稳定性、规范性和程序性的特点。稳定性是指法律法规一经国家立法和行政机关颁布,就将在一定时期内生效,不会经常变动,更不允许任何机关、团体和个人随意更改。法律和法规的修订必须根据客观形势发展的要求,由国家立法和行政机关遵循立法程序进行。规范性是指它对其效力范围内的所有组织和个人具有同等的约束力。法律和法规都要用极其严谨的语言,不能引发歧义,因为它是评价不同人类行为的共同标准。不同层次的法律法规不得相互冲突,法规要服从法律,一般法律又要服从宪法。程序性是指法律的制定要遵循特定的程序,法律的实施要通过法定时间与法定空间上的步骤和方式进行。在政策执行的过程中,法律手段的运用既要讲究实质正义,又要讲究程序正义。

法律手段在政策执行中的运用,能够消除阻碍政策目标实现的各种干扰,保障政策执行活动有法可依,有章可循,有利于政策的顺利实施。但法律手段在处理特殊的、个别的问题时,缺乏灵活性,不利于具体问题的妥善解决。

(三)经济手段

经济手段是指根据客观经济规律和物质利益原则,利用各种经济杠杆,调节政策执行过程中的不同经济利益之间的关系,以促进政策顺利实施的方法。经济手段运用价格、工资、利润、信息、税收、资金、罚款以及经济责任、经济合同等来组织、调节和影响政策执行者和政策对象的活动。经济手段不同于行政手段和法律手段,它有如下三个特性:第一,间接性。经济手段不像行政手段那样直接干预,而是利用经济杠杆作用对各个方面的经济利益进行调节,以此来实现间接调控。第二,有偿性。与行政手段下的无偿服从不同,经济手段的核心在于贯彻物质利益原则,注重等价交换,有关各方在获取自己经济利益的权益上是平等的。第三,关联性。一种经济手段的变化不仅会引起社会多方面经济关系的连锁反应,而且会导致其他各种经济手段的相应调整;它不仅影响当前,而且会波及以后。

经济手段在政策执行中的运用,能够将实施政策的任务与物质利益挂钩,并以责、权、利相统一的形式固定下来,间接规范人们的行为,给人以内在的推动力,充分调动人们执行政策的积极性和主动性,增强政策效力。但经济手段在解决政策执行问题时,容易导致唯利主义倾向,忽视执行中的思想问题和社会效益。

(四)思想教育手段

思想教育手段是依靠宣传、说服、沟通、精神鼓励等调动执行者的积极性,实现执行目标的方法。其主要内容包括:制造舆论——在政策形成之时就大力宣传,使政策的内容深入人心;说服教育——对少数不执行政策或抵触政策的对象进行个别谈心,做深入细致的思想教育工作,以理服人,而不是以力服人;协商对话——在政策执行出现困难的情况下,决策者和执行者应就政策深层次问题进行商谈,并借此征询群众意见,尽可能在补充政策中做出适当调整;奖功罚过——通过奖励或惩罚手段来诱发人们的动机,激发人们的积极性。思想教育手段在政策执行过程中具有长期性、能动性、广泛性、灵活性的特征,它能够最大限度地激发政策执行者和政策对象的热情,可以节省大量的人力、物力、财力。一般来说思想教育手段多在常规状态下使用。

二、政策工具概述

政策工具的研究在20世纪80年代受到西方政策科学学界的普遍重视,到20世纪90年代已经成为西方政策科学研究的一个新热点。20世纪80年代以后,在政策科学及公共行政学领域出现了不少关于政策工具方面的论著。80年代最有影响力的著作是克里斯托弗·胡德(Christopher Hood)的《政府工具》;90年代最有影响力的著作是B.盖伊·彼得斯和弗兰斯·冯尼斯潘(B. Guy Peters and Frans K. M. van Nispen)主编的《公共政策工具》以及莱斯特·M.萨拉蒙(Lester M. Salamon)的《政策工具——新治理指南》。

(一)公共政策工具的含义

胡德认为政策工具是一种"客体",是指形成法律和法规的一整套命令和规定。美国学者詹姆斯·P.莱斯特(James P. Lester)和小约瑟夫·斯图尔特(Joseph Stewart, Jr.)在其合著的《公共政策导论》一书中把政策工具视为"政策执行的技术",并概括出两种技术途径,即通过命令和控制的途径和经济动力(市场化)途径。① 亚瑟·林格林(Arthur B. Ringeling)认为政策工具可以被当作一种"活动",是致力于影响和支配社会进步的具有共同特性的政策活动的集合。②

目前,应用最广泛的概念是欧文·E.休斯(Owen E. Hughes)在《公共管理导论》中提出的,他将政策工具定义为政府的行为方式,以及通过某种途径用以调节政府行为的机制。③ 萨拉蒙认为政策工具是"一个行动者能够使用或潜在

---

① [美]詹姆斯·P.莱斯特、小约瑟夫·斯图尔特:《公共政策导论(第二版)》,中国人民大学出版社2004年版,第108页。
② [美]B.盖伊·彼得斯、弗兰斯·K. M.冯尼斯潘编:《公共政策工具:对公共管理工具的评价》,顾建光译,中国人民大学出版社2006年版,第14页。
③ [澳]欧文·E.休斯:《公共管理导论(第二版)》,彭和平等译,中国人民大学出版社2001年版,第99页。

第七章 公共政策执行

地加以使用,以便达成一个或更多目的的任何事物"①。豪利特(Michael Howlett)和拉米什(Michael Ramesh)在《公共策研究:政策循环与政策子系统》一书中指出,政策工具是政府赖以推行政策的手段,是政府在部署和贯彻政策时拥有的实际方法和手段。②

国内学者张成福将其定义为政府将其实质目标转化为具体行动的路径和机制。③ 陈振明提出公共政策工具是人们为解决某一社会问题或者达成一定的政策目标而采用的具体手段和方式。④ 陶学荣认为,政策工具是"公共部门或社会组织为解决某一社会问题或达成一定的政策目标而采用的具体手段和方式的总称"⑤。

公共政策工具的定义应具备以下内涵:(1)其目的是促成公共政策目标的达成;(2)实施主体多元,既可以是政府部门,也可以是其他公共组织;(3)实施手段范围广泛且在选择上具有较强的灵活性。因此,公共政策工具应定义为政府或其他公共组织为达成政策目标,解决相应的社会公共问题而采取的一系列机制、手段、方法与技术,是公共政策目标与结果之间的桥梁。

(二) 政策工具的分类

最早对政策工具进行分类的是荷兰经济学家科臣(E. S. Kirschen),他着重研究这样的问题,即是否存在着一系列的执行经济政策以获得最优化结果的工具。他整理出64种一般化的工具,但未加以系统化的分类,也没有对这些工具的起源和影响加以理论化探讨。美国政治学家罗威、达尔和林德布洛姆等人倾向于将政策工具划分为规制性工具和非规制性工具两类。萨拉蒙推进了他们的讨论,增加了开支性工具和非开支性工具两类。胡德的分类又进一步,他将系统化思维融入分类框架中,认为所有政策工具的运用都离不开四种"政府资源",即政府所拥有的信息、权威、财力和可利用的正式组织。著名政策分析家

---

① Lester M. Salamon and Odus V. Elliot, *The Tools of Government: A Guide to the New Governance*, Oxford University Press, 2002, p. 21.
② 〔加拿大〕迈克尔·豪利特、M. 拉米什:《公共政策研究:政策循环与政策子系统》,庞诗等译,生活·读书·新知三联书店2006年版,第141页。
③ 张成福、党秀云:《公共管理学》,中国人民大学出版社2001年版,第62页。
④ 陈振明主编:《公共政策分析》,中国人民大学出版社2003年版,第49页。
⑤ 陶学荣主编:《公共政策概论》,中国人事出版社2006年版,第190页。

狄龙(Van der Doelen)将政策工具划分为法律工具、经济工具和交流工具三类。麦克唐纳(L. M. McDonell)和艾莫尔根据所要获得的目标将政策工具分为四类,即命令性工具、激励性工具、能力建设工具和系统性工具。英格拉姆等人也做出类似的分类,将政策工具分为激励工具、能力建设工具、符号和规劝工具、学习工具四类。豪利特和拉米什将公共政策工具分为自愿性工具、混合性工具和强制性工具三类。休斯将公共政策工具分为四类:(1)供应,即政府在财政预算范围内提供的产品和服务;(2)补贴,即供应的一种补充手段,政府通过此经济方式资助私人领域的个人生产政府所需的产品及服务;(3)生产,仅指政府生产的在市场上出售的产品及服务;(4)管制,即政府运用国家强制力批准或禁止私人经济领域的某种活动。"新公共管理"主张运用市场化和社会化工具再造政府,提升政府的治理效能。其发展的系列治理工具是较好的"政策工具箱",一旦政府打开这一"政策工具箱",就会面对许多选择。正如戴维·奥斯本和特德·盖布勒(David Osborne and Ted Gaebler)所言:"囊中藏有如此多的箭,政府就需要发展出一套方法学,找出射向问题靶子的正确的矢。"[1]奥斯本和盖布勒提出了可资选择的36种工具(36支箭)。

陈振明将政策工具分为三大类:(1)市场化工具,即政府利用市场这一资源配置手段达到提供公共物品和服务目的的具体方式;(2)工商管理技术,即公共部门从企业管理理念和方式中汲取有效经验以达成政府的政策目标;(3)社会化手段,即政府更多地利用社会资源,在与社会成员、社会组织互动的基础上实现政策目标。

陶学荣将公共政策工具分为五类:经济性工具、行政性工具、管理性工具、政治性工具和社会性工具。

目前国内学者普遍认为豪利特和拉米什的观点与其他分类方法相比,更具解释力也更合理。

(1)自愿性政策工具。它是指通过个人、家庭、社会组织或市场发挥作用,在自愿的基础上解决公共问题的途径和手段。其核心特征是这类公共问题的解决很少或几乎没有政府干预,是在自愿的基础上解决的,家庭与社区、志愿者

---

[1] 〔美〕戴维·奥斯本、特德·盖布勒:《改革政府:企业精神如何改革着公营部门》,上海市政协编译组、东方编译所编译,上海译文出版社1996年版,第325页。

组织和市场之所以去处理本来属于公共服务方面的工作,更多的是出于自身的愿望,即通过公共服务来获得道德或情感上的满足。政府有时也有意识地将一些公共问题留给社会和市场去自行处理,因为政府相信在某些领域和某些公共问题上,家庭与社区、志愿者组织和市场等出面比政府出面能更有效地解决问题。自愿性政策工具的存在可以减少政府的支出,节约公共服务的成本,并且自愿性政策工具更加灵活,反应也更加迅速,还可以在一定程度上维持市场的公平与自由,让公共服务的收益最大化。自愿性政策工具主要包括家庭和社区、自愿性组织与私人市场等具体的工具形式。

将家庭和社区作为一种政策工具的最大好处是,政府除了选择对家庭和社区的这些行动进行授权和补贴外,一般不需要太多的支出。但这种工具也存在一些缺点:一是在解决比较复杂的经济问题时会显得比较乏力;二是家庭和社区提供的服务缺乏规模效应,在现代社会中,家庭和社区往往只能作为处理复杂的社会问题的辅助工具;三是一味地依靠家庭和社区的力量解决公共问题可能导致不公平。

志愿者组织是指既不是在政府的强制下成立,也不是以营利为目的的社会组织形式。它既可以免受国家强制力的约束,又能排除经济利益分配的干扰。志愿者组织服务的优点在于:一是可以节约公共服务的成本;二是具有灵活性和反应迅速的特点;三是能够推动社会团结和平等有序地扩大政治参与。但是,其应用范围有限,大量的经济与社会问题不能通过这种手段来处理;志愿者组织容易蜕化变成准官僚机构,从而降低它的效能和效益。

市场是最重要也是最具有争议的自愿性工具形式。市场是提供私人物品的最有效率的手段,是资源配置的有效工具,但在某些公共物品和公共服务领域,市场工具也可能是提高效率和效益的有效途径。然而市场作为政策工具在应用时也存在明显的缺陷:一是不能提供纯公共物品;二是市场会造成不公平,拉大贫富差距。

(2)强制性政策工具。它是指借助政府的权威和强制力,对目标群体的行动进行控制和指导,迫使目标群体采取或不采取某种行为,由此来执行公共政策,解决社会公共问题,包括管制、公共企业和直接提供等工具形式。

管制是政府利用公共权威和权力来对个人或组织的行为进行规范的活动。

它是以国家权力作为基础,特定机构来运用和实施的。管制工具从性质上可分为经济管制和社会管制两种类型。其最大特点在于,以国家权力为后盾,以法律法规为依据,以限制或者剥夺人们的某些自由和权利来贯彻公共政策。管制的形式是多样的,如规定行为,颁布禁令,颁布和实施特定标准,审批、发放许可证,规定配额等。管制的优点有:所需的信息较少;较容易实施和管理,成本较低,效果具有直接性;更适于作为处理危机的工具。管制的缺点有:管制会限制自愿性和私人活动;可能导致经济上的无效率;不利于革新和技术进步;缺乏灵活性,难以做到随机应变。

公共企业,又称国有企业、国家企业。公共企业生产的产品是用来销售的公共物品,而不是像国防、路灯等无法直接向使用者收费的公共物品,这些公共物品的销售收入必须与生产成本相平衡。公共企业受到政府不同程度的控制或直接管理。公共企业作为政策工具有许多优点,一是当私人企业不能提供社会所需的某些物品与服务时,公共企业就能满足社会公众的需要;二是建立公共企业所需的信息成本比使用自愿性工具和管制工具要低;三是公共企业创造的利润可以充实公共基金,并用来支付公共支出。其不足之处在于:一是政府往往难以控制公共企业,原因是公共企业的管理者可以采取很多规避手段;二是公共企业长期经营不善也不会破产倒闭,所以它们往往满足于低效运行;三是在特殊领域中,公共企业的垄断地位使其能够将其无效率的成本负担转嫁到消费者身上。

所谓直接提供是指政府运用公共权力,直接为社会提供公共产品和公共服务,其提供的范围很广泛,如国防、外交、治安、司法、国有土地管理、教育、社会保障、公共卫生等等。它的优点是:直接提供的信息成本低,因而容易运用;直接提供可以让大量机构获得高效运转所必需的资源、技能和信息;避免了间接提供下的很多麻烦,比如讨价还价、谈判、讨论。它的缺点是:官僚机构直接提供的服务经常是刻板僵化的,常常反应迟缓;对提供产品及服务的机构和官员的政治控制容易降低公共服务的质量;由于官僚机构缺乏竞争,没有足够的成本意识,易造成浪费;政府机构之间以及政府机构内部的冲突会影响公共物品和公共服务的直接提供。

(3) 混合性政策工具。它结合了自愿性政策工具和强制性政策工具的特征,即政府对非政府行为主体的决策进行不同程度的干预,但最终仍由非政府行为主体做出决策,包括信息与规劝、补贴、产权拍卖、税收和使用者付费等工具。它的优点在于动用的资源少,较为灵活,操作方便,管理具有弹性,可以适当引入竞争机制,提高资源配置的效率。

信息发布是一种温和工具,它是指由政府向个人和公司提供信息并期待他们的行为发生预期的变化。它假设人们一旦获得相关问题的知识和信息,就能做出明智的选择。规劝是政府试图说服人们去做或不做某事,力求改变人们的偏好和行动,而不是仅仅向人们提供信息并期待其行为发生预期变化,但是规劝并不运用奖励和惩罚手段。信息和规劝的优点是:容易使用且较稳定,动用资源少,灵活,可以引导后续行动。缺陷是:生效缓慢;适用范围有限;若没有其他工具的配合,规劝工具的效果往往是有限的。

补贴是指政府(或通过其代理)对个人、公司和组织进行的各种形式的财政转移,目的在于通过影响和改变受资助者对不同备选方案成本与收益的判断,促使其采取政府期望的行为。补贴形式有津贴、税收刺激、票证、信贷优惠。如果政府与私人部门有相同的偏好和目标,但是由于种种原因私人部门不能去实现目标,此时,政府补贴可能会有助于私人部门实现目标。同时,它有可能减少严厉的规制手段所带来的效率损失;管理上具有较大的弹性,管理成本较低。它的缺点有:需要资金支持;确定适当的补贴标准难度大,所需信息多,成本较高;补贴一旦实施难以撤销;不适用于危机处理。

政府通过产权拍卖在原先不存在市场的公共物品和服务领域建立市场,对特定的资源确立一定数量的可交易的产权,创造出人为的稀缺,并让价格机制起作用。如果政府能够使用政策工具来创造本来缺失的市场,那么就有可能实现效率的改进。产权拍卖是创造本不存在的市场的手段之一。污染防治领域经常使用这一工具。其优点是:容易操作;比较灵活;引入竞争机制,可提高资源配置效率。缺点是:助长投机行为和心理;依据支付能力而不是需要来配置资源,难以彰显社会公平,容易遭到一部分民众的抵制。

税收是一种法定的由个人或者公司向政府的强制性支付,其主要目的通常是增加政府开支的财政资源。它也可以用作一种政策工具以引发政府所希望的行为或者限制其所不希望的行为。使用者付费是税收作为一种政策工具的创新应用形式,是管制和市场两种政策工具的结合体。政府对某种物品、服务或行为确定"价格",由使用者或行为者支付这种费用,其主要目的是通过付费把价格机制引入公共服务中来。这种工具经常被用于控制负的外部性,特别是污染领域,也被用于城市交通控制。它的优点是:能够克服免费提供公共服务所导致的资源不合理配置和浪费;不会像无偿提供公共服务那样导致无目的的补贴和资助,避免对社会公平造成损害;通过付费机制,价格可以真正起到信号灯的作用,从而使市场机制在公共服务领域发挥作用;通过付费机制也可以增加政府的财政收入,缓和政府的财政危机。其缺点是:收费水平难以准确确定;在得到一种最优化的收费标准的试验过程中,资源有可能被误置;不能作为处理危机的工具;管理成本高且繁杂。

(三) 以政策工具替代执行手段的缘由

政策工具实质上也是政策执行的手段和方法,但随着政策工具理论的产生和发展,公共管理和政策执行过程中对它的运用及成效,使得人们开始较普遍地以政策工具替代传统的执行手段。具体缘由如下:

1. 对传统政策执行手段的反思和批判

威尔逊在《行政学研究》一文中指出:"行政学研究的目标在于了解:首先,政府能够适当地和成功地进行什么工作。其次,政府怎样才能以尽可能高的效率及在费用或能源方面用尽可能少的成本完成这些适当的工作。"[①]威尔逊所阐述的以上两个问题,一直是公共行政百年发展的两个基本主题:一是政府应该做什么;二是政府应该如何去做。前者涉及政府的管理内容,后者则主要涉及政府的管理手段,即政府选择何种公共政策工具达成公共目标。威尔逊还曾谈到政府中的"执行方法"(executive methods)问题。"公共行政是行动中的政府,它是政府的执行,……与制定一部宪法相比较,'执行'一部宪法变得愈来愈困难了。……人民长期而且成功地研究了抑制行政权力的艺术,却因而经常忽视了改善执行方法的艺术。行政学的目的就在于把执行方法从经验性实践的混

---

① 〔美〕伍德罗·威尔逊:《行政学研究》,载杰伊·M. 沙夫里茨、艾伯特·C. 海德编:《公共行政学经典(第四版)》,中国人民大学出版社 2004 年版,第 15 页。

乱和浪费中拯救出来,并使它们深深植根于稳定的原理之上。"①"执行方法"实质上就是政府的政策工具或治理工具,从行政学产生开始就成为关注与思考的对象。在西方国家,随着政府组织对于实践知识需求的日益增长、政策实施问题的日益复杂以及人们对于政策失灵很大程度上与政策执行手段相关的认识,催生了人们对政策执行手段的反思和批判。特别是20世纪80年代以来,伴随着西方对福利国家失败和政府工作低效的检讨以及随之而来的"新公共管理"运动,政策工具日益受到关注。②

20世纪七八十年代以来的西方政府改革与治理,主要是在工具和技术层面上展开,即摈弃传统的执行手段或政策工具,引入新的政策工具,构建政府治理新模式。一些人认为,20世纪70年代,西方国家面临的政府危机主要就是在政策工具层面上产生的,即政策执行手段或传统的政策工具多是失败的。戴维·奥斯本曾言:"今天我们政府失败的主要之处,不在目的而在于手段。"③从某种程度上说,"新公共管理"视野下的政府再造正是致力于政策工具的重新选择、设计和应用而取得成功的。就如休斯所言,当代西方国家政府"新公共管理"改革中发展出的一套系统的"政策工具箱","政府将从新公共管理这一工具箱中探询到解决方案"④。简·莱恩(Jane Lane)也指出:"新公共管理提供了管理公共部门的一种新的工具。……新公共管理是一种规范性理论,研究分析政府应该如何使用新的工具来履行它的职能。"⑤"新公共管理"主张运用市场化和社会化工具再造政府,提升政府的治理效能。理论来源于实践又为实践提供理论依据,理论进步也倒逼着实践领域的改变。因此,政策工具的理论研究的产生与发展为实践中使用政策工具替代传统的执行方法和手段提供了支撑,推动了政府政策执行方法和手段的转变。

---

① 〔美〕杰伊·M.沙夫里茨、艾伯特·C.海德编:《公共行政学经典(第四版)》,中国人民大学出版社2004年版,第15页。
② 陈振明:《政府工具研究与政府管理方式的改进:论作为公共管理学新分支的政府工具研究的兴起、主题和意义》,《中国行政管理》2004年第6期。
③ 〔美〕戴维·奥斯本、特德·盖布勒:《改革政府:企业精神如何改革着公营部门》,上海市政协编译组、东方编译所译,上海译文出版社1996年版,第8页。
④ 〔澳〕欧文·E.休斯:《新公共管理的现状》,沈卫裕译,《中国人民大学学报》2002年第6期。
⑤ 〔英〕简·莱恩:《新公共管理》,赵成根等译,中国青年出版社2004年版,第15、256页。

2. 相较于传统执行方法和手段的优势

政策工具实质上也是政策执行的方法和手段,但它是对执行手段和方法的超越,这种超越包括对传统执行手段理念的转变、内容与形式的创新、功能的延伸和补充等。政策工具具有客观性、多样性、动态性、有效性、公平性、适应性、可选择性和合法性的特征,具有传统执行方法和手段不具有的一些功能和优势。

政策工具是将实质目标转化为具体行动的路径和机制,比起方法和手段的说法,范围更广,选择更便捷,使用更灵活。政策工具有自己的特性和应用背景,一旦政策的目标或目的明晰了,那么就可以直截了当地去"工具箱"中找出最适宜的工具并灵活地加以运用。而执行手段的说法更加抽象和模糊,范围也更小。手段更概念化,是根据问题的特性提供概念化的操作方法;而工具则更具象化,更贴近实际。政府根据现有的资源找出可供使用的工具,再根据工具的特点和应用背景进行选择。政策工具是公共政策设计和选择在工具理性方面的深化,是政府将政策从概念变为现实的重要手段和路径。政策制定者只有在充分了解可供选择的政策工具范围的情况下建构科学合理的政策工具,才能顺利实现既定政策目标。

传统的执行手段有行政手段、法律手段和经济手段,这些手段都受到了国家极强的干预。豪利特、拉米什根据国家干预强弱程度将公共政策工具分为自愿性、混合性、强制性政策工具,从传统的执行方法到政策工具的转变体现了政府由强制、干预向引导、宏观调控的转变,有利于转变政府职能和建设服务型政府。

相对于传统的政策执行方法和手段,政策工具扩大了参与政策执行的主体范围,例如自愿性政策工具中的家庭、社区、志愿性组织、市场,可以在一定程度上节约公共服务的成本,有效地推进社会民主的建设,扩大公民的有序政治参与。

3. 运用政策工具契合提升国家治理能力的要求

在中共十九届四中全会上,习近平总书记提出要推动国家治理能力和治理体系现代化。国家多次的政府机构改革与调整,以及近年来兴起的服务型政府的建设、法治国家的建设等都对政府的治理能力和水平提出了更高的要求。政策工具为我国实现国家治理能力和治理水平现代化的目标提供了科学适宜的手段和方式。传统公共管理使用传统的执行方法和手段,强调政治性,使用官僚机构、公共企业等公法机制,公私对立,配置和管制分离,主要采用命令与管制手段。政策工具在现代公共治理的背景和要求下不断发展和创新,更加强调目标的达成,使用合同、招标投标等私法工具,将配置与管制结合,创造公平的竞争环境,通过谈判与劝服的手段,使用授权技术,以公私合作实现政策目标。[①]随着经济社会的发展,公民参政意识增强,各类社会组织也逐渐兴起,市场机制不断完善,政策执行的多元主体地位得到彰显。因此,在我国运用现代意义上的政策工具已经有了较好的社会基础。在政策执行的实践中,政策工具所包含的新型手段在财政金融、环境保护、就业服务、教育基础设施建设等各领域得到了较广泛的应用。实践证明政策工具的使用能使政策执行更加科学,使政策更加易于推行,它充分调动了政策执行多元主体的积极性,具有传统方法无法比拟的优越性,更加贴合我国社会发展的方向和目标。

三、政策工具的选择

(一) 政策执行中工具选择的重要性

政策工具选择是政策工具研究中的一个重要部分,是工具执行和工具效果研究之外的一个重要方面。政策工具选择在政策执行中占据着重要地位,这主要表现在以下三个方面:

(1) 政策工具是实现政策目标的基本途径。"一项法律的通过、一项管理条例的采纳,或者一条裁决令的颁布确立了政策目标,并规定了必要的手段去实现它们。"[②]任何一项政策都是目标与工具的有机统一,工具是达成目标的基本途径。政策科学的创始人哈罗德·拉斯韦尔曾言,政策是"一种含有目标、价值与策略的大型计划"[③]。这里的"策略"实质上就是政策工具,它是达成政策目标的一系列方法、技术和手段。实际上,"所有的公共政策,不论它们是发展

---

① 〔英〕简·莱恩:《新公共管理》,赵成根等译,中国青年出版社 2004 年版,第 42 页。
② 〔美〕戴维·L. 韦默、〔加拿大〕艾丹·R. 维宁:《政策分析:理论与实践》,戴星翼等译,上海译文出版社 2003 年版,第 177 页。
③ H. D. Lasswell and A. Kaplan, *Power and Society*, New Haven: Yale University Press, 1970, p. 71.

型的、调节型的、禁止型的,还是其他型的,都含有某种控制的因素在内。即它们总是通过这种或那种手段,旨在让人们做某些事情,不做某些事情,或者继续从事他们本来不愿从事的活动"①。在政策执行中,目标的选择固然重要,但选择和设计有效的政策工具以规范目标群体的行为,从而使其行为与政策的目标要求达成一致性,也尤为重要。

(2)政策执行自身就是选择政策工具的动态过程。实际上,政策执行在很大程度上就是以政府为中心的行政机构为主体,以有效增进公共利益为目标,选择一种或多种政策工具,去解决公共问题的过程。所以,政策执行作为一种动态过程,就其本质而言是政府机构在特定环境下针对特定政策问题而对特定政策工具进行选择的过程。工具可以有不同的使用方法,可以发展和改良,也可以过时和失效。工具并不是一经选定就一成不变,不同的政策工具和不同的使用方法会为政策带来不同程度的效果、效率、公平和支持,当一种工具失效后,就要转而选择其他工具。

(3)工具选择是政策成功与否的关键。安德森认为:"在试图确定某一项公共政策有没有可能有效时,政策分析家们不仅关切政策的主要目的,以及这些目的有没有实现;而且还要关注可采取的政策实施技术,以及这些政策实施技术是否适合于政策的有效实施。"②政策执行成败与否,"关键性的不是管理技巧而是执行的工具"③。在政策执行中,选择何种政策工具,如何选择政策工具以及用何种标准来评价政策工具的效力等问题对政策的有效执行和政策目标的顺利达成具有决定性的影响。

(二)影响政策工具选择的因素

毫无疑问,有些政策工具要比另一些政策工具更为有效,因此,在选择政策工具时,首先应该确定那些在特定情境下影响政策工具选择和决定政策工具效力的条件及因素,以更好地促进政策目标的实现。

---

① 〔美〕詹姆斯·E.安德森:《公共决策》,唐亮译,华夏出版社1990年版,第165页。
② 同上书,第160页。
③ 〔美〕珍妮特·V.登哈特、罗伯特·B.登哈特:《新公共服务:服务,而不是掌舵》,丁煌译,中国人民大学出版社2004年版,第105页。

关于影响政策工具选择的因素,许多学者做出了自己分析。胡德认为,人们在进行政策工具选择的时候,通常受制于四个因素:资源限制、政治压力、法律限制以及以前工具选择的失败教训。① 弗兰斯·冯尼斯潘认为政策工具的选择可能出于文化、制度、组织因素、流行因素、个人偏好、政治利益等因素,他认为,政策工具的选择并不是依据客观的标准(比如效率、效果),而是那些主观的标准(可获得性、经验、偏好、惯例等)。② 巴格丘斯(R. Bagchus)认为,有四个条件在选择有效的政策工具上发挥主要作用:政策工具的特性、政策议题、环境因素和目标群体的特性,只有政策工具与这些条件相匹配时,才能称为有效的政策工具。③ 在西方学者论述的框架基础上,我国学者陈振明、张成福、毛寿龙等从不同角度也揭示了政府工具选择的影响因素。由于文化背景和制度存在差异,当代中国公共管理政府工具的选择基础与西方国家存在着一定的差异。综合上述解释,结合当前我国公共政策执行的实践,本书把影响我国政策工具选择的因素归纳为以下五个方面。

1. 政策目标

政策目标是政策制定者希望通过政策实施所达到的效果。政策目标为政策工具规定了方向,为判断政策工具的有效性提供了评判标准。在进行政策工具选择时,关于政策目标要考虑以下几点:首先,如果目标是单一的,就要明确目标是什么。目标不明确所带来的工具选择失误是政策实践中经常出现的问题。其次,如果目标是多重的,就要明确目标构成。复杂的目标体系对政策工具选择提出了挑战。再次,政策工具在执行一段时间后,要考虑政策目标是否已发生转变。如果目标已经转变,就要考虑达成目标的工具是否还有存在的理由,是否需要选择新的工具。工具主义的研究途径致力于目标理性,认为手段是依据目标而选择的,并主张目标和手段关系的最优化。而事实上,目标只是影响工具选择的一方面因素,此外还有其他因素影响着工具选择。

---

① Christopher Hood, *The Tools of Government*, London: Macmillan, 1983, p. 133.
② 〔美〕B. 盖伊·彼得斯、弗兰斯·K. M. 冯尼斯潘编:《公共政策工具:对公共管理工具的评价》,顾建光译,中国人民大学出版社 2006 年版,第 206 页。
③ 转引自上书,第 49 页。

2. 工具的特性

每种工具都有其特征、适用范围及优劣势。每种工具的倡导者都想让人们相信他们偏爱的工具是管理者的灵丹妙药。事实上,每种工具都有其价值,但不能"包医百病";不同工具具有不同的时空适用范围,被用于解决不同的公共问题,用于不同的政策环境。

3. 工具应用的背景

工具应用的背景因素是指影响工具选择的环境因素,包括执行组织、目标团体、其他工具及政治、经济、社会环境。

执行组织。某个工具的实施会对执行组织产生正面的或负面的影响,在选择政策工具时,执行组织会考虑这些影响。如果某种政策工具能使执行机构受益,执行机构就会积极支持该项政策工具;如果某种政策工具的选择会降低执行机构的地位,改变组织结构,影响组织成员的利益,这种工具就会受到抵制,即使这种工具就实现目标而言是更有效的工具。

目标团体。目标团体是政策直接作用、影响的对象,因此政策工具的实施对目标团体有直接影响;而不同政策工具会对目标团体产生不同影响。目标团体会抵制对自身不利的政策工具,使其无法开展;同时会通过各种手段使对自身有利的政策工具继续使用下去。政策主体在进行政策工具选择时,迫于目标团体的压力,往往会考虑工具的可行性和可接受度,选择具有可行性和较高可接受度的工具。

其他工具。工具并不是孤立地发挥作用的,不同工具间会相互关联,相互影响,甚至相互冲突。因此,一些西方学者强调工具的整合研究,以避免单一工具研究的片面性。

政治、经济、社会环境。政治、经济、社会环境的变化会导致政策工具选择的变化。例如,我国在计划经济体制下,主要使用管制等强制性工具,而在社会主义市场经济体制下,政府不断向市场和社会放权,更多采用非强制性工具。

古典研究方法假定社会过程在某种程度上是可控的;而过程主义研究途径崇尚背景因素,分析家们不再关注"工具",而是强调政策系统、政策制定的活动及政策执行过程。工具实施的背景或环境是一个重要的影响因素,可以说在某些情况下工具的产生和问题的实质没有关系,而是和背景密切相关。

4. 路径依赖

按照诺斯(D. C. North)的路径依赖理论,如同任何一个现实的人都只能在由现实制度所赋予的制度条件中活动一样,任何一项政策工具的选择也都无一例外地是在特定的制度框架下进行的。与制度变迁相类似,政策工具的选择也存在自我强化的机制。正如诺斯所言,人们过去做出的选择决定了他们现在及未来可能的选择。同理,政策工具的选择也具有路径依赖性(包括主观路径和客观路径),过去做出的选择影响甚至限制人们对未来的选择。沿着已有的路径和方向总比另辟新径要更方便些,先前的工具选择使现在和未来的工具选择沿着一定的路径得到强化并锁定在某种状态中。新的政策选择不可能彻底地摆脱旧政策和旧制度的约束,这种约束既包含现存政策和制度不会轻易地退出原有的客观路径,也包含主张新政策和新制度的人们在设计新政策和新制度时仍然受到反映原有政策和制度的主观(认知和思维)路径的束缚。在由旧体制向新体制转型的环境下,应该突破工具选择对传统无效路径的依赖,使其朝着有效率的方向推进。

5. 理性"经济人"的行为

卡安(Dirk-Jan Kraan)在《政策工具选择的公共选择途径》中运用公共选择理论对政策工具的选择展开了实证分析。公共选择途径认为,政策工具的选择是以这种假设为基础的:人都是理性"经济人",追求个人利益最大化,在涉及公共利益的政策问题上,也是从"经济人"理性出发,做出对政策工具的个人选择的。在政策执行市场上,执行机构和执行人员在选择工具时也会考虑这些工具的实施对自身利益的影响,进而重视某些工具,而回避或忽视其他工具。如果某项政策工具的选择能给执行机构带来利益和福利的增加,则执行机构和执行人员便会积极支持该项政策工具;反之,如果既定政策工具的选择意味着执行机构的利益减少或至少不能给执行机构带来利益,则这种政策工具便会受到抵制或不被采纳。

6. 意识形态

工具选择还受意识形态的影响。不同的意识形态倾向于使用不同的政策工具。例如,在20世纪80年代以后西方国家出现的市场化运动强调公共服务的民营化和市场机制,强调放松管制,所以各种市场化工具的运用都反映了亲市场的意识形态倾向。

(三)我国政策工具选择的趋势

我国目前仍处于转型期,开始逐步尝试选择多种政策工具,但是仍然偏好传统型政策工具。这在环境治理政策的工具选择中体现较充分。

按照豪利特和拉米什的政策工具分类,环境治理的政策工具可以分为三种:一是命令强制性环境治理政策工具。其表现为国家或政府对于环境治理具有强制的直接作用,通过法律或行政命令的强制性手段对环境进行治理。该工具可细分为行政处罚、目标责任制(考核制)、环境问责、淘汰制等。二是经济激励性环境治理政策工具。它是通过市场手段解决环境问题,理论基础来自"庇古理论"和"科斯定理",污染费、许可证、技术支持、财税补给等都是其具体的治理工具。三是社会自愿性环境治理政策工具。它是自愿性协议,类似于俱乐部理论的治理方案。企业实行自愿性环境政策,自愿改善环境的动机在于外在管制压力、非管制压力(如消费者绿色消费理念的兴起、环保 NGO 组织的推动等)。

有学者选取 1994 年至 2016 年全国人民代表大会和国务院颁布的 43 个有关环境治理的政策法律文本并对其内容进行分析。研究发现:第一,我国过多使用以"行政处罚"为代表的强制性政策工具。根据环境治理政策文本的条款单元频数分析,环境治理政策文本涉及的政策工具条款大部分是命令强制性政策工具(61.438%),而在强制性政策工具中"行政处罚"政策工具占到了 40.426%。第二,经济激励性政策工具和社会自愿性政策工具所占比重偏小。经济激励性政策工具的比重为 33.987%,社会自愿性政策工具的比重为 4.575%,总和不到 40%,与命令强制性政策工具相比,使用频率严重失衡。其中社会自愿性政策工具比例更是不到整个政策文本条款单元的二十分之一。①

在社会同质性较高的社会公共事务领域中,一般采取管制、公共企业、直接提供等工具,而改革开放以来,人民生活水平的提高使得社会大众对于公共服

---

① 杨志军、耿旭、王若雪:《环境治理政策的工具偏好与路径优化——基于 43 个政策文本的内容分析》,《东北大学学报(社会科学版)》2017 年第 3 期。

务的需求进一步分化。这在客观上要求政府在公共管理中更多地采取强制性程度较低的政策工具如市场工具、志愿者组织等来满足差异化的公共服务需求。政府在公共管理中正在将更多的职能让渡于社会,拓展和加强政府与社会之间的伙伴合作关系。非营利组织、公民可以在社会公共事务中发挥更大的作用,承担更多的职责。政府在公共管理中可以采取更多直接性程度较低的工具,采取更多的间接性工具。

从总的趋势来看,我国政策执行的工具从单一走向多元;逐渐减少管制性政策工具,增加混合性和自愿性工具;由政府本位向社会本位转变。随着我国市场经济的不断成熟和社会自主性的不断增强,大量企业和社会组织参与公共事务治理的愿望和能力进一步提升。这也就意味着政府能够将一部分社会管理和公共服务的职能转移给市场和社会,让各类企业、社会组织和公民个人在公共事务的治理中发挥越来越重要的作用。政策工具选择的转变使公共服务得到有效提供、公共价值得到实现,也就有利于成功地实现政策目标。良好的政策工具组合能够弥补单个工具的缺陷,没有哪一个工具可以单独发挥作用,所以应加强政策工具的优化配置。由于当今社会所面临的问题日益复杂,原有的政策工具对于层出不穷的新问题经常会显得力不从心,这就需要对政策工具进行创新,以适应新的管理实践的要求。

第四节 影响公共政策执行的因素

公共政策执行过程并不一定都是顺利的,很多时候政策在实际执行时没有当初设想得那般有效,政策效果常常不尽如人意。政策执行过程受到诸多因素的影响。对这些因素进行系统的分析,有助于排除政策执行障碍,完成政策执行任务,实现政策目标。

一、政策问题的特性

政策问题的特性包括政策问题的性质、复杂程度、与问题相关联的目标群体的人数、对目标群体行为的调适量等。政策要解决的问题与执行成败关系密切,有的问题容易解决,有的问题要解决则十分困难且复杂。

(一) 政策问题的性质

政策问题具有关联性、主观性、历史性和动态性。任何政策都不可能是孤立的,它必然会与其他相关政策产生关联。政策问题是人类主观判断的产物,不能脱离那些试图界定该问题的利害关系人,因此执行过程中必须要重视公共政策对利害关系人的影响。政策的制定可能会与以前的政策产生矛盾冲突,也可能对之后的政策制定产生影响,政策问题的历史性使得政策执行更加复杂困难,所以在执行过程中既要处理好历史遗留问题,也要为之后的政策留有余地。政策执行由一系列活动构成,是一个思想和行为需要不断变化、不断调整的过程。一方面,政策方案无论制定得多么好,都不可能与复杂多变的客观现实步调保持完全一致;另一方面,随着时间推移、执行的推进以及环境和条件的变化,政策执行还会遇到一些新情况、新问题,政策执行者只有根据这些新情况适时调整、灵活应对,才能在执行过程中排除梗阻,使得方案顺利实施,实现政策目标。政策问题具有很强的动态性,需要根据具体情况、变化的条件以及反馈信息,不断修正、调整原本的执行计划、策略,这是执行过程中不可避免的现象,而且这种现象会贯穿执行过程始终。

(二) 政策问题的复杂程度

有些政策问题性质较单一,涉及范围较小,不具有连锁性或连锁性较小,执行起来相对容易,阻力小。反之,若政策问题的性质复杂多样,涉及范围较广,涉及利益方、目标群体多而杂,需要控制的行为量较大,则执行起来就可能困难重重,举步维艰。

(三) 政策问题所涉目标群体的人数

政策问题的目标群体人数少,则涉及的利益群体相对较少,执行起来比较容易和迅速,矛盾也容易调解。相反,若政策问题目标人群人数众多,需要控制的行为量较大,则涉及利益群体相对较多,其中矛盾将可能错综复杂,难以调解,无论怎么协调都会产生利益受损方,政策执行起来效率和效果也必将受到影响。

(四) 解决政策问题对目标群体行为的调适量

政策问题的性质影响政策执行,既与政策问题本身的性质有关,也与问题的复杂程度有关,还与因政策问题而产生的需要调节的目标群体的行为量的大小有关。目标群体对政策的反应是政策调整的重要依据。可以通过目标群体的反应基本准确地判断政策执行的效果和政策目的的实现情况,并在这一过程中不断依据情况变化做出相应的调整,确保政策顺利执行。

二、政策本身

政策本身的合法性与科学性、稳定性、配套性、可操作性影响政策执行及其效果。

(一) 政策本身的合法性与科学性

政策执行活动是以政策目标为导向的。政策执行与政策目标如大海上轮船与指南针的关系。若使用正常的指南针,则船只将会找到灯塔;若使用坏掉的指南针,则船只会偏离灯塔,甚至有可能会被海浪吞没。正确的政策目标如同正常的指南针,能够促进社会发展,给人民群众带来切身利益,相应的政策在执行过程中的阻力小,效果明显。但是如果政策目标本身就是错误的,就如同坏掉的指南针会带着船只偏离航道,人民的利益也可能受到损害,相应的政策在执行过程中阻力大,政策执行甚至会加速问题的恶化。政策的合法性要求政策主体合法、内容合法、程序合法,只有合法的政策才有可能赢得民众的认同与配合,才能得到有效的执行。政策的科学性是政策得以有效执行的根本前提,科学的政策要符合实际、尊重规律、顺应民意。

(二) 政策的稳定性

政策的稳定性包含两方面的含义:政策的阶段性和政策的连续性。政策的阶段性要求政府在社会发展的过程中,根据每个社会发展阶段的性质和任务,正确地制定适用于该发展阶段的各项政策,在这个发展阶段没有结束之前,这些政策都要保持相对稳定,不能朝令夕改。政策不稳定容易造成目标群体的不满情绪高涨,影响政策执行效果。政策的连续性是指不同的政策或不同的政策措施,在政策的目标、手段和效果等各个方面要保持相互之间内在的连接和有机的联系,使其具有继承性、相关性和某种一致性。政策的稳定性的反面是政策多变。政策多变是指政策未能洞悉和适应社会发展不同阶段的特点和要求,各种政策之间缺乏有机联系和过渡,政策失误过多,因而造成政策频繁变动或剧烈变动的现象。政策多变是政策发展变化中一种不正常的现象。政策执行要想取得成效,必须保证政策的稳定性。

(三) 政策的配套性

任何单项政策都隶属于某一政策体系,是这一政策体系的一个子系统。政策体系是各项相互联系的政策的总和,各项政策的功能只有在相互制约与相互联系中才能发挥出来。政策的整体功能即政策体系内各个政策以相互联系、相互配合的方式作用于社会所产生的效力,同时这个效力必然大于单独的政策所产生的效力;越全面的政策体系,其效力越大,效果越好。单项政策的执行只有在政策整体功能优化的情况下才能顺利进行。政令相互矛盾,"文件打架",必然给政策执行带来困难。

(四) 政策的可操作性

一项政策要能够顺利推行,必须具有明确的内容要求和可操作的措施与行动步骤。内容越具体、可操作性越强的政策越能够迅速转化为实际行动。如果政策的规定过于抽象和原则化,可操作性差,就会让执行者有心无力,消极怠工。

三、政策以外的因素

政策执行机构及其人员、政策对象、政策资源、政策环境等政策以外的因素无时无刻不在对政策执行产生影响,它们是政策执行者需要关注的重点。

(一) 政策执行机构的影响

一个国家的大部分行政机关都属于政策执行机构。因此,调整优化行政组织结构对提高政策执行力的重要性不言而喻。合理有序的组织结构是政策执行的组织保证,精简高效的执行机构可以节约大量的政策执行成本,同时正确的组织目标能够保证政策执行的方向。政策执行机构对政策执行产生较大影响的因素如下。

1. 组织内部的权力结构及体制

(1) 首长制和委员会制是组织的领导体制。首长制是指最高决策权和责任赋予一个人的领导体制,委员会制是指最高决策权和责任赋予委员会集体的领导体制。因为执行系统讲究统一、速度和效率,所以政策执行组织基本上实行的是首长制。我国各级行政组织采用行政首长负责制,同时吸收委员会制的一些优点来克服首长制的不足之处。

(2)层级制和职能制是组织的结构体制。现代行政组织体制大多数是把层级制和职能制有机统一,实行直线职能制。直线职能的结构对层级制和职能制进行了辩证的扬弃,"取其精华,去其糟粕",既保持了层级制统一指挥的特点和优势,又吸收了职能制发挥专业管理职能的长处,提高了效率。当然,对任何事物都要辩证看待,有优点和长处也会有缺点和不足。这种结构的缺点主要表现在:各职能部门的协调性差,条块分割,各自为政,矛盾突出,阻碍效率提升。

(3)集权制和分权制是组织的权力结构。政策执行机构内部应该把集权制、分权制有机结合起来,根据社会环境、国家历史传统和政策问题的性质等因地因时因人制宜,寻找到集权与分权的平衡点,既要防止过度集权导致的权力滥用等问题,也要防范权力过于分散导致相互推诿、效率低下。在我国政策执行中处理集权与分权的关系集中体现为处理中央与地方之间、地方政府不同层级之间的权限关系。从我国的实际情况出发,我国政策执行模式应"实行有限集权模式,理顺中央与地方的关系";以集权制为主,但集权不是高度集权,不是无限集权。[①]

2. 组织机构的层级和幅度

恰当的管理层级和幅度是合理的组织结构的表现。合理的层级是层次分工、目标和任务逐级分解落实顺利的重要保证,有利于政策执行的统一领导、统一指挥、统一调度,有利于信息的迅速上传下达和有效的监督管控。如果组织纵向结构不合理就会影响政策执行。层级过多会徒然浪费资源,导致程序烦琐且信息不畅通;层级过少则又会造成分工不明确、权责不清,相互之间"踢皮球",效率低下。根据实际情况如政策执行人员人数、能力来选择合理的幅度,能使组织目标按性质和业务类型得以分解,管理职能得以综合或扩展,这样有助于政策执行的专业化、程序化,有助于事权统一、政令统一。同样,组织横向

[①] 郭渐强:《政策执行研究》,湖南师范大学出版社1999年版,第201页。

结构不合理也不利于政策执行。幅度过宽会造成执行人员穷于应付的局面;而幅度过窄又会增加管理层级,导致机构臃肿瘫痪,人浮于事,尸位素餐。

3. 组织内部的凝聚力

"万夫一力,天下无敌。"政策执行人员是政策执行机关的主要组成部分,高效的政策执行机关当然需要很强的凝聚力。没有凝聚力,组织就会犹如一盘散沙,毫无战斗力、执行力可言。影响组织内部凝聚力的因素主要有:组织成员对组织目标的认识和认同程度,以及任务完成中的相互依赖程度;组织的规模大小;组织成员的相似性;核心人物的感召力;组织成员对组织利益的认识以及组织利益与个人利益的分配规则、均衡程度;组织内部人际关系是否和谐良好、成员的相吸性如何;组织内部冲突的解决协调情况;组织文化;组织核心理念;等等。一个人做事只是目的,一群人做事才是目标。团结凝聚力量,组织有强大的凝聚力,有优秀的协作文化,是实现组织目标源源不断的精神动力,能够为实现组织目标奠定思想基础。

(二) 政策执行人员的影响

合格的执行者和胜任的执行队伍是政策执行得以成功的基础条件。任何一项政策最终都是由执行人员去贯彻执行的,执行者的知识水平与能力、政治素质与道德品质、政策水平、身体与心理素质、队伍状况等构成了影响和制约政策执行的重要因素。

1. 执行者的知识水平与能力

知识包括政策科学基础知识、专业知识、相关知识等类别。一名出色的执行者同时还应该尽可能广泛地涉猎政治学、社会学、管理学、社会心理学以及法学等各个相关领域的知识。建立合理的知识结构能够帮助政策执行者在执行过程中取得较大的主动权。能力是知识的具体应用,也是各种素质的综合体现,合格的执行者还需要具备多层次、多方面的能力,包括但不限于组织管理能力、随机应变能力、人际交往能力、社会活动能力、开拓创新能力、时间管理能力、文字表达能力、语言表达能力和独立思考能力等。其中,组织管理能力相较于其他能力更为重要,因为从某种意义上说,执行政策实际上是一种组织管理活动。政策执行者不仅要管理调配各种资源,健全组织制度,保持组织内部凝聚力,而且要随机应变,协调各方,稳步推进政策执行。新时代的到来要求政策执行者建立完善合理的知识结构的同时,也要求政策执行者努力提升自己的能力素质,适应新时代政策执行的变化,成为新时代优秀的政策执行者。

2. 执行者的政治素质与道德品质

政治素质是指一个人在政治社会化的过程中逐渐形成的、对他的政治心理和政治行为产生长期稳定影响的基本品质。它是人们从事社会政治活动必要的基本条件,是一个人的政治方向、政治立场、政治观念、政治态度、政治信仰、政治技能的综合表现。政策执行活动要求执行者有高度的思想觉悟。党性、政治纪律性在执行者身上体现的程度如何,直接影响到政策执行的效果。政策涉及对利益的分配和对行为的调整。当政策执行者身兼政策对象和执行者的双重身份时,他的思想政治觉悟就显得尤为重要、极其关键。拥有高度觉悟的政策执行者会把国家利益、集体利益、长远利益放在首位,让个人利益服从国家利益。执行者对职业道德的遵守程度,以及道德规范对执行者的约束力大小,也是影响政策执行的重要因素。道德品质包括三个方面的内容:公共道德、职业道德和个人品德。政策执行者应该是遵守社会公德和职业道德的楷模,应该具有良好的个人修养,成为遵纪守法、廉洁奉公的楷模,应该养成社会责任感、实事求是、忠于职守、服从上级、尊重下属、严于律己、秉公办事、维护党和政府的权威、维护国家和人民的利益等方面的优良品质。良好的职业道德可以提高政策执行者忠于政策的自觉性。政策执行中,道德的约束作用是法律制度替代不了的,它依靠社会舆论和内在信念来发挥作用,"君子以厚德载物",它能在很大程度上左右人们的言行,因此,执行者拥有良好的道德品质是政策执行顺利的重要因素。

3. 执行者的政策水平

执行者的政策水平对政策执行有直接影响。是否对政策的性质、精神实质、含义、内容等有充分深刻的理解是影响政策能否顺利执行的重要因素。如果对政策理解不透彻、采取措施不力、对政策贯彻不及时、执行时机械搬运、没有创新思维和因地制宜的思想,那么执行效果当然大打折扣。

4. 执行者的身体与心理素质

健康的身体是工作的本钱,没有良好的体质是无法胜任工作的。良好的身体条件能够保证工作时精力充沛、思维敏捷、反应迅速。人的行为是其心理活动的产物,政策执行者的心理素质与其行为和成效是直接相关联的。因此,优秀的政策执行者要注意培养自己的意志力,保持相对稳定的心态和情绪,临危不乱、从容不迫。对他人要宽容有耐心,注重培养自己的情商和逆商,学会自我激励和自我超越。

5. 执行者队伍状况

执行队伍的结构、合作机制和团队文化深刻影响政策执行的效果。只有加强队伍建设,才能避免"三个和尚没水吃"的困局。

(三) 政策对象的影响

政策执行的目的是影响和改变政策对象即目标群体。政策执行的效果与政策对象对政策认同、接受和支持的程度有关。目标群体服从、接受政策,政策执行就容易取得成功;目标群体不服从、拒不接受政策,政策执行就容易走向失败;目标群体只部分接受政策,也会加大政策执行的难度。面对不同的政策对象,政策执行的方法与过程会有较大的差异。政策执行的过程是政策主体与政策对象互动的过程,执行主体要深入了解政策对象的具体情况,以便在执行时有的放矢,更好地使政策对象理解和接受政策。要通过各种有效的途径做好对政策对象的宣传、教育、转化工作,争取他们对政策的理解和支持。

(四) 政策资源的影响

俗话说,"巧妇难为无米之炊",适量的资源是政策执行成功必不可少的条件。又言"工欲善其事,必先利其器"。无论政策目标多么明确,政策方案多么具体,如果缺乏足够的资源,执行也不能达到预期目标。充足的资源是顺利执行政策不可缺少的条件。其中所需要的资源主要包括以下方面:

1. 经费资源

钱不是万能的,但没有钱是万万不能的。经费是政策执行最基本的物质资源。但需要明确的是,不是花了钱就能办好事,投入多并不一定产出多。政策执行过程中需要获取和合理分配使用经费资源。

2. 人力资源

执行的主体都是人,人员保证是政策执行的必要前提。人员的数量影响执行效果,人员的素质也会影响执行效果。物极必反,人多不一定是好事,人浮于事的现象并不少见,"三个和尚没水喝"的故事就是这种状况的生动体现。人少也不一定是好事,缺少人手、穷于应付的局面相当不利于政策执行。政策执行者的素质会影响执行效果。政策执行者的知识素质、能力素质、服务意识、政策水平等都在影响着政策的执行效果。

3. 信息资源

充足的信息、高效的信息沟通、充分的信息共享是政策有效执行的重要条件。政策执行者不仅需要具备获取信息的能力,还要具备处理分析数据的能力。大数据时代来临,数据的获取变得容易,但相应地变得更加复杂,这要求政策执行者顺应时代潮流,提升数据处理分析能力,利用科技提高生产力,在数据洪流中厘清有效数据,及时根据数据变化做出相应调整。同时信息资源还指政策执行者与目标群体之间的信息传递沟通。政策执行者要加大宣传力度,加深目标群体对政策的认识理解,为政策执行排除障碍。

4. 权威资源

权威是执行工作任务的权力来源,它是一种政策执行的特殊资源。就像警察,如果没有作为警察的权威,那么执法将无法保证,治安将一片混乱。对于政策执行者来说,权威更多地来自法律授权。权威是以权力为基础的,同时权威也来自非权力性影响力,政策执行者的权威指的是在政策执行过程中行使法定权力时得到人民认可的威望和影响力。政策执行者是否被人民认可和接受,是区别政府有无权威的重要标志。政策执行者的权威得来不易,十分宝贵,必须时刻珍惜,政策执行者要依法行政、审慎用权、保持良好的业绩、重品行、做表率、维护党和政府的权威。

5. 制度资源

制度是对执行主体的权利依法予以保障和对其行为责任依法予以追究的基本依据,也是政策执行程序化的基本保证。完整的制度体系能够对执行者的正当权益加以保护,也能够对其不当行为予以惩罚。执行保障制度包括对执行者的人格保障、身份保障、职位保障等等,这些保障是伴随着执行者的责任来的,目的是保证权责一致。

(五)政策环境的影响

任何政策执行活动都是在一定的政策环境中进行的,政治、经济、社会、文化环境以及国际、国内环境,都会影响政策执行。例如,我国长期的"人治"传统和"臣民"意识的政治文化使人们缺乏遵守规则和依政策办事的习惯。我国重亲情、人情的社会文化,容易将社会关系嵌入政策执行中,使政策执行受到人情关系干扰。我国的政策执行过程中具有复杂的关系网,这个关系网受到除正式组织制度和正式关系以外的诸多非正式制度和非正式关系抑或隐性关系的影响。在"关系好""熟人"等的掩盖下,政策执行者作为公共资源代理分配者的角色退居幕后,借着亲情、人情的掩盖,盗用、挪用政策资源,损害公共利益,最后使政策执行严重有损于公平公正。因此,为政策执行创造适宜的环境,也是政策得以有效执行的重要条件。

第五节 公共政策执行模型

20世纪70年代中期以后,公共政策学者从不同角度研究影响政策执行的因素,形成了各种不同的政策执行模型。这里简要介绍几种有代表性、应用范围比较广的执行模型。

一、T. B. 史密斯的政策执行过程模型

这是由美国学者史密斯(T. B. Smith)1973年在其《政策执行过程》一文中,首次提出了一个描述政策执行过程的模型,又可称为"史密斯模型"。

史密斯认为政策执行所涉及的因素很多,但以下四个为主要变量:

(1) 理想化的政策,即合法、合理、可行的政策方案。具体指政策的形式、类型、渊源、范围,以及社会对政策的印象。

(2) 执行机关,通常指政府中具体负责政策执行的机构,包含执行机构的结构与人员、领导的方式和技巧、执行的能力与信心。

(3) 目标群体,即政策对象,泛指由于特定的政策决定而必须调整其行为的群体,包含目标群体的组织或制度化程度、是否服从政策以及先前的政策经验。

(4) 环境因素,即与政策生存空间相关联的因素,包括政治环境、经济环境、文化环境、历史环境等等。

该模型描述了在政策执行过程中这四个主要变量及其相互关系对政策执

行效果的影响过程。史密斯用"处理"(transaction)一词来表示对政策执行系统中四个主要变量彼此互动产生的张力或压力所做的适当回应。在政策执行过程中,理想化的政策、执行机关、目标群体、环境因素这四个因素是互动的,均应给予充分重视。政策执行的过程就是从紧张状态经过"处理"而达到协调缓和状态。如果"处理"时发生问题,可以立即进行"反馈";如果"处理"时没有问题出现,则进行"建制",然后间接进行"反馈"。(见图7-1)

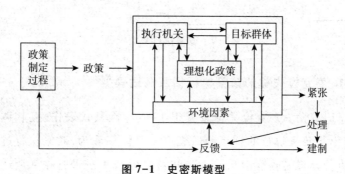

图7-1 史密斯模型

"史密斯模型"与以往的政策执行研究的不同之处在于,它不仅强调了理想化的政策,而且强调了执行中的其他三个因素。该模型的最大贡献在于提出了四个因素之间的互动关系,但是该模型忽视了执行人员的重要性,没能把执行人员纳入互动因素之中,可以说是该模型的主要缺陷。

二、范·米特和范·霍恩的政策执行系统模型

范·米特和范·霍恩于1975年在《政策执行过程:概念性框架》中提出政策执行系统模型。他们认为在政策决定与政策的实际效果之间存在许多变量因素,这些变量因素既有系统本身的,也有系统之外的,它们共同影响着政策决定与政策的实际效果之间的关系。这些因素归结为6个方面:(1)政策标准与目标;(2)政策资源;(3)执行方式;(4)执行机构的特性;(5)政治、经济和社会等系统环境;(6)执行者的偏好(见图7-2)。政策执行的系统模型吸收了其他模型的优点,考虑到了系统内外的多种影响因素,这是值得肯定的,但是对6个因素之间的互动关系没有明确的认识,没有很好地解释为什么某一因素会直接或间接或根本不影响其他因素。

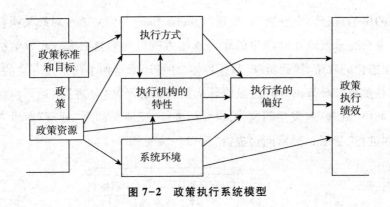

图 7-2　政策执行系统模型

三、M. 麦克拉夫林的政策执行相互调适模型

美国斯坦福大学麦克拉夫林教授于 1976 年在其代表作《互相调适的政策执行》中提出了政策执行的相互调适模型。该模型认为,政策执行过程本质上就是政策执行者与受政策影响的人之间就目标或手段进行相互调适的互动过程,政策执行的有效与否从根本上取决于政策执行者与政策接受者之间行为调适的程度。调适是一个动态平衡的过程。(见图 7-3)

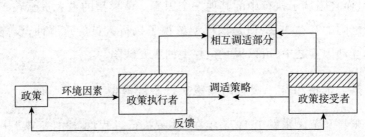

图 7-3　M. 麦克拉夫林的政策执行相互调适模型

麦克拉夫林的相互调适模型是要说明:

(1) 尽管政策执行者与政策接受者之间在需求与观点上可能不一致,但是基于双方在政策上的利益关系,双方须经过说明、沟通、协商以及做出让步和妥协,寻求一个双方都能够接受的政策执行方式。

(2) 鉴于政策执行者的目标与手段均富有弹性,他们可以依据环境因素和政策接受者的需求与观点的改变而变化。

(3) 政策执行者与政策接受者之间的相互调适过程并非传统理论所说的

"上令下行"的单向信息流程,而是一个双向的信息交流过程,政策执行者与政策接受者双方在相互调适过程中处于平等的地位。

(4)政策接受者的利益、价值与观点将反馈到政策上,影响政策修正和调整,从而影响政策执行者的利益、价值和观点。

因此,在政策执行的相互调适模型中强调政策执行者和政策接受者两方之间的互动。在这两方中都存在一些可以进行相互调适的部分。政策执行的过程就是寻找双方都能接受的调适策略的过程。因此,按照麦克拉夫林的说法也可以这样说:成功的政策方案有赖于成功的政策执行过程,而成功的执行过程则有赖于成功的相互调适过程。该模型特别重视执行中的主客体的互动,但忽视了其他因素对政策执行过程的影响,因而限制了该模型的适用范围。

四、雷恩和拉宾诺维茨的政策执行循环模型

政策执行的循环模型是当代美国政策学家马丁·雷恩和弗朗西·拉宾诺维茨(Martin Rein and Francine Rabinovitz)1978年在他们合著的《执行的理论观》中提出来的。他们把政策执行过程分为三个不同的阶段:拟定纲领阶段、分配资源阶段和监督执行阶段。拟定纲领是指将立法机关的意图转化为行政机关执行政策的规范和纲领;分配资源是指将政策执行所需要的资源公平公正地分配给执行者;监督执行是指对政策执行过程与成果加以评估,确认执行者所应承担的行政责任,监督过程包括监督、审计和评估三种形式。整个政策执行过程遵循合法原则、理性原则、共识原则。(见图7-4)

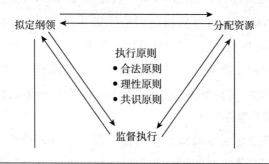

图7-4 政策执行循环模型

雷恩和拉宾诺维茨的政策执行循环模型说明：政策执行是一个拟定执行纲领、分配资源和监督执行三个阶段不断循环的过程；这三个阶段并不是单向流动的，而是相互作用的双向循环的复杂动态过程；而且政策执行的这种循环过程也必然受到环境条件的影响和冲击。这些环境条件包括三类因素，即目标的显著性、程序的复杂性、可利用资源的性质与层次。雷恩和拉宾诺维茨的执行循环模型有其突出的贡献，如肯定了政策环境对政策执行有着重要的基础性的作用和影响，强调了执行过程重复循环的价值，但它忽视了政策目标群体的作用和影响。

五、萨巴蒂尔和马兹曼尼安的政策执行综合模型

萨巴蒂尔和马兹曼尼安的政策执行综合模型，也叫公共政策执行的变数模型。该模型是美国政策学家萨巴蒂尔和马兹曼尼安于1979年在《公共政策的执行：一个分析框架》中提出来的，他们是较早对政策执行过程的变量进行研究的学者。他们认为，在政策执行过程中起较大作用的主要变数可以分为三类：(1)政策问题的可处理性；(2)政策本身的规制能力；(3)政策本身以外的变数。

政策问题的可处理性包括：现存的能对政策问题加以处理的有效理论和技术及运用时的困难程度；目标群体行为的多样性；目标群体人数所占人口的比重；目标群体行为需要改变和调适的幅度；等等。

政策本身的规制能力包括：明确和一致的政策目标；政策本身含有充分的因果论；充足的财政资源；执行机构内部的层级整合；执行机构的决定规则；执行机构的人员征募；机构外人士参与的机会；等等。

政策本身以外的变数包括：社会经济环境与技术条件；大众的支持；媒体对问题关注的持续程度；利益集团的态度与资源；监督机关的支持；执行人员的工作热忱和领导艺术；等等。

萨巴蒂尔和马兹曼尼安的综合执行模型的一个显著特点是联系政策执行的不同阶段来考察变量对政策执行的影响。他们把政策执行的阶段划分为执行机构的政策产出、目标群体对政策产出的服从、政策产出的实际影响、对政策产出所感觉到的影响、政策主要的调整这五个阶段。（见图7-5）

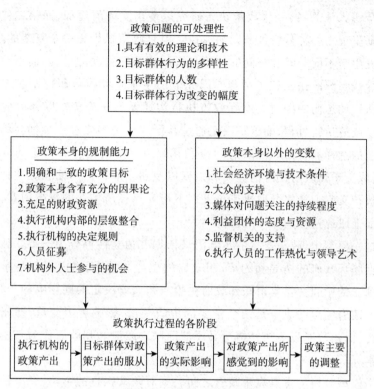

图 7-5 政策执行综合模型

六、高金的府际政策执行沟通模型

"府际政策执行沟通"是麦尔科姆·L.高金等于1990年在《政策执行理论与实务:迈向第三代政策执行模型》一书中提出来的。政府间执行沟通模式是一种较新型的政策执行模式,其执行沟通模型如图7-6。

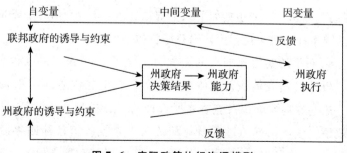

图 7-6 府际政策执行沟通模型

高金等人认为,第一代政策执行研究呈现出演绎的途径,而第二代政策执行研究则呈现出一种分析性的归纳途径。但是政策执行是一个复杂的过程,是一系列发生于不同时间和空间的政治与行政决策和行动的过程,而不只是单独采用演绎或归纳的途径就可解释。因此他们主张政策执行研究不应忽视各种层次中执行动态面的探讨。府际政策执行沟通模型认为美国联邦政府做出决策启动了政策执行过程,而这一决定通过其形式和内容多多少少都会约束政策执行人员的选择和行为。州政府回应联邦政府强加的诱导和约束的方式是不同的,这取决于州政府偏好的性质和强度以及州政府行为的能力。这种模型认为政策执行实际上最终既取决于自上而下研究途径所关注的影响因素,又取决于自下而上研究途径所关注的影响因素。

在这一模型中,政策执行的影响因素依据其独立性可分为三类。独立的自变量包括联邦政府的诱导和约束、州政府的诱导和约束,这两者都是事先存在的。半独立的中间变量是由联邦政府决策与州政府决定共同影响的,州政府的能力和州政府输出的决定是两个重要的中间变量,影响着因变量,即州政府的政策执行,而州政府政策执行情况又反馈回联邦政府和州政府作为其诱导和约束的因素。

这一模型分析的重点在于政府之间关系对政策执行的影响,突出强调了地方政府的相对独立性,同时该模型重视影响因素之间的相互关系,而这正是以往分析政策执行时容易忽视的一点。因此该模型也具有重要的意义。

七、尤金·巴达克政策执行博弈模型

美国学者尤金·巴达克(Eugene Bardach)在《执行的赛局:法案合法后的运作》中将博弈论运用于公共政策执行而形成该理论模型。该模型认为,政策执行是一种"赛局",而这一赛局包括如下八个赛局要素:(1)竞赛者,主要指政策执行主体和目标群体;(2)政策执行主体与目标群体之间的关系;(3)他们所采取的方法和手段;(4)对手的实力和拥有的资源;(5)竞赛所要遵守的条件;(6)公平、公正竞赛的条件;(7)政策执行主体和目标群体的信息沟通;(8)赛局结果的不稳定程度。这些赛局要素以及竞赛者所选择的"策略"组合,共同影响着公共政策的执行效果。政策执行的过程就是相关参与者就政策目标或手段所达成的说服、协商与妥协的过程,每个参与者都寻求最大受益和最小损失。

第六节 提高我国公共政策执行力

政策执行力的好坏关涉到政府效能、政府形象和政府公信力的高低,也关涉到政策服务对象的利益能否实现。执行力是政府工作的生命力。执行力弱,政令不畅,有令难行,甚至有令不行,政策落实就可能出现"雷声大,雨点小"的状况,也会使政府的公信力受到损害。现实中我国政策执行存在的问题严重影响了我国政策执行力,应通过各种有效途径不断提升我国政策执行力。

一、政策执行力的含义

政策执行力是政策执行者准确理解政府的目标方向,通过精心设计和实施执行方案,对各种政策资源包括人财物、信息、制度等进行集中有效的运用,从而实现政策既定目标的能力和效力。有学者把能力概括为"五种能力",即理解力、领导力、结合力、推进力、纠错力,把效力概括为"五个维度",即刚度、力度、速度、高度、效度。[①] 有的学者认为政策执行力贯穿于政策执行活动的始终,是一个动态过程,不同时期有不同的表现形式。在执行活动前期主要表现为领会力、预测力、计划力等;在执行过程中主要表现为组织力、控制力、决断力、指挥力、应变力、沟通协调力等;在执行活动后期主要表现为评估力、调整力、问责力等。[②] 有学者认为提高政策执行力可以在"五个度"上着手,即增强重大政策的知晓度,把握政策执行的精准度,提高政策执行的加速度,保持政策沟通的顺畅度,注重政策执行的满意度。[③]

二、提高我国政策执行力的现实意义

(1) 提高我国政策执行力是全面深化改革的迫切要求。高效和有力的政策执行是我国改革开放取得伟大成就的重要手段和宝贵经验。在全面深化改革进程中,政策执行力提升是改革深入推进、改革举措落实的重要保障。党的十八大以来,以习近平同志为核心的党中央以巨大的勇气和魄力推动改革全面

[①] 莫勇波:《公共政策执行中的政府执行力问题研究》,中国社会科学出版社2008年版,第29页。
[②] 徐珂:《政府执行力》,新华出版社2007年版,第49页。
[③] 李超民:《提高政策执行力可以在"五个度"上着手》,《人民日报》2019年9月3日,第05版。

发力、多点突破、纵深推进。"一分部署，九分落实。"习近平总书记指出："抓落实是领导工作中一个极为重要的环节，是党的思想路线和群众路线的根本要求，也是衡量党员领导干部世界观正确与否和党性强不强的一个重要标志。"当前最紧要的任务是有效实施中央的改革方案，推动各项改革举措落地生根。这就要求政策执行者切实增强新时代政策执行力，全面提升政策执行的认同力、意志力、规划力、组织力、文化力、公信力。中央的正确的改革方案需要强大的执行力来落实，以实现从宏图到现实的跨越。

（2）提高我国政策执行力是国家治理能力现代化的根本要求。国家治理能力现代化是实现社会主义现代化的重要组成部分，也是中国共产党执政思维、执政战略和执政方法的重大跃升。在国家治理能力现代化的多重表征中，治理高效化是最基本的特征，而治理的高效化又有赖于迅速、有力且准确地执行法律、政策。政策执行力是衡量国家治理能力现代化的重要标尺，是影响国家治理能力现代化的关键因素，是实现国家治理能力现代化的强劲推手。因此，必须在执行刚度、执行力度、执行高度、执行效度、执行速度和执行公信度各方面满足国家治理能力现代化的根本要求。

（3）提高我国政策执行力有利于提升政府的公信力和政府形象。党和政府靠什么取信于民？靠的是言必行、行必果，靠的是雷厉风行的工作作风。领导干部执行力落实力的价值取向是立党为公、执政为民，其目的在于为民服务，以务实的行动、有效的成果取信于民。如果党和政府的执行力落实力不强，工作决策和部署落不到实处，就不可能有工作实绩；若党和政府的公信力低下，将得不到人民群众的支持和拥护。提高政策执行力，可以让人民群众的利益得到切实的保障，让人民群众有更多的"幸福感"和"获得感"，提高人民群众对政府的满意度和信服度。而政府公信力和形象的提升又将成为政府重要的政策资源，在之后的政策执行过程中将为政府排除不少来自目标群体方面的困难，促进政策的落实执行，进而形成良性循环。

（4）提高我国政策执行力有利于保障最广大人民的根本利益。我国是人民民主专政的社会主义国家，人民是国家的主人。人民民主专政的本质是人民当家作主。我国政府是国家权力机关的执行机关，是人民的政府，是人民意志的执行者和利益的捍卫者。我国政府的宗旨是为人民服务，政府工作的基本原则是对人民负责。提高我国政策执行力是我国政府性质、宗旨和原则的要求，政策执行力的提高能够让政府更好地为人民服务，建设人民满意的服务型政府，更好地保障人民群众的利益。

三、政策执行偏差

（一）政策执行偏差的主要表现

1. 替代性执行

俗语"挂羊头，卖狗肉"是对替代性执行的生动描述。替代性执行是指执行人员在执行政策时采取偷梁换柱的做法，执行与上级政府的政策不一致的政策方案，使原有的政策方案难以得到贯彻实施。替代性执行根据替代的程度不同又可分为完全性替代和部分性替代。完全性替代只保留了原政策的一些表面现象，但政策方案全部发生了变化。部分性替代保留了原政策的一些内容。替代性执行的最大特点是政策的变异性。从表面上看，替代性执行的政策在时间、空间上都没有发生变化，但政策的实质内容却发生了改变。替代性执行的突出表现是"上有政策、下有对策"。政策在执行中之所以会出现被替代的现象，除了政策执行主体为了自身利益曲解政策以外，更多的是各执行主体的价值观不同、对政策问题的认识不同导致了政策执行行为的差异。近几年来，替代性执行已成为我国政策执行中的一大痼疾。替代性执行不仅影响了政策目标的实现，而且恶化了政策执行环境，增加了解决政策问题的难度。因为政策在执行中出现的变异和扭曲会使原有政策问题得不到解决，又引发新的政策问题。同时替代性执行也损害了中央政府的形象，降低了中央政府的权威和政策的整合力。

2. 选择性执行

选择性执行是指政策执行人员在执行政策时采取"为我所用"的做法，有意曲解政策的精神实质或部分内容，导致政策无法真正得到贯彻落实，甚至收到与初衷相悖的效果。选择性执行的突出表现是政策贪污。政策在执行时被中途截留，政策的精神和内容不能传达到目标群体和利益相关人员。选择性执行的最大特征是自利性。执行人员选择政策的标准是"趋利避害"，对己有利的政策就执行，对己无利的政策就不执行或少执行。执行容易的政策，而不执行工作难度大、有一定压力的政策；要求严时就执行,而稍一放松就不执行,想着法子"钻空子",千方百计"避约束"。公共政策具有整体性的特征,针对某一政策问题提出的公共政策方案,其内部的各项规定是通过相互支持、相互配合来共同实现政策功能、达成政策目标的。如果一个完整的政策在执行时只有部分被贯彻落实,其余部分则被割裂遗弃,必然导致政策内容残缺不全,政策变形失真进而带来政策功能的紊乱,影响政策目标实现。

3. 附加性执行

附加性执行是指政策在执行过程中由执行人员附加了一些不恰当的内容,盲目扩大政策外延,使政策的调整对象、范围、力度、目标超越政策原定要求。附加性执行的突出表现是搭便车。政策执行人员往往打着贯彻上级政府政策的旗号,自立一套规定,自行其是,推行反映自身利益的"土政策""土规定"。

这些"土政策""土规定"与原政策存在着相关性或相似性。它们或者被宣传为执行原政策的工具,或者被宣传为原政策的细化。"土政策"与原政策捆绑在一起执行后,使得原政策从质和量两个方面发生畸变。在质的方面,"土政策"扩大了原政策的内容,引发了新的政策行为,影响了原政策目标的实现。在量的方面,"土政策"扩大了原政策的调控力度与范围,改变了政策功能,超越了政策目标。

4. 象征性执行

象征性执行是指执行人员在执行政策时敷衍塞责,做表面文章,有时甚至采取以会议落实会议,以文件落实文件的敷衍做法,实际上拒不执行上级政府政策。象征性执行的主要特征是欺骗性。从表面上看,政策宣传热热闹闹,政策执行轰轰烈烈,而实际上政策并没有转化为可操作的具体措施,没有真正落到实处,政策成了空架子。例如,前几年,中央政府三令五申要求地方政府整顿非法小煤窑,保证煤矿生产安全,减少环境污染。有的地方政府在执行政策时,对小煤窑非法生产睁一只眼闭一只眼,上级政府检查严,风声紧了,就关闭一批；风声不紧照样开足马力生产,以至于在我国某些地方小煤窑非法生产屡禁不止,煤矿瓦斯爆炸、透水事故屡见报端。象征性执行不仅欺骗了上级政府,损害了公众利益,消耗了政策资源,而且助长了地方保护主义,增加了政策赤字。

5. 机械性执行

机械性执行是指执行人员在执行政策时不考虑当地的实际情况,机械地照搬上级政府政策。机械性执行的最大特征是缺乏灵活性。公共政策执行的原则性与灵活性相统一是政策执行的基本要求。政策执行的原则性是要求地方政府严格按照政策规定的内容去做,不折不扣地实现政策目标,保证政策的统一性、权威性和严肃性。政策执行的灵活性是要求地方政府在不违背政策精神实质的前提下,从当地的实际情况出发,采取灵活多样的方法,实现政策目标。中央政府制定政策考虑的是全国的普遍情况,具有宏观性特征。各地要把中央政策落到实处还必须结合当地的实际情况,制定具体的实施措施。机械性执行反映了政策执行人员能力素质的低下。盲目照搬照抄中央政策,使公共政策失去了针对性,既浪费了政策资源,降低了政策效益,又影响了政策目标的实现。

6. 观望性执行

这主要是指在政策实施过程中,执行主体总是被动观望:观上面的招数,等新政策出台;观上面的态度,看是否来硬的;观左右行动,看是否动真的。它的特点是执行者采取一种"软拖"的手法,能拖的就拖,实在不能拖的只得勉强执行。这种观望性执行大大降低了政策执行的效率,损害了政府在目标群体中的形象。

(二) 政策执行偏差的成因

1. 中央利益与地方利益间的矛盾

国家利益是一国之内的最高利益,所有部门、地方和个人的利益都要服从它的要求。况且,在一定时期内,一个国家的利益总量是个常数,而中央与地方政府所处的位置不同,考虑问题的角度与方式不同,对利益的要求也不同,它们为了在这个利益总量中争取更大的份额而产生利益矛盾。再加上,国家制度、法律对中央与地方的利益格局界定不甚明确,容易使双方都认为某一利益领域属于自己,从而相互争夺,产生矛盾。其主要表现是:国家在某一方面对地方的权限、利益做了界定,但没有同时对与之密切相关的其他方面做配套性界定;同一内容的各个方面,有的被严格界定,有的则界定模糊;或者是中央不同部门对同一事物有不同的界定。这样一方面使地方无所适从,另一方面,又使地方有机会灵活变通,应对中央政策。改革开放以来,我国中央与地方关系发生了很大变化,传统的单一的利益格局被打破,利益主体出现了多元化的发展趋势。随着社会主义市场经济体制的建立,中央不断向地方下放权力,增强地方政府的政治、经济实力,以调动地方政府的积极性。与此同时,地方自主权的扩大和地方财力的增长,也使地方的利益要求进一步膨胀,出现地方与中央博弈的现象。有的地方政府在执行中央政策时,往往从局部利益和地方利益出发,与中央政府讨价还价,见风使舵,甚至把局部利益、地方利益凌驾于整体利益、国家利益之上,在执行政策时出现替代性执行、象征性执行、选择性执行现象。

2. 公共政策自身的缺陷

这具体表现为:一是一些政策方案不合理不科学,包括:(1)公共政策目标针对性不强,即政策没有针对当前的问题,没有反映民众的政策需求,这样的政策即使得到很好的执行也无法真正解决问题,甚至可能产生新的政策问题。(2)公共政策目标弹性不适度,弹性过大或者过小都会影响公共政策的执行。政策目标弹性过大,会使公共政策缺乏稳定性和明确性,导致政策执行者无所适从;反之,政策目标弹性过小,则会使政策执行缺乏灵活性和应用性。(3)公共政策的可行性程度不高,即公共政策本身确立的政策目标、执行方式和流程以及效果评估标准等方面脱离了实际,以至于在技术上或实际效果上根本无法实现或达到。政策本身缺乏合理性就会在执行过程中表现出政策行为规范与客观实际的强烈冲突,使政策执行失去实践基础。这样的政策非但达不到政策目标,有时甚至是政策执行越到位,实际造成的损失越大,导致政策执行效果与政策目标背道而驰。二是一些政策不明确不具体。公共政策的明晰性是政策有效执行的关键所在,是政策执行者行动的依据,也是对政策执行进行评估和监督的基础。要能够顺利执行,公共政策必须具体明确,即政策目标具体明确、政策措施和行动步骤清晰。政策模棱两可、含糊不清,就会使政策执行者对政策目标和内容产生误解或曲解而导致政策执行中出现问题。三是一些政策缺乏稳定性、协调性。公共政策的稳定性与协调性是联系在一起的。政策的稳定性是指公共政策一经制定出来,就要在一段时间内保持相对稳定,不能频繁变化,朝令夕改。而现实中有些政策缺乏稳定性,常常朝令夕改,使政策体系结构紊乱,侵犯政策目标群体的法定权利,导致政策目标群体对政策执行机构不信任和产生抵触情绪,降低政策执行机构的权威,使政策执行无法达到预期效果。

3. 公共政策执行主体因素

公共政策执行主体的素质、政策认知水平、政策执行能力、职业道德及价值取向等都是影响公共政策有效执行及其效果实现的重要因素。执行主体在执行过程中作为"理性人"会追求自身利益的最大化，导致政策执行行为出现偏差。在政策执行的监控和约束机制尚不成熟的情况下，如果政策威胁到政策执行者的自身利益，执行者有可能非常抵制这一政策；而当受到利益诱惑时，政策执行者又极易产生政策寻租、权力腐败等行为。我国政策执行中的问题在很大程度上是政策执行人员素质不高造成的。应该承认，我国在行政领导选拔与任命方面还存在着制度缺陷。我国行政机关现行的层级制的组织结构、权责分离的运行机制和终身任职的永业制度容易造成行政人员按部就班、安于现状、不思进取的精神状态。许多人在实际工作中不求有功，但求无过，缺乏责任感和进取心。他们在政策执行过程中往往对政策的内容不加分析，对各地的实际情况不加考察，只是盲目机械地照搬照抄政策，导致政策变形。同时，权力与责任分离的运行机制，使执行人员在执行政策时享有运用政策资源的权力，却不承担错误执行政策造成的后果。一旦执行失控，很少有人追究执行人员的责任。结果少数缺乏道德自律的人趁机将权力资本化，利用手中的权力改变公共政策的规定性，使政策的执行成为少数利益集团牟取私利的工具。

4. 政策执行体制不健全

纵向上，这表现为执行权在不同层级之间的配置不合理，即在中央和地方政府之间，地方各级政府之间，以及同一组织内部各个层次之间存在执行权的分配问题。如有的政策执行权过于集中，不利于调动下级组织的积极性，不利于因地制宜按具体情况办事，容易产生"一刀切"的做法，导致形式主义和政策机械性执行；有的政策执行权又过于分散，执行主体往往各自为政、自行其是，导致政策替代性执行和政策附加性执行。它在横向上表现为执行职能交叉，执行权在不同地区和不同职能部门之间的配置不协调、不明确。政策执行权力的横向合理配置一直是科层制中难以解决的问题：当配置被理解为分割时，各机构独立行使其所享有的政策执行权，彼此间缺乏协调配合，从而导致政策封锁和政策垄断；当执行某一政策的综合协调机构挂靠到具体职能部门时，其他相关职能部门又倾向于少参与，使社会综合政策演变成为单一部门的专项政策，从而导致政策变形和失真;当执行权力配置不明确时,如果政策执行有利可图,各机构就会相互争夺执行权,导致政出多门和政策寻租;如果无利可图,则又会出现执行敷衍或执行中断的情况。

5. 使用执行手段或政策工具的问题

以往的政策执行中,我国在使用执行手段时存在的问题包括:执行手段单一,滥用行政手段,忽视法律手段,放大了行政手段的负面效应;在建立市场经济的过程中存在盲目夸大经济手段,频繁使用物质刺激,以致执行中产生拜金主义行为;妖魔化思想政治教育手段,贬低思想政治教育作用;在执行手段的选择和使用方面缺乏成本效益意识,造成有的手段虽然实现了政策目标,但付出了过高的代价;等等。这些手段上的缺陷,严重影响了政策执行的效果。政策工具理论和实际应用在我国起步较晚,所以现代政策工具理念还没有深入人心;突破传统政策工具面临较多阻力;新工具的运用还不够成熟,不够规范;缺乏对运用效果的评估;在政策工具选择时表现出较强的行为惯性或者受功利意识的驱使等问题也影响着我国的公共政策执行。

6. 对政策执行的监控不力

政策监控是政策执行中不可缺少的环节和手段。政策监控不力,表现在政策执行过程中就是缺乏严格有效的监督,对政策执行的效果缺乏明确的考核以及对政策执行的错误缺乏必要的赏罚措施。对政策执行的监督仍然是我国行政监督体制建设的一个薄弱方面。虽然目前我国已形成了多元化的监督体系,但由于政府内部监督机构缺乏相对的独立性,再加上绝大多数社会监督主体没有直接的奖惩权,监督力度和效果大打折扣。在我国监察体制改革之前,按照《中华人民共和国行政监察法》的规定,检查国家行政机关遵守和执行法律、法规和人民政府的决定、命令中的问题是行政监察机关的职责之一。但在实际运作过程中,监察部门履行自己的职责存在很多困难。行政监察部门的职权过低,难以真正依法独立开展监督活动。虽然我国行政监察部门实行双重领导体制,对本级人民政府和上一级监察机关负责并报告工作,业务上以上级监察机关领导为主,但是行政监察部门属于政府机关,实际是政府的一个职能部门,这样就会造成行政机关自己监督自己的现状。特别在局部利益和集团利益驱动下,监察部门难以独立行使监察权,不能从根本上防止地方保护主义。在反腐倡廉的大形势下,监察部门的监察重点仍然是廉政监督,关于政策执行的效能监督往往位于其次。严格地讲,我国在政策执行监督方面还没有形成有效的监督制度。如果某项政策在执行中出现了重大失误,我们一般采取突击检查、重点整顿的办法,监督的方式主要是听汇报、看材料。这种监督要么脱离实际,要么是一阵风,难以取得理想成效。另外,我国没有明确的法律规范来规定各种监督主体的监督范围和职权,造成了各监督主体之间责任不明确监督混乱,其结果只能是谁都在监督,谁都没有在监督。在日常政策执行的管理中也存在对政策执行效果缺乏明确的考核,难以认定和划分执行者的执行责任,对政策执行考核结果缺乏必要的赏罚措施等问题。

7. 转型时期的政策环境的影响

我国正处于体制转型时期,社会主义市场经济体制已经初步形成,各个领域都在进行着制度变革和制度创新,新旧观念、新旧制度相互激荡,社会中存在许多不确定的因素。这对于政策执行者来讲,就增加了正确地把握和分析环境诸因素的难度。从社会主义计划经济体制向社会主义市场经济体制转换的过程中,利益主体从相对单一变为多元。计划经济体制下,利益主体相对单一,政策主体都是围绕一个共同目标而执行政策,政策执行者的主要任务是订计划、搞审批、层层分解指标,政策对象则是努力完成计划与指标,因此政策执行中的偏差现象偶尔有之,但远未成为一种普遍现象。然而,随着我国向社会主义市场经济体制的转型,利益主体越来越多元化,各地区、各部门直至各单位都有其独立的利益。有些利益主体为寻求自身利益的实现,趋利避害,规避那些阻碍实现自身利益的政策,放大执行那些于己有利的政策。利益驱动是政策执行变形走样的重要原因。如执行者受利益诱惑,只顾及本身的利益,那么他们必然在执行政策时搞与上级政策精神不一致的所谓"对策"。一些干部从地方利益出发,对政策产生对抗性反应,上面有漏洞,下面不补;上面有错误,下面加以扩大;上面政策对头,下面顶着不办。一些地方制定与中央政策相悖的"土政策",出现了"二号文件"管"一号文件"的不正常现象。社会转型期社会文化环境也在发生变化,人们的价值观念和社会心态日趋多元化,容易产生对政策的不同评价和不同态度。这些都会影响政策的有效执行。

四、提高我国政策执行力的途径

（一）理顺中央和地方权责利关系

加强中央宏观事务管理，维护国家法制统一、政令统一、市场统一。适当加强中央在知识产权保护、养老保险、跨区域生态环境保护等方面的事权，减少并规范中央和地方共同事权。赋予地方更多自主权，支持地方创造性地开展工作。按照权责一致原则，规范垂直管理体制和地方分级管理体制。优化政府间事权和财权划分，建立权责清晰、财力协调、区域均衡的中央和地方财政关系，形成稳定的与各级政府事权、支出责任和财力相适应的制度。构建从中央到地方权责清晰、运行顺畅、充满活力的工作体系。在政策执行活动中，中央应该明确规定给地方一定的政策执行自由度，规定在哪些问题上可以有多大变通权，哪些问题上则不能有丝毫变通等。还应考虑建立一套部门之间、地方之间政策执行活动的整合机制，防止对同一政策问题各部门各地方行动不一，甚至政策措施相互冲突现象的发生。

（二）改革和完善政策执行体制机制

完善坚定维护党中央权威和集中统一领导的各项制度。健全党中央对重大工作的领导体制，强化党中央决策议事协调机构职能作用，完善推动党中央重大决策落实机制，严格执行向党中央请示报告制度，确保令行禁止。健全维护党的集中统一的组织制度，形成党的中央组织、地方组织、基层组织上下贯通、执行有力的严密体系。以推进国家机构职能优化协同高效为着力点，优化行政决策、行政执行、行政组织、行政监督体制。深化大部制改革，打造整体性政府，建立一种整体性组织结构的部门内部与部门间的协调与配合机制，防止政出多门、政策效应相互抵消。优化政府组织结构。推进机构、职能、权限、程序、责任法定化，使政府机构设置更加科学、职能更加优化、权责更加协同。减少组织层级，简化政策执行流程。借鉴美、英等国行政体制改革的经验，试点成立专门的政策执行机构负责公共政策执行，先行先试构建决策与执行相对分离的运行机制。在政策执行中引入竞争机制，打破政府制定的政策由政府人员执行的传统惯例，尝试由政府等公共权威体系负责整体全局性的政策执行，而一些局部具体性的公共事务通过行政委托、授权或引入市场竞争机制，采用租赁、承包的方式，由非政府公共组织或其他组织参与政策执行，为政策执行注入动力和活力，激励执行人员的责任心，节省政策执行成本，提高执行效率。

（三）大力提高政策执行者的素质

政策执行者的素质高低直接关系到政策执行的效果，提高政策执行者的素质是防止政策执行失控的重要条件。毛泽东指出："政治路线确定之后，干部就是决定的因素。"[①]第一，加强学习。要始终增强学习本领，保持"本领恐慌"的危机感，勤于学习、善于学习、自觉学习，主动用习近平新时代中国特色社会主义思想武装头脑，始终向党中央的大政方针看齐，不断提高政策领悟力，做到改革精神全面领会、政策方案精准把握。加强在职培训，提高政策执行者的政策水平。第二，提升能力。新形势下推进全面深化改革、落实大政方针，面对的困难和阻力是无比艰巨的，需要的水平和能力是高超过硬的，只有引导政策执行者在提高领会政策能力、综合谋划能力、配置资源能力和自我完善能力上不断下细功夫、苦功夫、深功夫，才能做到协调执行有章法、面对难题有办法、处理问题很得法，游刃有余地把政策落实到位。第三，强化道德修养与服务意识。建立公共政策执行者的行政伦理养成机制和约束机制，提升公共政策执行者的"官德"，确保执行者的思想道德素质。执行政策，说到底是要让政策服务人民，满足人民群众的利益诉求，因此要善于深入基层、深入群众，坚决抵制主观主义和经验主义，防止"拍脑袋""想当然"的错误思想，在政策执行中及时回应人民群众疑惑的思想认识问题，及时解决直接关涉人民群众切身利益的实际问题，把执行政策作为服务人民的基本方式，进而引导人民群众理解政策、支持政策执行、参与政策执行、推进政策执行。提高政策执行人员素质关键要改革用人机制和人员评价机制。在用人机制方面要通过一系列人事制度改革，把德才兼备、勇于创新、敢于负责的人才吸引到政府机关来，建立一支高素质的公务员队伍。特别是在把好"进口"的同时，要敞开"出口"，大胆淘汰，辞退服务意识、责任意识不强的人员，努力培养和造就一支政治思想好、业务能力强、政策水平高的公务员队伍。在人员评价机制方面，要改变过去按部就班、求稳怕乱，"无过即功"的评价模式。要建立公平的激励机制，改变僵化的付酬模

---

① 《毛泽东选集》（第2卷），人民出版社1991年版，第526页。

式,引入绩效评价机制,强调执行人员的能力和实际业绩,根据执行人员的工作业绩给予奖惩。

（四）优化政策工具

无论从"自上而下"途径来考察,还是从"自下而上"途径来考虑,政策执行总是表现为政策执行主体的选择和行动,但这种行动并非取决于执行主体的自主意愿,而是在一定理念指导下、在一定制度环境中的方法和工具选择。政策执行工具选择恰当与否,直接影响政策执行与落实的成效。全面深化改革所面临的政策问题是复杂多样的,解决一个政策问题,往往需要综合运用多种政策工具,所以,提高政策执行力就要求政府机关掌握政策执行的规律,熟悉不同政策执行工具的适用性,恰当选择执行工具。综合运用执行工具以回应不同政策情境的需要。注重执行工具运用的综合性、科学性和灵活性,将强制性工具与社会性工具、市场配置与政府管制、监督问责与激励创新结合起来。此外,在社会主义市场经济条件下,尤其要注重对市场化工具的运用,大胆采用民营化、用者付费、合同外包、特许经营、内部市场等手段,不断激发政策执行活力,提升政策执行的效能。

（五）促进政策执行协同优化

政策本身又处于政策系统之中,政策之间协同与否对政策执行及其成效影响很大。从政策现实来看,政策冲突是一种行政常态,不仅体现为狭义上调整同一社会关系、分配相同社会利益的不同政策规范之间以及政策内部出现的矛盾,即"病态"的政策冲突;而且意指广义上所有在时间和空间上存在"非此即彼"选择关系的政策规范竞争。推动全面深化改革,需要有效消解政策冲突,规避执行主体"非此即彼"的选择性难题,实现执行协同,发挥每一政策对改革总目标的推动促进作用。第一,围绕改革目标实现政策协同。全面深化改革要解决的问题是全方位、深层次和根本性的,不同领域和环节的政策举措有着不同的目标指向,难免会存在利益分歧与政策冲突。政策协同要立足于坚持和完善中国特色社会主义制度,不断推进国家治理体系和治理能力现代化的总目标,强化顶层设计,积极运用目标管理的手段增强政策执行的目的性和方向感,妥善处理"整体政策安排与某一具体政策的关系、系统政策链条与某一政策环节的关系、政策顶层设计与政策分层对接的关系、政策统一性与政策差异性的关系、长期性政策与阶段性政策的关系"①。第二，着眼现实需要强化组织协调。一方面加强不同部门之间的沟通协调，引导政策执行主体摒弃本位偏见，从大局出发、统筹兼顾，同时，在政策执行主体之间寻找利益均衡点，建立多元利益的动态平衡和补偿机制；另一方面注重对政策对象和政策受益群体的政策宣传，在不断增强政策关涉方的政策共识中，使政策执行得到最大程度的支持和拥护。第三，要优化政策执行资源配置方式。在促进政策总目标实现的前提下，充分尊重每一具体政策目标合理的意图，改变过去"单一中心"的政策资源投入模式为"多中心、有机协同"的政策资源投入模式，保障所有政策执行所需的人才、资金、信息、权威等政策资源，形成政策执行的强大合力。

（六）加强对政策执行的监督

要增强政策执行透明度，强化国家权力机关的监督职能，完善社会监督制度和责任追究制度。必须进一步加强监察监督工作，完善宪法修改后现行纪检监察体制的运行机制，充分体现这一新的监察体制机制的优势。要形成专门监督、社会监督相结合的监督体系。以强化监督问责，实现对政策执行的有效约束。综合运用"巡视监督、日常检查、专项巡查、重点督查"等政策法规规定的督导方式，建立"巡视整改、专项整治、督导检查、推动问责"的政策执行问责机制，强化政策执行的刚度，解决政策执行"中梗阻"和"最后一公里"的选择性执行问题。必须坚持从严治党与从严治政，对于违法渎职、贪污腐化、执行失误等各种行政案件要坚决查处，毫不留情地惩处各种违法失职官员，只有这样才能使执行者不存侥幸心理，不敢随意变通、怠慢各项政策，搞所谓的"上有政策、下有对策"，从而树立政策的严肃性和权威性。

（七）培育现代执行文化

良好的执行文化是政策执行深沉持久的支撑力量。构建中国现代的政策执行文化，就是以科学化、市场化、人本化为导向，营造崇尚实干、保障公平高效执行的政府文化氛围，切实提升政策执行力。第一，以科学化为前提。科学化意味着对政策执行规律的准确把握，只有把握规律、按规律办事，才能把事情办好。积极营造研究政策执行规律的浓厚氛围，搞清楚中国特色政策执行的定

---

① 《习近平谈治国理政》（第一卷），外文出版社2018年版，第106页。

位、方法、工具、保障；积极营造尊重规律、按规律执行政策的浓厚氛围，切实抛弃"拍脑袋"、凭经验的执行陋习。第二，以市场化为动力。在政策实施过程中，要充分重视市场对资源配置的决定性作用，形成借助市场力量、运用市场思维解决政策执行问题的能力和习惯，将市场配置与政府管制相结合，以市场化手段不断完善政策执行的各项体制机制，强化政策执行的内生动力，使参与市场化政策执行的所有主体都能够充分实现自身利益诉求。第三，以人本化为保障。科学化和市场化是理性主义对政策执行的必然要求，但只有融入人本化的灵魂，才能克服理性主义见物不见人的缺陷，保证全面深化改革中的政策执行不会偏离以人民为中心的思想理念。营造人本化的执行文化，必须关注改革主体，完善改革中政策执行的容错纠错机制，鼓励广大党员干部敢闯敢干敢试，在全社会形成良好的改革氛围，为改革探索、政策创新开辟更为广阔的空间；同时，必须关照改革客体，了解群众所思所想所盼，把人民群众获得感作为政策执行成效的评价标准。

复习思考题

1. 什么是公共政策执行？其特点有哪些？
2. 公共政策执行的原则是什么？
3. 为什么说执行力是政府的生命力？
4. 论述公共政策执行的过程。
5. 结合实际谈谈政策宣传在政策执行过程中的作用。
6. 比较政策工具与政策执行方法、手段。
7. 论述政策工具的类型及其内容、特性。
8. 结合实际论述影响政策工具选择的因素。
9. 公共政策执行的影响因素有哪些？
10. 谈谈提高我国公共政策执行力的途径。

第八章 公共政策评估

第一节 公共政策评估概述

20世纪50年代,美国学者拉斯韦尔提出了"政策科学"的概念并出版了《政策科学》一书,政策评估作为政策过程的一个关键环节开始进入公共管理学家的视野。20世纪60年代末,由于复杂的社会矛盾的爆发,政策分析开始受到重视,此时政策评估作为政策过程的一个关键环节和政策科学的主要研究对象,对正确制定、执行和完善政策以及提高公共决策质量方面发挥的重要作用,受到了学者们的极大关注。在政策评估发展的最初阶段,评估主要用来判断政策目标的完成度,很大程度上政策评估只是作为判断工具。如以色列学者戴维·纳米亚斯(David Nachmias)认为政策评估是对政策和公共项目是否实现预期目标的客观性、系统性、经验性检验。[1] 查尔斯·琼斯在《公共政策研究导论》一书中指出:"政策评价是指政策执行之后,政府有关机构对政策执行的情

---

* 本章案例导入请扫书前二维码获取。

[1] David Nachmias, *Public Policy Evaluation: Approaches and Methods*, N.Y.: St. Martin's Press, 1979.

况加以说明、检核、批评、量度与分析。"①20世纪80年代以后,西方国家开始兴起公共管理改革运动,公共部门开始重视政策结果与效率,此时政策评估不仅仅充当判断工具,而成为决策者收集信息,进而改进公共决策的手段。社会的需求给政策评估的发展带来很大机遇,自20世纪末以来,政策评估成为世界各国关注和研究的焦点,公共政策评估活动受到政府、社会和公众的广泛重视。

一、政策评估的内涵

关于政策评估的内涵,不同学者有不同看法,当前学术界对政策评估的内涵主要有以下四种观点。

(一)政策评估主要是对政策方案的评估

持这种观点的学者认为政策评估的目的主要是对政策方案的可行性进行分析对比,通过对不同政策方案进行评价和分析,找出各个方案的优缺点,经过比较后选择可行性较大的方案。很明显,在这种观点下,政策评估的侧重点是政策方案,评估的焦点在于判断某个政策方案是否有利于获得政策效果,通过对设计方案的评价与估算,决定出台什么样的政策才能实现政策目标的预期成果。在一定程度上可以认为,对政策方案的评估是一种事前评估,因为政策尚未执行和取得成果便采取了评估这一行为。

(二)政策评估是对政策全过程的评估

这种观点下的政策评估不仅仅是对政策方案的评估,而是包括政策方案在内的,对政策执行、政策监控、政策终结以及政策结果的政策全过程的评估。如国德森认为:"公共政策评价涵盖对一项公共政策的内容、执行、目标实现以及其他效应的估计与评价。"②申喜连认为公共政策评估也可以说是公共政策评估主体根据一定的政策评估标准和程序,对政策系统和政策结果的质量、效益、效果等方面进行评价或判断的一系列活动,其目的是改善公共政策系统,提高公

---

① Charles O. Jones, *An Introduction to the Study of Public Policy*, North Scituate Duxbury Press, 1977, p. 7.

② 转引自陈庆云主编:《公共政策分析》,北京大学出版社2006年版,第199页。

共政策决策质量,保证政策目标实现。① 在此种定义下,政策评估的内容更加丰富,即政策评估是对政策的全过程进行评判的活动。

（三）政策评估是对政策结果的评估

该观点认为政策评估的着眼点是政策效果。林水波、张世贤认为:"政策评价是系统地应用各种社会研究程序,搜集有关资讯,用以论断政策概念与设计是否周全完整,知悉政策实际执行情形、遭遇的困难,有无偏离既定的政策方向,指明社会干预政策的效用。"②在他们看来,政策评估的主要目的是评价政策执行达到政策目标的效果,评估不仅是对政策方案的评估,还有明确政策的实施对于政策问题的作用和影响如何。托马斯·戴伊在《自上而下的政策制定》一书中提到"公共政策评估就是了解公共政策产生的效果的过程,就是判断这些效果与公共政策的成本是否符合的过程"③。在这种定义下,可以认为政策评估是了解公共政策所产生的效果的过程。

（四）政策评估就是发现并修正政策的误差

该观点认为政策评估是对政策的执行过程进行追踪与控制,通过政策评估发现政策方案、政策执行和政策结果存在的问题,修正政策的偏差。王鑫认为,公共政策评估不外乎是通过科学的评估活动,使人们能够判断某一公共政策本身的价值,同时还能够对政策过程的各个阶段进行全面的考察和分析,总结教训,吸取经验,为以后的政策实践提供良好的基础。④

本书倾向于第三种观点,即公共政策评估的着眼点应是政策结果。依据政策实施后所产生的结果判断此项政策是否成功。因为是对政策结果进行的评价,所以无论如何详细地评价政策,已造成的损失或者发生的错误都不能挽回或者避免,可以说对政策效果的评价是一种事后评价。此类评价最大的优点在于纵观了政策的全过程,可以为以后的政策制定与执行提供经验与借鉴。

---

① 申喜连:《试论我国公共政策评估存在的困境及制度创新》,《中央民族大学学报(哲学社会科学版)》2009 年第 5 期。
② 林水波、张世贤:《公共政策》,五南图书出版公司 1982 年版,第 449 页。
③ 〔美〕托马斯·R. 戴伊:《自上而下的政策制定》,鞠方安等译,中国人民大学出版社 2002 年版,第 203 页。
④ 王鑫:《公共政策评估的研究综述:回顾与启示》,《中共南宁市委党校学报》2007 年第 4 期。

综上,公共政策评估是依据一定的标准和程序,运用科学的方法,对公共政策的结果包括效果、效率、效益和价值进行检测和评价的行为过程。

二、政策评估的类型

政策评估的类型不是单一的,而是多种多样的。当前学术界对政策评估的分类主要有以下两种:一是根据评估活动方式的不同,分为正式评估和非正式评估;二是根据评估主体的不同,分为内部评估和外部评估。

(一) 正式评估与非正式评估

正式评估也称标准化评估,是由拥有专业知识与素养的专门机构和专业人员进行的,有着明确的评估方法,严格依照规章与程序,对照事先制订好的政策评估计划进行评估的活动。它在政策评估中占据主导地位,其结论是政府部门决定政策未来走向的主要依据。正式评估的优点在于:要求较高,十分重视评估过程的标准化与规范化;由于正式评估是由专门的机构和专业人员负责,评估准备的资料丰富真实,专业性强,评估手段与方法科学性强,大大提高了评估的科学性和客观性。正式评估的缺点在于:对于评估标准和规范的重视、对评估前准备条件要求严格,使得评估过程需要耗费较多的人力、物力和财力,直接或间接导致评估成本的增加。

非正式评估也称非标准化评估,与正式评估相反,非正式评估对评估人员、评估程序、评估方法以及评估资料没有严格要求,对于展开评估的环境与场所也不进行限制与规定,大多是人们根据自己掌握的情况对政策做出判断的评估活动,如专家点评、媒体评价、公民随意评论和领导视察工作时的即兴评说等。非正式评估的优点在于:条件宽松,要求较低,方式灵活,更容易实施,执行成本低。正是由于这些优点,非正式评估在很大程度上吸引广大公民积极参与,一定程度上反映了民意倾向。非正式评估的缺点在于:与正式评估相比,非正式评估的机构和人员缺乏专业知识与素养,甚至评估标准不成体系,缺乏专业的负责机构,缺乏科学的程序和方法,没有稳定的经费来源,占有的信息有限,由此导致评估的结论有失客观公正,参考应用价值有限。

以上两种评估方式都有自己的优缺点,一般来说,正式评估与非正式评估需要结合进行。正式评估对评估结果的影响较大,直接关系到评估活动的质量,通常占据主导地位;而非正式评估可以弥补正式评估的不足,作为重要补充而存在。总之,两种评估缺一不可,在实际应用中都应给予足够重视。

(二) 内部评估和外部评估

内部评估是由行政机构内部的评估者进行的评估,是行政机构组织专门的机构和人员来负责的评估活动。它分为由决策者、执行者自己实施的评估和由政府内部专业评估机构及其人员实施的评估。

内部评估的优点主要在于:评估者中有政策的制定者与执行者,对整个政策过程有全面的了解,掌握大量的第一手资料,从而评估的结论较为可靠;对评估的规则与程序比较熟知,操作方便;评估的结论可以直接被用于政策调整或者终结,容易产生效用。缺点在于评估者是政策的制定者与执行者,并不是站在第三方的角度对政策进行评估,很容易受到主观的干扰,可能出现评估者因为顾及政绩而夸大成绩、回避失误;出于局部利益考虑使评估结果出现片面性;以及受到机构内部利益和人际关系影响而失去公正性。

外部评估是由行政机构外的评估者所完成的评估,如立法机关、司法机关、大众传媒、投资者、研究机构、社会团体、公民等进行的评估。

外部评估包括社会评估和对象评估两种。社会评估是指在政策系统之外所进行的评估。社会评估通常有两类:一类是政府等公共部门委托的专业评估,一类是非委托评估。政府委托评估是政府部门委托专业性的咨询公司、营利或非营利性的研究机构、大专院校的专家学者所进行的政策评估。这种评估的优点在于:评估者在一定程度上能置身于政策系统之外,从而使评估具有较强的客观性;实施评估的机构与人员一般都具有专门的评估理论知识、方法与手段、实践经验,从而使评估具有较高的可靠性。但这种评估也有其局限性,主要是评估机构与人员容易受委托者在经费和资料两方面的限制,从而有可能削弱评估的客观性与公正性。非委托评估是指外部评估者,如立法机关、司法机关、大众传媒和民间团体等,出于自身工作的职责、社会责任感、研究目的、研究兴趣或相关利益而自行组织的政策评估活动。对象评估是指由政策目标群体进行的评估。由于政策目标群体是政策的承受者,他们对政策制定与实施的利弊得失有最真切的感受,对政策的成果最有发言权。因此,这种政策评估可以获取第一手资料,可以对政策的成效有真实的估计,其结论具体、真切。但这种评估也有不足之处，目标群体只是社会的一部分，提供的资料虽然真实，但有较大的局限性。

当评估带有增加政策透明性和客观性的需求时，选择外部评估方式较为适合。但外部评估需选择评估机构、签订委托合同等相关事宜，工作量大，周期长，成本较高。我国在开展政策评估实际工作中，可根据评估目的、评估可得资金和时间来选择评估方式。内部评估和外部评估各有利弊，在实践中应该把内部评估和外部评估有机结合起来，取长补短。

三、政策评估的功能

在当今社会，公共政策的重要作用日渐突出，国家也越来越重视利用公共政策调整和组织社会生产与生活。以往重视政策制定和执行，忽视政策评估的传统观念已经远远不能满足国家治理的实际需要，政策评估的功能与地位日渐彰显。政策评估已成为公共政策过程不可缺少的阶段。利用政策评估，不仅能够对政策本身的价值做出科学的评价和判断，而且还能够检验政策制定和执行的效果，并针对评估中发现的问题，提出改进政策系统的合理建议，为以后的政策实践提供依据。与此同时，人民民主意识逐渐提高，他们期望政府为其解决困难，希望公共政策能够给自己带来福祉，所以对公共政策质量的要求越来越高。从历史经验来看，由于政策失误给国家和社会带来重大损失的例子数不胜数，有些直接威胁到社会秩序甚至引发各种社会矛盾。如果因为政策评估工作的不到位，导致某项公共政策未满足大众预期，不仅会造成无可弥补的资源浪费，而且很可能会导致不同程度的政治危机。从世界范围看，各国经济、社会发展都面临着种种问题，国际关系也错综复杂，各国都十分重视公共政策的效果，政策评估已经成为一种世界性潮流。政策评估的功能主要体现在以下几个方面。

（一）政策评估是评价政策效果的基本方式

任何一项公共政策都应有一个或多个相对确定的政策目标，否则就不能称其为完整的公共政策。当这项政策投入运行后其效果如何，很难一下子做出判断，而政策评估则在这方面发挥着至关重要的作用。政策评估者通过密切观察政策运行的方向来检验政策目标是否实现和实现的程度如何。如果这项政策有多个目标,就要判断这些目标是否全部实现,还是只实现了部分目标,这些目标的实现程度和预期结果相差多少,以及产生了哪些非预期的效果,这些非预期效果对社会产生的影响是什么。政策评估者还可以通过政策评估检视制定与执行这项政策所花费的人力、财力和物力,政策投入与政策产出是否成正比,等等。

对政策制定者来说,他们都希望一项政策能够充分利用资源,产生良好的社会影响,对经济社会发展起到促进作用。然而实现这一目标不是由任何人的主观愿望决定的,往往受到政策内外各种因素的影响。政策评估利用一切可行的技术和手段收集政策效果信息,并在此基础上加以分析,找出公共政策在运行过程中的优点和缺陷,并进行科学的诊断,判断政策对既定目标的实现所起的作用,检验和评价公共政策的质量和水平。因此,政策评估的结果能够为政策制定者实现其期望的目标提供帮助。

(二) 政策评估是决定政策未来走向的主要依据

在不同的决策体制下,公共政策延续、改进或终止的机制存在着较大的差异。例如,在独裁或专断的体制中,新政策的制定和已有政策的延续、改进或终止,主要是由领导者决定,政策的变化和发展往往具有不可测性。但是,在现代责任化政府体制下,公众和政策环境对决策者形成的巨大压力,使其不得不把公共政策质量置于最优先的位置,并希望通过高质量的公共政策来维持其领导地位的稳固和政权的延续。因此,现代责任化政府体制也构成了规范的政策评估体系建立的制度基础。随着政策执行的不断推进,公共政策会呈现出一定的走向和趋势。如果政策执行过程中出现了预期外的情况,首先需要判断政策对这些情况的影响是有害的还是有利的,此时就需要对当前的政策实际进行评估,并根据评估结果决定这项政策的走向如何。如果是在问题可以解决,不会造成较大损失的情况下,一般考虑对政策进行调整后再继续执行;如果是产生了难以化解的矛盾或者因环境改变而无法执行政策,那么就要及时终结政策,这种情况下也可考虑制定新的政策。总之,一项政策是继续、调整,还是终结,或者是需要重新制定,都不能凭借主观臆断,而是要根据事实情况,根据对政策效果的客观评估,加以裁定。政策评估的结果是决定未来政策走向的依据。

一般而言,通过政策评估可以确定政策未来的三种走向:(1) 政策延续,即政策问题尚未获得解决,政策目标还未完全实现,而实践证明政策本身是卓有成效的,政策的延续有助于进一步扩大政策效果。因此,公共政策将以原有的性质、形式和内容继续执行或存在下去。(2)政策改进,即决策机构或决策者针对政策执行过程中所遇到的新情况和新变化,或是通过对政策问题认识的深化,或由于政策环境和政策系统的变化,而对公共政策做出相应的调整和修正。(3)政策终止,即完全停止政策的执行,终止政策的使命。政策终止有两种原因,一是政策问题已获解决,政策已没有继续存在的必要;二是由于政策环境发生重大变化,或已证明政策存在严重缺陷,政策改进已无可能,只能制定新的政策来替代。无论选择上述哪种政策取向,都需要建立在对政策进行全面、系统评估的基础上,这也是政策评估作用的直接体现。

(三) 政策评估是合理配置政策资源的基础

在社会发展和经济增长已受到资源短缺严重影响的今天,保证资源合理、有效配置的社会需求正日渐强烈。公共政策本身就是对社会资源的一种分配或再分配,在进行政策实践的过程中,政策资源是有限的,但政府部门却经常要同时执行很多项政策,比如经济政策、政治政策、教育政策等。在任何一个社会体系中,资源禀赋都是有限的,所以资源配置是否合理、有效,对决策者、政策执行者和广大公众而言都具有特殊的重要性,而规范的政策评估就是正确判断、评价资源是否得到合理、有效配置的重要手段。政策评估能有效地检测政策效率和效益,为合理配置政策资源奠定基础。每一项政策的实施都有其投入和产出,但效率高低却各不相同。公共政策评估可以借助大量的投入、产出信息,检测一项政策的实际效益和效率。同时,根据不同的政策效益和效率进行政策资源的重新配置,一方面可以使公共政策制定者站在整体利益的高度,让有限的资源发挥出最大的效益;另一方面可以防止政策执行人员出于局部利益的考虑而对资源进行不合理配置。只有通过公共政策评估,才能确认每项政策的价值和效益,并决定投入各项政策的资源的优先顺序和比例,以寻求最佳的整体效果,避免劳而无功或事倍功半。

(四) 政策评估是实现决策科学化和民主化的重要途径

决策科学化与民主化最初是在1986年提出的,时任国务院副总理万里提出政治体制改革要推进决策民主化和科学化。经过30多年的建设与发展,各级党委和政府决策的科学化、民主化水平已有显著提高,决策过程已从非制度化决策走向制度化决策、从个人决策走向集体决策和共识型决策、从经验决策走向科学决策。

政策评估正是实现决策科学化的重要途径。政策评估是一项对专业技术要求较高的工作,评估过程需要对大量信息、技术与专业知识进行综合运用,这个过程离不开科学的知识与方法。政策评估要尽可能科学客观地反映实际状况,了解政策存在的问题,提供改进政策的合理建议。政策评估的主体结构、程序、标准、方法和指标的科学化对实现决策科学化具有重要的推动作用。此外,公共政策评估可以超越少数政策制定者的有限见识,独立地、宏观地进行评价和鉴定,也可以集中和综合来自社会各个方面的基本态度、倾向和褒贬意见后再进行评估。政策实施对象可以积极参与公共政策评估活动。评估过程信息要公开透明,评估结论要向社会公开。这些都有利于实现决策的民主化。

(五)政策评估是建立责任政府的重要手段

在西方国家,责任政府通常用来指一种政府体制,在这种体制里,政府必须对其公共政策和行政行为负责,当议会对其投不信任票,或者提出的重要政策遭到失败,表明其大政方针不能令人满意时,政府必须辞职。在我国,责任政府既代表一种负责任的行政体系,也作为现代民主政治的一种基本理念而存在。责任政府指政府的任何行为必须对人民负责,政府必须坚持全心全意为人民服务的宗旨,政府的一切措施必须以人民利益为依据,政府必须回应社会和民众的基本需求,并积极采取行动加以满足。政府也要积极地履行其社会义务和职责,当政府行为出现重大过失时,必须承担道义上的、政治上的、法律上的责任。

公共政策的目的是实现一定的公共利益,政策评估也是为了保障公共利益的实现而进行的。每一项政策的实施都有难以预计的政策影响与效果,政策评估对政策进行检验与判断,既可以预估可能的政策效益,也可以预判政策风险,从而降低政策实施的不利影响。因此,进行政策评估可以看作是政府对人民群众、对社会负责的体现。政策评估意味着政府必须对某一项公共政策承担明确的责任。要发挥正常评估对建立责任政府的作用,需要把政策评估与决策失误责任追究统一起来。建立行政决策责任追究制是建设责任型政府的应有之义,完善的行政决策责任追究制度有助于加强决策监督,从而促进决策的科学化,减少决策失误。行政决策责任追究制的有效实施需要建立在科学的政策评估基础之上。我国公共政策评估的薄弱性和实施过程中遭遇的困境影响了行政决策责任追究制的有效实施。宋涛在《中国官员问责发展实证研究》一文中,以2003—2006年每天的《人民日报》《中国青年报》为分析对象,将所有关于官员问责事件的报道抽取出来后作为分析的内容,共统计出73件官员问责事件。结果显示,在问责原因和内容构成中,工作失职是主要原因,占总数的84%。同时,因突发公共事件引发的工作失职又占了工作失职总数的92%。问责决策失误的事件只有1件,即2004年8月7日四川省贫困县万源县用巨款举办晚会追星,2004年9月1日《中国青年报》报道之后,11月22日达州市委对万源县委书记做出党内严重警告处理。[①] 行政决策责任追究制的有效实施固然受多方面因素的影响,如决策程序是否完善、决策影响的广泛性等,但是对行政决策的评估工作不到位使行政决策责任追究缺乏可靠依据,应该是行政决策责任追究制难以有效实施的主要原因。行政决策失误的责任追究是一个动态运行的过程,从行政决策开始,然后经决策失误认定、确定责任、确定责任人、追究责任、行政救济等环节,构成责任追究的闭路运行过程。行政决策的评估工作可以为行政决策失误责任追究的每一个环节提供有力支撑。通过评估可以检验决策效果,认定决策失误;衡量失误程度,明确责任范围与类型;评估决策的全过程、全方面,明确责任主体;综合评估决策失误后果,确定追责标准。[②]

四、政策评估的困难

（一）政策影响的广泛性

一项政策实施后,其带来的社会影响是多方面的,既有预期的,也有非预期的;既有长期的,也有短期的;既有具体的,也有抽象的;既有正面影响,又有负面影响。如电子客票普遍投入使用,一方面确实如预期一样减少了资源浪费、节约了大部分旅客的时间、打击了黄牛党,但另一方面使得部分老年人买票变

[①] 宋涛:《中国官员问责发展实证研究》,《中国行政管理》2008年第1期。
[②] 郭渐强、寇晓霖:《论公共政策评估中行政决策失误责任追究制的有效实施》,《东南学术》2013年第3期。

难、产生与时代脱节的心理,也间接造成了提供咨询服务的工作人员压力变大。根据影响的不同性质,可能一项公共政策既会产生政治影响,也会造成经济影响,甚至还会有文化方面的影响。政策影响可以小到引起政策系统内部的变化,大到影响整个社会的稳定与团结。因此,政策影响的广泛性会使得评估者很难全面地测算出一项政策对社会的实际后果,尤其对非预期的、长期的、抽象的影响做出评估更是难上加难。政策影响的广泛性使得政策评估需要考虑多方面因素,考虑各种可能的后果,无疑加大了政策评估的工作量。

(二) 政策行为的重叠和政策资源的混合

政策行为的重叠,指的是针对相同的或相似的政策问题和政策目标群体,不同的机构和部门都制定并执行各自的政策。各种不同的政策效果混杂在一起,很难将某项政策的实际效果从总体效果中区分出来。政策资源的混合,往往指不同政策各自投入的资源互相交织在一起,很难判断哪些资源支出属于哪项政策,也很难判断哪些政策资源投入得到了产出。政策资源的混合会使政策的成本难以核定,更使得其"纯效果"难以测定。常见的政策资源混合有两种,一种是同时投入的混合。这种混合发生在公共机构资源投入的共享上。公共机构某个时期投入的资源是供多个政策使用的,相当多的资源是多个政策共享的,要把每个政策的投入都清楚地区分开来是很难做到的。另一种是不同时投入的混合,这种混合发生在新旧政策资源的共享上。旧政策终结,原来投入的资源就成为沉淀成本,新政策是在旧政策的基础上实施的,究竟有多少沉淀成本转为新政策的投入,往往难以计量。政策评估最重要的工作之一就是厘清政策资源,明晰每项资源的投入和产出、成本与效益。因为政策行为重叠和政策资源混合的存在,不同资源混合利用,政策效果相互干扰,相互影响,很难分清某项政策的实际效果和影响力,所以难以进行高效的政策评估。

(三) 政策目标的模糊

公共政策评估的一个重要方面就是考察、检验政策执行是否达成了预定的目标或接近目标至何种程度。明确的政策目标一般是可衡量的和具体的、能说明预期结果的、在执行人员和机构权限范围内的、切合实际的和有明确完成期限的。这几个条件中,任何一项发生改变都会影响政策目标的确定性。如果公共政策目标是单一的、明确的,可用具体、量化的指标来表示,那么开展公共政策评价比较容易。但在现实中,由于政策问题的复杂性、变动性以及政策制定者的一些主观因素的影响,政策目标常常难以明确。这具体表现在:(1)许多政策目标不可能量化;(2)大多数政策都具有多重目标,甚至有些目标之间还存在着矛盾;(3)在政策执行过程中,政策目标还可能因客观环境的变化而发生变更;(4)有时政策制定者和执行者还有意用含糊的不太确定的形式来表达和说明政策目标,以此增加某种应变的能力;(5)不少目标是在冲突与妥协中达成的,无法全面公开和客观公正;(6)政策制定者或执行者在特殊或紧急情况下,不得不做出决策和实施政策时,往往难以明确确定和说明政策目标。

(四)政策问题的复杂性

现实中,导致政策问题复杂的原因有很多方面。政策问题往往牵涉非常复杂的因素,带有很大的不确定性。政策问题之间相互依赖,相互作用,相互影响。政策问题是由人认定的,具有主观性和人为性,每个人的认知能力和水平不同,看待问题的角度也有差异,这也导致政策问题认识上的差异。政策问题具有动态性,处于复杂多变的环境中,环境中任何一个因素的改变都可能影响政策问题的走向。政策问题的复杂性决定了政策评估的复杂性。

(五)政策主体相关人员的抵制

美国公共政策专家托马斯·戴伊在《理解公共政策》一书中分析了政府部门不欢迎政策评估的原因。

(1)由于不同群体对政策的要求与预期不一,政府常常追求不一致的目标,以满足不同群体的要求。评估政策将使政府在公共政策方面不一致的真相暴露,从而有可能引发大量的政治冲突,所以政府为避免冲突,宁愿不进行会招致麻烦的评估研究。政府许多计划和政策只具有象征价值,目的是让目标群体感到政府在关注他们,但并不能改变目标群体的实际境况。

(2)政策评估常常"泄露"政府的意图并使政策计划的象征性价值贬值,而且政府进行的关于政策执行效果的研究难免会对现实的政策执行造成一些干扰。

(3)政策评估也需要大量的投入,包括资金、机构、时间以及人员的配备等,政府机构不喜欢在政策评估上牺牲政府有限的资源。

政策评估涉及多方利益,评估结果直接影响政策运行有关人员的利益。

政策评估不仅是对政策的评价与判断,也是对政策制定和运行的相关工作人员工作的评价,评估结果一旦低于预期,就不免对政策相关主体进行是非评判。一方面评估主体追求评估结果的客观公正,另一方面政策主体为自身或部门利益妨碍评估,这也就难以避免评估过程中政策主体与评估者之间的冲突。当因自己的主观失误导致政策错误而要承担责任时,政策主体就会千方百计地抵制评估或将评估引向歧途。例如,他们会采取各种办法妨碍政策评估的进行或影响政策评估的结果;可能会提供虚假信息;在评估过程中不予配合,态度消极;或对于评估结果推脱责任,寻找借口。政策主体常用的借口有:①政策影响是一个长期缓慢的过程,政策结果在短时间内难以呈现;②政策评估标准单一,影响评估效果;③政策评估的方法或手段错误,影响评估结果;④资源投入不足影响了政策效果;⑤政策效果的正效应不大,不是政策本身的问题,而是政策评价的偏误所致。总之,政策主体相关人员会尽可能地从外界环境找出影响评估的因素,极力推脱自身责任。政策对象由于从错误的政策或异化的政策中获得既得利益或者为了保护其局部利益,也会通过相关的途径干扰或阻碍政策评估。

五、政策评估的标准

政策评估的标准是衡量政策利弊优劣的指标或准则。没有标准就没有评估,合理的评估标准是成功的政策评估的前提条件,也是政策评估的重要内容。要评价一项公共政策实际上是对政策进行价值判断,进行价值判断必须建立一套客观的评价标准,作为对政策进行价值判断的尺度。对同一项政策进行评估,如果选用的标准不同,可能会导致评估结论有差异甚至完全相反,因此评价标准必须具有客观性,必须客观地反映社会对公共政策的要求。选择什么样的评估标准关系到评估工作的成败,因此建立政策评估标准是一项十分复杂且意义重大的工作。当前学术界对政策评估标准的分类还未达成统一,不同学者对政策评估标准的分类不同。有学者按照政策评估的适用范围把评估标准分为一般标准、具体标准和操作标准三个层面;也有学者把评估标准分为社会、政治、经济和道德等方面的标准。

威廉·邓恩在《公共政策分析导论》中将评估标准分为六类:效果、效率、充分性、公平性、回应性和适宜性。效果:结果是否有价值,目标是否完成?效率:

为得到这个有价值的结果付出了多大代价？充分性：这个有价值的结果在多大程度上解决了问题？公平性：成本和收益在不同集团间是否等量分配？回应性：政策运行结果是否符合特定集团的需要、偏好或价值观念？适宜性：所需结果（目标）是否真正有价值或者值得去做？

  我国台湾学者林水波、张世贤在《公共政策》一书中提到，政策评价标准有八个方面：投入工作量、绩效、效率、充分性、公平性、适当性、执行力、社会发展总指标。投入工作量指在政策执行过程中所投入的各项资源的质与量以及分配状况。绩效是依据具体明确的目标，分析政策对客观事物与政策环境所造成的实际影响，绩效既包括政策实施的结果，又含有民众心目中认定的满意程度。效率，即政策投入与政策产出之间的比例关系。充分性，即满足人们需要、价值或机会的有效程度，它反映了绩效的高低。公平性是指公共政策所投入的工作量以及产生的绩效在社会不同群体间公平分配的程度。适当性是指公共政策目标和所表现出的价值偏好，以及所依据的假设是否合适。执行力即探求影响公共政策成败的原因，在此基础上构建有效的因果模型。社会发展总指标是对社会状态与发展的数量进行描述与分析。①

  有学者根据各类标准的重要程度把评估标准划分为首要标准和次要标准，如张国庆认为："对于一项政策的整体评估是建立在若干单元评估基础上的，它把用于整体评估的标准称为首要标准，把用于单元评估的标准称为次要标准。"②郭渐强、刘明然认为："所谓首要标准是指对某项政策进行评估的综合标准，是事实标准和价值标准的统一和高度概括，是从整体和原则的高度来衡量某项政策的是非曲直或利弊得失的标准；次要标准则指用于评估公共政策的事实标准和价值标准。"③

  政策评估既是事实判断的过程，也是价值判断的过程，因此政策评估标准必须兼有事实标准和价值标准。事实标准是以事实为基础，根据数量、比率等统计结果建立的，而事实评估就是用来说明客观存在，说清楚事实状况的。价值标准以人的伦理、道德、价值取向为基础，包括经济效益、社会效益，价值评估

---

① 林水波、张世贤：《公共政策》，五南图书出版公司1982年版，第500—519页。
② 张国庆：《现代公共政策导论》，北京大学出版社1997年版，第194—195页。
③ 郭渐强、刘明然：《科学发展观：我国公共政策评估的首要标准》，《行政与法》2006年第9期。

第八章 公共政策评估

主要来自评价者的价值判断。谢明认为事实标准主要包括以下几个方面的内容:"公共政策的投入与产出、成本与收益之间的比例关系;公共政策目标实现的程度和范围;公共政策对社会的影响程度。价值标准的内容主要有:公共政策是否满足大多数人的利益;公共政策是否有利于社会生产力的发展;公共政策是否有利于增进人民的团结;公共政策是否有利于保持政权的巩固和社会的稳定;公共政策是否支持了社会公正的原则。"[①]徐家良认为公共政策评估标准可以按照事实标准、技术标准和价值标准三个方面进行分类。其中事实标准包括政策效率、政策效益、政策影响及回应性四个方面;技术标准包括多样化、数量化和系统化三个方面;价值标准则包括社会生产力的发展、社会公正和社会可持续发展等方面的内容。陈振明认为,政策评估标准有生产力标准、效益标准、效率标准、公正标准、政策回应度。[②]

本书认为,公共政策评估应该针对公共政策的结果包括事实和价值进行评估,评估的标准应该包括以下五个方面。

(1)效果。政策效果指政策实施对政策客体及政策环境所产生的各种影响或带来的变化。效果标准要求全面判断政策的影响,包括影响的大小、积极的还是消极的影响、直接影响和间接影响、主从影响、远近影响、显潜影响、目标领域和非目标领域的影响等等。

(2)效益。政策效益指实现政策目标的程度和政策目标达成能够多大程度上解决政策问题,也就是政策的充分性如何。这一标准关注的是政策实际效果与理想目标是否相符以及相符的程度。政策目标是制定政策的起点,也是政策制定所要实现的终点。政策目标在政策执行中具有指导、约束、凝聚、激励、辐射的作用。评价一项公共政策是否成功的重要标志就是看政策执行能否在预定的时间内完成其所确定的目标,其目标达成后能否解决政策问题。那么,就需要在评估政策时,把制定公共政策时所要达到的目标同在一定时间限度内执行政策所达到的目标相比较来进行评价。具体应用这个标准时要做到对已达成的政策目标的描述明确而具体。

---

① 谢明编著:《公共政策导论》,中国人民大学出版社2004年版,第35页。
② 陈振明主编:《政策科学——公共政策分析导论(第二版)》,中国人民大学出版社2003年版,第313页。

（3）效率。在公共政策评估中，效率指有效地使用政策资源以实现政策目标，通常表现为政策投入与政策产出之间的比例关系。实施一项政策需要大量的资源投入，包括人力、物力、财力和时间等等。当一项公共政策的产出远远小于这项公共政策的资源投入，那么在很大程度上可以认定这项公共政策是低效率的，是失败的；如果一项公共政策的产出远远高于该项公共政策的投入，那么可以认为这项公共政策是高效率的，是成功的。

效率标准与效益标准相互区别，又相互联系。效益标准主要是关注有效执行政策及实现政策目标，不关心以什么样的代价实现目标；而效率标准主要关注如何以最低成本、最少的资源投入来实现最大的政策产出。某项政策执行实现了高效率，但不一定能达到预期的政策目标；某项政策实现了政策目标，但很可能是多次反复才实现的，那么这个过程必然不是高效率的。因此，政策的效率必须首先建立在政策效益的基础上，没有效益的效率是无用的。

（4）公共性。公共政策的目的是解决公共问题，实现公共利益。公共性是公共政策的根本性质，公共政策的每一步发展都应朝向公共性的目标，公共政策的每一项完善也都应有益于公共性的实现。公共性标准是政策评估时所要坚持的根本的价值标准。公共性标准具体表现为公平性、公正性、公开性等标准。由于市场本身的缺陷，市场在社会资源的分配和调节方面存在市场失灵的问题，所以政府的公共政策应该发挥其调节作用，而这种调节作用更多地体现在社会公平方面。因此，政府在制定公共政策的过程中应该以社会利益最大化为其目标，最大限度地体现最大多数人的利益，尽可能地实现帕累托最优。公共政策是否成功的重要标准之一就是看政策是否体现了公平和公正的要求，是否体现和维护了最大多数人的利益。

（5）回应性。回应性指公共政策满足人们需求、价值和偏好的程度，也可以用来表示人们对政策的满意度。公共政策对社会需求的回应是一个国家或政策系统维持自己生存、稳定和发展的基本功能。通过公民的广泛参与，各种社会问题不断输入政策系统中，政治系统则不断地输出各种政策去解决各种各样的社会问题，维护和实现公民的利益。因此，一项公共政策不论是关系到全体利益还是一部分人的利益，只要政策对象认为政策满足了自己的利益、回应了自己的需求，就会对这项政策有积极的评价。

科学的评估源于正确、合理、全面的标准,而评估标准的确定本身就是政策评估中的一大难题。除了以价值判断为主的主观标准之外,不同类型的公共政策各有其专门的、特殊的评估标准,因此,把事实分析与价值判断相结合是科学、准确评估的客观要求。然而,我国的传统与现实都十分重视意识形态以及道德的作用,而且当前我国从事政策评估的人士大部分不具备评估方面的专业知识和科学方法,所以他们在评估时偏好用价值判断取代事实分析。同时,政策产出是多方面的,对政策结果的评价也应该是全面的,但我们以往评估时更看重经济效益,而忽视政治、社会、生态效益。若只用经济指标作为评估标准,可能会导致一项形象工程的重大行政决策的评估结果良好,而对社会发展有后续影响的惠民工程决策却成绩一般,这对于确定决策责任无疑是有害无利的。

第二节 公共政策评估的过程

公共政策评估过程就是政策评估主体有计划、有步骤地对评估客体进行评价的一系列活动,它包括评估准备阶段、实施阶段和结束阶段。

一、准备阶段

准备阶段包括三方面的内容:确定评估对象、制定评估方案、挑选和培训人员。

(一)确定评估对象

评估对象是指要评估什么样的具体政策,包括两个方面的内容:

1. 解决评估什么的问题

政策评估是一项很困难的工作,并不是所有的公共政策都要进行政策评估,确定需要评估的哪些具体政策也需要耗费一定的时间与精力。并不是任何公共政策在任何时候都可以而且有必要进行评估。有些政策刚刚开始实施,尚未完全发生作用,评估时机尚未成熟,则暂时没有必要进行评估。此外,政策评估包括对政策全过程的评估和对某个政策要素的评估,要清楚是对政策全过程的评估还是对某个政策要素的评估。评估开始前要清楚究竟要评估什么的问题,如果一开始就不清楚要评估什么,那么评估工作等于没有目标和方向,得出的评估结论也是没有任何意义的。

2. 根据有效性和可行性相结合的原则选择评估对象

评估的有效性即对该项政策进行评估是否具有实际价值,可行性指是否具备评估条件。一般来说,如果一项政策满足有效性和可行性,那么这项政策是可评估的,对其评估是有意义的。

(二) 制定评估方案

政策评估方案是指导整个评估工作的蓝图。在明确了评估对象后,就应该着手设计政策评估总体研究方案。一般一些大型的政策评估机构都会有自己的评估方案设计规范,并且建立完善的评估方案评价系统,用来检测设计方案的合理性。可以把政策评估方案比作成一条鱼的"鱼骨",政策评估的其他环节都要按照方案设定的那样运行。因此,政策方案的设计是否科学合理,是评估者的专业知识和能力水平的体现,也直接决定了政策评估质量高低和评估活动成败。因此,对于评估方案的制定一定要认真严谨。

著名的项目评估专家彼得·罗西(Peter H. Rossi)认为,任何政策评估方案都应包括四个方面的内容:评估要解决的问题、解决问题的方法与程序、评估者与政策相关者的性质(评估者与政策相关者的有效互动)、评估结果的发布程序。公共行政学家尼古拉斯·亨利(Nicholas Henry)认为详细的政策方案应包括十个方面的内容:问题的清楚陈述;研究的目标;阐述问题时使用的前提假设与约束条件的明细表;可使用的资源;采用的方法;达到评估目标程度的测量;沟通路线;完成研究计划的特定程序;完成评估主要内容的日程表,包括最后的期限;使用评估结果的特定程序。

根据以往学者的研究,我们认为政策评估方案通常包括七个要素:评估主体、评估对象、评估目的、评估标准、评估方法、评估的资源与条件、评估的进度。

(三) 挑选和培训人员

选择合适的政策评估人员是政策评估能否顺利进行的重要条件。挑选人员首先要考察人员的专业水平和素养,一般从事政策评估的专门人员经验会比较丰富,能够科学、客观、公正地进行政策评估。美国著名的决策咨询机构兰德公司,除自身的高素质人员之外,还向社会聘用了约 600 名全国知名教授和各类高级专家,作为自己的特约顾问和研究员,以保证评估队伍的高质量。一般选定评估人员后,需要对评估人员展开教育与培训。

二、实施阶段

政策评估的实施阶段是政策评估整个过程的重中之重。保证政策评估能够按政策方案设计的方向进行是实施阶段的第一目标。从组织管理角度而言,其主要任务是分解和下达评估任务,做好人、财、物方面的资源配置,采取有效的管理措施。从具体的实施而言,这一阶段包括三个步骤:

(一)全面收集政策方面的信息

政策评估过程实质上是将政策信息资料转化为有用知识的过程。利用各种手段,全面收集政策制定、政策执行、政策影响和政策效果等方面的信息。收集信息的方法很多,大致可分为观察法、查阅资料法、案例法、调查法和实验法五大类。在具体的政策评估中选择什么样的方法,需要依据所需资料的规模、类型、信息源等因素来确定。一般来说,观察法和实验法运用得较少,而文献法和调查法使用得较多。

(二)综合分析政策信息

在收集了大量有关政策方面的信息后,需要进一步对这些信息进行处理,筛选出实用的信息。信息整理是政策评估实施的重要基础,是提高信息质量和评估价值的必要步骤。信息整理必须遵循真实性、完整性、系统性和统一性的原则。对于整理好的信息,对其进行归类,使繁杂的资料条理化、系统化。对政策信息进行统计,尤其是相关数据,必须保证其真实可靠。经过整理、归类和统计,最后对政策信息进行综合分析,使这些信息能够客观反映真实情况。

(三)评估政策并得出结论

对于同一政策,使用的评估方法不同,得出的结论也不同,可以结合实际情况综合运用评估方法。一般来说,评估方法分为定性方法和定量方法两大类。对于宏观层面的、影响范围广的、效果和影响难以用客观指标衡量的政策,需要用定性评估方法。对于那些效果和影响可以用客观指标量化的政策,可以用定量评估方法。对于更复杂的政策,可以兼用定性和定量的评估方法。无论使用哪种方法,必须遵循完整性与科学性的原则。

三、结束阶段

这是整个评估过程的最后一阶段,其内容主要包括撰写评估报告和总结评估工作。

(一)撰写和提交评估报告

一份完整的政策评估报告应当包括八个部分:标题页、评估摘要、目录、图表与说明、导言、评估结果、结论与建议、附录。标题页应当包括政策评估报告的题目、提交日期、提交对象和提交人等内容。导言主要说明政策评估的大致背景。附录包括详细的图表和统计分析、资料收集工具、实地调查程序和其他必不可少的信息。提交评估报告前要注意检验所得出的结果的可信度和效度。要让政策设计者、决策者、执行者、参与者知晓评估结论,以便发挥评估的诊断、监督、反馈、完善和开发的功能。评估报告既要对政策效果进行客观陈述、对政策进行价值判断、提出政策建议,也要对评估过程、方法和评估中的一些主要问题加以说明。

(二)总结评估工作

对评估工作的优缺点及经验进行总结,吸取教训,为以后的评估活动打下基础。

第三节 公共政策评估的发展

一、国外公共政策评估的现状与发展

(一)发达国家普遍重视和推行政策评估

现代意义上的公共政策评估是在20世纪60年代随着现代科学方法的发展成熟及其公共政策研究中的广泛运用而首先在以美国为代表的西方发达国家诞生和兴起的。经过多年的发展,政策评估不断改进与完善,后来越来越受到重视,西方各发达国家普遍推行了政策评估,日本、新加坡等亚洲地区的发达国家也都开展了政策评估。政策评估的具体内容多种多样,如财政政策评估、环境政策评估、住房政策评估等。

财政政策评估也叫财政政策评价。基于财政政策对国民经济发展的重要作用,当今世界基本上所有的市场经济国家都会对本国的财政政策进行专门评估,目的是了解财政政策的投入产出比,检验财政政策的效果,实现财力资源的有效配置。

环境政策评估也是当前各国十分重视的政策评估内容。经济的发展常常以生态环境的破坏为代价,随着经济发展水平的不断攀升,生态问题日渐受到人们的重视,尤其是发达国家越来越意识到不应该牺牲环境来发展经济。大部分发达国家实行了环境政策评估,大大小小的环境政策不断出台,随之而来的是各国政府对环境政策评估的重视。环境政策评估是对环境政策进行衡量、检查、评价与判断的过程。通过计算环境政策产生的效益与效率,不断发现问题,改进、终止原有政策或制定新的政策,为政府决策提供依据。美国、日本、加拿大、西班牙、德国、丹麦、荷兰、挪威、澳大利亚、新西兰等国家都实行了环境政策评估。日本是较早进行环境政策评估的国家。2014 年日本对水环境政策进行评估是其在政策评估领域较为典型的案例,此次的水环境评估对日本调整环境政策起到了重要作用。

(二)建立较完备的组织体系

政策评估的组织体系是评估活动得以开展的依托和载体,是政策评估得以顺利开展的重要条件,也是影响评估效果与质量的十分重要的因素。因此,政策评估的组织体系整体上的建设水平、运行状况以及体系内部的分工与协作十分重要。一般来说,政府部门十分重视政策评估组织的整体水平,因为每一次评估活动都直接影响到政府的能力与公信力,所以很多发达国家都会组建专门的政策评估主管部门,统领整个评估活动。在这方面,很多发达国家进行了长期有益的探索。如美国"国家绩效评议委员会"就是专门对联邦政府制定的政策和政策绩效进行评价的机构。法国的政策评估组织体系也较完备,它不是由单独某个部门某个单位负责,而是许多公共机构一起共同承担政策评估活动。在法国承担公共政策评估的机构有:国会、中央和地方行政机关、国家审计法院和地方审计法庭,以及专门的公共评估机构等。① 韩国设立专门的"政府绩效评

---

① 奚长兴:《对法国公共政策评估的初步探讨》,《国家行政学院学报》2005 年第 6 期。

价委员会",负责政府绩效的评价工作,委员会由15名委员组成,包括4名部长和9名来自民间的专家。委员会由总理和一位民间专家共同主持;设立政策协调办公室,主管政策评估工作。日本的"行政评价局"负责对内阁和政府部门的各项政策实施全面深入的绩效评价,同时对政府部门已实施的政策评价实施再评价。国家设立专门的政策评估主管部门,能增强政策评估的组织保障,从而避免政策评估成为政府部门运动式或阶段式的活动,使政策绩效评估工作趋于连续,并使评估的权威性得到保障。

(三)评估活动走向职业化与专业化

越来越职业化和专业化的政策评估是发达国家多年来政策评估的另一成功经验。由于政策评估在公共政策中的重要地位,越来越多的人想要从事政策评估职业。专业性的政策评估对评估人员的技能与知识要求较高,因此伴随社会需求产生了很多专门培训评估人员的院校。这些院校或者是由私人部门组建的或是由政府或相关研究机构创办的,用来培养专业性的、职业性的政策评估人才。在美国,主要是政府或政策研究所这类官方机构负责培训专门的政策分析人员,凡是想要进入政策评估行业的人,必须经过层层筛选,条件较为严格。法国对专业性的政策评估人员的要求更高,要想成为评估师,取得资格认定,首先必须学习政策评估的专业知识。普通大学生必须在有一定资质的政策评估培训学校接受培训,经过专门学习后再通过严格考核,最后只有考核结果合格的人才能成为评估师。社会对政策评估的需求导致其从业人员的素质不断提高,政策评估职业化和专业化日趋明显。

(四)评估主体的多元化

评估主体是指对评估的过程、结果进行评价和判断的个人或组织。从利益相关者的角度可以把评估主体分为四类:一是政策的制定者与执行者,他们是评估活动的主要负责人;二是专业性、职业性的评估机构和人员,他们以高度专业性著称;三是大众传播媒介,他们会出于公共利益参与评估活动;四是目标群体,他们大多为了个人利益争取参与评估。根据权限范围与组织性质可以把评估主体分为三类:官方、半官方和民间。官方评估主体一般由政府或政府官员占据主导地位,对政府机构负责。半官方评估主体不完全由政府部门管理,经费上受到政府支持,保持一定的独立性。民间评估主体独立于政府而存在,他们有自己的运作系统和资金来源,在日常事务中不受政府约束,具有相当大的独立性。创建于1916年的布鲁金斯学会是美国著名智库之一,也是美国著名的综合性政策研究机构,遵循"独立、非党派、尊重事实"的研究精神,提供"不带任何意识形态色彩"的思想,保持思想的独立、资金的独立和政治的独立,属于民间评估中颇具影响力的组织。

发达国家十分重视评估主体的多元化,一般情况下政府在进行评估活动时,会积极吸纳专业人士和社会大众的参与,公众意志可以得到充分表达和尊重。如法国的大区委员会是由公务员、民选议员和评价专家三类人员组成。日本的行政评价局为让政策评估面向更大的群体,从全国专家学者和名望较高的人中选出5000名委员。日本的国土交通省在开展政策评估过程中引入了外部人员和机构参与,对于重大评估案例,听取专家的观点和中立的意见,集中民智。同时,针对有些可能引起广泛社会反响的公共问题,国土交通省会开展公共评议,听取社团民众意见。

发达国家也十分重视和保障政策评估主体的独立性。日本会计检查院作为日本的最高审计机关,行使着独立的审计监察权和财政监督权,还拥有特别检查权,国会可以要求会计检查院对特定事项进行检查,并将检查结果直接报告国会。要维持评估者评估工作的客观性及独立性,首先要保证评估组织的超脱地位,避免评估工作受政府的干扰。其次,评估者的地位要有周全的职业保障。如美国联邦审计局(GAO)对国会负责,其首长任期为15年,以此作为保障。日本《会计检查院法》第三条就"院长的任命"做出具体规定:"会计检查院院长由检查官互选,并由内阁加以任命。"检查官的任期为7年,检查官在任期届满前,不得随意罢免。[①]

(五)政策评估的法制完善

1985年,法国政府颁布《研究政策与技术开发的评估》,对科技评价做出明确规定:"法国研究与技术开发研究计划需根据各自的指标受到评价,在计划实施之前,评价的指标和方法都要确定,公共研究机构必须定期按照评价的程序

[①] 参见钱再见等:《国家治理视域中的政策评估困境及其破解路径研究——基于公共权力运行公开化的考察》,《武汉科技大学学报(社会科学版)》2005年第3期。

实施绩效评价。"1989年5月法国成立了国家研究评估委员会,受到16个法律条款的约束,其机构职能、人员组成、评价费用乃至出差费都有明文规定。之后法国对评估机构也进行了法律规范。法国赋予评估机构一定的特权,以保证公共政策评估的有效性。评估过程中,报告人如认为有必要,还可组织向新闻界开放的听证会,以收集与问题相关的个人及组织的意见,听证会的小结作为报告的附件,体现在报告中。这样形成的有价值的报告,将直接用于公共政策的立法讨论和预算参考。除公共机构承担公共政策评估外,政府也可委托私人机构对某些项目进行评估。法国2002年成立了全国评估委员会,负责领导跨部门的评估工作。法国全国评估委员会具有很高的权威,负责确定评估方法、制定详细的招标规划、挑选委员会以外的专家。评估过程中委员会成员独立发表意见并进行辩论,最终以集体意见作为评估结果。整个过程采用异议制,允许被评估机构阐述其观点甚至对评估结论提出异议。但评估报告一旦确定,被评估机构必须根据评估报告的建议采取措施,并向政府主管部门报告。法国国会所属科技选择评估局,主要负责科技公共政策评估,该评估局由国民议会和参议院中部分议员组成专门委员会,委员会下设秘书处和办事机构,其多数成员在科技方面具有丰富经验,其中部分人员长期担任政府部长等职务。该评估局所属科学理事会则由15名高水平科学家组成。该评估局每年组织几次研讨会,为保证整个评估的独立性,所需经费全部由政府承担。

　　美国1993年颁布了《政府绩效与评估结果法案》,在讨论和实施这项法案的过程中,公共政策绩效已引起了广泛的关注。2003年9月美国政府正式颁布了《政策规定绩效分析》文件,对实施公共政策绩效评估做了系统、全面的规定。《政策规定绩效分析》作为政府绩效评估的一个配套文件,其目的是预测和评价政策实施效果,为政府部门分析政策绩效提供帮助。

　　日本政府2001年通过了《关于政策评价的标准方针》,对政策评价客体、评价主体、评价视角和评价方式都有具体规定。同年还发布了《政策评价基本方针》,拉开了日本政府政策绩效评价制度建设的序幕。2002年4月日本正式实施了《关于行政机关实施政策评价的法律》(简称评价法),根据该法案,内阁和政府的各个部门都被要求在其权限范围内实行政策评估,规定了政策评估基本事项,主要包括三个方面内容:一是政府各部门必须适时把握所管辖政策的效果,从必要性、效率性和有效性等视角进行自我评估,并将评估结果反映到相应的政策上;二是在政府制定的关于政府总体政策评估的基本方针的基础上,各部门要制订中期计划和每年的实施计划,对政策评估的结果要编制评估报告予以公布;三是为保证政策评估的统一性、综合性和更加严谨的客观性,总务省要对政府各部门政策进行评估。该法案为各行政主体客观、严格地开展政策评估提供了重要的制度保障。

韩国于2001年通过了《政策评估框架法案》,对政策评估原则、评估主体、评估类型、评估程序、评估结果的使用和公开等内容,都做出了明确、详细的规定。这项法案的出台对韩国政府公共政策绩效评估的广泛、深入开展,起到了极大的推动作用。2006年4月,韩国政府实施《政府业务评价基本法》,该法的实施把原先依据不同法令进行的片面的或重复的各种评价制度,综合为一体,使之系统化,确立了一体化的绩效评估制度。

(六)评估结果运用的常态化

重视评估结果是政策评估的意义所在,发达国家在评估结果运用方面进行了长期探索并取得了成功。韩国的政府绩效评估分为四个步骤:内部性的个体评估、提交讨论、评估后整改、评估结果使用。在前面的三个步骤完成之后,确定评估结果,根据评估结果对绩效突出的人予以奖励,包括颁发嘉奖令、给予晋升或发放奖金等物质奖励;对于绩效不达标的人进行批评,或降职降薪。对于每次的评估结果,韩国政府都会报告给总理和总统,也会在新闻媒体和互联网上公布,让大众知晓。在日本,多数政府部门采用PDCA的评估管理模式,即计划、执行、检查和行动,该模式的特点是评估被应用于各个环节。在政策和计划的管理周期中都开展了全面的评估,在规划阶段开展事前评估,在执行过程中要进行中期评估,在执行结束后进行结题评估,在政策和计划完成一段时间后还要开展事后评估。[1] 每个评估完成后都要进行反馈,将结果及时提供给管理者参考和使用。评估结果的应用主要体现在对政府的预算编制和政策调整产生影响。一方面,政府部门依据评估发现的问题,及时对不合理或不适当的项

---

[1] 王军锋、关丽斯、董战峰:《日本环境政策评估的体系化建设与实践》,《现代日本经济》2016年第4期。

目或计划进行调整,并体现在下一财年的政府预算编制中;另一方面,各部门还依据评估结果相应增加、修改或取消有关政策或措施。

二、我国公共政策评估的发展

我国的公共政策评估制度从改革开放以后逐渐萌芽。大约从20世纪八九十年代起,我国从国外引进相关政策科学,在公共政策评估研究领域起步较晚,相关的理论准备与理论研究还有待发展。近年来,虽然我国公共政策评估在学习西方先进经验的基础上,结合我国实际情况已做出了很多有益尝试,但存在的问题仍较多:政策评估理论方法研究滞后,实践经验不足,特别是对政策评估的重要性认识不足;评估理论与方法体系不完善;法律地位不明确,没有建立科学的公共政策评估机制;政策评估组织不健全,缺少独立的政策评估组织;缺乏完善的信息系统;政策评估的结论不受重视等。评估的目的本来应该是综合衡量政策影响,以对政策进行调整或存废,但由于评估涉及很多主体的利益,政策评估的真实目的往往被歪曲,其评估行动和评估结果的有效性令人生疑。有时进行评估的初始目的在于证明其效果,而对政策的负效应避而不估,把评估作为沽名钓誉的手段;有时进行政策评估的意图在于使效果不佳、绩效不良的政策合理化;有时则以评估来掩饰决策的失败或错误;有时借评估来攻击与自己偏好不一致的政策。在我国,政策评估过程的障碍导致评估无力,但即便是克服种种困难得到的评估结果却也往往不被有关部门所重视,使得政策评估活动难以发挥应有的作用。我国政策评估阶段发展薄弱的状况,严重影响政策评估应有功能的发挥,甚至成为整个公共政策过程的瓶颈。因此,发展我国公共政策评估具有必要性和紧迫性。

(一)发展多元化评估主体尤其是独立性的政策评估组织

只有多元的评估主体才可以最大限度消除政策评估结果的主观性,而现阶段我国的公共政策评估组织以官方为主,以内部评估为主要形式,缺乏外部即"第三方评估",缺乏社会组织的参与。现阶段我国的公共政策评估主体以政策的决策方或执行方为主,公共政策评估主体和被评估对象有着业务上或层级上的种种联系;多数政府部门在公共政策评估实践过程中,只是在系统内部通过自下而上的统计报表或总结报告等形式对本部门或本系统工作进行总结评估,使得评估主体在公共政策评估过程中带有很强的主观色彩,难以保持评估立场的客观性和评估结论的可靠性。政策评估专家作为评估主体中的一支重要力量,其独立性的缺失直接导致评估结论的客观性不足,尤其是政府自身利益和公众利益冲突时,更会使得公共政策评估结论缺乏公信力。另外,受传统文化的影响,政府部门工作人员习惯性地尊重权威,不愿或者不敢反驳上级,或者为了自身前途或为了讨好上级,会在公共政策的评估中根据上级部门的偏好提供不完全真实的信息,导致公共政策评估结论的失真。在我国,缺乏独立性的政策评估组织和评估人员是阻碍评估进步、影响政策评估发展的一个重要原因。

民间政策评估组织比起官方评估组织更能与广大人民群众保持密切的关系,在进行重大公共政策的评估时,也能够较好地进行社会沟通,广泛了解民意,因而往往能抓取官方评估组织无法获取的信息。推动民间评估的发展,首先,必须转变传统思想观念,认识到民间评估组织的作用,尤其要重视民间评估组织的评估结论,不能带有偏见;其次,对于民间评估组织的准入条件、资格审查要尽可能予以帮助,不能设限为难;再次,对于社会影响较好、表现优异的民间评估组织,可以设立奖励制度,鼓励社会大众积极参与,增强民间评估组织的社会存在感;最后,要尊重民间评估组织的独立性,保证其工作不受政府干扰。国外有不少独立于政府部门的政策评估组织都取得了一定的成功,在这方面,我们可以借鉴西方发达国家的经验。美国的布鲁金斯学会的宗旨是开展高质量的独立研究。多年来,布鲁金斯学会仍旧保持与政府的雇佣合同关系,而非行政隶属关系。布鲁金斯学会不以营利为目的,为了保证研究的独立性,其资金结构保持多元化,除了从与政府开展的合同式研究获得经费外,还有基金会、大公司及个人的捐助,政府资助,出版物收入和其他一些投资收入。在这方面,美国的兰德公司也是个很好的例子。兰德公司长期以来一直坚持自己的独立性,自称为非营利的民办研究机构,只保持与美国政府的客户合同关系。它通过发展不同性质的客户来保持自身的独立性,除美国政府外,还重视发展非政府部门和私营部门的客户,尽可能避免依赖联邦政府。兰德公司用尽可能拓宽资金来源的方式保证公司的独立性。

我国在发展多元化的政策评估组织的同时,在公共政策评估中引入"第三方评估"有必要也可行。所谓"第三方评估",是利用不具有利益关系且独立于政策制定方、执行方和政策实施对象的第三方主体,遵循法定程序,运用先进理论和方法,对公共政策进行评估的评估模式。公共政策的第三方评估具有独立性、客观性、权威性的特点,有利于加强政府的公信力。近十年来,我国各级政府相继对公共政策评估引入第三方评估,评估内容涉及经济、文化、生态环境等多方面的政策。2012年以来,重庆、江苏、湖南等省市相继出台第三方评估机制的指导意见,并进行了不同程度的实践,效果显著。2016年,南京市政府办公厅印发了《南京市重大政策措施第三方评估实施办法(试行)》,其中明确规定南京的重大政策措施将进行第三方评估,评估结果将作为政府绩效管理和行政问责的重要参照依据。评估范围包括全市国民经济和社会发展规划、重要的区域规划和专项规划的编制实施情况,全市行政管理体制改革的重大政策措施,重要的行政事业性收费及政府定价的重要商品和服务价格实施情况,全市公共服务、市场监管、社会管理、环境保护等方面的重大政策措施,政府重大投资项目和重大国有资产处置等其他由政府决策的重大事项执行情况,以及南京区域其他社会影响面大、群众关注度高的政策措施实施情况。

在具体引入第三方评估时,要充分研究实际情况,加强配套措施的建设,保障第三方评估有效运行;完善相关法律法规,实现第三方评估常态化、法治化;因地制宜,构建切实可行的评估制度;培育多元评估主体,实行"竞争上岗";加强地区合作,开展"异地评估"。①

(二)建立和发展公民参与政策评估的途径和机制

公民参与政策评估是政策评估民主化的重要体现。公共政策的效果最终要落实为公民福利的增长,因此,公民是重要的政策评估主体。只有不断健全公民参与政策评估的途径和机制,才能充分实现公民的政策评估权利,切实保证政策评估的公平,并有效提升政策评估的质量。公众作为政策评估主体参与政策评估,与我国政府倡导的为人民服务的理念完全一致,符合我国服务型政府建设的需要。其作用体现在:其一,公众参与能为政策评估提供相对完整的

---

① 郭渐强、严明:《地方政府重大行政决策第三方评估机制研究》,《湘潭大学学报(哲学社会科学版)》2017年第5期。

信息;其二,提高公民对政策的接受性,可增强公民对公共政策的支持程度;其三,可推动评估本身的持续性,从而为后续政策改进发挥实质性作用;其四,可对因评估指标选取不恰当的问题发挥矫正技术性偏差的作用。今天社会公众参政议政的觉悟和热情高涨,他们通过各种途径对公共政策进行评议,例如通过举报、上访、电视、网络,甚至"微博问政"等。但是,我国的市民社会还未充分发育,公民整体参政议政能力不足;代表较低阶层和行业公民利益的团体不仅数量较少而且力量薄弱,难以表达自己的声音;政府部门对决策与执行信息的垄断,使民众缺乏进行有效评估所必需的信息;加之近年来"网络暴民"和"不明真相的群众"频频出现,干扰了公民的理性参与。因此,公共政策评估不仅需要提高公众参与度,而且需要提高公众的理性参与度。具体可以采取以下措施:一是在公共政策评估实施之前,公开征求意见,广泛听取专家和社会公众的意见;二是在公共政策评估过程中,推广社会调查、网络问政、公民会议、公民面谈等方式,鼓励社会公众理性参与;三是在公共政策评估结束后,公开对发现的问题的整改情况,让公众参与后续监督,促进问题整改到位。

(三) 加强专业评估人员队伍建设

评估人员队伍是完成政策评估的关键力量,评估人员的专业素养与知识水平直接影响政策评估的质量。当前我国对评估人员队伍的重要性认识不足,对其经费投入也十分有限,也很少为评估人员提供专业性的培训,可以说,重视与投入不足严重制约评估工作的顺利进行。因此,要想改变我国当前政策评估现状,推动评估事业发展,必须加强专业评估人员队伍建设。具体可以从以下四个方面展开:首先,各级政府应转变传统的思想观念,要在思想上重视政策评估,把评估工作当作检验工作、判断成效的重要手段。其次,加大对政策评估人员队伍的经费投入。如采取有效措施鼓励政策分析专业人士或业内精英加入政策评估组织;对已有政策评估人才队伍,应加大专业技能培训,定期开展考核,提高评估人员的政策评估科学理论水平和相关技能,保证人才队伍质量。再次,适当增加对政策评估的科研投入,通过科研资金的投入,加强对公共政策评估理论、评估方法和评估技术的研究。最后,充分发挥智库的政策评估功能。总体来说,中国高质量的智库还很少,以政策评估为专长的智库更是很少见。目前除极少数领域外,中国缺乏专业性的公共政策评估机构。很多评估主要还是通过成立专家组的形式来完成,这样就很难积累评估的经验和能力,并使其沉淀在一个专业化的组织机构中。虽然市场上的各种管理咨询机构有时也参与政策评估,但这些机构内在的营利需求和其高昂的收费,也使得这些机构的作用发挥有限。此外,必须重视专业评估人员队伍在政策评估中的作用,肯定他们存在的意义和对政策评估所做出的贡献。最大限度地实现评估所需资源的信息共享,使专业评估人员能够随时了解公共政策制定和执行的状况,及时、有效地进行政策评估。

（四）实现公共政策评估的制度化法治化

要建立健全公共政策评估的法律法规,推动公共政策评估的法制化。开展公共政策评估,当务之急是解决法律依据问题,可以用发布或修订公共政策评估相关规章的形式,明确公共政策评估的权限、程序以及法律责任等内容,逐步实现公共政策评估有法可依。任何一项事业要想顺利开展,必须有相应的法律保障,公共政策评估也不例外。目前,我国对哪些公共政策应该进行评估,在政策过程的哪些阶段进行评估,评估的权限、程序以及法律责任是什么等,都没有明确的法律法规依据。缺乏法定的评估权力是阻碍开展独立型公共政策评估的根本原因。政府要承担公共受托责任就要以构建一套有效的政府责任体系为前提,这套责任体系的本质是对公共权力进行监督、制约以及对过失权力进行责任追究。但长期以来的"政府本位"思想使得政府责任意识淡薄,政务公开不到位甚至不公开,为政府逃避公众监督提供了机会,而相关法律法规存在的漏洞和缺陷为政府难以承担责任提供了保护机制。政府责任体系缺失的情况必然导致对于行政过失行为无处问责或问责不力,这不仅会使公共政策评估的效果大打折扣,而且会使评估人员对政策评估工作的积极性受到影响。2019年国务院印发的《重大行政决策程序暂行条例》明确规定了决策机关组织评估的三种情形:重大行政决策实施后明显未达到预期效果;公民、法人或者其他组织提出较多意见;决策机关认为有必要。这一规定使重大行政决策评估有了行政法规依据。

要通过制度规范和保障政策评估的有效进行。首先,加快公共政策评估工作的程序制度建设。每项政策评估都应本着客观公正的精神,评估结束后及时撰写评估报告,并将评估结论公之于众。其次,完善评估人员奖惩制度。为防止公共政策在制定和运行过程中的随意性,保证评估人员的客观公正,通过制度将评估结论与有关人员的奖惩直接联系起来,实现权、利、责的有机统一,做到谁的问题谁负责,谁的功劳谁受益,赏罚分明。最后,建立重视和保障评估结果运用的相关制度。要通过制度保证被评估对象认真对待评估结论,注意对评估结果的消化与吸收,使政策评估真正发挥作用。如果评估结果没有被运用到政府决策和政策系统的改进上,即使政策评估怎样科学、有效,也会失去其存在的意义。如何保证评估结果的真正运用呢?一是要通过相关制度明确规定每项重大公共政策评估结果都要向社会公示,听取民众的意见和反馈。《湖南省行政程序规定》第四十四条明确规定"决策机关应当定期对重大行政决策执行情况组织评估,并将评估结果向社会公开"。《山东省行政程序规定》也有相应规定:县级以上人民政府应当定期对重大行政决策的执行情况组织评估,并将评估结果向社会公开。二是要建立公共政策绩效评估结果内部通报制度,将政策绩效分析报告以简报等形式印发各单位,互相借鉴,互相促进。

(五)建立完善的政策评估信息系统

评估的科学性和准确性与评估信息的收集和处理紧密相关。信息收集越全面、准确、真实,处理手段越科学,评估的结果就越准确。信息收集充分与否是影响政策评估的信度和效度的关键因素。用于评估的信息应包括可观的、量化的指标和数据,但实际上收集足够的数据十分困难,其原因有主观和客观两方面。客观方面的原因主要有:统计数据要花费一定的成本;决策实施的一些结果是长期的,无法在短期内提供数据;有些政策好与不好的结果可能出现于不同的时段,因此一定时期内提供的数据可能偏重于某一方,从而影响数据的客观性。主观方面的原因在于:一些机构对评估存在抵触情绪;为了某种特定的目的而故意隐瞒必要的信息,提供虚假信息等。这些都给政策的有效评估带来极大的困难。

因此,必须加快建立和完善政策评估信息系统,对政策过程的每一个环节的信息进行收集,最大限度地实现政府决策层、评估组织和公众之间的有效沟通,最大限度地避免信息截留、失真,确保信息的全面性和科学性。对于政府来说,除法律规定应予保密的信息之外,其他一切有关公共政策制定背景、执行状况、评估结论等方面的情况,应通过网络及时向社会公布,增强政策过程的透明度,杜绝政策过程中不必要的"暗箱"操作。具体来说,可以从四方面改进:一是利用"互联网+"建立各级政府信息库,以确保全方位收集与传播信息,从而保证信息的全面、真实、客观和及时。二是加快公共政策绩效评价技术平台建设,通过利用先进技术手段,维护信息库安全,防止信息在传递过程中失真,完善数据采集、反馈、分析和改进机制。三是建设专门的公共政策绩效管理信息库。各级政府建设政策绩效管理信息库,分类收集各单位公共政策绩效管理的做法与效果、意见与建议、问题与不足以及改进措施,通过进行跟踪处理和统计分析,加强交流反馈。四是实行公共政策绩效评价状况分析。利用政策评估数据库,定期对公共政策绩效的总体状况、实际效果进行综合分析,找出落后指标和存在问题,为改进绩效提供依据。

特别值得一提的是,大数据时代如何发挥大数据在政策评估中的作用,是发展我国政策评估的新课题。大数据时代是一个不容回避的时代。维克托·迈尔-舍恩伯格在接受采访时曾经表示:"如果你是一个个人,你拒绝大数据时代的话,可能会失去生命;如果是一个国家,拒绝大数据时代的话,可能失去这个国家的未来,失去一代人的未来。"[1]要迎接大数据时代的到来,就必须重视大数据技术的发展。从一定意义上来说,只有不断发展和创新大数据技术,才能够占据时代的制高点。"在初期着力引进外部大数据管理技术,力求掌握核心技术;在中期采取边引进边创新的策略,探索适合我国的政府大数据管理技术;在后期着力开发具有中国特色的大数据管理技术,掌握大数据技术主动权。"[2]

大数据技术作为一种技术手段,如果运用得当,将为我国政府公共政策评估提供一种新的工具,为公共政策评估工作的发展插上翅膀。大数据技术可以促进评估主体多元化,甚至可以实现全民评估。大数据时代的今天可以不再直接组织评估活动,而是通过搜集的相关数据来实现对公共政策的评估。大数据时代的公共政策评估是一种"循数评估",可以实现间接化,可以"通过运用大数据技术如 DM(数据挖掘)、OLAP(联机分析),对繁杂数据进行深度挖掘、分析,从'数据海洋'里找到有价值的数据,从看似'无序''无关'的数据和数据集间探寻规律和相关性,让数据'发声',运用 VDSS(可视化决策支持系统),将数据

---

[1] 《维克托:拒绝大数据时代可能会失去生命》,央视网,http://jingji.cntv.cn/2013/04/11/ARTI1365684146024680.shtml,2021 年 8 月 20 日访问。

[2] 于浩:《大数据时代政府数据管理的机遇、挑战与对策》,《中国行政管理》2015 年第 3 期。

分析结果以生动、直观、具体的形式展现给评估者,使其快速理解分析结果,做出较为准确的评估"①。大数据时代提供了对公共政策内容全方位评估的可能性。将大数据技术应用于公共政策评估,需要重视发展公共政策评估的大数据技术,需要大力培养公共政策评估的大数据人才,也需要健全的体制机制保障。一是建立信息安全保障机制。大数据时代需要数据的开放和共享,这可能会增加个人数据和政府数据被泄露或攻击的风险。必须建立信息安全保障机制,让无论是国家,还是企业,抑或是个人的数据都受到法律保护。不仅要明确管理者和使用者在数据收集、整理、分析和共享过程中的责任和权利,还要通过多方合作,共同提升大数据安全保障技术。二是建立大数据管理体系。公共政策评估中的数据质量问题是一个非常重要的问题。建立大数据管理体系就是通过建立机构、合理配置人力物力,来强化对大数据的收集、运用、分析和共享的管理,尤其是要规范处理大数据,去除虚假数据,减少失真数据的负面影响,更新数据标准,确保数据产品的质量。②

(六)发展科学的评估理论、方法和技术

政策评估理论、方法和技术的科学性,是保证评估结论客观、有效的关键。中国的政策科学起步较晚,理论基础薄弱,评估实践发展缓慢。政策评估涉及政治学、社会学和经济学等多学科知识,政策评估的理论与方法内容繁多,使政策评估理论体系建设一直难有大的进展。虽然一些学者在这方面进行了积极探索和有益尝试,但总体来说,该领域的研究成果仍然是不系统的。长期以来,我国的政策评估主要是凭借经验判断,对专业理论与知识应用较少,缺乏成熟的评估理论、方法和技术的指导,这些都阻碍了我国评估工作的进步。在未来的政策评估工作中,我们必须构建具有中国特色的政策评估理论和方法体系。一方面,我们应当学习借鉴国外先进的评估理论和实践经验,积极引入科学的评估方法和技术;另一方面,我们应当切合实际,根据本国国情,将这些理论和经验本土化,并有针对性地应用于中国的实践。因此,针对当前中国政策评估方法和技术的特点,今后必须大力加强政策评估方法体系建设,加强跨学科研

---

① 杨润美、邓崧:《大数据时代行政决策评估进展研究》,《电子政务》2015年第11期。
② 于浩:《大数据时代政府数据管理的机遇、挑战与对策》,《中国行政管理》2015年第3期。

究,重视方法论基础建设,将事实分析和价值判断相结合,定性分析和定量评估相融汇,发展和完善适应社会主义市场经济要求的、实践针对性强的、科学的、有效的政策评估理论和方法体系,真正满足我国政策评估实践发展的要求。

复习思考题

1. 简述政策评估的功能。
2. 比较内部评估与外部评估的优缺点。
3. 政策评估面临哪些困难与阻力?
4. 在政策评估中,有哪些评估标准?
5. 如何借鉴国外公共政策评估经验推进我国公共政策评估的发展?

第九章 公共政策调整与终结*

第一节 公共政策调整

一、公共政策调整的含义

关于政策调整,宁骚将它定义为,在公共政策实施过程中,根据政策评估和监控所反馈的信息对原有政策中不适应政策对象和政策环境变化的部分,采取渐进的方式进行增删、修正和更新。①

陈振明认为,政策调整是指在政策监督和控制过程中所获得的有关政策系统运行(尤其是政策执行的效果)的反馈信息的基础上,对政策方案、方案与目标之间的关系等进行不断的修正、补充和发展,以便达成预期效果的一种政策行为。在某种意义上说,政策调整是政策方案重新制定和执行的过程。或者更准确地说,政策调整是政策方案的局部修正、调整和完善。②

本书认为,政策调整指的是公共政策主体依据政策评估的结果,对实施过

---

* 本章案例导入请扫书前二维码获取。
① 宁骚主编:《公共政策学(第三版)》,高等教育出版社 2018 年版,第 367 页。
② 转引自钱再见编著:《公共政策学新编》,华东师范大学出版社 2006 年版,第 208 页。

程中的政策做必要的删补或修正,从而使其更加完善,以期更好地实现政策目标,达到更好的政策效果的动态过程。政策调整的实质是协调政策目标与政策方案、政策环境之间的关系,消除其中的紧张关系和矛盾。政策调整是政策的再制定和再执行。

公共政策调整具有两个特点,一是非零起点。政策调整的实质是协调政策目标与政策方案之间关系,通过目标的修正或方案的修改消除两者的差别、矛盾。因此,政策调整是政策的再制定与再执行。但是,政策的这种再制定、再执行,不是将以往的政策制定和执行活动一笔勾销,不是完全从头开始,而是在先前政策运行的基础上做出的调节。新目标的设定必须考虑旧目标中的合理部分;新方案的论证选择必须充分吸纳原方案中的可取之处。如果简单地将原来的政策目标、政策方案推翻,已投入的政策资源就会浪费掉,已经从先前的政策实施中获得利益的公众也会反对。二是双重优化。政策调整的双重优化有两层含义:第一层含义是,政策调整是重新协调政策目标与政策方案的关系。调整后的政策目标和政策方案都得到优化。第二层含义是政策调整后,经过修正或修改的政策方案是优化过的,同时,制定的调整方案也是许多可供选择的方案中最优的。

二、公共政策调整的原因

公共政策的调整既有主观上的原因也有客观上的原因,包括以下几个方面。

(一) 政策环境的影响

公共政策作为一个开放系统,是社会大系统中的一个子系统,公共政策的运行或调整都会直接或间接地受到环境的影响。政策环境为政策的运行提供条件,当政策环境发生改变时,位于环境中的公共政策也需要进行相应的调整以更好地适应环境。如果政策环境发生的变化已经对政策运行的条件和资源产生影响,政策就必须适应环境做出调整。[1]

---

[1] 桑春红、吴旭红主编:《公共政策学》,清华大学出版社 2018 年版,第 265 页。

(二) 政策资源的改变

公共政策的制定、执行、评估等过程都需要一定的资源作支撑。政策资源并不是一成不变的,它会因政策制定主体掌握的权力的大小以及从环境中提取资源的能力的强弱而发生变化。国家的经济状况也会影响到政策资源,当国家出现经济危机时,必然会减少对某些政策的资源投入。政策资源是一个变量,当政策资源发生变化时,公共政策就必须进行相应的调整。

(三) 政策主体价值取向的影响

所谓主体的价值取向,是指主体在长期的生活、生产实践过程中和具体环境中形成的有关价值的观点、看法和态度,是人们进行价值评价的内在依据。政策主体的价值取向是指政策主体在政策制定、实施以及评估过程中形成的对政策价值的态度。当政策主体的价值取向发生改变时,他对政策的制定、实施以及评估的看法也会发生改变。人具有主观能动性,必然会采取一定的行动对政策进行必要的调整。

(四) 政策负面影响加大

事物都是辩证的,任何政策的作用都是两面的,政策发挥积极作用的同时也难以避免地会带来负面影响。但是制定和实施公共政策是期望其积极作用远超过其负面影响,能解决政策问题,推动社会发展和进步。当政策的负面影响产生了甚至超过其带来的积极作用时,就应考虑调整公共政策,使其负面影响尽可能减小。

(五) 政策本身缺陷的显露

任何一项公共政策都不可能是完美无缺的。不管决策过程多科学、执行多严格,由于人的主观失误或客观条件的限制,政策不可避免地会具有一些缺陷。这些缺陷可能不会在短时期内暴露,但随着政策的实施,政策本身的缺陷会逐渐显露出来。若这些缺陷影响了政策目标的实现,就需要进行政策调整。

(六) 政策目标的变化

政策目标是公共政策构成的重要因素,政策内容的确定、政策方案的选择与评估、政策的执行都是以实现政策目标为导向的。政策目标会随着社会、经济、政治发展而发生改变,一旦政策目标发生变化,公共政策必须做出相应的调整。这种政策目标的改变,既可能发生在具体政策的层次上,也可能发生在国家的总政策、基本政策的层次上。

(七) 认识的深化

政策是认识的产物,体现了政策主体的认识水平。人们对政策环境、政策问题的认识进一步深化会主动对公共政策进行调整。任何一项公共政策都是在政策制定和执行主体一定的认识水平的基础上形成的,而人们对公共政策的认识是不断深化的。人的认识一定遵循由低级向高级、由不全面向全面发展的规律。也就是说,当政策刚刚制定出来或开始执行时,由于政策制定者和执行者认识能力的局限,存在着一定政策失误的可能性;随着不断深化对政策问题、目标、方案的认识,政策制定者会对原来的政策进行修正和补充,使之更加完善。

三、公共政策调整的内容

(一) 政策目标调整

政策目标的改变既是政策调整的原因也是政策调整的内容之一。政策目标调整即政策目标的校订、修正或再确立,包括将原来模糊、不准确的目标加以明确化,根据变化了的环境校正或修订原有的目标等。[①] 在政策的实施过程中,可能出现原来制定的政策目标过高或政策目标脱离实际的情况而无法实现,因而需要采取措施对政策目标进行调整,或降低目标要求,或制定符合现实的新目标。目标调整需要注意两点:一是目标的制定必须遵循客观事实;二是新旧目标须统一,新目标是对旧目标的继承和修正,如果前后目标不一致则需要进行沟通和协调。

(二) 政策方案调整

政策方案是对政策的具体安排,政策方案不可能在一开始就制定得完美无缺,而是难免存在不足,例如存在运行成本过高,政策工具配置不当等问题,这就需要对其进行必要的调整。政策方案要根据具体情况进行调整,如果方案基本可行,就只用进行局部调整;如果方案与实际情况差距过大,则需要根据新情况、新目标进行大幅度调整或制定新的政策方案。

[①] 钱再见编著:《公共政策学新编》,华东师范大学出版社2006年版,第211页。

（三）政策执行调整

政策执行是政策周期中重要的一环，如果执行出现问题，那么制定得再完善的政策也不可能发挥出应有的作用。政策执行出现了偏差可能是政策执行的工具选择错误或执行方案设计不合理，也有可能是政策执行人员能力不足导致的偏差，为了防止政策执行过程中的问题对最终实现政策目标产生不利影响，应及时对政策执行进行调整。

（四）政策效力调整

政策效力的调整是指对政策发挥作用的范围和程度进行扩展或限制。每一项公共政策都是根据一定的政策问题制定的，政策解决政策问题和调节公众利益的效力是有限的，受到时间、空间和层次的制约。当在政策实施过程中发现政策效果不好时，就需要考虑对其效力进行调整。具体办法有缩小或扩大政策范围、延长或缩短政策时间、减少或增加政策层次等。

（五）政策关系调整

政策系统是一个大系统，由许许多多子系统组成，政策系统内部以及各个子系统之间存在着纷繁复杂的关系。政策问题具有复杂性，在同一时间和空间范围内制定公共政策的部门不止一个，不同层级或同一层次不同部门制定的公共政策往往是站在自身利益和职责立场上考虑的，因此政策之间可能出现相互冲突的情况。政策关系的调整就是要理顺那些在实际中存在摩擦和冲突的各个部门、各项政策、各个环节之间的关系，明确各自的职责范围，协调各方发挥作用的时机，避免相互抵消、相互干扰和资源的重复与浪费。[1]

（六）政策主、客体调整

在公共政策实施过程中，政策主体和客体也可能发生变化。政策主体的调整是指制定或执行公共政策的机构在制定或执行公共政策的过程中出现能力不足或职能不清的问题时，为了保持政策的连续性，保证政策效果，而对政策主体进行调整。政策客体的调整是指政策问题和政策目标群体由于社会环境的改变而发生变化，为了保持政策的针对性而对政策客体进行调整。

---

[1] 宁骚主编：《公共政策学（第三版）》，高等教育出版社 2018 年版，第 369 页。

四、公共政策调整的形式

（一）政策的修正

这是对正式实施中和正在试行中的政策的具体内容、作用范围所做的修改与订正。主要有两种方式：一是政策修改。即在保持原政策基本框架不变的情况下，对其部分内容、适用范围及实施的手段、技术所做出的改动。二是政策修订。即在保持原政策基本框架不变的前提下，对其主要内容、功能范围所进行的修改订正。这两种调整方式的目的都是使政策更为精确、完整。

（二）政策的增删

这是对执行中的政策的内容、作用范围和适用时间所做的缩减与扩充。主要有两种方式：一是政策补充。它是在保持实施中的政策的基本框架不变的前提下，对其内容加以扩充，对其适用范围加以扩大，或者对其适用时间加以延长，其目的是拓展现行政策的功能。二是政策删减。它是在继续执行现行政策的条件下，减少其部分内容，缩小其作用范围，缩短其作用时间，其目的是缩减现行政策的功能。

（三）政策的更新

这是对实施中的现行政策所做的变革。虽然原先的政策保留了下来，但主要的政策内容、政策目标、政策适用范围、政策执行主体、政策目标团体都程度不等地发生了变化。与先前的政策相比，旧框架已为新的框架所取代。政策更新通常是在一个国家的政治、经济生活出现重大变革的时期发生的政策调整形式。

五、公共政策调整的作用与影响

（一）纠正偏差，预防失误

不管是公共政策的制定还是执行，都难免出现偏差。出现偏差既有客观条件限制的原因，也有政策人员能力不足或认识不够等主观方面的原因。如果偏差不能及时纠正，那么政策执行时间越长，涉及的人越多，造成的损失也就越大。为了预防失误，决策者应该在政策出台后密切关注政策实施的情况，加强政策监控、重视政策评估，认真分析反馈信息，一旦发现政策出现偏差应及时纠正。

(二) 协调矛盾，制止混乱

政策系统中的关系是错综复杂的，政策系统中除了总政策和基本政策由中央政府制定，具体政策往往是各级地方政府和各个部门制定的，不同层级的地方政府和不同部门出于自身利益与职责制定的政策在执行过程中会出现"打架"的现象。政策的相互冲突不仅不利于解决政策问题，而且可能造成资源的内耗。因此，为了避免众多政策出现相互矛盾的问题，克服政策执行中的混乱现象，及时对政策进行调整是必要的。调整政策关系可以使各个政策协调一致地发挥整体功能，齐心协力地解决政策问题。

(三) 发展完善，促进优化

公共政策是一个动态过程。一方面，客观环境和条件的变化会导致新问题的出现，初始制定的政策无法解决已经变化了的问题，因而需要对政策进行调整以更好地适应新情况；另一方面，人的认识是不断深化的，在制定政策时人只能根据已有的知识和认识，而对于未来的发展不可能准确预测。因此，一项政策的制定并不是一劳永逸的，政策的完善是渐进的，政策制定者需要根据政策实践的发展，对原来的公共政策进行必要的调整。

(四) 促进稳定，提高绩效

公共政策的稳定是政治稳定、社会稳定、经济稳定的前提。政策的稳定并不意味着政策是一成不变的。僵化的政策反而不利于社会的稳定。政策制定者和执行者应根据政策实践中的具体情况，根据政策监控和评估反馈的信息，对政策进行修正、完善和补充，使政策始终与客观环境保持协调，维持政策的连续性和有效性，避免因为政策失败或政策变革给社会带来动荡。公共政策调整能够使政策稳中有变，变中求稳。

六、公共政策调整的程序

(一) 获取和分析反馈信息

决策者根据政策评估机构和监控机构反馈的信息，并考虑客观环境的变化,进行分析论证,决定是否有必要对政策进行调整。

（二）拟订调整方案

决策者拟定出若干可供选择的调整方案,这些调整方案是决策者根据新的情况、新的问题对原有政策的目标、方案、效力、关系、主客体的重新设计。调整方案应突出调整的部分。

（三）选择调整方案

决策者在拟定出若干可选择的调整方案后,应对调整方案进行可行性论证,然后进行比较分析,选出最优方案。这个最优方案不仅要优于其他调整方案,而且要优于原来的政策方案。

（四）实施调整方案

根据选定的调整方案对原有政策进行修正和优化,并开始新一轮的政策执行、政策监控和政策评价过程。

七、公共政策调整的策略

（一）渐进调整策略

一项政策在实施一段时间后,已经对政策对象造成一定的影响,甚至大多数人在心理上认可和接受了该政策。如果政策调整的范围和幅度过大,或调整速度过快,人们从心理上或行动上都难以适应这些变化,可能不会主动贯彻调整后的政策,甚至对新政策抱有抵触情绪。因此,政策调整需要渐进调整,调整的幅度和范围要考虑到社会的承受能力。政策调整需要逐步修正政策中的不合理部分,完善政策方案中的缺陷与问题,给政策对象一个缓冲期来适应政策变化,以使调整顺利进行。

（二）局部调整策略

政策调整不是对政策的推翻重来,而是对政策目标、政策方案、政策关系等的局部调整。这是政策调整中使用最多的调整方法。局部调整是在政策执行与预定目标产生差距时,只对政策系统和实施过程做出少量的、局部的修改或补充。

例如,对实施的单项政策的部分目标或方案进行调整、修正;或对一系列政策中的一个政策进行调整；或对政策的执行手段进行改变；等等。局部调整策略的优势是保持了政策的相对稳定，不会引起太大的震动。

（三）分层调整策略

也称"分类调整"，把调整对象分成若干层次或类别进行的调整；虽然调整是分层次进行的，但目的是调整政策整体。考虑到要保持政策的稳定性，分层调整一般是从低层次的政策开始调整。

（四）跟踪调整策略

跟踪调整策略常常在对政策执行的偏差原因、政策调整的最终结果以及各个步骤还不太清晰的情况下使用。当某项公共政策实施后出现了偏差，即执行结果与预期效果不相符，公众的不满情绪比较强烈时，急需对政策进行调整。但是政策调整者不知道产生偏差的原因，也无法制定出准确的纠正偏差的方案，在这种情况下，最好的办法就是抓住影响最大的个别政策或某项政策的个别环节进行调整，然后再逐项政策、逐个环节跟踪调整。跟踪调整战略可以将调整可能产生的损失降至最低。

八、公共政策调整的原则

（一）预设性

政策调整的存在是十分必要的，但是在现实中某些政策出现问题时却不能得到及时的调整。随着政策运行，由于利益关系的结构化，政策会比其他事物具有更强的惯性。因此，在政策制定之初，就要根据政策环境的可能变化，预先设计好政策调整的周期，以防止政策的长期惯性所造成的危害。[1]

（二）针对性

政策调整是在原来政策的基础上，针对执行过程中的新情况进行的调整。政策调整虽然是必要的，但是频繁随意的政策调整不仅造成资源的浪费、社会成员的短期行为取向，而且还会导致公共政策体系结构性紊乱。[2] 因此，公共政策调整应该具有针对性，针对执行过程中出现的具体问题进行调整。

---

[1] 钱再见编著：《公共政策学新编》，华东师范大学出版社 2006 年版，第 213 页。
[2] 同上。

(三) 长远性

政策调整是为了让公共政策更好地发挥效力,因此政策在调整时不仅要注重短时间内的效果,还要有长期规划。政策调整不能为了追求眼前的效果而随意修改政策,而是应该通过调整让政策在未来较长时间内都发挥较好的作用。因此,政策调整需遵循长远性原则。

(四) 反馈性

反馈是指将输出(产生的结果)的信息返回系统,并对系统的再输出产生一定的影响。政策调整就是根据相关评估机构和监控机构获得的关于政策系统运行尤其是政策执行结果方面的信息来对已有政策进行调整。反馈有两种类型,即正反馈和负反馈。正反馈是指反馈的信息与政策目标相一致,政策主体可以利用正反馈的信息,扩大政策的积极作用,实现政策目标。负反馈是指系统反馈的信息与预定的政策方向或目标不同,负反馈暴露了政策执行或方案中的问题。政策主体可以利用负反馈的信息对原有政策进行修正、完善。正、负反馈在政策调整中都是必要的。

(五) 适度性

政策调整需要遵循适度性原则。政策调整是针对公共政策实施过程中出现的问题,对政策目标、政策方案、政策效力等进行局部调整。如果公共政策发生根本性改变,则叫作政策变革或政策终结,而不再是政策调整。

(六) 连贯性

公共政策作为公共组织的行动准则在一定的时间内应保持稳定。当政策实施一段时间后,如果遇到政策环境变化、政策资源变化、政策目标改变或人们认识的深化,就需要在保留政策合理内容的基础上积极地进行调整。调整后的公共政策与原政策应具有连贯性,新政策是旧政策的延续和更新,新旧政策前后保持协调才有助于社会、政治和经济的稳定运行。

第二节 公共政策终结

一、公共政策终结的含义

政策终结由于处于政策过程的最后一个阶段,长期以来未受到足够的重视,这种局面直到20世纪70年代以后才得以改变。70年代以来,出现了一批对公共政策终结进行深入研究的学者。代表人物有巴达克、考夫曼、德利翁、丹尼尔斯、布鲁尔。他们的研究奠定了公共政策终结领域的理论基础。

哈罗德·拉斯韦尔最早把政策终结划分为政策过程的主要阶段之一。1971年,拉斯韦尔在《政策过程》中提出了政策的七个阶段,即情报、提议、规定、合法化、应用、评估和终止。1976年赫伯特·考夫曼(Herbert Kaufman)从公共组织的角度对公共政策终结进行界定。同年,尤金·巴达克在《政策科学》杂志上发表《作为一种政治过程的政策终结》一文。巴达克认为:"政策终结是政府为了终止那些无效的、过时的公共政策、项目和机构采取的行动,且政策终结是政策选择过程的特殊情况,即采取一项政策,就意味着另一项政策的淘汰或缩减。"①

加里·布鲁尔(Garry D. Brewer)将拉斯韦尔提出的政策过程七个阶段修正为政策过程六阶段,即提案、评估、选择、执行、评估和终结。布鲁尔将公共政策终结定义为"政府对那些存在功能障碍,或已成为多余或过时的,甚至不必要的政策和项目进行调整的行为"②。

彼得·德利翁(Peter Deleon)则认为"公共政策终结是政府当局对某一特殊功能、项目、公共政策或组织,经过慎重评估而加以结束或终止的过程"③。

马克·丹尼尔斯(Mark R. Daniels)认为德利翁的公共政策终结的定义不够全面,没有包括政府为了削减预算而终止政策的行为。因此,丹尼尔斯将公共政策终结定义为"有目的地对政府项目、公共政策、组织的终结,也是组织为削减预算对自身的调适和政府服务民营化而产生的削减"④。

在国内也有许多学者对政策终结的定义进行了研究。1989年,莫旭麟和韦剑锋在《学术论坛》上发表的《论政策终止》一文中提出,政策终止就是以公布实施或正在执行的政策被取消、废除、宣布停止实行,或者在现实生活中自发地

---

① Eugene Bardach, "Policy Termination as a Politicar Process," *Policy Sciences*, No. 7, 1976.
② Garry D. Brewer, "The Policy Sciences Emerge: To Nurture and Structure a Discipline," *Policy Sciences*, No. 3, 1974.
③ Peter Deleon, "Public Policy Termination: An End or a Begining," *Policy Analysis*, No. 3, 1978.
④ Mark R. Daniels, *Terminating Public Programes: An American Political Paradox*, N. Y.: M. E. Sharp, 1997.

停止执行,因而失去其有法定性强制意义的调节社会关系、规范社会行为的功能和作用的过程。①

林水波和张世贤则认为,政策终结不仅隐含了一套期望、规则和惯例的终止,政策活动的停止,机关组织的撤销;而且包含了新期望的提出,新规则、新惯例的建立,崭新活动的展开,机关组织的更新与发展。②

张金马认为公共政策终结是一种主动的、有意识的政治行为,他将公共政策终结定义为政策决策者通过对政策进行慎重的评估后,发现修改政策已成为多余、不必要或不发挥作用的操作时,采取必要措施予以终止的行为。③

陈振明认为,公共政策的变更或终结是指政策的决策者通过对政策或项目进行慎重的评估后,采取的必要措施,以终止那些多余的、过时的、不必要的或无效的政策或项目的一种政策行为。政策终结是政策周期的最后一环,它意味着一个政策周期的结束,同时也意味着新政策周期的开始。④

张康之指出,公共政策终结意味着被终结的政策停止使用,并且有新的政策被制定出来,这可以看作是新旧政策的更替。即使当政策终结时没有制定另一项新的政策,但政策终结本身就是一项新政策,所以政策终结意味着一些新政策实施。⑤

总的来说,政策终结就是公共政策的制定者主要是根据评估结果采取必要措施,对那些错误的、过时的、多余的、失效的政策予以终止的行为。

二、公共政策终结的原因

(一) 政策问题的解决

公共政策的制定是为了解决公共问题、达成公共目标、实现公共利益。随着政策问题的解决,为解决该政策问题而制定的公共政策的使命也随之结束,公共政策存在的理由也就不复存在,即丧失了政策的合理性。如果此时不终结,过时的政策囤积在政策系统中会造成政策系统的拥挤,导致多个政策之间

---

① 莫旭麟、韦剑锋:《政策终止论》,《学术论坛》1989 年第 4 期。
② 林水波、张世贤:《公共政策》,五南图书出版公司 1982 年版,第 354 页。
③ 张金马主编:《公共政策分析:概念·过程·方法》,人民出版社 2004 年版,第 477 页。
④ 陈振明主编:《政策科学——公共政策分析导论(第二版)》,中国人民大学出版社 2004 年版,第 404 页。
⑤ 张康之、范绍庆:《政策终结:政策过程中的重要环节》,《福建行政学院学报》2009 年第 2 期。

发生冲突,阻碍其他政策有效地解决其他社会公共问题。因此,对于已经解决了相应政策问题的公共政策,应及时终结。

（二）政策失误的暴露

政府决策并不能保证绝对无误。政府在制定公共政策过程中因为决策失误而导致政策无法解决问题时,应该及时终结无效的公共政策。任何政策的实施都需要资源,已经暴露失误的政策如果不及时终结是对资源的极度浪费。

（三）政策投入的制约

政策从制定到实施都需要一定的成本,即政策成本。政策成本是指在一定时期内,为维持和促进公共政策活动运行以实现政策目标而投入的人力、物力和财力等各种资源。资源具有稀缺性这一本质属性,政策资源也不例外。随着社会的进步和发展,越来越多的新政策问题涌现出来,这些新的政策问题需要投入新的政策资源,导致现行的政策资源压力巨大。正因为政策资源投入的制约,要求政府合理地运用政策评估工具来对新政策和现行政策进行考量,及时终结多余的、过时的、低效的公共政策。

（四）政策反对力量的作用

任何一项政策都同时存在支持者和反对者,当反对力量占优势时就可能导致政策的终结。

（五）意识形态的改变

德利翁认为,意识形态在政策终结中发挥着关键作用。德利翁认为判断公共政策是否应该终结的标准包括财政需要、政府效率以及政治意识形态。德利翁特别强调意识形态在政策终结中的重要作用,认为它已经成为项目终结的基本原因。因此,德利翁建议政策终结的研究者在决定是否终结政策时不仅要考虑到财政经济和政府效率,还要考虑到意识形态是否改变。

三、公共政策终结的必要性

（一）有利于节省政策资源

任何一项政策的运行必然耗费一定的成本,即耗费一定的政策资源,而政府的财政负担和可支配的社会资源是有限的。因此,对过时的、失效的或者错误的政策的及时终结,有利于节省政策资源。政策终结意味着一个政策周期的结束。对于已经解决了相应政策问题的公共政策或因决策失误而无效的公共政策,如果不及时终结反而让其继续存留于政策系统中,不仅无法获得政策收益,还会继续消耗政策资源,无疑是对政策资源的巨大浪费。及时终结不必要的公共政策,有利于节省人力、物力、财力,将节省的政策资源配置到必要的政策上去,有利于提高政策资源配置的效率。

(二) 有利于提高政策绩效

公共政策在特定的社会环境中运行,社会环境在不断地发展变化。当今社会环境复杂多变,政府必须不断调整自己的政策行为,以充分利用有限的政策资源,提高自己的政策绩效。社会环境的快速变化意味着公共政策问题的不断改变,原有的政策在实施过程中出现了新的问题而无法解决时,应及时终结原有政策。政策终结既是旧的政策周期的结束,也是新政策过程的开始,政策终结在政策循环中起到承上启下的作用。终结无法解决新的政策问题的公共政策,终结绩效低下的公共政策,可以促进政策系统的新陈代谢,保持政策系统良性循环,从而促进政策绩效的提高。

(三) 有利于政策优化和政策质量的提高

公共政策是政府用以治理社会、解决政策问题的重要工具,公共政策必须服务于政府整体目标。可以说一个社会的治理水平取决于公共政策的水平,因此最优化政策是政府一直以来的追求。政策终结有利于政策优化和政策质量的提高,体现在三个方面。一是政策组织和人员的优化。政策人员包括政策从制定到执行再到评估和终结过程中的所有参与人员。公共政策终结是有目的地对政府项目、公共政策和公共组织的终结。此过程必然带来机构的撤销或合并、人员的裁减与更新。因此政策终结有利于优化政策机构和人员,建立更为合理高效的政策机构。二是政策体系的优化。任何政策都不是独立运行的,而是处于政策体系之中。政策体系中的大量公共政策存在相互冲突的可能。因此,政府必须及时终结无效的、低效的公共政策,不断优化政策体系,形成最佳的政策体系结构与组合,从而提高政策体系整体效益。三是政策质量的提高。用高质量的新政策取代旧政策,才能真正解决政策问题。

(四)有利于推动社会发展变化

政策的发展变化能够推动社会的发展变化。改革开放给我国带来了一次全面的社会转型,带来了社会方面的巨大变革,推动了我国社会的进步与发展。在此过程中,我国常遇到一些政策上的障碍,原有的很多政策不适应改革开放和新时期社会经济发展的需要。如果不及时终结这些过时的政策,它们将会制约改革开放和经济社会的发展。相反,如果政府根据社会经济发展的现状,主动终结旧政策,制定能更好地解决社会问题的新政策,便能推动社会朝着更好的方向发展。事实证明,政策终结伴随着我国改革开放的进程,我国改革开放以来的经济社会发展是在新旧政策交替中实现的。

四、公共政策终结的外部诱发因素

客观上来看,政策环境会随着社会的政治、经济、文化的变化而变化,进而导致原有的政策问题或者已经得到了解决,或者有新的情况或矛盾出现,这就需要根据现有的新环境对旧政策相应做出及时的修改或终结。主观上来看,人们对问题的认识是一个不断深化的过程,这种深化决定了我们必须不断地对政策问题、政策环境、政策目标与方案等进行重新审视,以便将新的认识带入政策系统中去。也就是说,国内外政策环境的变化、政治体制或执政权力的变化、行政组织的结构变动等各种因素均有可能引起某项政策的终结。在这些政策终结过程中,有些是政策系统主动进行的终结,有些则是被诱发的,甚至有些是主被动相混合的终结。政策终结的内部诱发因素主要有政策价值导向的变化、政府财政上的困难和政策执行的高成本。这里主要讨论政策终结的外部诱发因素。

(一)触发机制

按照美国学者拉雷·N.格斯顿的理解,触发机制是指一个重要的事件,该事件把例行的日常问题转化为一种普遍共有的公众反应。格斯顿理解的触发机制是发生在公共政策制定阶段的。事实上,在公共政策终结阶段也存在着触发机制。对于那些过时的、多余的或无效的政策来说,其长时间存在于政策系统中,必然会出现高耗能低效率的状况,由此引发一系列的社会问题。这些问题有些是人们已经意识到并进行了讨论,而且不断主张对之采取行动的。但是如果没有触及普遍的利益,就需要某种"突发性"事件来催化,从而引起公众对此的普遍关注,迫使政策制定者做出反应,使旧政策被提上终结的议程。那些人们尚未意识到其缺陷的旧政策则更需要触发机制的催化作用。如果一个事件对社会上的大多数人产生了影响,引起了公众的关注或不满,使得大多数人认识到相关政策的不足和错误,并产生了强烈的变革要求时,政府和公共政策的制定者就会反思公共政策的合理性和合法性,考虑是否需要终结相应的政策。可见这个"突发性"事件扮演了对政策问题的感知和政策终结的行动之间的联接点的角色,这就是公共政策终结的直接导火索。公共政策终结的外部诱发因素之一就在于当触发机制出现时,政策制定者能重视并抓住时机,及时终结过时的公共政策。

(二)评估支持

通过对政策执行后的效果进行评估,人们可能发现某项政策问题已经得到解决;或者由于社会的发展,某项政策问题已经发生改变,原政策无法解决当前问题;或者政策在执行过程中偏离了预定的目标,被证实已无法解决相应的问题。当政策评估得出这些结论时,政府就应及时终结过时的、失效的、偏离目标的政策。因此,政策评估的结果也是政策终结的外部诱发因素,政策评估为政策终结提供了强大的推动力。

(三)领导推动

领导者是国家政治、社会变革的积极倡导者和推动者,也是过时无效政策得以终结和新政策得以推行的促成者,他们人数少但可以影响甚至决定政策的制定、执行、评估和终结。在公务活动中,领导者处在一种高瞻远瞩、胸怀全局的地位,加上自身所具有的知识、才能、经验,以及情报来源多、信息掌握快、了解情况全面等优势,因而领导者能从众多的公共政策中发现和抓住政策缺陷,进而直接影响甚至决定公共政策的废与立。能力强的领导者,其对形势的判断能力、对新事物的分析能力以及创新能力也就越强,他们能够听取社会公众和专家的意见,敏锐地察觉到过时的政策所带来的负效应,及时要求对过时的政策进行评估,促进政策终结。在我国各级政府实行行政首长负责制的体制下,领导者拥有重要事务的最后决策权,政策的终结与政治领导对政策终结以及新政策实施的推动作用是分不开的。

第九章 公共政策调整与终结

(四) 舆论造势

公共舆论因其在政治生活中的重要作用被称为"第四种权力"。当公共舆论对某项政策的终结持支持态度时,政策终结过程就比较容易推进;当公共舆论对某项政策的终结持反对态度时,政策终结过程就会受到阻碍。当政府想终结某项政策时可借助舆论的推动力,通过媒体宣传政策造成的负面影响,引起公众的广泛关注,从而推动政策终结;在社会舆论诱发政策终结的过程中,由于受到舆论引领者意识形态、价值观以及自身利益等因素的影响,舆论并不是对公共政策的机械反映,而是一个存在选择、整理、加工、重构的过程。该过程中,在政策评估、政策监控等机制的协助下,只有那些具有明显缺陷、过时、多余、无效或低效的政策才能受到新闻媒体的关注,经过报刊、广播电视、网络的不断传播,进而引发对这些旧政策的弊端和危害的广泛社会关注与讨论,最终形成强大的社会舆论压力。这种强大舆论压力最终迫使政府不得不采取措施将其终结。同时,社会舆论作为一种政策输入的途径,可以直接、直观地向政府决策层反映现行政策体系的不足。社会舆论能在一定程度上省去决策者发现旧政策、论证政策缺陷与危害的过程,从而缩短政策终结流程,减少旧政策带来的负面影响。

(五) 利益的分化与聚合

公共政策的实质是对全社会的利益做权威性的分配。利益的分化和聚合是引发政策终结的根源和驱动力。利益结构不是静止的而是在利益不断分化和聚合中变迁的。当利益分化与聚合进行到一定程度时,就会形成新的较为稳定的利益集团或群体,就会出现社会阶层的分化。新的利益集团或新的阶层就会对政策制定者施压,要求改变或终结不利于其利益实现的旧政策,从而促进某些旧政策的终结。① 利益集团参与政策过程中,除了利用其能够支配的资源阻碍政策建议通过,还能靠着强大的活动能力诱发现行公共政策的终结。利益是利益集团提出政策终结要求的根本出发点。当公共政策与其利益不一致而产生冲突之时,利益集团便会自觉地抵制政策执行,或者提出终结公共政策中不利于自身利益的部分,并积极采取各种手段推动终结的实现。

---

① 桑春红、吴旭红主编:《公共政策学》,清华大学出版社 2018 年版,第 296 页。

五、公共政策终结的内容和形式

（一）政策终结的内容

（1）权力与责任。政策执行首先表现为权力的履行和责任的承担，而政策终结则预示着相应权力的丧失和相关责任的放弃。

（2）政策功能。政策功能主要表现为政策执行机构所提供的服务或管制，政策终结则预示着相应服务的停止或相关管制的撤销。

（3）相关组织。政策执行活动是组织活动，必须通过一定的组织来完成，而政策终结通常会伴随相关组织的缩减、分解、转型或撤销，相应人员的精简、分流。

（4）政策执行终结。政策不等于政策执行，但政策必然要求政策执行，否则政策功能没有办法实现。因此，政策终结必然要求政策执行的终结，政策执行终结也是政策终结的一个内容。如果政策继续执行，那么表示政策终结的一些终止手段与措施没有发挥作用。同时从政策执行本身来说，它具有一定的惯性，所以必须采取一定的措施才能停止政策执行。

（5）政策投入的终结。政策制定后在执行过程中必定有政策资源的投入，政策终结意味着对这项政策的投入也必须终结，否则就会出现资源浪费的现象，而且会阻碍政策执行的终结。

（二）政策终结的形式

丹尼尔斯在《公共项目终结》一书中提出有两种形式的政策终结，一种是公共政策自然终结，另一种是与反对政策终结的力量博弈，使其终结。彼得·德利翁与加里·布鲁尔在其合著的《政策分析基础》一书中，根据政策终结的程度，将政策终结划分为完全终结和部分终结。一般而言，政策终结主要形式如下。

1. 政策废止

政策废止是指直截了当地宣布一项政策的废止，完全结束旧政策的所有功能，即完全终结。政府根据政治、经济和社会形势的发展变化，不定期地清理、废止大量不合时宜、过时了的政策。例如，劳动教养制度是指无需法庭庭审、宣判这些程序，公安机关可对疑犯直接进行最高期限为四年的限制人身自由的处罚,并强迫其劳动,接受思想教育的一种制度。劳教最初是针对反革命分子的教育改造,将不够判刑但政治上又不能任其进入社会的反革命分子集中起来,替国家做工并进行教育。1957年8月国务院发布的《关于劳动教养问题的决定》将劳动教养的适用范围扩大到全社会,对象包括不务正业危害社会治安的人、罪行轻微的反革命分子、长期拒绝劳动妨碍公共秩序的人、不服从分配和就业转业的人。1982年国务院批准、公安部制定的《劳动教养试行办法》将劳动教养的适用对象调整为"六种人"。2002年6月1日实施的《公安机关办理劳动教养案件规定》将劳动教养的范围扩大到"十种人"。劳教制度在历史上的确发挥过积极作用,但随着社会的进步该政策已不再适用,其弊大于利。该政策在实际实施中存在没有法律的授权和规范、劳动教养对象不明确、处罚过于严厉、程序不正当等问题,而这些成为有关部门滥用权力、非法剥夺公民人身自由现象屡屡发生的根源。政策被扭曲和异化,偏离最初的目的。劳教制度成为一项已经过时的政策,2013年12月28日,全国人大常委会通过了《关于废止有关劳动教养法律规定的决定》,意味着在中国实行了五十余年的劳动教养政策正式终结。

2. 政策替代

政策替代是指用一项新的政策代替旧的政策,其目的是解决旧的政策无法解决的问题,更好地实现原定的政策目标。例如,因为"孙志刚事件"而导致《城市流浪乞讨人员收容遣送办法》被《城市生活无着的流浪乞讨人员救助管理办法》代替。收容遣送制度始于1982年,制定该政策的目的是在中国城乡二元制的社会结构下维护城市的安全和稳定。但随着改革开放和城市化建设,人口自由流动日益加大,收容遣送制度已经不合时宜。改革开放使得经济迅速发展,国内也出现了大量外出务工人员,他们流动于各个城市之间。《城市流浪乞讨人员收容遣送办法》先后经过几次修正,但都未能更好地解决流动人口管理问题,反而带来某些收容执行人员滥用权力的现象,政策的消极作用远大于积极作用。以"孙志刚事件"为导火索,2003年6月国务院公布《城市生活无着的流浪乞讨人员救助管理办法》,8月1日启用新办法的同时废止收容遣送制度。

3. 政策合并

政策合并是指一项政策被终结,但有部分功能仍发挥作用,于是通过一定的程序,将有用的政策合并到其他政策内容中或将几个部分有用的政策合并成为一项新政策。政策合并有两种形式:一种是将被终结政策中有用的部分整合到一项现有政策中;另一种是将两个或两个以上的被终结政策的有用部分合并为一项新政策。例如,2007年7月国务院发布《关于开展城镇居民基本医疗保险试点的指导意见》,要求建立以大病统筹为主的城镇居民基本医疗保险,而在农村地区实行的是新型农村合作医疗制度。2002年10月中共中央、国务院联合发布《关于进一步加强农村卫生工作的决定》,要求逐步建立以大病统筹为主的新型农村合作医疗制度。但随着大量农村人口进入城市,出现了居民重复参保的问题,带来医疗资源的极大浪费。因此自2013年起,国务院计划合并城镇居民医疗保险和新型农村合作医疗政策,以建立起全国统一的城乡居民基本医疗保险政策。2016年1月,国务院正式发布《关于整合城乡居民基本医疗保险制度的意见》,原有的两项政策正式合并为一项新政策。

4. 政策缩减

政策缩减是指逐步对政策进行终结。这是一种渐进式终结,通过减少对政策的资源投入,缩小实施范围,放松对政策执行的控制等来最终完全终结政策,其目的是采用稳妥的方式以减少政策终结带来的冲击,将政策终结带来的损失降到最低。我国户籍制度改革就是典型政策缩减形式的终结。1958年1月,全国人大常委会通过了《中华人民共和国户口登记条例》,政府开始对人口自由流动实行严格限制和政府管制,第一次明确将城乡居民区分为"农业户口"和"非农业户口"两种不同户籍。因此,在计划经济时期我国实现严格的户籍管理制度,人口流动受到限制。改革开放以来人口流动增多加快,国家政策对人口的限制也逐渐放宽,原有的户籍制度出现了僵化的弊端。因此,国家开始对户籍制度进行逐步修改。上海、郑州、成都等地都以统一城乡户籍为目标进行了改革。在各地改革的基础上,2014年7月,国务院印发《关于进一步推进户籍制度改革的意见》,规定建立城乡统一的户口登记制度,正式取消了农业户口与非农业户口。

5. 政策分解

政策分解是指将旧政策的内容分解成几部分,每一部分单独形成一项新政策。原政策虽然被终结,但其实质内容却通过分解以多个新政策的形式保留下来了。当原有的政策过于庞杂、目标众多以至于影响到该政策的有效执行时，常常采用分解的办法，将原有政策按主要的目标分解成几个较小的政策。这样有利于执行者明确政策目标，提高执行效率。例如，我国之前的社会保障是一种就业保障或单位保障，这种计划经济体制下的产物在改革开放后已不再适应社会的发展。因此，国家有关部门按照保障内容不同，将原有政策按类分解，形成了养老保险、失业保险、工伤保险、医疗保险和生育保险等政策，以更好地实现保障人民生活的政策目标。

6. 政策法律化

政策和法律均是现代社会的管理工具，它们在本质属性上并无不同，都是国家制定或认可的体现统治阶级意志、以国家强制力保证实施、人人都必须遵守的行为规范。但两者也存在不同，公共政策相对法律更具灵活性，而法律相对公共政策更具有稳定性。政策法律化是指有关国家机构把一些经过实践检验的、比较成熟的、稳定的、在未来较长时期能够发挥作用的公共政策上升到法律层面，使之成为法律法规，提高其权威性和强制力。政策法律化的基本条件有：(1)对全局有重大影响的政策可以上升为法律，纳入法制轨道，以更好地保障其作用的实现。(2)具有长期性的政策可以上升为法律。法律是稳定、严肃和权威的，不能随意更改。(3)只有成功的政策才能上升为法律。

六、公共政策终结的阻力

最早对政策终结的阻力进行研究的是巴达克，他认为有五种原因阻碍了公共政策终结，这五种原因分别是政策的初始设计、政策终结的冲突、政治家对过去失误的否认、不希望破坏现存机构以及缺乏有效的政治动机。

德利翁最早提出了关于政策终结障碍的理论框架，该理论框架对政策终结的障碍进行了较系统的分析。1983年，德利翁在《政策分析基础》一书中对阻碍公共政策终结的因素进行了归纳和总结。2001年，他进一步探究政策终结的阻力，形成了比较稳定的政策终结障碍理论。该理论总结的政策终结的障碍因素包括：心理上的不愿意、机构的持续性、动态的保守主义、反终结联盟、法律上的阻碍以及终结政策所需要的高成本。

根据德利翁的理论框架，珍妮特·弗朗茨(Janet E. Frantz)进一步提出，终结政策的困难在于心理上的不愿意、法律障碍、制度的延续性、动态保守主义、反终结联盟和高启动成本等六个方面。①

柯克帕特里克(S. E. Kirkpatrick)等人在德利翁和弗朗兹的研究的基础上，认为阻碍政策终结的因素有五个，即反终结联盟的存在、动态保守主义、启动成本、立法障碍和恐惧或不确定性。②

迈克尔·哈里斯(Micheal Harris)认为意识形态也会影响政策终结。布莱恩·霍格伍德和刘易斯·冈恩(Brain Hogwood and Lewis Gunn)又加上了缺乏政治动力、存在不利后果以及拖延和拒绝等阻碍因素。③

一般来说，公共政策终结时可能遇到的阻力包括以下几方面。

(一) 心理上的抵制力

政策终结往往意味着政策制定或执行的失败，以及打破现有的利益格局。因此，政策制定者、执行者以及从政策中受益的人都会对政策的终结产生心理上的抵制。对于政策制定者来说，政策终结不仅意味着为了制定政策所花费的资源和心血都将付之东流，而且政策终结有可能代表自己在决策上的失败，代表对自己能力的否定。所以，政策制定者对政策终结会产生恐惧和抵触心理，担心对自身权力及地位产生负面影响。因此，对于政策制定者来说一般不愿意自己制定的政策走向终结。对于政策执行者来说，由于他们在政策的执行过程中倾注了精力和智慧，对已有的成果存在感情，并且政策实施会给执行人员带来一些权力和利益，政策终结时这些权力和利益也会随之终结，因此，政策执行者同样在心理上抵制政策终结。政策受益者可能因为政策终结而丧失既得利益，出于自身利益的考虑，他们也抵制政策的终结。

(二) 组织机构的惯性力

一项政策的实施往往不止涉及一个机构，而是多个机构共同执行。考夫曼

---

① Janet E. Frantz, "Reviving and Revising a Termination Model," *Policy Sciences*, Vol. 25, No. 2, 1992, p. 176.

② S. E. Kirkpootrick, et al., "Policy Termination Process: A Conceptual Framework and Application to Revenue Sharing," *Policy Studies Review*, Vol. 16, No. 1, 1999, pp. 209-236.

③ B. W. Hogwood and L. A. Gunn, *Policy Analysis for the Real Word*, New York: Oxford University Press, 1984.

认为任何组织都存在惯性,人们不愿意打破组织本来的稳定状态,所以组织很少自动消亡。机构的惯性力使得政策执行开始后就很难停下,惯性力会自动抵制想要终结政策的力量。

（三）组织机构的适应力

组织机构作为开放系统本身具有一种适应能力,可以随着环境和需要的变化而发生改变,甚至能够针对政策终结的各种措施来调整自己的策略。正如查尔斯·琼斯在《公共政策研究导论》中所说:"组织是动态的而不是静态的,它会调整自己的方向以适应变化了的要求。"[1]也就是说,当政策出现终结的可能性时,组织机构会采取措施及时调整,以维系组织和政策的存续,避免政策的终结。

（四）组织机构的生命力

组织机构和人一样都具有生命力,政策的终结往往意味着执行政策的组织的使命的结束,因此具有生命力的组织会千方百计地阻止政策的终结。詹姆斯·安德森在《公共决策》中指出:"某一组织或政策存在的时间越长,它被终结的可能性越小,经过一段时间,会形成对它的继续存在的条件和支持。"[2]当政策终结威胁到组织继续存在时,组织会设法阻碍政策的终结或延缓终结进程,以维持组织的存在。

（五）利益集团的压力

所谓利益集团就是一群具有共同利益的人形成的集合。因为政策终结意味着利益格局的改变,当自身利益被损害时,受益于政策的利益集团必然抵制政策的终结。抵制政策终结的利益集团会借助组织的力量向政府部门施压,采取各种合法或非法的手段,例如游行示威、行贿等来阻止政策终结。利益集团一方面要求内部成员齐心协力,通过影响政府官员来干扰政策终结的进程;另一方面尽可能地争取政策的支持者,增强反对政策终结的力量,并利用各种资源来阻止政策终结。

---

[1] Chareles O. Jones, *An Introduction to The Study of Public Policy*, California: Brooks/Coles Publishing Company, 1984, p. 236.

[2] 转引自范绍庆:《公共政策终结:启动、执行和关闭问题研究》,中国社会科学出版社2014年版,第103页。

(六) 社会舆论的压力

在公共政策终结过程中,社会舆论可以借助媒体渗入社会的方方面面,形成广泛的影响。如果某一项需要终结的公共政策受到舆论的广泛支持,无疑会受到极强的阻力。安德森在《公共决策》一书中说到,当选的公共官员如果公然无视公共舆论,并且不把其作为他做出决定的考虑因素,那么他简直是愚蠢透顶。

(七) 终结成本的制约力

政策终结的成本包括三类,即现有政策的沉没成本、终结本身需要的成本以及机会成本。(1)现有政策的沉没成本。沉没成本指的是已经为政策制定、执行和评估投入的人力、物力、财力资源等无法收回的成本。由于资源具有稀缺性,在政策上已经投入的资源限制了决策者的下一步行动。政策终结意味着之前投入资源的浪费,政策终结者此时面对着进退两难的局面。一方面,如果政策是错误的,继续投入资源无疑是极大的浪费并且可能造成更大的损失;另一方面,如果不追加投入,那么前期已经投入的资源将随着政策的终结而付之东流。沉没成本越高,政策终结的难度越大。(2)政策终结行为本身需要的成本。有时候在短期内终结一项政策所需要的成本比维持这项政策所需的成本要更高昂。政策终结也是一项决策,政策终结的计划、执行同样需要投入资源,有时为了照顾各方利益还需要对利益受损者或团体进行补偿。此外,还要为相应的组织终结而裁减下来的人员安排新的岗位和就业机会。(3)机会成本。机会成本是指为执行一种方案而放弃另一种可行方案所损失的可能获取的收益,即为选择当前已接受的方案所付出的代价。政策终结意味着旧政策的结束和新政策的开始,因此旧政策的放弃和新政策的选择将损失可能获取的政策资源效益,由此政策选择行为将付出相应的代价,产生潜在的机会成本。

(八) 法律程序的复杂性

政策终结并不是任意的和随心所欲的,正如政策的制定需要具备合法性一样,政策终结也需要具备合法性。任何政策的制定和执行,任何机构的设立和运行,必须经过一定的法律程序。同样,政策终结也必须经过一定的法律程序,而法律程序的复杂性给政策终结带来了相当大的阻碍。如果法律程序过于烦琐,政策终结的过程可能会被延长。法定的程序需要按步骤进行,不能随意跳过或省略。法律程序的复杂性往往影响政策终结的及时进行。此外,由于政策终结往往意味着政策的失败,把失败的政策在法律程序中暴露出来会影响法律的严肃性和科学性,使人们对法律产生怀疑,因此立法者在终结某项政策时往往顾虑重重,而这无疑加大了政策终结的难度。

七、公共政策终结的策略

政策终结是终结者与反终结联盟之间策略互动的过程,当政策终结发生时,不管是终结者还是反对者都将采取或运用相应的策略或措施。对于反终结联盟来说,如何运用策略使自己支持的政策免于被终结则变得十分重要;然而,对终结者而言,洞悉反终结联盟的策略,并继续推进终结策略,更需要高超的技巧、艺术和巨大的决心、勇气。因此,围绕政策终结问题所采取的行动策略是政策终结研究的核心或精华,终结者与反终结联盟如何运用策略进行互动及双方互动的过程,是政策终结研究的重点。由于政策终结暗含着错综复杂的利益斗争,因此它要求决策者具有高度的政治智慧、高超的政治技巧,采取灵活的策略,加以妥善处理。否则,不仅达不到政策终结的目的,反而引发政治危机和政治冲突。政策终结具有很强的经验性和艺术性。国外一些学者提出了政策终结的相关策略。

德利翁在1978年提出了有利于政策终结的几个关键:第一,要让人们意识到终结不是某人或某个组织的消亡,而是改善不利局面的机会或一项追求成功的冒险。第二,评估十分重要,因为它会影响终结决策及其策略。好的评估策略才有好的终结策略。第三,注意终结所需要的政治环境或自然节点。其中,政治环境指分析者必须知道是哪些团体反对或支持政策终结。自然节点是指在政策生命周期中最有利于终结的时间和地点。[①]

巴达克认为虽然政策终结不是件易事,但在这五种条件下政策终结相对容易进行:第一,政党交替。通常情况下某个政党下台意味着该政党出台的政策

---

① Peter Deleon, "Public Policy Termination: An End and a Beginning," *Policy Analysis*, No. 4, 1978, pp. 387-389.

不被多数选民支持,新上台的政党也不会支持旧的政策,所以此时是对过去政策进行终结的最好时机。第二,意识形态的瓦解。任何政策背后都有意识形态,意识形态存在于特定的时空环境。环境发生变迁时,特定的意识形态也随之改变。如果政策的意识形态被瓦解,由该意识形态支持的政策也就随之终结。第三,政治混乱时期人民的信任危机。统治的正当性对于任何政治系统而言都至关重要,因为只有当人民承认其统治的正当性时,统治权力才能有效行使。一旦人民因为政治混乱出现信任危机,政府必须对造成混乱的政策进行终结,以稳定情势,安抚民心。第四,建立缓冲机制。所谓缓冲策略,是指在相对较长的时间内,按步骤、分阶段地逐步终结一项政策。政策的终结必然会给政策受益者带来利益损失,因此他们会想方设法地阻碍政策终结。事缓则圆,建立缓冲机制,逐步废除政策,可以有效保护利益相关者的利益不在短时间内被剥夺,因此不会形成威胁政策终结的反对力量,同时也给新政策的出台以充分的准备时间。第五,水到渠成。某些政策本身已经暴露了许多问题,犹如强弩之末。此时政策制定者只需要等待时机,稍稍推动,政策即可终结。[①]

美国学者罗伯特·贝恩(Robert Benn)则对具体的终结案例进行分析,给终结者提出十二项忠告。

(1) 别放试探性气球。那样会引起反对派去组织他们的支持者起来抗议,因此在做出正式决定前要防止信息泄露。

(2) 扩大政策支持者的范围。有组织的选民往往能够决定政策终结与否,因此终结者要能够让己方支持者的规模超过原有政策的支持者。

(3) 把焦点放在政策的危害性上。终结一项给社会带来危害的政策比终结一些低效的政策要更加容易。

(4) 利用意识形态的转变来证明原政策的危害。政策经常被从意识形态角度进行评估,因此终结者要善于利用意识形态上的变化来说明政策是有害的。

(5) 不要妥协。政策延续通常是政策妥协的结果,因此终结者要能够坚持自己的立场。

---

① Eugene Bardach, "Policy Termination as a Political Process," *Policy Sciences*, No. 7, 1976, p. 130.

（6）吸收局外人作为终结者。当局者往往难以接受对政策的负面评价，更难以做出终结政策的决定，因此吸收局外人有助于当局者改变观点、做法，从而有利于政策的终结。

（7）避免立法表决。立法者更容易也更愿意妥协，为了避免树敌太多，他们往往不会做出不受欢迎的决定，即使这个决定是正确的。

（8）不要侵犯立法机关的特权。行政机关的终结者应当避免引发宪法赋予总统和国会的权力之间的冲突。

（9）接受短期内政策终结增加的成本。终结一项政策往往需要花费一定的人力、物力、财力，有时短期内政策终结所需要的费用甚至超过继续执行的费用。

（10）推迟新的受惠者。先给那些因为政策终结而失去工作的人提供新工作，给因政策终结造成利益损失的人提供补偿。

（11）提倡采用新政策而不是终结旧政策。要让人相信采用新政策就必须终结旧政策，而不是单纯强调旧政策的终结。

（12）只终结必要的部分。政策终结应只终结必要的部分，政策有效的部分可以继续执行。[①]

八、我国公共政策终结的策略

从我国的实际情况出发，总结以往我国政策终结的经验教训，应考虑采取以下策略。

（一）弘扬公共精神，矫正理念偏差

政策终结之所以不受欢迎，主要原因乃是政府官员忧虑终结某项政策后会对自身的声誉、权力、能力及身份等带来冲击。这表明，政府官员陷入了一个误区，即将公众赋予的公共权力私有化，试图通过公共权力实现个人利益。这种现象在委托—代理结构模式下时常发生，也被称为"公共悖论"：公务员利用公共权力牟取个人私利。现代民主理论及实践均表明，公共权力的本质在于公共

---

① Robert Benn, "How to Terminate a Public Policy: A Dozen Hints for the Would-be Terminator," *Policy Analysis*, Vol. 4, No. 3, 1978.

性,政府官员唯有持有公心、秉承公意、践行公共行政精神才能提供优质的公共服务,同时实现个人价值。美国公共管理学家弗雷德里克森认为公共行政是建立在价值与信念基础上的,用"精神"这个概念描述这些价值和信念最适合不过了。通过公共精神矫正政府官员在政策终结过程中的理念误区,重点有三:第一,接受以道德责任为基础的公共伦理教育。公共伦理教育以道德力量的内部控制形式约束公共权力,通过责任意识和道德品格的培养提高公务员的德行,使其超越对自我私利的关注。第二,加强法治教育。法治社会的推进意味着社会管理模式以及社会秩序的重构。法治社会要求行政机关依法行政,严格按照法定权限和程序行使权力、履行职责、进行决策,一旦某项政策违反上位法或法治精神,必须及时终结以维护法律尊严。第三,强化反思与批判意识。反思与批判意识要求对政策待解决的问题与现实状况进行准确把握以及深刻反思。政策生态环境总是处于动态变化之中,新的公共问题不断出现,已有政策过不了多久就会被新的政策取代,那种企图寻找永久适用或完美无瑕的政策的做法是行不通的。政府及其工作人员只有认识到任何组织或个人都不是万能的,承认政策也会过时或出错,用正确的心态理解政策终结,重视政策终结对节约政策资源、提高政策效能的贡献,才能通过政策终结纠正自己的决策失误,或根据政策生态环境的变化废止无效政策,从中吸取经验和教训,并不断走向成熟。

(二) 加大宣传力度,达成终结共识

为了保证政策的顺利终结,政策主体在正式终结程序开始之前应该加大宣传力度,主要宣传原有政策的负面内容和新政策的积极意义。通过宣传教育消除人们因为未知而产生的抵触情绪,提高人们的认识,从而达成必须终结的共识。通过有效的宣传教育工作,让人们明白,公共政策终结并不意味着前途和机会的丧失,而是改变劣境、寻求发展、迈向成功的新机会。及时终止那些有害、无效或不必要的公共政策,既可以避免出现新的公共政策问题,也可以充分运用有限的公共政策资源,获得更好的公共政策绩效,从根本上说,是于国于民都有利的事。只要人们能够认识到公共政策终结的积极意义,就能减少人们心理和认知方面的阻力,促进公共政策终结的顺利进行。政策终结伴随着主体理念的变化和原政策制定的理论基础的变化,所以终结原政策要对新的理念和理论进行宣传,推动新理念的树立,克服终结原政策的心理上的阻碍。宣传工作还能够营造良好的舆论氛围,为政策客体提供一个适应和缓冲的空间。

(三) 审时度势,把握时机

考夫曼认为,机遇对成功的政策终结至关重要。有时,政策终结的成功与否完全依赖于时间和机遇。的确,掌握恰当的时机是政策终结的重要策略。在政策的生命周期内,有些时机开启了政策终结的"政策之窗",就比较容易推进政策终结的进程。政策终结者要具备灵敏的嗅觉和动态的监测机制,适时感知政策终结的氛围,及时把握机会。把握政策终结时机很重要的一点,就是善于把握并利用好政策终结的触发机制。

(四) 公开政策评估信息,争取支持力量

政府信息公开是政府公信力提升的关键,同样,公开政策评估的结果也是政策主体获得支持的重要途径。政策终结的支持力量和反对力量的对比决定了政策终结能否顺利进行,政策终结者必须尽可能多地争取支持者。政策终结者适时地公开政策评估的结论,凸显原有政策的危害,让人们了解继续执行原有政策将会对社会造成的危害和损失,就能够转变人们对政策终结的态度,由反对终结转而理解或支持终结。

(五) 破立并举,渐进过渡

政策终结不可避免地会让一部分人的利益受到损害,所以人们一般都不愿意接受政策的终结,但很少有人会立刻反对一个新的、更好的政策出台。因此,为了缓解政策终结的压力,可采用破立并举的方式,即旧政策终结与新政策出台并举,在旧政策终结后及时用新政策代替旧政策,在人们失去旧政策带来的期望的同时获得新的希望。根据政策周期理论,政策的终结往往意味着新政策的开始,破立并举的这种做法可以有效地缓解政策终结的阻力。但其问题在于成本过高,对具体操作部门的要求也较高。政策终结和新政策的实施都需要大量的资源,两方面同时进行工作量巨大,如果资源短缺或安排不当则可能顾此失彼,导致旧政策的终结和新政策的实施都受到影响。

(六)试探试点,化解矛盾

试探是指在政府正式宣布终结某项政策之前,在一些非正式场合传播一些试探性信息,以测定公共舆论对这一决定的态度。这种试探的方式可以称作"缓冲策略",有助于公众的广泛谈论,使他们在政策正式终结前有心理准备,认清政策终结的必要性,从而减少公共舆论给终结带来的阻力。按照政策执行中的试点模式,在政策终结时也可以采用试点的形式,逐步推进,在试点的过程中更加清晰地认识到政策终结会面对的各方利益冲突。试点是指在普遍地终结某项政策之前先在小范围内尝试,如果政策终结的效果较好或遇到的阻力较小,则在全国范围内推行政策终结。相反,如果政策终结在小范围内就遇到了极大的阻碍,那么政策主体需要调整终结方案,放弃较高的政策终结期望,缩小政策终结的范围。这种逐步推进的方式也是以缓和的方式让人们认识到该项政策终结的趋势。

(七)适当强制,当机立断

任何一项政策终结都会有人受益,有人受损,因此,利益相关者对政策终结的态度难以取得完全一致。但政策终结又是唯一的出路选择,观望等待可能错过政策终结的良机,此时就需要政策终结的操作者运用强制力,采取闪电般行动终结政策,如下达行政命令,发布行政决定,甚至撤换有关单位领导人的职务等。一些事关重大的政策,从国家、民族整体利益的长远角度出发,必须迅速终结,放出试探性信息、采取渐进措施反而可能遭到强大阻力。对于要迅速终结的公共政策,政府就应事先对有关信息保密然后突然宣布某项政策终结,之后运用政府强制力予以执行。这种"休克策略"需要政策终结的领导者充分发挥领导力,具有果敢魄力,审时度势,当机立断。

(八)做出必要妥协与利益补偿,减少终结阻力

政策终结者可以根据政策终结情形做出必要的妥协,尤其是在遇到强大阻力时。例如反对力量结成了坚固而强大有力的反终结联盟,政策终结者适当做些妥协和折中,可以更好地实行政策终结,换取政策终结目标的实现。在政策实践中,必要的符合民主精神的妥协(但不是无原则的退让),也不失为一种有效的策略。妥协和折中不是对原有目标的放弃,而是在一定的压力之下放弃次

第九章 公共政策调整与终结

要的目标,坚持和强调主要的目标。妥协的一个重要方法是有意识地缩小政策终止的范围,只终止必要的部分。因为终止的范围越小,受政策终止威胁的人就越少,反对力量就越小。决策者必须清楚自己的底线,要明确指出原有政策中哪些部分需要终止,哪些部分可以暂时保留。公共政策往往是对利益的分配,政策终结会打破原有的利益分配格局。对于原有的政策受益者而言,政策终结使他们成为利益受损者,往往成为政策终结的最大阻力。因此,为完成政策终结,政策终结者应尽可能地给他们提供必要的利益补偿,以减少政策终结的阻力。

复习思考题

1. 公共政策调整具有哪些作用?
2. 公共政策调整的策略有哪些?
3. 分析公共政策终结的必然性。
4. 公共政策终结有哪些表现形式?
5. 公共政策终结可能遇到的阻力包括哪些方面?
6. 你认为在公共政策终结中可以采取什么策略?

参考文献

1. 〔美〕托马斯·戴伊:《自上而下的政策制定》,鞠方安、吴忧译,中国人民大学出版社 2002 年版。
2. 〔瑞典〕托马斯·思德纳:《环境与自然资源管理的政策工具》,张蔚文、黄祖辉译,上海人民出版社 2005 年版。
3. 〔以〕叶海卡·德罗尔:《逆境中的政策制定》,王满传等译,上海远东出版社 1996 年版。
4. 〔美〕约翰·W. 金登:《议程、备选方案与公共政策(第二版)》,丁煌等译,中国人民大学出版社 2004 年版。
5. 〔美〕彼得·罗希等:《项目评估——方法与技术》,邱泽奇等译,华夏出版社 2002 年版。
6. 〔美〕保罗·A. 萨巴蒂尔编:《政策过程理论》,彭宗超等译,生活·读书·新知三联书店 2004 年版。
7. 〔美〕曼瑟尔·奥尔森:《集体行动的逻辑》,陈郁等译,上海三联书店、上海人民出版社 1995 年版。
8. 〔美〕米切尔·黑尧:《现代国家的政策过程》,赵成根译,中国青年出版社 2004 年版。
9. 〔美〕杰弗里·维克斯:《判断的艺术:政策制定研究》,陈恢钦等译,中国青年出版社 2004 年版。
10. 〔美〕弗兰克·费希尔:《公共政策评估》,吴爱明等译,中国人民大学出版社 2003 年版。
11. 〔美〕丹尼斯·C. 缪勒:《公共选择理论》,杨春学等译,中国社会科学出版社 1999 年版。
12. 〔美〕德博拉·斯通:《政策悖论:政治决策中的艺术》,顾建光译,中国人民大学出版社 2006 年版。
13. 〔美〕拉雷·N. 格斯顿:《公共政策的制定:程序和原理》,朱子文译,重庆出版社 2001 年版。
14. 〔美〕查尔斯·E. 林布隆:《政策制定过程》,朱国斌译,华夏出版社 1988 年版。
15. 〔美〕史蒂文·凯尔曼:《制定公共政策》,商正译,商务印书馆 1990 年版。
16. 〔美〕彼得·罗希等:《项目评估——方法与技术》,邱泽奇等译,华夏出版社 2002 年版。
17. 〔美〕詹姆斯·麦根等主编:《智库的力量:公共政策研究机构如何促进社会发展》,王晓毅等译,社会科学文献出版社 2016 年版。
18. 〔美〕詹姆斯·M. 布坎南:《自由、市场与国家:80 年代的政治经济学》,平新乔等译,上海三联书店1989年版。

19. 〔美〕弗兰克·费希尔:《公共政策评估》,吴爱明等译,中国人民大学出版社2003年版。
20. 〔美〕乔治·M.格斯、保罗·G.法纳姆:《公共政策分析案例(第二版)》,王军霞等译,中国人民大学出版社2017年版。
21. 〔美〕丹尼尔·豪斯曼等:《经济分析、道德哲学和公共政策》,纪如曼译,上海译文出版社2008年版。
22. 吴逊等:《公共政策过程:制定、实施与管理》,叶林等译,格致出版社、上海人民出版社2016年版。
23. 刘伯龙、竺乾威主编:《当代中国公共政策》,复旦大学出版社2000年版。
24. 朱春奎等:《政策网络与政策工具:理论基础与中国实践》,复旦大学出版社2011年版。
25. 李允杰、丘昌泰:《政策执行与评估》,元照出版有限公司2009年版。
26. 丁煌:《政策执行阻滞机制及其防治对策:一项基于行为和制度的分析》,人民出版社2002年版。
27. 金太军等:《公共政策执行梗阻与消解》,广东人民出版社2005年版。
28. 胡伟:《政府过程》,浙江人民出版社1998年版。
29. 赵凯农、李兆光:《公共政策——如何贯彻执行》,天津人民出版社2003年版。
30. 贺仲雄、王伟:《决策科学:从最优到满意》,重庆出版社1988年版。
31. 李光编著:《现代思想库与科学决策》,科学出版社1991年版。
32. 刘霞:《风险决策:过程、心理与文化》,经济科学出版社1998年版。
33. 郭巍青、卢坤建:《现代公共政策分析》,中山大学出版社2000年版。
34. 贠杰、杨诚虎:《公共政策评估:理论与方法》,中国社会科学出版社2006年版。
35. 谢明:《政策透视——政策分析的理论与实践》,中国人民大学出版社2004年版。
36. 钱再见:《现代公共政策学》,南京师范大学出版社2007年版。
37. 梁平编著:《政策科学与中国公共政策》,重庆大学出版社2009年版。
38. 荣仕星等:《中国民族地区公共政策研究》,人民出版社2009年版。
39. 魏淑艳:《中国公共政策转移研究》,东北大学出版社2006年版。
40. 尹音频等:《充分就业的长效机制与公共政策重构研究》,中国财政经济出版社2018年版。
41. 李志军主编:《重大公共政策评估理论、方法与实践》,中国发展出版社2016年版。
42. 马国贤、任晓辉编著:《公共政策分析与评估》,复旦大学出版社2012年版。
43. 余振、陈瑞莲主编:《中国城市公共行政与公共政策比较研究》,中国社会科学出版社2005年版。

44. 范绍庆:《公共政策终结:启动、执行和关闭问题研究》,中国社会科学出版社 2014 年版。
45. 陈刚华:《公共政策与行政学理论研究》,中国社会科学出版社 2018 年版。
46. 袁明旭:《官僚制视野下当代中国公共政策冲突研究》,中国社会科学出版社 2009 年版。
47. 梁波:《新时期中国公共政策制定研究》,兰州大学出版社 2007 年版。
48. 郭渐强:《政策执行研究》,湖南师范大学出版社 1999 年版。
49. 胡怡建主编:《上海公共政策与治理决策咨询报告 2014》,上海人民出版社 2014 年版。
50. 樊胜根主编:《中国西部地区公共政策和农村贫困研究》,科学出版社 2010 年版。
51. 刘伯龙等:《中国农村公共政策:政策执行的调查分析》,复旦大学出版社 2011 年版。
52. 陈水生:《中国公共政策过程中利益集团的行动逻辑》,复旦大学出版社 2012 年版。
53. 邓伟志主编:《和谐社会与公共政策》,同济大学出版社 2007 年版。
54. 王法硕:《公民网络参与公共政策过程研究》,上海交通大学出版社 2013 年版。
55. 郭俊华编著:《公共政策与公民生活》,上海交通大学出版社 2018 年版。
56. 赵德余主编:《实施公共政策:来自跨学科的声音》,上海人民出版社 2013 年版。
57. 张为杰:《分权治理、地方政府偏好与公共政策执行机制研究》,中国社会科学出版社 2016 年版。
58. 唐贤兴:《大国治理与公共政策变迁:中国的问题与经验》,复旦大学出版社 2019 年版。
59. 孙健夫等:《社会变革中的公共政策实践与优化研究》,科学出版社 2019 年版。
60. 孙蕊:《国家治理现代化视角下的公共政策创新》,经济管理出版社 2018 年版。
61. 张淑华:《网络民意与公共决策权利和权力的对话》,复旦大学出版社 2010 年版。
62. 王满船:《公共政策制定:择优过程与机制》,中国经济出版社 2004 年版。
63. 朱亚鹏:《公共政策过程研究:理论与实践》,中央编译出版社 2013 年版。
64. 张骏生主编:《公共政策的有效执行》,清华大学出版社 2006 年版。
65. 任丙强:《全球化时代的国家主权与公共政策》,北京航空航天大学出版社 2007 年版。

第四编

公共政策分析方法

【内容概要】 公共政策分析方法包括公共政策分析方法论和公共政策分析的具体方法与技术。公共政策分析方法论是指具体到公共政策这一领域需要用到的一些共同的方法，是各类公共政策分析中普遍应用的方法。这些方法实际上不仅有社会科学方法论的内容，而且有自然科学方法论的内容。根据国内外学者的研究成果，公共政策分析方法论涉及事实分析、价值分析、规范分析、利益分析、系统分析、模型方法等方法。公共政策分析的具体方法与技术主要运用在公共政策的过程中。收集与整理政策信息、构建政策问题、规划政策方案、预测政策前景、建议政策行动、监测执行结果和评估政策绩效都需要政策分析方法和技术的支撑。本编具体介绍了德尔菲法、时间序列分析法、回归分析法等定性与定量的方法和技术。由于政策科学在发展过程中不断对公共政策分析方法进行总结和探讨,由于科学技术及其方法的迅速发展为公共政策分析提供了新的方法、技术或工具,由于政策科学汲取了其他学科的有益方法,公共政策分析方法不断走向丰富和科学,政策科学也因为有了方法和技术的支撑而获得了长足的发展。

第十章 公共政策分析方法论

第一节 事实分析

一、事实分析的概念

事实,简单来说就是客观存在的现实。在政策分析中,人们常常讲的事实多是指客观存在的事物、事件与过程。事实分析是指对社会的事物、事件、关系及相互作用进行描述、观察、计数、度量与推理。对事实进行描述与判断的基本方法之一是观察。为达到收集的事实材料真实可靠的目的,必须要坚持观察的客观性。① 事实分析最重要的特征是尊重客观实际,排除一切主观干扰。根据西蒙的观点,在政策目标已经确定的情况下,为了实现政策目标而对采用何种政策手段所做的判断就是事实判断。事实判断是对客观事物是什么以及怎么样的描述,客观的事实判断有助于更好地实现政策目标。事实判断的陈述为经验命题、实然命题,其问题指向为"能够做什么""我要做哪些选择""如果这样做,会有什么后果"之类。②

---

① 陈庆云:《论公共政策分析的四个基本范畴及其相互关系》,《行政与法》1995年第2期。
② 〔美〕罗伯特·达尔:《论民主》,李柏光、林猛译,商务印书馆1999年版,第32页。

二、事实分析在公共政策分析中的作用

第一,事实分析为公共政策分析提供信息来源。在公共政策分析中,无论是使用定量分析方法还是定性分析方法,人们往往按照经验的方法,对客观现实进行一定因果关系的描述性研究。比如,人们可以真实地描述公共费用的多少及使用情况等。也就是说,提供给政策分析的信息往往是描述性信息。

第二,对事实要素的分析有助于判断决策正确与否。我们可以基于事实要素判断决策的正确性,即为了实现政策目标而判断所采取的政策措施是否恰当。由于政策目标包含着价值因素,我们只能进行主观意义上的好坏评价,而无法做出正确与否的客观上的判断。

第三,事实要素对政策合理程度有着重要影响。这里所说的政策的合理程度是指政策手段选择上的合理性。政策手段的选择如果符合西蒙所谓的实现合理性的两个条件,即适合于实现指定目标和在给定条件与约束的限度内,那么政策手段就具备了合理性。在政策手段的选择过程中要考虑事实要素这个关键性因素。事实要素包含着事物客观存在的因果关系,通过对事实要素的分析,就可以找出事物的因果关系。然后根据这些因果关系,确定政策手段。可以说,在多大程度上把握事物的因果关系,政策手段就在多大程度上拥有合理性。

三、事实分析与价值分析的关系

在实际的公共决策中,决策者所面临的问题并非事先按照价值、事实两类要素区分,有时甚至无法发现事实与价值之间的界限。其原因在于:有些情况下,价值要素和事实要素可能混合在同一组织目标当中;政府的目标或其最终目标常常用模糊话语表述,如公正、社会福利、权利保护等;政府设定的某一目标很可能是为了实现更远大目标而设定的中间目标。

从政策分析的研究角度来看,搞清楚事实与价值的关系是十分必要的。正如西蒙所言,"一项决策包含两类要素,分别称为事实要素和价值要素。对于管

理来说,这两类要素的区分具有根本意义"①。他认为决策的两大基石——事实要素和价值要素影响着政策目标的确定、政策手段的选择和政策执行的效果。客观存在的现实是独立于人的意识之外的。但在描述事实时,不论是判断、推理,还是分析、综合,都离不开价值取向的引导。事实要素与价值要素的区别在于:第一,事实要素可以通过检验来确定其真伪,而价值要素则无法判断其真伪;第二,事实要素可以用正确或错误来进行描述,而价值要素往往用好或坏进行判定;第三,价值要素不能完全转化为事实要素,也就是说无法从价值命题推导出事实命题,但是可以从事实命题推导出价值命题;第四,决策包含着价值要素,所以我们不能在客观上判断决策是否正确,而只能就其所包含的事实要素来说决策是否正确;第五,在事实要素中,我们无法事先确定其真伪,所以需要进行判断。

四、事实分析的局限性②

(1) 概念上的局限性。人之外或之前的具有先在性的客观自然界以及打上了人类意志烙印的人化自然、人工自然等一切具有客观实在性的存在本身都是事实。这种观点从某种程度上来说是符合唯物主义客观性原则的,因为它承认外部事物、过程等不依赖于人。但它却存在着以下局限:首先,它把客观事物或事件本身当作事实,这无异于名词和术语的简单变换而已,不利于对事件或对客观事物的了解,同时也不利于对"事实"内涵的把握。其次,这一界定未能就客观性与主体、客体的关系做进一步的分析。在这里,事实被等同于一种纯粹的"自在之物"。最后,这一定义忽视了人的主体性,忽视了主体对客体的主观能动性。事实只有在被人们认识和实践活动所掌握时才成为事实,否则便不能成为事实。

(2) 应用上的局限性。在公共政策分析领域,纯粹的"客观的"事实分析或行为研究是不存在的。事实分析或行为研究在许多方面都涉及价值观或价值判断,主要包括:第一,系统边界条件的界定和分析人员的兴趣问题。系统的确定反映了人们和集体的爱好(价值观),而当问题出现时其中固有的价值观念又

---

① 〔美〕赫伯特·西蒙:《管理行为》,杨砾等译,北京经济学院出版社1988年版,第44页。
② 陈洪连:《公共政策事实与价值关系的理论反思》,《齐鲁学刊》2009年第2期。

和选择什么样的系统有关。公共政策系统可以看成是事实因素,而系统的确定和分析人员的兴趣又包含价值因素。第二,对事实的选择和对事实的观察过程中,事实分析或行为研究就表明了它的价值观,因为每一种这样的选择都意味着对许多其他选择的直接或间接的拒绝。第三,在对自身的目标进行行为研究时,价值观与这种研究的整个前提关系极大,因为分析人员倾向于用他们的整套价值观来确认事实的性质。因此,在公共政策分析中,应该融入事实和价值这两个要素。事实判断是价值判断的基础,价值判断是事实判断的归宿。它们是人们认识公共政策和实践公共政策的必要环节,贯穿于公共政策的制定、执行、监督等过程,也正是二者的统一才使人们对公共政策的认识和实践不断深化、发展。

第二节 价值分析

一、价值、价值观与价值分析

西方政策科学产生以后的较长时期内,价值分析是被忽略或者有意排除在政策分析之外的:政策分析学者坚持逻辑实证主义者有关事实与价值分开的观点,主张政策分析的"价值中立性";认为价值分析势必影响政策分析的科学性。20世纪70年代末80年代初,公共政策的价值分析开始受到人们的重视,价值分析成为政策分析的一个相对独立的研究领域,主要体现为公共政策伦理学的发展;认为公共政策分析不是价值中立的,而是价值依赖、价值批判的,这意味着价值也可以像事实一样被理性地讨论。也就是说,政策科学既是描述性的,也是规范性的。描述性指的是对事实以及客观存在的因果关系的分析;规范性涉及的是以某种价值为前提的评价活动,选择的依据是价值。事实分析方法对应的是描述性研究,价值分析与规范性有关。事实分析与价值分析渗透在公共政策过程中的各个环节。

价值从不同的视角有许多不同的解释,就其最初的经济学含义而言,指的是一种交换价值;哲学上的价值是指物的有用性,是一种客体相对于主体需要的价值;依据马克思的观点,"价值"这个普遍的概念是从人们对待其满足需要的外界物的关系中产生的①。价值是人们对客观事物评价的认识在意识形态中相对稳定的一种反映。人们对客观事物的评价所持的观点就是人们的价值观。价值观是认识主体对客体事件的意义和重要性所持有的相对稳定的总的评价和观点,包括价值判断、价值取向、价值创造与实现。

政策价值观指的是公共政策的价值取向模式。政策价值观构成了政策的一个基础,影响、制约政策主体、目标群体的政策活动,发挥规范、引导和调节的作用。它渗透到政策过程的各个环节,公共政策过程的全部活动都是围绕着政策价值取向展开的。政策主体依据主观价值判断确定和界定公共政策问题;依据一定的价值标准评价和选择政策方案;依据价值标准评价政策的最终效果;制定和实施政策的目的是实现整个社会和制度的价值。

价值分析是人们基于一定的价值观,对事物做出的价值判断与价值选择。价值分析主要是确认某种目的是否值得为之争取,采取的手段是否能被接受以及改进系统的结果是否良好。它要回答的问题包括:因为什么?为了什么目的?为了谁?许诺什么?多大风险?应优先考虑什么?价值分析有助于确定一些衡量和评价政策方案的基本准则,有助于把握人们的价值观念的变化与趋向,帮助人们形成科学的价值观,指导人们依据一定的价值标准对政策方案做出选择。政策的价值取向为社会不同群体的实践活动提供行动导向。价值分析不仅能帮助人们树立正确的价值观,引导政策过程,而且能有效地解决政策中的价值冲突,增强目标群体对公共政策的认同。

二、价值分析的原则与标准

价值分析的一个重要作用是确定和应用评判标准来评价政策价值观与政策选择,价值分析的中心问题是用什么标准证明政策行为的正确性、有益性或公正性。

(一)价值评判标准的类型

(1)义务论。义务论的基本要义是:判断政策行为是否正确的标准是这一行为是否符合某种原则。这些原则具体体现为三个方面:一是政策行为在本质

---

① 《马克思恩格斯全集》(第19卷),人民出版社1963年版,第406页。

上符合某些无须加以验证的传统原则;二是像公正、公平、负责等为行为者自身所确认的判断标准同样不需要进一步证实;三是正确的政策行为寓于一些普遍规则或原则之间的某种逻辑关系之中。义务论关注行动过程,判断一个行动是否正确的依据是这一行动的性质,而不管结果如何。

(2) 目的论。目的论以结果为导向,根据行为后果的效益评价行为。目的论者认为某些行为之所以正确,是因为它们导致了好的或有价值的结果。在公共政策领域,目的论的分析路径是:首先确定某种价值,然后依据这个价值标准选择政策方案。做出政策方案选择的决定带有极强的目的性,即关注的是政策方案的未来效用,希冀该方案能带来好的结果。在普遍意义上来说,目的论价值分析是功利主义的。传统功利主义认为正确的政策是那些能为最大多数人带来最大幸福的政策;新功利主义认为正确的政策是基于最大限度增加社会净收益的准则。目的论与义务论最显著的区别在于,目的论是由于行为的结果而提倡行为,而义务论则由于行为符合某些原则,或由于行为被认为有内在正确性而提倡行为。

(3) 本质论。本质论根据政策行为的内在价值来评价政策行为,就是把内在价值作为评价政策的标准。本质论把注意力集中在感受快乐、运用能力、实现自我或审美的内在价值上。本质论属于一种混合的或综合的理论,既不是义务论,因为它没有提出正式的或实质的具体义务准绳,也不是目的论的,因为它没有提出具体的功利主义的准绳。

(二) 价值评价的一般原则

人们分析政策问题不可能离开价值判断,提出与论证方案不可能不受一定文化背景和价值观念的制约和影响。政策是政治的产物,理当有它的评价功能。从对政策的评价角度看,无论是政治上的评价,经济上的评价,还是技术上的评价,都离不开价值,价值决定了评价。客观价值先于评价而存在,评价随着客观价值的变化而变化。一般地说,政策活动的评价,大致有两方面:一是评价政策目标的价值;二是评价为实现政策目标而采取的手段的价值。

(1) 合规律性与合目的性的统一。合规律性与合目的性是人类进行评价活动的两大标准。"合规律性"回答"是什么"的问题,属于事实判断。"合目的性"回答"应当如何"的问题,属于价值判断。唯物史观揭示,人类社会的运动既是受客观规律支配的具有历史必然性的运动,又是历史活动的主体追求一定目的的能动性活动,这两个方面是相互制约的。公共政策主体根据自身的需求进行价值选择,实现其目的,然而其目的的实现又受制于客观世界的规律。只有当合规律性与合目的性统一时,价值选择和主观目的才能变为现实。

(2) 社会选择与个人选择的统一。社会选择与个人选择的关系可以等同于社会需要与个人需要的关系。社会需要是指满足社会公共利益的需要,诸如维护社会公共秩序、防治水旱灾害、保护环境、建设国防等等。这种需要不是个别需要的总和,而是共同利益,具有不可分割性。个人需要是指个体对各方面的需求。社会需要与个人需要往往处于矛盾之中,只讲个人需要、不讲社会需要,或者只谈社会需要、不谈个人需要,都是片面的。协调不同个体的需要与利益,就必须协调社会需要与个人需要之间的关系。

(3) 兼顾与急需的统一。兼顾是一种均衡发展的思路,急需则是应对当下最为紧迫事务的选择。兼顾与急需的统一同时也是一般与特殊的统一。要清晰地认识到,任何选择都不是没有重点的。急需解决什么,与兼顾解决什么是不同的,但突出重点和兼顾一般是必须要坚持的行事准则。

(4) 择优与代价的统一。价值的选择总是要付出代价的,所以只要选择,就要择优。政府在政策过程中,无论是政策制定、政策执行、政策终结抑或是政策评估,正确把握代价与择优的度是极其困难的。例如,随着生态环境持续恶化,国家出台了一系列法律法规治理生态环境。其中有些规定难以避免地带来了环境保护与经济发展的冲突。面对这两个不同的取向,政府、企业以及个人都会从不同的价值标准进行分析与选择。在当前情境下,选择的关键在于环境保护与经济发展何者被定义为"择优",何者被定义为"代价"。同类价值往往容易权衡,但在不同类型的价值中权衡择优与代价相当不易。

(三) 我国价值分析的价值标准

价值分析中的价值标准是指社会价值标准。政策是执政党、政府制定的,是用来规范国家、政府、社会和全体公民行为的,因此必须依据社会的价值标准对政策行为进行评价。我国的社会价值标准的最重要体现是社会主义核心价值观。社会主义核心价值观是社会主义核心价值体系的内核,体现了社会主义核心价值体系的根本性质和基本特征,反映社会主义核心价值体系的丰富内涵和实践要求,是社会主义核心价值体系的高度凝练和集中表达。在社会主义核心价值观的指引下,价值分析中的价值标准可以概括为以下几点。

(1) 最广大人民群众利益标准。人民群众是历史的创造者,群众史观是马克思主义哲学中的一个基本原理,也是唯物史观的突出体现。所以,把人民群众的利益作为最高的价值标准,是从马克思主义哲学的立场出发得出的必然结论。人民群众的利益是多方面的,我们应该重视和满足最大多数人的利益要求。人民利益具有综合性和动态性。人民利益是人民的经济利益、政治利益、文化利益三者构成的综合性全称概念。

(2) 政治平等标准。西方学者德沃金认为,政治平等应该从人民主权、政治参与、共同体的政治对话等多个维度来尽量保证每个公民都享有同等的参与机会和发言权。他强调政治平等必须是一种实质性的平等。在他的政治平等中,国家或政府不仅要保护公民的消极自由,而且还必须促进和保护每个公民的积极自由。[1] 政治平等标准包括政治参与的平等、政治地位的平等、政治权利的平等。

(3) 经济效益标准。效益是某种活动所要产生的有益效果及其所达到的程度,是效果和利益的总称。经济效益是通过商品和劳动的对外交换所取得的社会劳动节约,即以尽量少的劳动耗费取得尽量多的经营成果,或者以同等的劳动耗费取得更多的经营成果。经济效益可以运用若干经济指标来计算。在政策分析中,经济效益的获得意味着发挥政策最大效用,从而实现政策效果最大化。

(4) 可行性标准。在政策分析中,可行性表现在政治、经济及技术的可行性上。政治可行性分析是分析某项公共政策是否与国家的性质、政治制度、政治思想和发展方向保持一致,是否符合国家和人民利益,能否被社会和人民群众所拥护和接受。经济上的可行性分析主要是分析政策方案在经济上是否合理,包括政策运行涉及的经济方面的内容,诸如生产成本是否低廉,完成的经济效果是否显著,产生的社会效益是否良好,各方的利益是否兼顾到。技术上的可行性分析是从技术的角度衡量是否能够达到预期的目标。主要表现在实现

---

[1] 刘宏斌:《德沃金的政治平等论》,《求索》2003年第6期。

目标的科技手段上。政治、经济以及技术上的可行性是相互联系、相互影响的。成功的政策往往是全面地考虑到各方面的可行性,并选出一个最佳结合点。

(5) 社会效益标准。社会效益是指最大限度地利用有限的资源满足社会中人们日益增长的物质文化需求。公共政策的社会效益主要体现在有利于实现社会公平与效率相统一的价值目标,促进社会的全面发展。

三、价值分析的内容与方法[①]

(一) 规范性和经验性探索

麦克雷在《社会科学的社会功能》一书中详述了一种价值分析的方法。这种方法的一个中心概念是"价值假说",这些假说就是政策行为的正确、良好或价值的规范假设体系。为了研究相互对立的价值假说,麦克雷提出了三条原则:第一,详述价值假设。由两个以上倡议者提出的价值假说体系应预先书面详述。第二,应用通用的评定标准。相互对立的价值假说体系的倡议者应采用通用标准来评定有关规范的争论。通用的评定标准包括普遍性、内部一致性、外部一致性。第三,评定情节恰当程度。相互对立的价值假说体系的倡议者应提出各种旨在从对立的论点中引出矛盾的"冲突情节"。摆出冲突情节之后,处于鉴定中的价值体系的倡议者须决定是否希望改变其价值体系或做出其体系所规定的抉择,比如对有关效率与公平先后次序的抉择。持公平优先观点的人主要有以下评定标准:第一,公平是指机会均等,机会的均等应当被看作是一种神圣不可侵犯的天赋权利,只有把它放在优先的地位,才能体现出社会对这种天赋权利的尊重;第二,把公平放在优先的地位,就是把反对机会不均等,反对收入分配差距过大、财产分配差距过大放在优先的地位。持效率优先观点的人主要有以下评定标准;第一,如果从天赋权利的角度来分析,把效率放在优先的地位,同样是有充足理由的。效率是指资源配置的效率,没有自由参与的竞争,也就不可能有效率的增长。把效率放在优先的地位,就是把自由参与放在优先的地位。自由参与这种权利是不应该受到损害的。第二,在市场竞争中,人们

[①] 参见陈振明主编:《政策科学——公共政策分析导论(第二版)》,中国人民大学出版社 2003 年版,第 586—589 页。

即使站在同一起跑线上,但彼此的努力程度往往是不同的,把效率放在优先的地位,意味着把个人的努力程度放在优先的地位。

(二)元伦理的研究方法

"元伦理观"的内容主要涉及一般规范性论点的性质和含义。元伦理观的提问方式是:什么样的准绳能保证用来证明政策行为正确、有益或公正的标准是合理的?在政策研究中,价值分析有时是以帕累托最优之类的评判标准为准绳的。政策分析中元伦理理论的作用是回答关于规范性伦理主张本身的问题:我们能否确定规范性伦理主张是正确的还是错误的?

(三)价值分析的具体内容与常用的方法

在政策研究中,价值分析的具体内容与常用的方法与技术包括:对各种价值表征(基本信念、系统选择、资源分配优先顺序、奖励、目标、系统意向、领导和管理风格、出台政策及未出台政策等等)加以分析;对作为规范性的价值系统即社会政治意识形态进行分析;决策分析;预算分析;面谈;利用德尔菲法进行调查;识别出目标个人或团体的价值观的基本含义和范围等。价值分析中着重研究的内容包括:政策的价值含义、系统中价值的一致性、绝对价值和相对价值、价值观的可行性限制、价值组合、价值观的强化和改变以及进一步假定的价值内容。

四、价值分析与规范分析

规范分析所要回答的问题是:应该是什么?应该怎样做?规范一般指规则、标准或尺度。公共政策提供的是社会规范。社会规范是指人们为实现其理想,根据特定的观念制定的,供社会成员共同遵守的行为规则和标准,包括科学规范、道德规范、审美规范、宗教规范、法律规范等,它限定人们在一定环境中应该如何行动。政策的规范分析就是依据已经形成的规则、标准分析政策过程的规范性。规范分析离不开价值分析。规范要有效,必须以相关的价值为基础。价值观念的变化必然带来社会规范的变化。在政策分析时,事实分析、价值分析、规范分析是相互联系、相互制约的,缺少其中任何一种分析都会导致政策分析结果的不全面。

第三节 利益分析

一、利益与公共利益

利益是指人们为了生存和发展,获得自由与幸福所必需的一切资源和条件。"利益"既是现代社会使用频率很高的一个语词,更是诸多学科都要涉及的一个重要概念。然而,学界对作为学术术语的利益概念一直都存在着不同的看法,倘若对利益概念的不同解释进行归类的话,大致可以分成主观论、客观论和关系论三种利益观。主观论者认为,利益是主体对客观事物的内心感受和主观需要;客观论者则认为,利益是主体所追求的客观事物;关系论者则将利益视为主体与客体之间的一种关系。丁煌倾向于把利益理解为一种关系。他认为,利益既不是与客体无涉的纯主观的需要,也不是与主体无涉的纯客体,主体离开了客体或客体离开了主体,都不会有人的利益存在。因此,从哲学意义上说,利益并不是主体或客体相互独立的实体范畴,而是一个主客体的关系范畴。①

马克思认为,"利益不是仅仅作为一种普遍的东西,存在于观念之中,而首先是作为彼此有了分工的个人之间的相互依存关系存在于现实之中"②,"人们为之奋斗的一切,都同他们的利益有关"③。从理论上讲,人们奋斗所争取的一切,都与他们的利益有关。从现实中看,在市场经济条件下,每一项公共政策的制定和执行都要首先考虑到全社会的公共利益。亨廷顿认为,"公共利益既非先天存在于自然法规之中或存在于人民意志之中的某种东西,也非政治过程所产生的任何一种结果。相反,它是一种增强统治机构的东西。公共利益就是公共机构的利益"④。陈庆云指出,在公共管理中,公共利益是指具有社会分享性的,为人们生存、享受和发展所需的资源和条件。在公共利益的体系中,不仅存在不同层次和不同领域的公共利益,而且存在着完全自愿性分享,以及自愿性

---

① 丁煌:《利益分析:研究政策执行问题的基本方法论原则》,《广东行政学院学报》2004年第3期。
② 《马克思恩格斯选集》(第1卷),人民出版社2012年版,第163页。
③ 《马克思恩格斯全集》(第1卷),人民出版社1995年版,第187页。
④ 〔美〕塞缪尔·P.亨廷顿:《变化社会中的政治秩序》,王冠华等译,生活·读书·新知三联书店1989年版,第23页。

分享与强制性分享并存等多种形式的公共利益。① 政策的本质首先表现在它是一定社会阶级意志和利益的集中体现。在现代社会中,公共政策面对的是各种各样、错综复杂而又千变万化的社会问题。政策制定、执行及其执行结果都是为了解决一定的社会问题,调整社会利益关系。需要注意的是,政府必须在承认每一个利益主体对个人利益追求的自主性和合理性的基础上,解决好人们之间的利益矛盾,谋求公共利益的最大化。根据我国的具体国情,我们可以把公共政策的公共利益理解为广大人民群众的共同利益,即绝大多数人的根本利益。坚持从广大人民群众的共同利益出发,是我们制定任何一项公共政策的基本准则。

二、公共政策中的利益分析与其他分析方法的关系

公共政策分析最本质的方面是利益分析,这是由公共政策的基本性质所决定的。利益问题是公共政策多种分析方法和视角的内在焦点,其他多种分析方法必须结合利益分析才更具解释力和信服力。从利益的角度来分析问题,更能揭示问题的实质,且其他视角也离不开利益分析,所以利益分析是政策分析方法的基础,为我们提供了研究公共政策的逻辑起点和逻辑主轴,有利于我们更好地揭示和认识一些重大的现实政策问题,以达到既治标又治本的目的。

(一)利益分析与事实、价值、规范和可行性分析的关系②

1. 利益分析与事实分析

尽管利益分析中也要研究利益如何分配、分配给谁、谁获得的利益多谁获得的利益少等问题,从形式上看似乎是"事实分析"的一部分,但事实分析的内容往往体现于现象分析。仅有事实分析经常不能准确地把握本质,从而造成政策研究中的失误。比如我国改革中所暴露出的各种矛盾与问题,从本质上看就是物质利益分配问题。如果从所见到的浅层次事实出发而不加以深入研究,那么就只能制定出"治标而不治本"的政策。特别在一些假象掩盖事实真相的情况下,就事论事地出台各种政策,必然造成政策严重失误。

---

① 陈庆云、鄞益奋:《论公共管理研究中的利益分析》,《中国行政管理》2005 年第 5 期。
② 陈庆云主编:《公共政策分析》,北京大学出版社 2006 年版,第 249—250 页。

2. 利益分析与价值分析

价值产生在实践基础之上,反映了主客体关系之中的人及其需求,表现为人从满足需求的角度对客体进行的评价。越能满足人的需求,事物的价值也越大。但价值的大小来自何处?是来自能满足人的需求的客体,即利益。要进行评价,首先要决定接受评价的对象。正是不同利益的存在,才产生了不同的评判价值。因为价值是不能超现实的、离开一定的客体形式而独立存在的东西。作为联系主客体关系的价值,尽管反映了人们需求的大小,但毕竟不是满足人们需求的具体资源。有利益存在,才有价值存在。尽管我们评价某种活动时,可以用个人和社会多重价值去衡量并进行合理的评价,但不要忘记产生这些价值的是与之相关的利益。政策研究中只有价值分析,而没有利益分析,至少是很不完整的。

3. 利益分析与规范分析

由于规范是一种规定,无疑它需要特定的价值导向。理性化程度极高的公共政策是以某种价值为导向的规范,具有强制性,否则某些群体或个体就会产生倒退性的失范行为。这种失范的表现集中于两个方面:只讲物质利益,拜金主义严重,不讲高尚的精神利益;只讲个人利益,不顾集体与国家利益。从其本质来看,政策的规范分析是要在不同的利益关系与利益矛盾中,寻找出平衡利益关系、解决利益矛盾的量与质的规定,以约束多元利益主体的行为。

4. 利益分析与可行性分析

社会中每一个成员都有自己的需求,但社会又不能满足所有人的需求,这是社会发展中不可克服的矛盾。与之相关就产生了人们期望获得的理想利益和实际利益的差距。经常出现这样的情况:政府在对某项政策规划时,很想给某一社会群体带来实际利益,但由于社会的总资源有限,政府无力做这件事;或者给这一群体增加了实际利益,但会损害到其他群体的利益,产生了负面效应,因而政策迟迟不能出台,或者根本就不能出台。因此,可行性分析的基本前提也是利益分析。[①]

[①] 陈庆云主编:《公共政策分析》,北京大学出版社 2006 年版,第 250—252 页。

(二) 利益分析与制度、权力、组织、文化分析的关系

1. 利益视角下的制度分析

正如诺斯所言,"制度是一个社会的游戏规则,更规范地说,它们是为决定人们的相互关系而人为设定的一些制约"①。良好的政策要有适当的制度基础,高质量的政策选择能为制度创新创造条件。制度的一个重要功能是对利益关系的协调和制约:制度安排使各利益群体之间的利益分配处于相对均衡的状态;制度变迁的实质就是谋求利益再分配的新形式;制度创新的内涵就是谋求利益分配方案的优化。

2. 利益视角下的权力分析

权力是权力主体凭借一定的政治强制手段,在有序的结构中,对他人和社会的一种支配力和控制力,是职位、职权、责任和服务的内在统一。权力关系的分析离不开利益这个内核,因为政治权力是用来实现经济利益的手段。权力依赖本质上就是一种利益依赖;权力链条的形成与断裂受到利益的影响;利益关系决定了权力关系的走向;集权与分权的选择最终取决于哪种方式能够更好地实现社会利益。

3. 利益视角下的组织分析

弗里茨·萨尔夫强调政策的形成和执行不可避免地产生具有各自利益、目标和策略的不同参与者之间的多元互动。政策过程中植入了许多横向和纵向的组织关系。横向关系主要是政府之间的关系、政府的不同部门之间的关系、政府与企业或其他社会组织之间的关系。纵向关系是指政府不同层级之间的关系。在多数情况下,组织是一个利益共同体,利益是组织成员互相联系的纽带。在组织视角看来,政策过程的实质是各种同质或异质的组织形成了特定的组织网络,并在网络中进行利益博弈和利益妥协的一种活动。

4. 利益视角下的文化分析

作为公共政策系统及整个社会政治系统的外在影响因素,文化一经形成就成为不以人的意志为转移的客观力量和生存环境。文化作为一种既定的精神

---

① 〔美〕道格拉斯·C.诺斯:《制度、制度变迁与经济绩效》,刘守英译,上海三联书店 1994 年版,第 3 页。

存在对公共政策系统的方方面面产生着潜移默化的影响。文化视角的观察能使我们更深刻、更系统地解读公共政策及其过程。公共政策过程中的政治互动体现为不同主体为实现自身利益而进行的交流、沟通、说服、讨价还价、妥协以及达成共识等行为，而这些政治互动行为离不开政治文化的支撑。现代民主政治文化保障了各方利益主体都能参与政策过程并平等地表达自己的意志和要求，确保整个政策过程是公开透明的。[①]

三、公共政策的利益分析框架

（一）利益主体及利益结构分析

利益分析首要的问题在于明确利益主体及主体间的关系和结构。利益主体及利益结构分析是一个重要的研究工具。利益主体指在相关利益上具有一致性的行为主体及其构成的集合。在利益的影响因素和影响方式上越一致，利益的一致性程度就越高，相关主体（人员或部门等）就越可能结成为同一个利益主体。利益主体可以小到个人，大到组织（多部门的集合），并具有相对性和多重性。利益主体是比较不同主体而言的，如：相对于其他部门人员，本部门人员与本部门领导团队是一个利益主体；相对于本部门领导团队，本部门人员也是一个独立的利益主体。利益主体又是相对具体任务而言的，针对不同工作内容和工作目标，同一个主体可能会分属于不同的利益主体。利益结构是由个人利益、组织利益以及公共利益构成的一个互动、冲突和相容的结构。利益结构分析包含一系列问题：组织间的利益关系呈现水平型的还是垂直型的结构？如果是水平型的利益关系结构，主体间的利益冲突如何协调？如果是垂直型的结构，弱势主体的利益是否能够得到补偿？一个社会的利益结构若发生重大变化，社会系统和政治系统便会受到极大的冲击而引起震荡。分析一个社会不同层面的利益结构，有助于解释不同利益主体的行为，解释和预测各种社会现象。

（二）利益需求分析

利益与需求是相伴而生的。利益的存在依赖于利益主体的确定，离开了主体的需求，利益是不存在的。而且，不同的人有不同的需求，利益最终需要主体

---

① 杨丽丽、龚会莲：《文化视角下的公共政策：主体、民主性与合法性》，《行政论坛》2014年第1期。

的认定。利益需求可以是多种层面上的,如政治层面、经济层面、文化层面等等。对利益主体需求的分析是一种行为动机分析。就准确推测人们的意图而言,最正确的做法是考察人们的利益,因为利益是行为最基本的动机。人的行为动机是复杂的,学者们从诸如"经济人""社会人""行政人""复杂人"等不同假设对人的行为动机进行分析。

(三) 利益实现方式分析

从宏观层面上来看,利益的实现方式主要包括强制式的政府机制、交换式的市场机制和美德式的伦理机制。政府在公共管理的过程中,其主要责任在于弥补交换式的市场机制只重效率、不顾公平的缺陷,用各种政策工具来对受损者进行合理的利益补偿,体现最少受惠者获益最大的公平原则。在利益实现方式之中,最为核心的问题是如何体现效率与公平的统一。

(四) 利益分配结果分析

伊斯顿认为:"公共政策是对全社会的价值做权威性的分配。"[①]这说明了公共政策具有对全社会的公共利益进行分配的功能。任何一项公共政策的制定和实施,都是为了增进公共利益,而增进效益尤其是增进分配效益是增进公共利益的基本点和中心点,离开增进效益尤其是分配效益去追求公共利益无异于缘木求鱼。因此,公共政策的功能能否真正得到发挥,最终的评价只能是以分配效益为主的公共利益及其实现的程度为标准。对于利益分配结果的分析,关键在于判断在公共政策过程中,谁是最终受益者,实现的是长远利益还是短期利益,是多数人的利益还是少数人的利益。

第四节　系统分析

一、系统分析的概念

系统是系统分析最为基础的概念。《新华词典》对"系统"一词标注的释义为:有条理、有顺序;同类事物按一定的秩序和内部联系组合而成的整体,如循

---

① David Easton, *The Political System: An Inquiry into the State of Political Science*, N. Y.: Knopf, 1953, p. 129.

环系统、商业系统、组织系统以及系统工程;由要素组成的有机整体。目前学界对系统基本定义为,由两个以上要素组成的,具有一定的结构和功能,与外部环境发生联系的有机整体。系统最基本的特性是整体性,其功能是各组成要素在孤立状态时所没有的。系统分析是政策研究尤其是政策分析的基本方法,也即系统分析构成政策科学的方法论基础。系统分析最先于20世纪40年代兴起于美国,由兰德公司在二战结束前提出并加以使用的。之后,系统分析沿着两条路径得到发展。一是运用数学工具和经济学原理研究军事系统、社会系统和经济系统等;二是体现在与大学相联系的研究与教学活动之中。系统分析方法是根据客观事物所具有的系统特征,从事物的整体出发,着眼于整体与部分、结构与层次、结构与功能、系统与环境等方面的相互联系和相互作用,以求得优化的整体目标的现代科学方法。它将分析和综合有机地结合起来,并运用数学手段定量地、精确地描述对象的运动状态和规律。它为运用数理逻辑和电子计算机来解决复杂系统的问题开辟了道路。它为认识、研究、设计、构想作为系统的客体和进一步探讨结构复杂的系统确立了必要的方法论原则和进行理论分析的具体方法。它是辩证唯物主义关于普遍联系和运动学说的具体体现。根据系统的本质及其基本特征,可以将系统分析的内容划分为系统的整体分析、结构分析、层次分析、相关分析和环境分析等几个方面。将系统分析方法与政策科学结合起来,既是一门科学,也是一门艺术。系统分析方法应用到公共政策分析之后,由于它的显著成效而成为公共政策分析最重要的方法之一。

依据美国学者克朗的观点,系统分析可以视为由定性、定量或者两者结合的方法组成的一个集合,其方法论源于科学方法论、系统论以及为数众多的涉及选择现象的科学分支。应用系统分析的目的在于改进公共组织和私营组织的系统功能。系统分析既是一种解释性的,又是一种规定性的方法论。[1] 贝塔朗菲认为,系统分析首先要确立一定的目标,为寻找实现目标的方法和手段,系统专家或专家组就需要在极其复杂的相互关系网中,按最大效益和最少费用的标准去考虑不同的解决方案并选出可能的最优方案。[2] 奎德认为系统分析是一种研究战略的方法,是在各种不确定条件下,帮助决策者处理好复杂问题的方

---

[1] 〔美〕R. M. 克朗:《系统分析和政策科学》,陈东威译,商务印书馆1985年版,第20页。
[2] L. V. Bertalanffy, *General Systems Theory*, New York: Braziller, 1968, p. 2.

法。我国学者陈振明认为,系统分析是一种系统研究的方法,它运用现代科学的方法和技术对构成系统的各个要素及其相互关系进行分析,比较、评价和优化可行方案,从而为决策者提供可靠的依据。[①]

二、系统分析的基本前提和基本要素

(一) 系统分析的基本前提

进行系统分析时,应注意以下四个前提[②]:一是系统分析是决策的辅助手段。决策过程的最后决断是由决策者做出的,后果也要由决策者来承担。因此,在决策过程中,任何协助决策者进行决策的方法,都应是尽量提高问题的清晰程度,最后将系统分析者无法弄清楚的部分留给决策者,让他做出最后的判断和选择。二是有效的系统分析应该能处理不同环境条件下的各类问题。这要求系统分析方法具有一般性和适应性。三是系统分析的工作过程源于外部刺激。也就是说,是决策者提出解决问题的要求促使系统分析工作的进行。四是系统分析工作应在尽可能短的时间和较少的资源耗费的情况下,完成决策者提出的要求,建立新的有效的系统。

(二) 系统分析的基本要素[③]

系统分析的基本要素有目的、可行方案、模型、费用、效果和评价标准。它们在系统分析中的作用如下:

(1) 目的。目的是构建系统的依据,也是政策分析的出发点。如果对一个系统进行分析,首先要明确分析的目的和目标。政策分析人员的首要任务是充分了解建立政策系统的目的和要求。这是因为现代决策大多是多元目标决策,要求对多元目标的轻重缓急程度进行分析。

(2) 可行方案。可行方案是指可以实现某一目的的多种手段的集合。系统分析的作用在于通过模型求解和运用其他手段对得到的结果进行分析和对比,形成解决政策问题、实现政策目标所需的不同政策方案。最优方案的选择

---

① 陈振明主编:《政策科学——公共政策分析导论(第二版)》,中国人民大学出版社 2003 年版,第485页。
② 顾培亮编著:《系统分析》,机械工业出版社 1991 年版,第25页。
③ 科技管理教材编写组:《系统分析与管理决策》,贵州科学编辑部 1983 年版,第26—32页。

需要系统分析过程的介入。通过分析问题性质,设计并论证各个方案,并且估计可能产生的结果,决策者做出选择。

(3) 模型。模型用于描述对象和过程的某一方面的本质属性,是对客观世界的抽象描述。模型的分析和建立是整个政策分析过程的重要环节。模型可以将复杂的问题简化为易于处理的形式,同时还可以在政策制定之前预测其结果。模型具有三个特征:它是现实系统的抽象描述;它由与分析的问题有关的主要因素构成;它表明这些有关因素之间的关系。常用的模型有实物模型、图形模型和数学模型三种。

(4) 费用。系统分析中的费用指的是为实施政策方案、解决政策问题,预计要支付的费用或投入的成本。一般费用可以用货币表示,但在决定对社会产生重大影响的大规模项目时,还应考虑到非货币支出的费用。

(5) 效果。所谓效果就是为达到目的所取得的成果。衡量效果的尺度有效益和有效性两类指标。效益指的是可以用货币尺度来评价达到目的的效果,有效性是用货币指标以外的指标来评价达到目的的效果。

(6) 评价标准。评价标准是用于衡量可行性方案优劣的指标。通过评价标准对政策方案进行综合评价,确定方案优先顺序。费用和效果是常用来评价各方案的优劣。评价标准通常由一组指标构成,常用的指标有劳动生产率指标、成本指标、时间指标、效益指标等等。

三、系统分析的步骤

克朗认为,系统分析的步骤应为:将问题分解为便于分析的相互联系的小问题,并寻求有可能取得成果的研究方向;进行事实研究,描述系统、子系统和系统环境;进行价值研究,确定所期望的目标;进行规范研究,确定应该有哪些选择、哪些建议及执行步骤;进行经济、技术和政治方面的可行性研究;与决策者交流系统分析的结果;验证执行过程中和执行后的结果;若有必要可推荐新的政策措施。[①]

陈庆云认为,按照系统分析的主要作业可以将系统分析过程分为以下五个

---

① 〔美〕R. M. 克朗:《系统分析和政策科学》,陈东威译,商务印书馆 1985 年版,第 59 页。

步骤:问题的构成,旨在确定目标以及问题的重点与范围;收集资料,通过数据分析,寻求可行方案;建立模型,从便于分析出发,可尝试建立多种模型;分析对比各方案的经济效果;综合分析,坚持定量与定性相结合,确定最优方案。①

系统分析是一个有目的、有步骤的探索和分析过程。陈潭教授认为政策系统分析方法的运用是政策分析人员有目的、有步骤地运用系统分析要素,并最终选择最优方案的过程。借鉴他的观点,系统分析一般遵循以下步骤:

(1) 确立政策问题与系统目标。系统分析的首要工作便是确定分析的政策问题以及系统目标。事实上,这是分析、选择建立什么样的系统模型,以解决什么样的政策问题,要达到什么目标;分析、定义系统所应该具备什么样的功能,以及为系统模型的建立创造信息、数据、技术与条件的工作。

(2) 系统模型化。系统模型化指的是建立和运用特定模型以描述模拟系统的全过程。模型化过程的好坏,对系统分析的效率有着重要影响。模型的构建通常需要考虑决定变量、环境变量、结果变量以及评价变量这四类变量。系统模型化是系统分析中至关重要的一步,且工作量比较大,应当予以高度重视。

(3) 系统最优化。系统最优化就是在系统模型化的基础之上,运用最优化的理论和方法,求出最优解的过程。在政策分析中,这个过程实际上就是在政策模型化的基础上求解并选择优化方案的过程。这种最优化的分析,往往体现在政策目标上,即"效益最大化""成本最小化""时间耗费最少"等。体现在模型的数值计算上,最优化就是求极值,或是极大值,或是极小值。归结起来有最大化最优与最小化最优两类;前者是指在既定输入条件下使系统的输出达到最大;后者是指在既定输出条件下使系统的输入达到最小。

(4) 系统综合评价。系统综合评价的基本途径是:运用模型和各类资料,用技术、经济的标准比较各种可行方案,考虑成本与效益间的关系,权衡各方案的利弊得失,从整体性出发,综合分析问题,选择可行的优化方案。②

四、系统分析的方法

系统分析的方法是采用系统的观点和方法,运用定性和定量的工具,对所

---

① 陈庆云主编:《公共政策分析》,北京大学出版社 2006 年版,第 268 页。
② 陈潭编著:《公共政策学》,湖南师范大学出版社 2003 年版,第 289 页。

研究的问题进行系统结构和系统状态的分析,提出各种可行性方案和替代方案,并进行分析与评价。

(一)系统分析中的定性方法

当所涉及问题难以形成常规的数学模型时,可以采用定性的系统分析方法,例如因果分析法、KJ法、目标—手段分析法。[①]

(1)因果分析法。因果分析法是利用因果分析图来分析影响系统的因素,并从中找出产生某种结果的主要原因的一种定性分析方法。系统中某一行为(结果)的发生,绝非一种或两种原因所致,往往是由于多种复杂因素的综合作用。为了分析影响系统的重要因素,找出产生某种结果的主要原因,系统分析人员广泛使用了一种简便而有效的定性分析法——因果分析法。因果分析法采用在图示中用箭头表示原因与结果之间关系的方式,清晰明了,一目了然。分析的问题越是复杂,就越是能发挥这种方法的长处,因为它把人们头脑中所想问题的结果与其产生的原因图形化了。

(2)KJ法。KJ法也是一种直观的定性分析方法,以开发者川喜田二郎(Kauakida Jir)的名字命名。KJ法是从很多信息中归纳出问题整体含义的一种分析方法。该方法的基本原理是把每个信息做成卡片,将这些卡片摆放在桌子上,然后综观全部的卡片,把有"亲近性"的卡片集中起来合成子问题,依次做下去,最后求得问题整体的构成。这种方法把人们对图形的思考功能与直觉的综合能力很好地结合起来,不需要特别的手段和知识,不管是个人还是团体都能简便地操作。

KJ法的实施步骤为:第一,广泛收集与问题相关的信息,并用关键的语句简洁地表达出来;第二,将信息简明地标注在卡片上;第三,把所有卡片摊在桌子上,通过综观全局,充分调动人的直觉能力,把联系密切的卡片集中为一个小组;第四,重新为小组命名,将其作为子系统进行登记;第五,重复步骤三和步骤四,分别形成小组、中组和大组,对难以编组的卡片不要勉强编组,可以把它们单独放在一边;第六,把小组(卡片)放在桌子上移动,根据小组间的类似关系、

[①] 陈振明主编:《政策科学——公共政策分析导论(第二版)》,中国人民大学出版社2003年版,第510—512页。

对应关系、从属关系和因果关系进行排列;第七,将排列结果转化为图表,构成一目了然的整体结构图。

(3) 目标—手段分析法。目标—手段分析法就是将要达到的目标和所需要的手段按照系统展开,一级手段等于二级目标,二级手段等于三级目标,以此类推,便产生了层次分明、互相联系又逐渐具体化的分层目标系统。在分解过程中,要注意使分解的分目标和总目标保持一致,分目标的集合一定要保证总目标的实现。目标—手段分析法的实质是运用效能原理不断进行分析的过程。

(二) 系统分析中的定量方法

系统分析中的定量分析借助于经济学、数学、计算机科学、统计学、概率论以及帮助决策的决策理论来进行逻辑分析和推论。它适用于系统结构清晰、收集到的信息准确、可建立数学模型等情况。

克朗根据决策类型的不同将定量分析技术分为两类,即确定型分析技术和随机分析技术。所谓确定型分析技术是指那些可用于只有一种态势,并在做出可接受的假定之后,其变量、限制条件、不同的选择都是已知的、确定的,按一定的统计置信度可以预见的方法或技术。克朗将线性规划、排队论、马尔柯夫分析、网络分析技术等列入这类技术之中。随机分析技术则是应用于不确定型或风险决策的分析方法及技术。当存在一个以上的态势,并且需要估计和确定每一种可能的状态时,就碰到了随机模型问题。这时还要计算在每一种态势下用每一种决策选择所得到的输出结果。克朗将动态规划、计算机模拟、随机库存论、随机模型、取样、回归、指数平滑、决策树等列入随机分析技术之中。

1. 确定型分析技术

(1) 线性规划。线性规划最早被称作线性结构的相关活动的规划,是运筹学中研究较早、应用较广、较为成熟的一个重要分支。线性规划随着管理的需要而产生和发展,它是研究在一定数量的人力和物力资源条件下,如何恰当地运用这些有限的资源获得最大效益,或者在一定技术条件下寻求最优化的设计。用数学语言表达的话,线性规划就是在一定约束条件下,寻找目标函数的极值问题。

应用线性规划方法解决具体问题时,需要首先满足以下五个基本条件:第一,明确给出一个目标函数;第二,有可供选择的行动方向,从数学上讲就是能够明确是对目标函数求极大值还是求极小值;第三,目标函数和约束条件能用线性等式和线性不等式表示;第四,存在多种决策变量,变量的大小是人们要确定的,这些变量的变动不是任意的,它们之间存在着一定的联系,并且可以用约束方程来表示;第五,决策变量的约束方程反映资源的消耗,资源供应必须是有限的,并能用数字表示。

(2)排队论。排队论起源于20世纪初期丹麦数学家埃尔朗用数学方法研究电话作业。目前排队论主要用于解决存量问题、水库问题、网络队列、生产线和计算机系统等问题,排队论在这些领域的广泛应用也推动了自身的发展。排队论是指用来研究服务系统工作过程的一种数学理论和方法,在这种系统中,服务对象何时到达及其占用系统的时间长短,均无从预先确定,是随机聚散的。这种方法通过对每一个随机服务对象的统计研究,找出反映这些现象的平均特性规律,从而改进服务系统的工作状态。也就是用概率论的方法,分析所要服务的客流状况,预测服务阻塞的程度,在经济上进行合理的设计或改善服务系统。

(3)马尔柯夫分析。马尔柯夫分析又称作马尔柯夫预测法,它是利用某一系统的现在状态及其发展动向去预测该系统未来状况的一种分析方法与技术。对于一个系统,由一种状态转换至另一种状态的过程中,存在着转换概率,而且这种转换概率可以依据其紧接的前一状态推算出来,而与该系统的原始状态和此次转移以前的有限次或无限次转移无关。系统的这种由一种状态转移至另一种状态的过程称为马尔柯夫过程。若状态是离散的,马尔柯夫过程的整体称为马尔柯夫链。马尔柯夫过程实际上是一个将系统的"状态"和"状态转移"定量化了的系统转换模型。

(4)网络分析技术。网络分析技术是将研究与开发的规划项目和控制过程作为一个系统加以处理,将组成系统的各项任务的各个阶段和先后顺序,通过网络形式统筹规划,分别按轻重缓急进行协调,使此系统对人力资源、物力资源、财力资源等进行合理安排,有效地加以利用,以用最少的时间和资源消耗来完成整个系统的预期目标,取得良好的经济效益。网络分析技术的主要思路是"统筹兼顾""求快、求好、求省"。

2. 随机分析技术

(1) 动态规划。动态规划是美国数学家贝尔曼和丹齐格在20世纪50年代提出来的一种数学规划方法。它是在动态条件下,使用多重决定或多级问题的解以实现最优化而采取的一种数学方法。动态规划处理的对象是含有时间因素的决策问题,即动态决策问题。多阶段决策的每个阶段都含有随机因素的影响,所以决策就不可能用一个确定的数值来表示。此时,需要用一些可能的值及相应的概率来描述。这就需要建立动态规划的随机模型来解决问题。动态规划是运筹学的一个分支,是求解决策过程最优化的过程。

对适宜采用动态规划方法的研究问题,其建立动态规划模型的具体步骤是:第一,定义适当的目标函数,给出阶段变量、状态变量、控制变量的明确含义;第二,写出系统状态的演化过程;第三,写出并明确系统的边界条件;第四,找到目标函数的递推关系式,这个关系式也叫作动态规划的基本方程。

(2) 决策树。所谓决策树法是把决策过程用树状图来表示。树状图一般由决策点、方案枝、状态结点、概率枝、结果点几个关键部分组成。运用决策树法进行分析的步骤为:第一,绘制决策树;第二,计算各种行动方案的损益期望值,并将计算结果标注在相应的方案节点上;第三,将方案节点上的损益值加以比较,选择其中的最大值,写在决策点的上方,选择最优方案。

五、系统分析的优越性与局限性

(一) 系统分析的优越性

系统分析方法在现代公共政策分析中得到了广泛的应用。它的优越性体现在以下几点:第一,相比于其他科学研究方法,系统分析在研究社会现象时的包容性很强。系统分析方法可以将分析和综合、归纳和演绎等方法有机结合,同时在借助现代化技术,处理与解决大数据、大系统管理问题方面具有优越性。第二,系统分析方法有利于实现政策系统整体功能最大化。现代社会是一个复杂多元的整体,具有影响、协调、控制社会发展功能的公共政策,同样也是一个要素众多、结构复杂、功能齐全的有机整体。系统方法的整体性、综合性、最优化反映到政策分析中,有利于实现政策系统整体功能的最大化,有利于促进政策结构、功能与环境协调发展。第三,系统分析方法可以帮助人们从整体的角度理解政策系统以及对不同的政策系统加以比较,推动人们对系统的各个子系统同时进行研究,注意系统内部的结构和层次的特点,促使人们转换视角来看问题。

(二) 系统分析的局限性

系统分析虽然是政策分析最基本的方法,但我们应该清楚地认识到,系统分析仅仅是政策分析方法的一部分,在实际应用中具有难以避免的局限性,主要表现在:第一,系统分析方法在解决某些政策问题时,显得无能为力。例如,分析以下六种问题仅用简单合理的系统分析模型和工具是不行的:带有极强政治色彩的问题;具有深刻含义的社会问题;超理性因素起着重要作用的问题;在做出不同选择时,必须在价值观念(偏好)和实际价值(效用、价值)之间加以权衡的问题;对现存系统进行激烈改变时所面临的问题;当不能经过现存组织,而是必须通过新的机构去贯彻执行某项政策时所面临的问题。[①] 第二,系统分析的各个具体方法之间难以协调。虽然系统分析方法的包容度和整合度很高,在分析过程中糅合了多种方法,但在现实运作中却显得不适应。将定量方法与定性方法有机结合起来原本是系统分析的优点。然而,由于人们目前认识方式和分析手段仍有很大局限,加之现实情况十分复杂,人们尚难以使定量分析和定性分析的指标和结果形成一个可比较的完整体系。这些问题势必影响系统分析的整体效用。所以,我们要高度重视应用系统分析,但也不能滥用系统分析。

第五节 模型方法

一、模型方法概念

模型是对现实世界序列化、简单化以及抽象化的结果。简单地讲,模型就是对原型的高度抽象、概括及仿真。作为一个科技名词,它是指用以分析问题的概念、数学关系、逻辑关系和算法序列的表示体系。而作为一个日常概念,模型是指对研究的系统、过程、事物或概念的一种简化的表达。这种简化表达可以是对真实事物的放大或缩小而制作的样品,如建筑模型、汽车模型、飞机模型、交通地图等等。这种模型具有具体的、与原形相似的特征。这种简化表达

---

① 〔美〕R.M.克朗:《系统分析和政策科学》,陈东威译,商务印书馆1985年版,第25页。

也可以是一种用语言、符号、数字等抽象形式反映原型内在联系和特征的模型。这种模型具有抽象性、揭示事物本质的特征。前一种模型是日常生活中经常看到的模型,后一种模型则是公共政策研究中经常运用的概念模型。所谓概念模型是指以一组概念为核心,依据核心概念对现实的理论进行抽象概括,进而形成由一系列理论命题和前提假设组成的内部逻辑一致的理论框架。[①] 可见,无论是实物模型还是理论模型或称概念模型,都是对现实世界部分化、序列化、简单化或抽象化的表达。政策模型是指人们用来表述、解释公共政策或检验政策理论思维成果的主要工具,是对公共政策的简化、模拟和抽象。

模型具有三个特点:第一,直观性。模型离不开抽象,但往往采取了形象、直观的表述方式。第二,近似性。人们肯定原型与模型的关系,最基本的原因是承认或者肯定它们之间存在相似性。模型的相似性只强调客观事物中的主要的本质因素,忽视其次要的非本质因素。第三,假设性。在已有的经验事实、数据资料和理论的基础上,提出假设,并以此作为分析的逻辑前提。模型的建立过程,要以事实和实际资料作为依据,运用一定的科学理论,按照追求和实现目标的需要,提炼出主要因素、主要过程和主要关系,力求建立能反映系统本质特征、从逻辑上可以展开的理论模型。

二、政策分析模型方法的价值

(1) 体现政策本质。模型与原型具有相似性,因此通过解释模型可以认识原型的某种本质规定性。模型方法有利于人们运用抽象思维,从整体上和动态中分析复杂的公共政策系统。模型是进行科学抽象的重要工具。它能够使人们从某一特定的视角窥视万象纷繁的现实事物的奥秘并发现其运动规律,从而使研究对象的本质特征凸显。

(2) 揭示逻辑关系。模型是进行科学抽象的重要工具。模型方法有助于政策分析人员理解和解释公共政策产生的原因,认识和分析政策带来的社会效果,思考和预测公共政策未来的走向与发展。

(3) 化繁为简。模型是研究过程中资料搜集和经验观察的指南,向研究者

[①] 李建军等编著:《公共政策学》,华南理工大学出版社 2009 年版,第 187 页。

指出了研究工作的重点和优先顺序。模型方法能够帮助政策分析人员化繁为简,在众多的变量及其复杂的相互关系中找到重要因素或变量之间的关系。

(4)批判与创新。模型构建过程中必然有着对其他模型的反思、评判和创新,进而帮助人们克服以往模型的缺陷,实现模型的突破和完善。

三、政策分析模型方法的缺陷

(1)可能过于简化。公共政策制定过程中存在着复杂多样的因素。对这些因素认识得越齐全、越准确,模型的构建也就越精确,依据模型制定的公共政策也就越可靠。但在许多情况下,无论是认识能力的局限还是资源与时间的限制,都使得人们无法认识和研究那么多的因素,因此只能构建出较为简单的模型。这样,人们在使用模型时,就有可能遗漏重要的因素。我们需要借助模型来认识纷繁复杂的政策现象,然而,我们不能把主观的抽象完全等同于现实。

(2)主观偏爱。公共政策模型的构建不存在统一的规范,在许多情况下,决策者和公共政策分析者的个人经验、偏好往往起着支配的作用。性格趋向沉稳、保守的人会偏爱渐进调适的公共政策模型,有革新精神、勇于进取的人则偏爱创意性的公共政策模型,理性坚信者通常喜欢理性决策模型,而对政治精英抱有期望的人往往相信精英决策模型。因此,公共政策模型不可避免地带有主观色彩。

(3)模型之间矛盾。在公共政策制定与分析中,事实上存在多种技术、方法和途径,特别在公共政策分析的争论中,不同的分析者由于观察问题的角度不同,获取的信息不同,对政治与技术的偏重程度不同,其构建的公共政策模型会不一样,甚至存在根本性的分歧。

四、判断政策分析模型有效性的标准

(一)简化并序化现实

模型是对原形的客观反映和对现实世界的概括性认识。但这种反映和认识只是对真实情况的本质属性、特征、规律、过程等的高度概括和简要的把握。模型的简化,有助于人们认识纷繁复杂的现实世界。同时,模型也是对现实世界的一种秩序重构,即将纷繁复杂的现实世界以具有内在的逻辑一致性的概念表达出来。模型来源于对现实的抽象与概括,能够反映客观现实,更有助于帮助我们理解复杂的现实世界。过于复杂或空泛的模型,过于简单或狭隘的模型,都会影响人们对现实公共政策现象的理解和认识。

(二)确认重要方面

模型是对纷繁复杂世界的简化表述,但这种简化表述不能是也不应该是对现实世界的不加区分的简化,而应该是对现实世界的主要矛盾和矛盾的主要方面所做的简化,由此可以透过事物的多样化的表象而把握住事物的本质,从而有助于人们将有限的精力集中到公共政策的真实原因和重要结果上,抓住公共政策的关键因素。

(三)提供有意义的沟通

政策模型是借助概念对现实理论的抽象概括。这就要求这些概念在沟通过程中具有实质性含义并且人们对其有较为一致的看法,这样才能在形成共识的基础上进行良好的沟通。这是有效的公共政策模型的一个必要条件。

(四)符合社会现实,具有可证实性

政策模型应该直接指向和涉及现实生活中能够被观察到的、可以进行测量的、能够被加以证实的客观现象。也就是说,一个有效的政策模型应该有一定的经验依据,符合客观实际,可以验证。对于脱离客观实际,没有经验依据的主观模型,人们在使用过程中会感到茫然不知所措。

(五)提出一定的解释

一个政策模型应该对公共政策提出一种解释,而不是只对公共政策及过程进行简单的描述。它应该对公共政策的原因和结果提出一定的假设,并且依据一定的条件对某些社会现象的发展趋势做出科学的预测,而不是仅仅盯住已经存在的经验数据。它源于现实却又超越现实。毫无疑问,一个解释性模型总比描述性模型更具有应用价值。

五、政策分析模型的分类

政策分析模型的分类标准不一,因此存在着多种分类结果。随着政策科学的发展,出现了许多政策分析模型。托马斯·戴伊在《理解公共政策》中概括出

第十章 公共政策分析方法论

了公共政策分析的八种理论模型,即制度分析模型、过程分析模型、理性分析模型、渐进分析模型、团体分析模型、精英分析模型、公共选择分析模型和博弈分析模型。在《公共决策》一书中,詹姆斯·安德森把政策分析的理论模型分为五种,即政治系统分析模型、团体分析模型、杰出人物(精英)分析模型、功能过程分析模型和制度化分析模型。另外,詹姆斯·李斯特和小约瑟夫·斯图尔特在《公共政策导论》中总结了政策分析的九大理论模型,即过程理论模型、客观理论模型、逻辑实证理论模型、经济理论模型、现象(后实证)理论模型、分享理论模型、规范性描述理论模型、意识形态理论模型和历史理论模型。林水波和张世贤根据戴伊、德罗尔等人的理论将政策分析的基本模型分为理性决策模型、渐进决策模型、综合决策模型、机构组织决策模型、团体决策模型、精英决策模型、竞争决策模型以及系统决策模型。① 严强等人将其分为实物模型、图形模型、数学模型、概念模型。② 陈庆云认为公共政策分析过程中所采用的研究方法,不仅包括自然科学的研究方法,而且包括社会科学的研究方法。他主要从规划论、决策论以及对策论的数学模型入手介绍公共政策分析中所运用的基本模型。③ 可见公共政策模型由于分类标准不一,存在多样性。

我们认为以下从不同标准不同角度对政策模型进行的划分比较清晰和全面。

(1) 按政策分析模型的使用方法,可以分为:描述模型、规范模型、语句模型、符号模型和程序模型;

(2) 按政策分析模型中变量的确定性,可以分为:确定模型、概率模型;

(3) 按政策分析模型的分析对象,可以分为:过程模型、状态变量模型、时间模型等;

(4) 按政策决策方法,可以分为:理性最佳决策模型、非理性主义决策模型、有限理性决策模型、综合决策模型、政策协调决策模型、渐进决策模型、个人决策与集体决策模型等。④

---

① 林水波、张世贤:《公共政策》,五南图书出版公司1982年版,第19页。
② 严强主编:《公共政策学》,社会科学文献出版社2008年版,第322页。
③ 陈庆云主编:《公共政策分析》,北京大学出版社2006年版,第225页。
④ 参见刘圣中主编:《公共政策学》,武汉大学出版社2008年版,第9页。

复习思考题

1. 比较事实分析与价值分析的异同。
2. 为什么要开展公共政策研究中的价值分析?
3. 什么是利益分析?利益分析框架包括哪些内容?
4. 什么是系统分析?如何理解系统分析在公共政策分析中的地位与作用?
5. 试述系统分析中的定性方法与定量方法。
6. 什么是模型分析?简述公共政策模型分析的价值。

第十一章 公共政策信息的收集与整理*

第一节 公共政策信息的基本类型

信息是一种有价值的基础性资源,是公共政策制定、执行活动的重要条件。它贯穿于整个公共政策过程中,在公共政策中起着重要的导向作用。它是公共政策的物质基础,是沟通政策主体和政策客体的桥梁。

政策信息是指经过对公共信息的收集和处理所得到的与政策有关的信息。在收集政策信息阶段,评估面临的第一个基本问题是收集什么方面的政策信息以及如何收集所需要的政策信息。如果无法解决这一问题,政策评估活动必然会陷入盲目被动的局面。按照信息在公共政策过程中不同阶段的不同作用,可将公共政策信息划分为四类:政策环境信息、政策制定信息、政策实施信息、政策反馈信息。

(1) 政策环境信息。政策环境信息主要包括对政策问题的认定以及对问题所处的环境加以分析所得到的信息。这类信息可以让政策制定者了解经济社会发展的方方面面,掌握整个社会发展的动态以及国外的发展情况。实际

---

* 本章案例导入请扫书前二维码获取。

上,所有这些信息构成了确认公共政策问题的来源。政策环境信息不仅点多量大,而且关系到广大人民和企业的根本利益。因此,搜集这类信息应该遵循"服务对象明确化,搜集材料广泛化,研究筛选重点化"的原则。服务对象明确化是指信息部门要清楚为谁服务,为哪一层级的政府机构服务。搜集材料广泛化,是指搜集多方面的信息,因为许多有用的信息往往隐含在大量的信息之中,信息机构要从大量的信息中去发现、挖掘对服务对象有价值的部分,把它们整合起来,使得政策制定者能够确定一项公共政策真正需要解决的问题。研究筛选重点化,是指信息部门搜集到信息后,要对信息进行初步的筛选,遴选有价值的、适用的信息进行上报,供政策制定者参考。

(2) 政策制定信息。政策制定信息是指在政策环境信息基础上确定政策真正需要解决的问题后,对问题本身进行深入挖掘和研究而获取的具有高针对性的、有一定深度的信息,目的在于获取更多详细的信息,以拟定出尽可能多的备选方案并进一步确定最佳方案。对政策制定信息的要求是"目标明确具体、研究深入透彻,方案切实可行"。目标明确具体,是指信息机构或者信息工作者要深入了解一项公共决策或公共政策目标,确定目标的性质是属于宏观、中观还是微观,并确定目标的单一性或多重性。研究深入透彻,是指在政策目标确定后,信息工作的重点转向政策问题产生的原因信息及与之相对应的方方面面的信息,同时对这些信息进行综合分析,明了问题的实质,找寻公共问题的解决方案。方案切实可行,是指制定的政策方案要与实际结合,既能促使原有问题得到解决,又能防止产生新问题。

(3) 政策实施信息。政策实施信息是指影响政策执行的信息。政策在实施过程中可能无法达到预期的政策效果,出现政策偏差。由于政策问题的性质、政策实施对象的行为多样性、政策对象及其行为需要调适的数量、政策本身的明确性、政策资源的充分性、政策制定主体和参与者的素质、目标团体的合作度、政策环境的动态性等情况各异,政策制定者就要研究政策执行过程中的这些影响因素,找出问题所在,并加以解决。对这类信息的收集和使用,可以找出政策出现偏差的原因所在,帮助政策制定者做出进一步的决策。这类信息可以是对政策执行进行的跟踪研究,也可以是根据政策执行的程度进行的优化研究,以确保政策能够发挥更大的效用,获得最大的社会效益。

(4) 政策反馈信息。科学决策的目的在于实现决策的目标,政策制定仅仅完成了过程的一半,政策的有效实施更为重要。如果政策制定存在问题,可以通过实施中的反馈信息不断修正和完善。政策反馈信息是在公共政策评价与监控阶段必须收集并重视的信息,包括公共政策效用信息,如社会反映、社会效果、环境效果等信息,以及公共政策评估信息,如评估标准、评估方式、评估程序、评估结果等。政策评价监控系统主要是负责监督政策的制定与实施,以控制政策失误,确保围绕政策目标执行政策,保证政策的权威性和严肃性。它应灵敏地反映出执行结果与目标之间的差异,并及时向政策信息系统提供信息,使决策能得到及时调整,提高效率。

第二节 公共政策信息收集的原则和计划

一、政策信息收集的原则

在现代政策研究中,收集和整理信息资料必须符合以下原则。

(1) 目的性原则。收集和整理信息资料前应明确工作的目的,确定工作的主题和目标,并根据评估对象确定政策信息的范围与来源。在预评估中,由于评估者可能面对的是既定的政策方案或决策者已提出具有明确要求的政策目标,收集政策信息的工作相对比较简单。但是,在过程(执行)评估和影响评估的过程中,评估者面对的是大量的不确定性信息。比如,对于政策执行过程及其效果很可能众说纷纭,"公说公有理,婆说婆有理"。这是评估工作在技术层面遇到的最大挑战。因此,评估者需要对政策信息的范围进行科学的分类,且政策信息的范围和来源应具有明确的目的性。

(2) 代表性原则。收集和整理的政策信息资料需有较强的典型性,能代表有关政策执行过程及其效果。为了防止以偏概全、以特殊代替一般的弊端出现,在收集和整理信息资料时,应从多方面收集具有代表性的信息,借以提高政策评估质量。

(3) 适时性原则。任何反映一定政治、经济、科技、文化、社会特征的信息资料都受时间约束。对于政策评估来说,收集相关的政策信息既不能太早,也不能太晚。一方面,政策实施后马上收集信息会导致政策执行的效果还没有完全体现出来,收集到的信息不够准确和全面;另一方面,如果太晚收集政策执行的信息,会使得反馈不够及时,不能根据环境的变化适时地进行政策调整。

二、政策信息收集的计划

每一项工作都需要具有计划性。加强政策信息收集的计划性,并严格按照计划进行,有助于顺利收集到政策信息,并尽量节省人力、物力、财力。政策信息收集的计划一般包含以下内容。

第一,明确信息资料的范围。在进行具体的收集工作之前,一定要明确需要什么信息资料、对各种信息的精细程度及详细程度的要求等。一般说来,要尽量避免漫无目的的信息收集,提高工作效率。

第二,确定政策信息的来源。在一般的社会科学研究中,信息资料的来源,按照其获得方式大致可分为两大类:一手信息资料和二手信息资料。前者主要通过观察法、调查法(包括访谈法和社会调查法两种)、准实验获得;后者可通过多种渠道获得,如网上报道、政府内部资料。但是在政策评估实践中,这样的分类只具有参考性价值,因为如前所述,它并没有回答评估面临的第一个基本问题。解决上述问题的基本思路是根据评估对象和公共政策信息的分类明确政策信息的来源。

第三,确定政策信息的收集方法。政策信息收集的方法多样,各有不同的特点和适用范围,应根据不同的政策评估和政策信息来源选择不同的收集方法。

第三节 公共政策信息的收集方法

信息收集是通过各种方式获取所需要的信息。信息的存在方式或来源的差异,决定了评估者获得这些信息的方法必然有所不同。多数情况下,一项具体的政策评估研究往往需要使用多种方法来收集信息,这里介绍以下几种。

一、文献研究法

文献研究法是一种非接触性的研究方法,具有明显的间接性和无干扰性。

研究者通过查阅与政策相关的各种现有文档(包括文字、数据、图片、录音带、图表等),了解政策目标、政策出台的背景条件、政策利益相关者的观点以及政策资源的准备状态等。文献资料是第二手资料,它在研究中不可或缺。研究者除了可以通过查阅公开出版物和有关组织或个人的档案等传统途径来获取文献资料外,还可以利用计算机网络来获得。

印刷类的文献资料虽然可以直接阅读,但是这类文献比较笨重,所占的空间大,因此大量查阅和使用这类文献常常要耗费很多的人力、物力和财力。查找以纸张印刷型为主的文献,一般采用检索工具查找法,即利用已有检索工具查找文献资料。文献检索工具是用以积累、保存文献和查找文献线索的工具,它分为两大类:手工检索工具和机读检索工具。对于手工检索工具,按其著录形式可分为目录、索引和文摘等形式。利用检索工具查找文献,可以采用顺查法,也可以采用倒查法。顺查法,即由远到近,逐年逐月按顺序查找;倒查法,即由近而远,回溯而上,按时间顺序往前查找。一般而言,顺查法有利于了解有关问题发展过程全貌,但要花费较多时间和精力;倒查法可以节省时间和精力,能够较快了解到有关问题最新动态,但查找的文献可能不系统、不全面。无论是顺查还是倒查,都应按照调查对象的时间跨度来决定查找文献的时间跨度。机读检索主要是依靠计算机进行检索。

视听文献是指脱离文字形式,直接记录声音和图像信息的文献,如录音带、磁带、幻灯片和相片等。这类文献通过声音和图像反映信息,具有形象性特征。使用这类文献常常可以使研究更有说服力,但是这类文献的获得、保存和使用都需要特殊的器材和方法。因此,其数量同印刷文献相比要少,同时使用也受到较大限制。

网络文献是现代科技迅速发展的产物,这种文献同其他两类文献相比具有存储量大、存取速度快、处理效率高、其他形式的文献便于向其转换等优点。从某种程度上讲,网络文献是印刷文献和视听文献的另一种表现形式,但是这种文献的使用需要特定的设备——计算机及互联网,同时要求掌握计算机操作的方法,这些都限制着这种方法的广泛使用。尽管如此,随着计算机科学技术的发展,网络文献的使用日益普及。

文献调查法有许多优点和缺点。文献研究具有无反应性、费用低、可接触的时间和空间范围广、易于做纵向研究、可重复等优点,但文献同时存在质量难以保证、有些文献难以获得、难以编码以及效度和信度较低等不足。

总之,可获得的资料对于政策研究来说并不是万能的,而且所有的资料都是他人为了自己的目的而收集的。政策研究者要认真阅读搜集到的文献资料,并对不同来源的资料进行比较和筛选。最重要的是要通过对文献的阅读和学习提炼出自己的观点。筛选资料时要注意针对性、可靠性、时间性、典型性与全面性,要保留那些质量高、作用大的典型资料,去掉重复、过时的资料,力求搜集全面的资料,并学会比较分析,使自己研究的结论更科学和全面。

二、观察法

科学的研究成果往往以观察为基础,观察在科学研究中具有重要意义。所谓观察法是指政策评估者或训练有素的观察员带有明确目的,用自己的感觉器官及辅助工具直接、有针对性地收集资料的调查研究方法。政策研究者可采取观察法获取相关政策信息并将其记录下来,从而为政策评估提供第一手的研究数据。

观察法的方式多种多样,依据不同标准可以划分成不同类型:(1)按照研究者是否隐匿身份和参与研究对象活动的程度,观察法可以分为完全参与观察、半参与观察和非参与观察三种类型。完全参与观察,指观察者隐匿研究者的身份,深入研究对象,以成员方式参与研究对象的活动。半参与观察,指观察者并不掩饰研究者的身份,在得到研究对象许可后进行深入观察。非参与观察,也称为局外观察,指观察者以旁观者的身份观察特定的行为,而研究对象完全不知道自己正在被研究。(2)根据观察内容是否有统一设计的结构性观察项目和要求,观察可分为结构性观察和无结构性观察。结构性观察也可称为有控制调查,它是指观察者根据观察目的,制定出研究的理论框架,按照详细的规定和计划,采用标准的观察程序和手段进行的观察。无结构性观察也称无控制调查,它是一种大致确定观察内容和观察对象的方法,没有严格的观察计划,使用结构比较松散的观察提纲,观察标准化程度较低,观察的问题结构性不强。(3)根据观察对象的不同,可将观察法分为直接观察和间接观察。直接观察是对那些正在发生的社会行为和社会现象进行观察。间接观察是对人们行动以后或事件发生以后所遗留下的痕迹这一中介物进行观察。

观察的全过程可分为三个阶段:准备阶段、实施阶段和资料处理阶段。准备阶段包括:(1)确定研究目的;(2)制订观察计划;(3)理论准备和物质准备。实施阶段包括:(1)进入观察现场;(2)与观察对象交往;(3)进行观察,做出现场记录。资料处理阶段包括:(1)整理和分析观察记录,进行统计分类,得出结论,提出理论解释;(2)撰写调查报告。

科学的观察还必须讲究观察的技巧和艺术。在参与观察中应掌握如下几方面的技巧:(1)消除观察对象的戒备心理;(2)深入观察对象的生活,尽可能参加观察对象的各项社会活动;(3)尊重观察对象的风俗习惯、语言、道德规范,顺应观察对象的生活方式;(4)参与群体活动和个别接触相结合;(5)给观察对象提供帮助,取得他们的信任,增进同他们的友谊。

观察法具有其他研究方法不可取代的特殊意义。一是观察可以获得第一手资料,是一切科学研究的基础。二是相对于文献研究法而言,观察是对全新的研究领域开展研究活动唯一的可选择方法。三是观察是对第二手资料的验证。即使在一个已经相对成熟的研究领域开展研究活动,研究者也不能完全脱离观察。因为第二手资料有可能失真,甚至有可能是人为假造的产物,研究者需要通过观察对于第二手资料进行验证。四是观察是设计访谈、设计问卷的基础。无论是采用访谈法还是采用问卷法进行调查,都需要有一定的针对性,对于存在的问题有一定程度的了解,而这种对于研究对象的了解往往通过观察获得。如果研究者对于研究对象缺乏观察,将可能无法准确找到访谈的切入点或无从设计问卷所要了解的问题。

观察法的主要优点是:它能通过观察直接获得资料,不需其他中间环节;在自然状态下的观察往往能获得生动的资料;观察具有及时性的优点,能捕捉到正在发生的现象;观察能搜集到一些无法言表的材料。它的主要缺点是:受时间限制;受观察对象限制;受观察者本身限制;观察者只能观察外表现象和某些物质结构,不能直接观察到事物的本质和人们的思想意识;此法不适用于大面积调查。

三、调查法

调查法是获取现实材料和掌握第一手信息的基本方法。所谓的调查法是评估人员使用一些工具从随机选择或非随机确定的对象中了解目标人群及其政策收益,以及政策实施对目标人群和环境的影响。调查法是获取政策评估信息的最可靠方法,它可帮助建立反映政策对象客观现实的统计指标体系。调查要求调查人员具有敏锐的洞察力,通过现象可看到事物的本质,而不是与表面现象相混淆。与其他研究方法相比,它主要有以下四个特点:(1)自然性。研究者通常是在常态的过程中收集资料,而不必像实验法那样要求控制实验对象。(2)间接性。它主要通过访谈、问卷等间接手段了解政策评估对象,与观察法相比,它能收集到难以从直接观察中获得的材料。(3)标准化。信息的获得是通过统一、标准化的程序进行的。只要按同一程序进行,他人也能获得基本相同的结果。(4)代表性。它能够通过研究有代表性的部分对象,去概括总体的特征。调查法通常有以下几种类型。

(一)访谈法

访谈调查法是指通过与研究对象交谈收集所需资料的调查方法,又称访谈法、谈话法或访问法。访谈是一种研究性交谈,也就是两个人(或更多人)之间一种有目的的谈话,由访谈员一方通过询问来引导被访者回答,以此了解调查对象的行为或态度,最终达到调查目的。在调查中所用的访谈和一般情况下的谈话不同,前面是研究性的谈话。研究性的访谈与一般的谈话最本质的区别主要在于研究性的访谈是一种有目的、有计划、有准备的谈话,其针对性很强,谈话的过程紧紧围绕着研究的主题展开;而一般情况下的谈话,是一种非正式的谈话,它没有明确的目的,随意性较强。通过访问,研究者往往能获得其他方法不易获取的资料,而且操作起来简单灵活,适应性强。访问员是访问的中心人物,访问结果在很大程度上取决于访谈者的个人品质、特征和能力,因此要注重对访问员的挑选与培养。

访谈法的种类繁多,可以划分为三类:(1)根据访谈中访谈者与被访谈者的交流方式不同分为直接访谈和间接访谈,直接访谈是访谈双方面对面的交谈,间接访谈是通过电话进行交谈。(2)根据一次被访谈的人数,访谈分为个别访谈和集体访谈(开座谈会)。(3)按照操作方式和内容不同分为结构式访谈、非结构式访谈和半结构式访谈。结构式访谈也称标准化访谈或封闭式访谈,是指访谈者根据事先设计好的有固定格式的提纲进行提问,按相同的方式和顺序向受访者提出相同的问题,受访者从备选答案中选择,实际上是一种封闭式的口头问卷。非结构式访谈则是不采用固定的访问问卷,不依照固定的访问程序进行的访谈,它鼓励受访者自由表达自己的观点。半结构式访谈有访谈提纲,有结构式访谈的严谨和标准化的题目,也给受访者留有较大的表达自己想法和意见的余地,并且访谈者在进行访谈时,具有调控访谈程序和用语的自由度。

访谈法的一般步骤为:(1)设计访谈提纲;(2)恰当进行提问;(3)准确捕捉信息,及时收集有关资料;(4)适当地做出回应;(5)及时做好访谈记录,一般还要录音或录像。在政策评估中,使用较普遍的是加强访谈法。其基本步骤是:(1)掌握有关政策背景的知识,包括要调查的政策问题的相关知识以及相关政策领域的知识;(2)挑选访谈对象,特别要注意对关键的政策信息提供者进行访谈;(3)通过电话预约或正式书信与访谈对象建立个人联系;(4)进行访谈;(5)记录和分析访谈资料。

在访谈法收集信息的过程中,最重要的是准确捕捉有用信息,并且及时收集相关资料,简言之,即倾听。倾听应遵循以下几个原则:一是互动性,即访谈者不仅要提问和倾听,还要随时将受访者所说的话或信息迅速纳入自己的认知结构,将自己的想法和态度表达出来,与受访者进行细致、深入的对话,共同构建新的认识和意义。二是灵活性,即访谈者要积极关注访谈对象提供的信息。在交流过程中,基于特定对象的具体情况,灵活多样地结合访谈中的问题情境选择提问顺序、方式和措辞。三是技巧性,即访谈者在访谈前应做好准备工作,在访谈时尽可能与访谈对象产生"共情",进而使访谈对象积极配合,坦率地表达自己的真实想法。这样有助于深化访谈内容,启发新的研究思路。

为收集到丰富的资料信息,访谈者应提前设计好访谈提纲和具体的访谈问题。在编制访谈问题时,访谈者应注意以下几点。第一,访谈问题应清楚明确,避免含糊不清。第二,问题表达方式应符合受访者的认知水平。第三,应避免设计具有引导性和带有社会期许的问题。第四,访谈问题不宜过于烦冗,每次访谈时间不宜过长,尽量控制在一到两小时之内,遇到特殊情况则灵活调整。

访谈法的优点:应用范围广泛;调查方式灵活;访问调查过程可控;回答率高。其局限是:成本较高,与问卷相比,访谈要付出更多的时间、人力和物力;缺乏隐秘性;受访问员影响大;记录困难;结果难处理。

（二）问卷调查法

问卷调查是根据调查目的设计一份供调查对象填写回答的问卷，然后分发到被调查者手里，由他们根据自己的理解自由回答，阐释自己对于公共政策制定执行情况等的理解和满意程度，调查员定期收回问卷并加以统计分析的调查方法。问卷调查是一种有目的有计划的系统性认识活动，具有一定的结构与程序，从选择调查题目开始，到形成调查报告结束。由于不同的研究者在进行调查研究时的目的、内容、方式各不相同，他们所使用的问卷也存有差异。按照问题形式的不同，可将问卷划分为结构型问卷、无结构型问卷和半结构型问卷；按照填答方式不同，可将问卷分成自填式问卷和代填式问卷。尽管研究者在实际调查中所使用的问卷各不相同，但是它们往往都包含了标题、封面信、指导语、问题和答案、编码几个部分。

问卷调查的一般程序是：设计调查问卷，选择调查对象，分发问卷，回收和审查问卷。接下来研究者再对问卷调查结果进行统计分析和理论研究。目前二维码调查方法是问卷调查的一种新访问方式，改变了传统的面对面调查、电话调查、邮寄调查、电子邮件调查等方式，打破了传统的被动式调查方法在设备、时间和环境上的限制。受访者可以随时随地使用随身携带的移动终端设备扫码参与调查，大大减少了调查对象参与调查的阻力与成本。并且，通过断点续答功能（问卷的部分内容退出后下次登录可继续回答），二维码式调查还能有效地利用调查对象的碎片化时间。

总之，问卷调查法的优点包括：一是时间灵活，效率高。问卷可以当场发给被调查者，也可以通过邮寄或者网络实现对远距离的调查对象进行调查，既能获得大量信息，又能节省时间和经费。二是取样不受限制。与观察、访谈等方法相比，问卷法样本大小不受限制，完全可以根据抽样的科学要求和实际情况，确定调查样本的容量，可以选取大样本，也可以选取典型样本。三是调查者和被调查者无须面对面接触，具有一定的回避效果。问卷调查一般不署名，被调查者回答没有更多的心理负担，容易获得被调查者的支持，易使结论更为客观。问卷调查法的局限性在于：一是设计比较麻烦。二是回收率问题。若回收率较低，会影响其代表性。三是获取信息的质量问题。被调查者填答问卷时可能出现估计作答或回避本质性东西的现象，影响信息的准确性。因此，有时还要结合访谈了解深层次的信息。

应用问卷调查法的注意事项:一是认真确定被调查者。被调查者要十分熟悉有关情况,要具有代表性。二是设计的题目不要太多,要富有意义,表述要简单、明确、通俗。三是最好使用无记名答卷,以消除被调查者的疑虑。

四、实验法与准实验法

政策实验是追踪政策是否达成政策目标的一种广泛使用的方法,传统政策科学家认为,自然科学家在实验室中进行的实验方法也可以应用于公共事务,以测定政策行动对社会发展的影响。实验方法和准实验方法不仅是获取政策信息的方法,而且是分析政策信息的方法,特别是在揭示政策效果和政策产出方面。实验方法和准实验方法相比其他方法具有无可比拟的优势。

实验法是指在评估过程中,评估者通过引入(或操纵)一个变量(自变量)以观察和分析它对另一个变量(因变量)所产生的效果而进行评估的方法。实验法的要素包括:(1)自变量与因变量:自变量又称实验刺激,而因变量则往往是评估所要测量的变量。实验研究的中心目标是探讨变量之间的因果关系,即考察自变量(实验刺激)对因变量的影响。实验中的自变量通常是二分量,即它通常只有两个取值——有和无,是指给予实验刺激或不给予实验刺激。(2)前测和后测:在实施实验刺激之前的测量为前测,实施实验刺激之后的测量为后测。评估者通过比较前测和后测的结果,来衡量因变量在实验刺激前后发生的变化,反映实验刺激(自变量)对因变量所产生的影响。(3)实验组与控制组:实验组是实验过程中接受实验刺激的那一组对象,控制组是各方面都与实验组相同,但在实验过程中并不给予实验刺激的那一组对象。在评估过程中,评估者不仅观察接受刺激的实验组,还观察没有接受实验刺激的控制组,并通过比较这两组对象的观察结果,来分析和说明实验刺激的作用和影响。

实验调查法的工作程序为:(1)根据调查项目的目的和要求,提出研究假设,确定实验变量。(2)进行实验设计。一般来说,应根据因素个数、因素的不同状态或水平、可允许的重复观察次数、实验经费和实验时间等综合选择实验方案。(3)进行实验,即按实验设计方案组织实施实验,并对实验结果进行认真观测和记录。(4)数据处理与统计分析。实验研究是唯一能真正检验有关因果关系之假设的方法,在实验设计中,我们必须做到:第一,随机化。随机化包括随机抽样和随机分派,即随机选择被试样本,并将他们随机编入实验组和控制组(或对照组)。第二,随机抽样。为使样本具有代表性,亦即实验的结果有推论到总体的可能,要在实验设计中尽量做到随机抽样,以保障实验结果具有外在效度。第三,随机分派。为达到实验研究等设计的要求,让因变量在实验后所产生的变化可以归因于研究者对自变量的操作,在实验设计中要尽量做到随机分派,以保障实验结果具有内在效度。实验法的优点是:能够确立因果关系;花费较少;易于重复;控制能力强。缺点是:"现实性"的缺乏;样本的缺陷;实验人员的影响;伦理及法律上的限制。

准实验研究与实验研究只有一字之差,即"准"字,意为"接近""类似",表明准实验研究接近于实验研究。这一方法具体是指在很难或者不可能完全控制实验情景的情况下,研究者直接运用原始群体在较为自然真实的情况下进行实验的研究方法。准实验研究一般不需要使用严格的随机化程序,因而更易受到其他因素的干扰,但通过周密的实验设计和结果分析,发现和排除相关干扰因素,减少其对研究的负面影响,也可以使最终结果具有较高的内部有效性。

准实验与真实的实验设计的不同之处在于,实验对象不是随机分配到实验组和对照组,因此因果结论的有效性低于真实的实验研究。但是,其优点是所需的条件是灵活的,在无法控制所有可能影响实验结果的无关变量时,具有广泛的应用性。一个完整的准实验应该包括以下几个基本环节:(1)实验课题的确定。实验就是一个提出问题、解决问题的过程,课题的确定不仅要立足于现实,还应具有科学性和创新性。(2)实验假设的确立。确定实验课题后,需要通过逻辑推理得出实验假设。(3)实验方案的设计。这是能否实现实验目的的主要保证。(4)实验方案的实施,即将设计的方案变成实际行动。(5)实验的总结评价。实验结束后要对实验结果进行定量和定性分析,揭示变量之间的关系。

五、其他信息收集方法

除了上述介绍的文献研究法、观察法、调查法、实验法与准实验法这几种信息收集方法之外,还有其他的信息收集方法可用于政策评估实践。

普查法，即普遍调查法。这一方法是指对一定范围内的所有研究对象——进行调查，范围可以是全国性的，也可以是地区性的。常见的使用普查法收集信息的案例有全国人口普查、土地资源普查等。由于普查法的调查范围广、成本费用高、所需时间长，因此，这一方法适合大范围的调查活动，使用频率低。

典型调查法，俗称"解剖麻雀法"，是指根据调查目的和要求，有意识地选择有代表性的单位（如个人、家庭、团体等）进行深入细致的调查研究，借以反映所研究对象发展变化的一般趋势和情况以及总体事物的本质和特点。以典型带动一般，这符合马克思主义认识论的基本原理，即人们对客观事物的认识，大多是从个别到一般、从感性认识到理性认识。在选择典型时，应注重客观性、实践性和代表性三个原则。这一方法调查面小，节省人力、物力，调查方式灵活，但也由于个体与总体之间存在差异，因此调查对象是否真正具有代表性很难准确判断。

个案法，即个案调查法或个案研究法。它是指将一个具体的个人、家庭或事件作为研究对象（个案），对其整个过程、内容、特征进行深入调查，了解其他因素对其的影响。个案调查具有单一针对性、方式灵活多样和分析诊断深入的突出特点。与普查法和典型调查法相比，个案调查法的调查对象更具体，但其调查结果不能用于推断总体。

这些方法中的每一种都有其特征和应用范围。无论采用哪种方法，其核心都在于获得真实的政策信息并确保政策评估的科学性。这些信息收集方法可以交叉使用，并且可以相互配合以确保所获得的信息具有广泛性、系统性和准确性。

第四节　公共政策信息的质量评估与整理

一、政策信息的质量评估

政策信息的质量是指收集到的政策信息是否符合评估目标要求，是否能帮助政策评估者更好地开展评估工作。首先，通过上面介绍的信息收集方法，政策评估者获得的信息既有一手信息也有二手信息，内容纷繁杂乱，缺乏一致性。其次，由于政策评估者在信息收集过程中可能存在内容遗漏、丢失等问题，信息的完整性值得怀疑。最后,由于信息来源复杂,一些信息可能是错误或虚假的,信息准确性存在问题。因此,在政策评估实践过程中,为保证收集到的信息贴合评估目标要求以及提高政策评估的科学性,政策信息的质量评估是必不可少的环节。

在政策信息质量评估的具体实践中,质量评估指标体系的建立和量化/定性处理是关键过程。尽管不同学科领域都相应推出了各自的评估体系,但常用的具有代表性的政策信息质量评估指标主要有7个:真实性、通用性、完整性、易理解性、时效性、实用性和安全性。① 真实性是指信息的客观性和准确性。通用性是指收集的信息具有普遍适用性。完整性是指信息内容没有缺失或遗漏。易理解性是指指标含义通俗易懂。时效性是指信息采集时间在政策实施后的合理时间段内,因为很多信息过了一定的时间将失去效用。实用性是指信息应方便获取、能反映政策的效果。安全性则是指信息不易被更改和不易丢失。在建立政策信息的质量评估指标体系之后,政策评估者应结合这一体系对实际收集的信息进行量化或定性的分析处理,筛选出高质量的政策信息。

二、政策信息的整理

信息资料整理就是对收集到的各种资料在鉴别和评估的基础上,进行分类、简化,使之系统化、条理化,并为信息资料分析打下基础。信息整理的常见方式有:

(1) 归类:把收集到的信息按性质和内容分类归纳整理;

(2) 去伪存真:把收集到的信息进行鉴别处理,区分信息的真伪和可靠性;

(3) 抓住重点,突出主要因素:把收集到的信息进行筛选处理,按重要性排队。

信息整理常见的方法有:

(1) 比较法——对同类信息进行对比分析;

(2) 核对法——对可能有用的信息进行审核查对;

(3) 佐证法——对信息的关键性、相关因素开展证据的收集和鉴定工作;

---

① 马小闯、龚国伟:《信息质量评估研究》,《情报杂志》2006年第5期。

(4) 逻辑法——通过逻辑分析信息的可靠性和合理性;
(5) 文献法——查阅有关的最新文献,确定信息的先进程度;
(6) 评估法——请专家学者对信息的价值和可靠性进行评估;
(7) 调查法——对信息的真假和来源开展调查研究。

重视公共政策信息,有利于提高公共政策制定者和参与者的信息意识和政策水平,从而确保公共政策制定的科学性、增强公共政策实施的有效性和加快公共政策活动的信息化步伐。充分、准确地收集公共政策信息,分析和研究各类型公共政策信息的特性,是提高公共政策质量、提高公共决策科学化水平的必由之路。

复习思考题

1. 政策信息的类型有哪些?
2. 政策信息收集的原则是什么?
3. 简述政策信息收集的主要方法。
4. 简述政策信息质量评估与整理。

第十二章　公共政策预测分析方法*

第一节　预测的概念和分类

一、预测的意义

预测是人们对未来要发生的事物进行的估计和推测,是根据过去和现在的已知因素,运用科学的方法和逻辑的推理手段,探索人们所关心的事物在今后的可能发展趋向,即根据过去和现在判断未来,根据已知推测未知。实际上,预测作为一种人类认识活动,早就存在于人类社会实践中,并随着生产力和生产关系的发展而不断发展,已经成为一些国家制定经济规划、管理和控制经济必不可少的工具。

预测是一门科学的方法论,它的重要意义在于能够在自觉地认识客观规律的基础上,借助大量的信息资料和现代化的计算手段,比较准确地揭示出客观事物运行中的本质联系及发展趋势,预见到可能出现的种种情况,勾画出未来事物发展的基本轮廓,提出各种可以互相替代的发展方案,这样就使人们具有了战略眼光,使得决策有了充分的科学依据。科学的预测观及其技术方法,不

---

* 本章案例导入请扫书前二维码获取。

仅有助于避免和防止公共政策非预期的、消极的后果,而且有助于正确和全面地吸取历史的经验教训,克服由某些历史原因(如传统道德、伦理观念,重大的历史事件和重要的历史人物等)所形成的偏见对未来抉择可能产生的影响,最终使决策者根据实际发展趋势对未来的情况进行科学估计,并以此作为政策制定的依据。

二、预测的要素

预测包含四个要素:对象、目的、信息和方法。

(1) 对象是指预测的客体,如企业、市场、人才、资金、产品等。

(2) 目的是指预测所需要达到的目标,如需求预测、技术预测等,都有一个或多个表示发展目标的具体数量取值。

(3) 信息是指与预测对象有关的信息,如环境信息、历史信息、现状信息、相关信息与数据、系统内部信息和外部信息等。

(4) 预测方法,包括定性方法和定量方法、所采用的模型和途径等。

三、预测的方法论基础

预测的方法论基础是一系列收集和判断预测所用的相关数据依据的基本方法,主要有趋势外推、理论假设和经验判断三种,分别与预测的三种主要形式(推断、预言和猜测)相联系。一是趋势外推,这与推断的预测方式相联系。推断是一种把现在和历史的趋势扩展到未来的预测形式,趋势外推是归纳推理,即从一种特殊的观察到一般结论的推理过程。二是理论假设,与预言相联系。预言是一种建立在明确的理论基础上的预测形式,理论假设的特别作用是解释和预言,以演绎逻辑为基础,即从一般的命题到一系列特殊信息的推理过程。三是经验判断,与猜测相联系。猜测是一种专家依据已有经验而对事物未来发展趋势做出判断的预测形式。经验判断和猜测相似,大多是专家或有识之士依据其洞察力、经验、灵感等一类的知识所做出的预测,这一类预测通常以回溯逻辑为基础,从关于未来的论断开始,继而向后追溯。

四、公共政策预测的必要性

政策预测是决策科学化的前提,为决策服务。任何一项决策和好的政策的制定都离不开对未来有关政策领域和有关阶段政策的需求情况、发展趋势以及变化规律的准确预测,如全面三孩政策的制定。公共政策预测的必要性体现在以下几个方面。

(1) 避免或减少政策失误。政策预测要求政策分析和研究人员从公共政策的系统性和整体效益出发,在政策确定和付诸实施之前,加强政策的动机与效果一致性的推断和试验,以选择最优的政策方案。政策预测要求政策分析和研究人员对现行政策的发展前景进行预测,随时调整效果与目标的差距。

(2) 政策预测可以为政治、经济、文化和科技政策的制定提供科学依据。政策预测可以通过对政治、经济、文化和科技事业未来发展中的结构、规模、速度、效益及其相互关系等方面的情况进行推测,为制定政策和远景发展规划提供各种参考的数据、信息和备选方案,使政策适应社会发展的需要。因此,政策预测是制定政治、经济、文化和科技政策以及远景发展规划的必要前提。

(3) 政策预测可以为经济的发展创造必要的环境条件。可以说,公共政策是经济发展要求的主要环境条件。任何一个国家都是在制定了有利于经济发展的公共政策的基础上,经济才得以高速发展。搞好政策预测,掌握未来经济发展对政策的需求,有利于制定出适合本国经济发展的各项政策,在预定的时间里实现经济的转型和调整,促使经济振兴和发展。

五、预测的分类

根据不同的研究任务和目标,预测按不同的标准可以分为不同的类型。这里主要介绍最常用的预测分类方式——按预测方法的性质进行的分类。根据所用方法的性质,预测可以分为定性预测和定量预测。

定性预测也称主观预测,是指预测者通过实际调查、了解具体情况之后结合自身的实践经验和理论知识,对事物的发展、方向、性质做出自己的预判。这一方法的特点是综合性强、所需数据少,因此,适用于数据不多或没有具体数据的情形。当前最常见的定性预测方法有德尔菲法、小组讨论法等。

定量预测又称统计预测,其主要依据统计资料和数据模型对已有的政策信息进行分析处理,进而对事物的发展规模、速度等做出预测。与定性预测相比,定量预测更加注重数据分析,主观因素在其中起的作用相对较小。常用的定量预测方法主要有因果预测、时间序列预测等。

第二节　预测的步骤

预测工作的顺利开展离不开有条不紊的计划安排。为提高预测效率,预测者需按照以下步骤展开预测。

一、确立预测目标

这是预测工作中最基本也是最重要的步骤。明确预测目的可以帮助预测者方向明确、科学合理地确定预测对象和内容。预测目的的确定,需从政策决策和管理的要求出发,结合实际需要,明确预测所要解决的具体问题。比如:

(1) 预测现有政策后果。主要用于评估在没有任何新的政府行动的条件下可能发生的社会变化。此时,现有公共政策是预测未来所要考虑的主要变量。

(2) 预测新政策后果。主要评估在新的公共政策作为主要变量介入社会运作过程的条件下所可能发生的社会变化。一般来说,这是一种整体性的预测。

(3) 预测新政策内容。主要用于评估新政策技术性的、幅度性的、时效性的规定的改变所带来的影响。有时,这种预测也可用于对不同的公共政策主体所制定政策的横向的预测比较评估。

(4) 预测政策参与者和相关权力主体行为。主要用于评估政策参与者和相关权力主体对新政策的支持、反对或中立态度。在西方发达国家里,政府虽然握有制定公共政策的主导权,但在具体的公共政策问题上,相关的社会权力主体的影响力和制约力也显而易见。即使在政府内部也时常存在不同意见。他们的态度和行为对于政策的形成及其贯彻执行是至关重要的。因此,对他们的态度和行为的预测就成为政策预测的对象之一。

二、分析政策情境,调查、收集和整理必要的资料,并建立数据库

预测目标确定以后,首先便要分析预测对象所处的事实背景,即政治、经济和文化环境,并研究这些环境因素对预测对象的影响。信息、数据是进行有效预测的前提条件。因此,必须对预测对象及其所处环境的信息、数据进行全面的搜集、整理和分析。当然,信息、数据的搜集、整理和分析必须把握四条原则,即由表及里、由此及彼、去粗取精、去伪存真。

三、选择预测方法,建立预测模型

根据所得资料进行初步分析,找出与预测对象密切相关的影响变量,判断变量间关系的性质,确定变量的数学特征,选定一种或几种预测方法作为预测的主要工具,并按照选择的预测方法建立起预测模型。其中选择预测方法应考虑的因素包含五个方面:第一,预测的时间期限。不同的预测方法适用于不同的预测时间期限。一般情况下,定性预测大多适用于长期预测,定量预测多适用于中、短期预测。第二,数据的散布形式。所收集的数据散布形式或波动形态是选择预测方法的重要依据。在准确判断数据的波动形态、进行合理分析之后,才能确定合适的预测方法。如果数据属于随机波动形态,一般多采用移动平均法;线性长期趋势波动可采用回归分析法;呈周期循环波动和季节性波动,就需要多种方法配合使用。第三,预测费用。预测的费用主要有研制费用、存储费用和运算费用。预测费用的大小取决于预测方法的精确度,对预测的精确度要求越高,就需要选用越高级的预测方法,如回归分析、计量经济模型。同时,需要的数据量越大,存储费用就越高。如果对预测的精确度要求不高,就可选用比较低级的预测方法,所需费用就少。第四,精确度。预测的精确度要求不同,其预测方法也就存在差别,因为不同的预测方法预示基本数据波动的能力与预测波动形态中的转折点的能力是不同的。因此,精确度是在选择预测方法时必须考虑的因素。第五,适用性。这里涉及两个方面:一是这种预测方法从开始预测到预测结束所需时间的长短;二是预测方法对决策者的理解程度和预测结果对决策者的价值如何。因此,有些复杂的高精确度的预测方法有可能不如简单的方法适用性强。总之,选择预测方法时要综合考虑,统筹兼顾。

四、检验模型,实施预测

预测模型建立之后必须经过检验才能使用。模型的检验主要包括参数估计值在理论上是否有意义,统计显著性如何,模型是否具有良好的超样本特性等。不同类型的模型检验所用的方法和标准往往也不同。评价模型的基本原则有:理论是否合理,统计可靠性如何,预测能力强弱,是否简单实用。

对于经过检验的模型,定量预测应将实际数据输入数学模型,并将结果外延类推,通过计算将模型应用到未来。定性预测则应利用所选定的预测方法,在某些人和某些群体的主观认识和经验的基础上,通过逻辑推理,对未来加以判断。预测所得的结论即为预测结果,它们应该是明确、可检验的。

五、预测评价

将实际数据输入预测模型得出预测结果,进而对获得的预测结果进行分析、检验和评价,比较预测结果与实际结果之间的差距。若预测结果与实际结果差距较小,在要求允许的范围内,则说明预测效果较好,可以采用;反之,则预测效果较差,不能采用。

六、提交预测报告

将预测结果及预测过程以书面形式表达出来,提交决策者或计划制订人员。其中,应当说明假设前提、所用方法和预测结果合理性判断的依据。

七、预测结果的事后验证

将预测结果和实际发生的情况做比较,总结经验,为以后的预测提供参考。

第三节 定性预测方法

一、定性预测方法概述

定性预测是指预测人员结合已掌握的信息资料,依据自身经验、专业知识、直觉判断对事物未来发展进行的预测。它并非基于数量模型,而是预测者运用个人经验和分析判断能力对事物性质做出的判断,再综合各方意见,做出最终的预测。定性预测的主要特点是凭借研究者或专家的经验以及分析判断能力,注重事物发展在性质方面的趋势,所需数据少,简单迅速。

定性预测不同于定量预测:前者依赖经验丰富的专家,重在探析事物本质;后者则注重详细的数据和统计分析方法,通过考察事物之间的数量关系,弄清事物变化趋势和阶段。在日常生活中,由于环境条件的复杂和成本费用的限制,定性预测被较为广泛地运用。为达到更好的定性预测效果,组织者应提前邀请在相关领域具有丰富经验的专家,并提供给专家与预测有关的全部信息,之后专家在此基础上预测事物发展变化的趋势、方向、程度等。有时专家在定性分析的过程中会进行数量估计以作为辅助。定性预测的优点在于这一方法不需要预测模型和复杂计算,对数据要求低,操作方便,省时省力;不足之处在于定性预测信息通常是主观的、非量化和模糊的,不确定程度较高,预测精度相对较低。

目前,定性预测方法的种类很多,结合具体方法应用的广泛性和有效性,本书介绍一种最常用的定性预测方法——德尔菲法。

二、德尔菲法

1. 德尔菲法简介

德尔菲是古希腊的一个地名 Delphi 的中文译名。在古希腊的神话中,太阳神阿波罗对未来具有很强的预见能力。而德尔菲就是阿波罗神殿的所在地。[①]因此,人们就借用这一地名,作为这一预测方法的名字。

德尔菲法最早出现于 20 世纪 40 年代末期。在 1946 年,美国兰德公司的赫尔姆(Helmer)和戈登(Gordon)首次将德尔菲法应用于科技预测中,并发表了《长远预测研究报告》。此后,德尔菲法便迅速在美国和其他国家得到广泛应用。德尔菲法除用于科技预测外,还广泛用于政策制定、经营预测、方案评估等。发展到现在,德尔菲法在信息分析研究中,特别是在预测研究中占有重要的地位。它的最大优点是简便直观,无须建立烦琐的数学模型,而且在缺乏足够统计数据和没有类似历史事件可借鉴的情况下,也能对研究对象的未知或未

---

① 余仰涛、朱德友主编:《管理学实务概论》,武汉大学出版社 2009 年版,第 56 页。

来的状态做出有效的预测。德尔菲法现在已经成为全球120多种预测法中使用率最高的一种。德尔菲法是为了克服专家会议法的缺点而产生的一种专家预测方法。在预测过程中,专家彼此互不相识、互不往来,能真正充分地发表自己的预测意见。德尔菲法又称专家规定程序调查法,因为该方法主要是由调查者拟定调查表,按照既定程序,以函件的方式分别向专家组成员征询意见;而专家组成员又以匿名的方式(函件)提交意见。经过几轮反复分析判断,进行不断收敛与量化,最后由主持者进行综合分析,确定趋势分析与预测值。

2. 德尔菲法的特点

(1)匿名性。这是德尔菲法的主要特征。德尔菲法要求向每个参加者发一份意见调查表以获得匿名意见。所有专家组成员不直接见面,只是以匿名的方式通过函件进行交流。在完全匿名的情况下,专家们可以不受任何干扰地独立对调查表提出的问题发表自己的意见,而且有充分的时间思考和进行调查研究、查阅资料。这就克服了专家会议法易受权威影响,易受会议潮流、气氛影响和其他心理影响的缺点,保证了专家意见的独立性、充分性和可靠性。后来改进的德尔菲法允许专家开会进行专题讨论。

(2)反馈性。德尔菲法是逐步进行的,其不同于一般的调查法,小组成员的交流是通过回答组织者的问题来实现的,一般需要经过3—4轮的信息反馈才能完成预测。由于整个沟通过程是匿名的,在反馈中,调查组和专家组都可以进行深入研究,使得最终结果较为客观、可信,基本能够反映专家的想法和对信息的认识。

(3)统计性。这是德尔菲法的一个重要特点。在应用德尔菲法进行信息分析与预测研究时,对研究课题的评价或预测既不是由信息分析研究人员做出的,也不是由个别专家给出的,而是由一批有关专家给出的,对诸多专家的回答必须进行统计学处理,以概率的形式反映出群体成员意见的集中程度和协调程度,并将其反馈给群体成员,使群体成员对预测结果产生明确的定量认识。

由上可知,德尔菲法是通过征集、整理、归纳和统计匿名专家对所要预测问题的意见,经过多次信息集中、反馈,直到意见逐步统一,从而做出群体判断的预测方法。简言之,德尔菲法是一种匿名的、多次征询和反馈专家意见,最终得出预测结果的集体经验判断法。

3. 德尔菲法的原则

为真正发挥德尔菲法的效用和价值,必须遵循以下原则。

(1) 挑选的专家应有一定的代表性和权威性。

(2) 在进行预测之前,向专家说明德尔菲法的程序,取得专家的支持,确保他们能认真地进行每一次回答,以提高预测的有效性。

(3) 调查表设计应该措辞准确,不能引起歧义,以便于专家明确回答。而且,征询的问题一次不宜太多,不要问那些与预测目的无关的问题,列入征询的问题不应相互包含。

(4) 进行统计分析时,应该区别对待不同的问题,而且对于权威性不同的专家应给予不同权数而不是一概而论。

(5) 提供给专家的信息应该尽可能充分,以便其做出判断。

(6) 只要求专家做出粗略的数字估计,而不要求十分精确,而且每一名专家至少有一次修改自己主观意见的机会。

(7) 问题要集中,要有针对性,不要过分分散,以便使各个事件构成一个有机整体。此外,问题要按等级排队,先简单后复杂,先综合后局部,这样易引起专家回答问题的兴趣。

(8) 避免组合事件。如果一个事件包括专家同意的和专家不同意的两个方面,专家将难以做出回答。

(9) 保证反馈意见的客观性,切忌把主持者的意见强加进去。

4. 德尔菲法的参加人员

德尔菲法的参加人员分为三类:第一类是决策者,负责提出问题及要求;第二类是专业人员,负责解决德尔菲法的一些技术问题,包括收集并整理咨询意见等;第三类是参与反馈的专业人士,是德尔菲法征求意见的对象,通常是各方面的专家。选择合适的专家是预测成功的关键,专家通常是指对所要预测的问题有一定的专门知识、有丰富的经验、能为解决预测问题提供某些较为深刻见解的人员。关于专家的代表性,一方面应根据预测所涉及的领域去选择有关的专家;另一方面,还要考虑到专家所属的部门和单位的广泛性,以代表不同的意见,相互启发,使认识向正确的方向统一。专家人数要视预测问题的规模而定,一般以10~15人为宜。人数太少,学科的代表性会受到限制,并缺乏权威性,影响预测精度。人数太多则组织起来较困难,但对一些重大问题也可扩大到 100 人以上。在确定专家人数时,值得注意的是,即使专家同意参加该项目研究,也可能因种种原因不一定每轮必答,有时甚至会中途退出。因此,在预选专家人数时应适当多选一些专家,以留有余地。

5. 德尔菲法运用的注意事项

大量实践表明,运用德尔菲法进行分析预测时,要注意以下问题。

(1) 挑选的专家应有一定的代表性和权威性。对专家的挑选应基于其对所预测问题的了解程度,专家应具备与预测问题相关的丰富专业知识和综合分析能力。

(2) 专家应尽可能全过程参与。在预测前,组织者应先取得专家们的支持,确保他们将认真地参与每一次预测,以提高预测的有效性。

(3) 说明预测方法。在预测开始之前,为保证预测的准确性,组织者应通过书面形式向专家解释该预测方法的内容、本质、特点和意义,解释研究目的、程序、安排和要求。

(4) 应为专家提供充分信息。信息充分与否关乎预测的准确度,因此组织者应提供足够的信息供专家们进行预测,以保证他们做出科学理性的判断。

(5) 问题表述应清楚明确。问题表述力求简练但是明确,避免一个问题多重含义和多种解释,要消除任何模糊或容易产生多义的问题。

(6) 问题要集中、有针对性。预测问题应围绕预测目标,不分散,以便使各部分内容构成一个有机整体。

(7) 问题数量不应太多。答完一轮的时间应控制在 2 个小时之内。问卷题目应易于理解和填答,题型应该为选择题或填空题。如果希望获得专家更多意见,应设计开放式题目。

(8) 力戒任何启发诱导式的提示。在任何情况下,组织者需忠实于专家们的回答,避免将自己的看法暴露给成员。任何成员不应知道其他成员的名字,这种匿名方式才能确保每一位成员公正地对概念及意见进行判断,做出最真实的预测。

6. 德尔菲法的优缺点

德尔菲法的优点包括以下几个方面:

（1）各专家能够在互相不见面不受干扰的情况下,独立、充分地发表自己的意见,既可以避免面对面带来的影响,又可以避免一人一锤定音的局面;

（2）预测值是通过多轮专家意见征集、反馈获得的,这样能够充分发挥各位专家的长处;

（3）应用面比较广,预测费用较低。

德尔菲法的缺点包括以下几个方面:

（1）由于一些主、客观原因,有些专家对表格的填写未经过深入的调查和思考,也可能因工作忙或其他原因而中途退出,从而影响评价结果的准确性;

（2）预测值虽然是集思广益的结果,但主要是根据各专家的主观判断,缺乏客观标准;

（3）过程比较复杂,花费时间较长。

第四节　时间序列分析法

一、时间序列分析法的含义

时间序列也叫时间数列、历史复数或动态数列,是指被观察到的某种指标的数值,按时间先后顺序排列的数据序列。它是可以得到的真实且有限的数据集合。时间序列的特点:一是,它是一组现实的与真实的数据,而不是数理统计中通过做实验获得的。因为是真实数值,所以它的性质是反映某一现象的统计指标。因而,时间序列背后是某一现象的变化规律。二是,它是动态数据,反映了一段时期内所观察对象的变化情况。

时间序列预测法也叫时间序列分析法、历史外推法或外推法,是通过编制和分析时间序列,根据时间序列所反映出来的发展过程、方向和趋势,进行类推或延伸,借以预测下一段时间或以后若干年内可能达到的水平。其内容包括:收集与整理关于某种社会现象的历史资料;对这些资料进行检查鉴别,排成数列;分析时间数列,从中寻找该社会现象随时间变化的规律,总结出一定的模式;以此模式去预测该社会现象将来的情况,对预测对象的未来可能值做出定量分析。

运用时间序列法进行预测,要求必须以准确、完整的时间序列数据为前提。为了让时间序列中的各个数值准确地反映预测对象的发展规律以及使各数值间具有可比性,编制时间序列需做到:总体范围一致、代表的时间单位长短一致、统计数值的计算方法和计量单位一致。值得注意的是,时间序列分析法因其假设时间序列没有因果关系,不受外界因素影响,所以存在着预测误差大的缺陷。当遇到外界发生较大变化,如国家政策方针变化时,根据过去已发生的数据进行预测往往会有较大偏差。

二、时间序列的发展水平分解

时间序列可以分解为以下四个因素,即长期趋势、季节变动、循环变动和不规则变动。

(1) 长期趋势,指与现象长期直接联系的基本规律作用,使现象在较长时间内稳定持续地按照一定方向变化。长期趋势的具体表现有基本增长趋向、基本下降趋向和平稳发展趋向,即从长期看时间序列中变量数值连续不断地增加或减少或平稳的趋向,比如,国民生产总值、国民收入等指标的长期趋势。

(2) 在政策分析环境下,季节变动是相关现象由于季节更换的固定规律作用而发生的周期性变动,比如与政策相关的经济变量随季节变化而变化的周期性变动。这种周期比较稳定,通常为一年。在这里,季节还可以被广泛地描述为以小时、星期、月或季度为单位的循环往复的变动形式。它与气候、假期或贸易习俗有关,可用作短期预测基准。例如,冷饮销售最高峰是在每年夏季,商品零售额达到最高峰往往在每年的春节等。

(3) 循环变动,又称周期波动,是指时间序列在为期较长的时间内(一年以上至数年),呈现出涨落起伏。它与长期趋势不同,不是朝一个方向持续变动而是呈涨落相间的波浪式起伏变动。如资本主义经济危机的变动周期就表现为危机、复苏、高涨、萧条等循环往复的周期变动。它与季节变动也不一样,季节变动有固定的周期,周期效应可以预见;而循环变动一般没有固定周期,上次出现后,下次何时出现较难预料。此外,季节变动的周期较短,一般为一年,而循环变动周期较长,一般数年乃至数十年才完成一个周期。通过对循环变动的分析和测定,可以预测社会经济现象发展变化的转折点。

(4)不规则变动。以上三种变动,都是受一些较稳定、系统的因素的影响产生的,属于系统变动成分。不规则变动亦称随机变动,是一种非系统成分,指由大量无法控制的偶然因素引起的变动。虽然不规则变动难以计算和预测,但是大量偶然因素的作用可以相互补偿和抵消,其总的效应可以估计。

三、时间序列分解模型

从上述分析可知,时间序列可分解成长期趋势、季节变动、循环变动和不规则变动这四个因素。各期时间序列的发展水平是这四种因素综合作用的结果,各因素之间的关系可以用一定的数学关系式表达。设 Y_t 表示时间序列在 t 时的水平,T_t 表示 t 时的长期趋势成分,S_t 表示 t 时的季节变动成分,C_t 表示 t 时的循环变动成分,I_t 表示 t 时的不规则变动成分,它们的函数关系表达式为:

$$Y_t = f(T_t, S_t, C_t, I_t)$$

常用的时间序列分解模型有:加法模型、乘法模型和混合模型。

(1)加法模型

$$Y_t = T_t + S_t + C_t + I_t$$

加法模型通常假设时间序列中的每一指标值是上述四个成分的总和,并认为各成分之间是相互独立的,不受其他成分变动的影响。

(2)乘法模型

$$Y_t = T_t \times S_t \times C_t \times I_t$$

乘法模型假设时间序列的每一指标值都是上述四个成分的乘积,各成分之间存在一定联系。

(3)混合模型

$$Y_t = T_t + S_t \times C_t \times I_t$$

混合模型是指加法和乘法关系的要素结合体,部分成分之间相互联系,但也有成分保持独立。

时间序列分解模型的选取,应根据所掌握的数据资料、研究目的、现象变化的规律和数据本身的特征来决定采取哪几种变动组合及组合形式。

四、时间序列分析法的优缺点

时间序列分析法的优点是:在分析现在、过去、未来的联系时,以及未来的结果与过去、现在的各种因素之间的关系时效果比较好,而且其数据处理并不十分复杂。但是,该方法的缺点在于反映了对象线性的、单向的联系,由于事物的发展复杂多样,时间序列法不适用于进行长期预测。

第五节 回归分析法

一、回归的概念

回归预测是回归模型在公共政策定量分析中的重要应用。回归的原义是能力或者表现的倒退,然而在统计中,是一个专业化较强的术语。

"回归"一词是英国著名人类学家和气象学家朗西斯·高尔顿在19世纪末提出的。在《身高遗传中的平庸回归》这篇论文中,高尔顿阐述了他的重大发现:虽然高个子的父代会有高个子的后代,但子代的身高并不像其父代,而是趋向于比他们的父代更加平均,就是说:如果父亲身材高大,则子代的身材要比父代矮小一些;如果父亲身材矮小,则子代的身材要比父代高大一些。换言之,子代的身高有向平均值靠拢的趋向。因此,他用"回归"一词来描述子代身高与父代身高的这种关系,即子代的身高"回归"到中等身高。

回归的主要功能包括:第一,解释一个经验现象中所观察到的变化。比如,为什么有些国家的政治比较稳定?为什么有些社会的科技进步比较快?这些问题显示某一经验现象(政治稳定、科技进步)会随个案(国家、社会)的不同而变化,将这些现象视为因变量,根据理论找出自变量来作为解释这些现象的原因。第二,检测变量间的线性关系。

二、回归分析的内涵和开展步骤

回归分析预测法是在政策分析中,基于自变量和因变量之间的相关关系,建立变量之间的回归方程,并将回归方程作为预测模型,根据自变量在预测期的数量变化来预测因变量在预测期变化结果的预测方法。回归分析预测法主要是识别某些对所预测结果有重要影响的因素,并找到因变量和自变量之间的因果关系,从而推测预测对象随自变量而发生变化的数值。因此,回归分析预测法又称因果分析法。

开展回归分析,可以遵循以下步骤:

(1) 根据预测目标,确定回归方程中的自变量和因变量。明确预测的具体目标,也就确定了因变量。如科技政策分析中,预测具体目标是下一年度的技术成交额,那么技术成交额 Y 就是因变量。通过调查和查阅资料,寻找与预测目标相关的影响因素,即自变量,并从中选出主要的影响因素。一般说来,因变量比较好确定,只要根据预测的目的将预测的对象作为因变量即可。因变量的发展变化受到一个或多个自变量的影响,自变量的数值直接决定因变量的值。因此,确定相关变量的重点和难点是确定自变量,即确定影响和制约预测目标(因变量)的因素。确定自变量,既要对历史资料和现实资料进行分析,又要充分运用预测人员的经验和知识进行科学的定性分析。

(2) 确定回归模型。观察散点图,根据函数拟合方式确定数学模型来描述回归线,即自变量与因变量间是线性关系用线性回归模型,非线性关系用非线性回归模型。

(3) 建立回归方程。依据样本数据及确定的回归模型,结合拟合准则,估计模型中的所有参数,确立回归方程。

(4) 检验回归方程。回归预测模型是建立在收集来的历史资料和现实资料的基础上,而这些资料本身可能存在各种偏差。所以,回归预测模型在用于实际预测之前,需要检验回归预测模型的拟合程度和回归参数的显著性,只有通过了有关检验后,回归预测模型才可以用于政策分析预测。否则,盲目地用回归预测模型进行预测,其预测结果不可靠,也不具有实际意义。常用的检验方法有回归标准差检验、回归方程的显著性检验、相关系数检验等。

(5) 利用回归方程进行预测。该步骤是利用回归预测模型计算预测值,并对预测值进行综合分析,确定最后的预测值。

上述五个步骤,仅仅是回归分析预测法的基本步骤。在政策分析预测实际工作中,由于现象的复杂性,还必须结合预测者的经验和分析判断能力,对回归预测模型进行合理调整后再行运用,这样才能得出更为符合客观实际的预测值。这是因为任何一种预测模型,仅仅是将有关政策现象比较明显的一般规律反映出来,而对一些无法量化的影响因素以及偶然因素的影响则不能反映。这就必然要求预测者根据与政策相关的变化,对预测模型或根据预测模型所得出的预测值加以适当的调整。

此外,在应用回归预测法时应注意:第一,确定自变量和因变量之间是否存在相关关系。如果变量之间不存在相关关系,对这些变量应用回归预测法就会得出错误的结果。第二,避免回归预测的任意外推。第三,采用合适的数据资料。

三、回归分析与相关分析的关系

开展回归分析时,需注意与相关分析进行区别和联系。两者的区别主要体现在以下三个方面:

(1) 相关分析只能说明变量间有相互的依存关系,而回归分析能找出制约关系的函数表达式,进而明确其间的因果制约的定量关系。

(2) 研究相关关系不需确定自变量和因变量,但回归分析的首要问题是确定自变量和因变量。

(3) 现象之间的相关关系只能计算一个相关系数;在回归分析中,如果两个现象互为因果关系时,可能有两个不同的回归系数。

两者的联系主要包括:

(1) 根据相关程度判断回归分析的必要性;

(2) 可运用相关系数的显著性检验回归模型;

(3) 用回归分析表明相关分析中现象数量关系的具体形式;

(4) 回归分析的结果可推算相关系数。

四、回归分析预测法的种类

回归分析预测法的种类很多,可以从不同方面对其进行分类,常用的分类方法有以下几种。

首先,按照相关关系中自变量的不同,可分为一元相关回归分析预测法、多元相关回归分析预测法、自相关回归分析预测法。

(1) 一元相关回归分析预测法,又称单相关回归分析预测法,是用相关回归分析法对一个自变量与一个因变量之间的相关关系进行分析,建立一元回归方程作为预测模型开展预测。如根据某地区的居民收入水平预测该地区的商品需求量,根据企业的销售额预测流通费用水平等,都是分析一个自变量对一个因变量的一元相关关系。

(2) 多元相关回归分析预测法,又称复相关回归分析预测法。这是用相关回归分析法对多个自变量与一个因变量之间的相关关系进行分析,建立多元回归方程作为预测模型开展预测。这是一种根据多个自变量的变化数值预测一个因变量数值的方法。例如,根据货币供应量和居民收入水平预测居民消费总额,根据某种商品的价格、替代品的价格、居民收入水平等预测该商品的销售量就属于多元相关回归分析预测法。

(3) 自相关回归分析预测法,是对某一时间序列的因变量序列,与向前推移若干观察期的一个或多个自变量时间序列进行相关分析,并建立回归方程作为预测模型开展预测,它把同一时间序列不同观测期的值分别作为自变量和因变量,观察某种现象自身过去发展变化的规律与其未来发展变化的相关程度及规律。

其次,按照相关的变动方向不同,可分为正相关回归分析预测和负相关回归分析预测。

(1) 正相关回归分析预测,是指对具有相关关系的变量之间变动方向一致(同时增加或同时减少)的现象进行的预测。如根据居民收入水平,预测居民购买商品的支出;根据商品的生产成本,预测销售价格等。

(2) 负相关回归分析预测,是指对具有相关关系的变量之间变动方向不一致(此增彼减)的现象进行的预测。如根据居民收入水平,预测居民购买食品支出的比重;根据商品的销售价格,预测该商品的销售量等。

最后,按照相关形式的不同,可分为线性相关回归分析预测和非线性相关回归分析预测。

(1) 线性相关回归分析预测,又称直线相关回归分析预测,是指对相互依存的变量之间的变动近似地表现为一条直线方程的现象进行的预测。具体分析时,可以把相关变量的一系列对应观察值描绘在坐标图上进行观察分析。

(2)非线性相关回归分析预测,又称曲线相关回归分析预测,是指对相互依存的变量之间的变动近似地表现为一条曲线方程的现象进行的预测。具体分析时,也可以把相关变量的一系列对应观察值描绘在坐标图上进行观察分析。

五、回归分析方法应用

回归分析预测法是一种实用价值很高的预测方法,但必须在一定的条件下应用。应用回归分析预测法时,要具备以下几方面的基本条件:一是因变量与自变量之间必须存在相关关系;二是因变量与自变量之间必须是高度相关的;三是自变量和因变量必须具备系统的数据资料。如果不具备这些条件,就无法应用回归分析预测法。回归分析预测法的上述应用条件是相互联系、相互影响的,不能把它们割裂开来理解。

这里,我们主要以一元线性回归为例,介绍回归分析。在运用一元线性回归分析法时,绝不能任意选择一个因素就将其作为自变量,也不能从对因变量有同等影响的几个因素中随意选择一个作为自变量。此外,一元回归分析所研究的相关形式,也并不仅限于直线形式,为方便说明问题,这里仅对一元线性回归分析做介绍。一元线性回归分析预测法是根据自变量 x 和因变量 y 的线性相关关系,建立 x 与 y 的线性相关关系式,运用统计回归分析法(最常用的是最小平方法)求解关系式中的参数,确定一元线性回归分析预测模型,在已知自变量的基础上对因变量进行预测。具体表述如下:

a 为截距或常数,b 是回归系数或称为斜率。b 代表自变量对因变量的影响力,可理解为若自变量增加一个单位,因变量会增加 b 个单位。$b=0$ 时,x 与 y 之间不存在线性关系;$b>0$ 时,x 与 y 正相关;$b<0$ 时,x 与 y 负相关。

另外,一元线性回归方程的模型也可以表述为:

b 为回归方程的参数,未知参数 x_i 为自变量,y 为因变量,u_j 为误差。引入 u_j 以表示包括对因变量 y 的变化有影响的所有其他因素,u_j 对 y 有影响,但不是决定性影响,简单地说,u_j 代表所有误差。在实际中,x_i、y 是可观察的,而 u_j 不能。

由于存在 u_i 的影响，y 的值总是在某一直线周围波动。回归分析就是利用所观测到的数据 (x_i, y_i) 来确定 x_i、y_i 之间的线性相关关系并给出 y 围绕这条直线波动的大小。加上误差项后，回归系数代表自变量对因变量的"平均"影响力，即平均而言，当自变量增加一个单位时，因变量会增加 b 个单位。回归分析关键是参数估计。运用最小二乘法即最小平方方法，可得到 a 和 b。具体计算公式如下，基于此可完成建立回归分析方程模型。

$$\begin{cases} a = \bar{y} - b\bar{x} = \dfrac{\sum x_i^2 \sum y_i - \sum x_i \sum x_i y_i}{n \sum x_i^2 - (\sum x_i)^2} \\ b = \dfrac{n \sum x_i y_i - \sum x_i \sum y_i}{n \sum x_i^2 - (\sum x_i)^2} \end{cases}$$

统计检验的方法主要有相关系数检验、t 检验和 F 检验，对一元线性回归模型进行显著性检验时可任选一种。如果采用 t 检验，即利用统计学中的 t 统计量检验回归系数的显著性，也就是检验回归系数 a、b 是否具有统计意义即两者是否在某个显著性水平上为零。a 为截距，检验的意义不大，b 值如果在显著性水平上为零，则方程就会变为常数 $y = a$，这表明自变量与因变量不存在因果关系，因而回归分析失去意义，因此主要是对斜率 b 进行 t 检验。t 统计量是估计系数 b 与其标准差的比值，b 的标准差越小越好，从而 t 越大越好。通过了检验的回归方程模型可以进行预测。

一元线性回归预测的步骤如下：

（1）确定预测目标和影响因素。根据决策目的的需要，明确进行预测的具体目标，分析影响预测目标的相关因素，并确定主要的影响因素，也就是决定因变量 y 和自变量 x。

（2）收集整理因变量和自变量的观察样本资料。根据预测要求通过调查收集纵断面观察样本资料或横断面观察样本资料。纵断面观察样本资料是指因变量、自变量的历史统计数据。它反映因变量、自变量所代表的同一地区或同一组织内政策现象随时间推进的因果关系关联形态。横断面观察样本资料是指某一特定时间内不同地区或不同组织的因变量和自变量统计资料。它反映的是预测对象特定时期内政策变量中的因果关系关联。

(3)建立回归方程、预测模型。根据自变量的个数、自变量与因变量之间的因果关系关联形态,以及上面收集的资料,按照回归分析基本原理,求解一元回归模型 $y = a + bx$ 的参数 a、b,建立回归方程预测模型。

(4)进行相关分析、方差分析与显著性检验。对于任何给定的一组因变量、自变量观察样本资料,用最小二乘法都可以计算出回归方程参数,建立回归方程式。但是,这样建立的回归方程并非一定有实用意义。凭借丰富的专业知识和实践经验能从质的方面判断回归方程式符合规律与否,但无法从量的方面做出判断。相关分析是借用统计方法计算自变量、因变量观察样本资料的相关系数,说明变量之间的线性相关密切程度,并通过相关系数 r 显著性检验指出这种线性相关密切程度的显著性水平。方差分析是分析自变量与因变量线性相关关系对因变量变异的影响程度,并通过 F 显著性检验指出反映自变量与因变量线性相关关系的回归方程的显著性水平。只有通过 r 显著性检验和 F 显著性检验,才能说明建立的回归线性方程有实际意义。这种检验可参照统计学的方法。

六、回归分析法的优缺点

回归分析法的优点体现在以下几个方面:

(1)回归分析法在分析多因素模型时,更加简单和方便。

(2)运用回归模型,只要采用的模型和数据相同,通过标准的统计方法可以计算出唯一的结果。但数据之间关系的解释往往因人而异,不同分析者画出的拟合曲线很可能也是不一样的。

(3)回归分析法可以准确地计量各个因素之间的相关程度与回归拟合程度的高低,增强预测方程式的效果;在使用回归分析法时,实际上一个变量仅受单个因素的影响的情况极少,要注意模型的适合范围,所以一元回归分析法适用于确实存在一个对因变量影响作用明显高于其他因素的变量的情况。多元回归分析法比较适用于受多因素综合影响的情况。

该方法的缺点在于,回归方程式只是一种推测,这影响了因子的多样性和某些因子的不可测性,使得回归分析在某些情况下受到限制。

复习思考题

1. 简述预测的要素和类型。
2. 公共政策的预测有哪些步骤？
3. 什么是德尔菲法？德尔菲法在公共政策分析预测中如何应用？
4. 在公共政策分析预测中如何应用时间序列分析法？
5. 说明回归分析法的优缺点。

第十三章 公共政策评估方法*

第一节 公共政策成本评估方法

对于政策成本的衡量,当前有三个维度,即经济学角度的资源投入标准、交易成本分析以及政策运行成本分析。

一、经济学角度的资源投入标准

资源是要素的总和,也是一切行动的依托。政策资源投入是指政策执行中投入和使用的人、财、物、时间、信息等公共资源。确定政策资源投入这个标准的目的在于获得在政策执行过程中政策资源的使用与分配的情况。换句话说,这个标准是从资源投入的角度来衡量决策机构和执行机构所做的工作,衡量一项政策所投入的各类资源的质和量,也就是对政策成本的评估。在一般情况下,决策者和执行者为达到政策目标而采取的行动和投入是实现政策目标的途径。因此,衡量政策的资源投入是评估政策的一个重要指标。

---

* 本章案例导入请扫书前二维码获取。

政策成本主要有以下几种分类:

一是直接成本和间接成本。直接成本是实施政策时直接耗费的资源,包括为了实施政策而直接投入的资金、人力、物力等。由于市场机制的存在,实施政策所付出的直接成本或代价,几乎都可以转化为货币单位,即基本上可以用金钱加以衡量。间接成本是指实施政策带来的间接损失。实施政策不仅需要直接投入和资源耗费,而且不可避免地要造成间接损失。例如,不恰当的政策造成政府威信的下降,需要国家耗费更多的资源去补救政府的公信力,这会间接增加政策的成本。

二是基本成本和辅助成本。基本成本是指直接围绕实施政策而耗费的资源。任何政策都有一定的具体目标,在实施过程中围绕这些具体目标进行的资金和人力等方面的投入,属于基本成本。但是,社会是一个十分复杂的大系统,社会经济生活的各个方面存在着千丝万缕的联系和相互作用,要通过制定政策解决某个或某些问题,不仅需要解决直接相关的问题,投入基本成本,而且需要解决间接相关的问题,即耗费资源进行一些与政策的具体目标并无直接关联,但是有助于实现政策的具体目标的工作,这就需要投入辅助成本。辅助成本是为了解决与实现政策的具体目标有关的问题而耗费的资源。

三是短期成本和长期成本。某项政策的实施,不仅在准备实施和实际实施过程中需要花费成本,而且可能产生一些其他的负面效果,使得人们在以后的很长时间里,需要花费很多的资源克服这些负面效果。因此,从政策成本的投入时间维度来看,可以将耗费成本分为短期成本和长期成本。短期成本是指为实施政策而直接耗费的短时期内可衡量的成本,长期成本是指消除政策未来可能发生的不良后果而产生的不易评估和量化的成本。

准确地计算政策资源投入的多少有利于政策评估的有效性。但精确地计算本身存在一定困难,因为政策资源的投入常常是混合的,无法准确地加以计量。政策资源投入存在两种混合情况。一种混合情况发生在公共机构资源投入的共享上,公共机构在某个时期投入的资源是供多个政策使用的,要把每个政策的投入都清楚地区分开来,事实上很难做到。另一种混合情况发生在新旧政策资源的共享上。旧政策的终结导致原来投入的资源成为沉淀成本,而新政策在旧政策的基础上实施,究竟有多少沉淀成本转而成为新政策的投入,往往难以区分。这要求我们在政策评估过程中不断完善成本的评估方法,加强评估的准确性与科学性。

二、交易成本

公共政策的交易成本分析为公共政策评估提供了一个新的角度。交易成本经济学是新制度经济学中的一个领域。在《企业的性质》一文中,科斯首次提出了交易成本概念。科斯说:"市场的运行是有成本的,通过组成一个组织,并允许某个权威来支配资源,就能节约某些市场运行的成本。"[1]这里所说的市场运行的成本就是交易成本。新制度经济学认为交易成本是制度的源泉。如果交易成本过高,将阻碍交易的实现。制度的存在价值就在于降低交易成本,促使交易的实现。[2] 之后交易成本的相关研究不断发展,直到系统阐释交易成本理论的著作《市场与等级制度》和《资本主义的经济制度》的出版,交易成本经济学成为一门新的学科。威廉姆森是交易成本经济学的集大成者,他提出"交易成本不同于生产成本,生产成本属于新古典经济学的分析范畴。而交易成本在经济中的作用相当于物理学中的摩擦力"[3]。在此基础上,他把交易成本进一步细分为两部分:事前成本和事后成本。其中,事前交易成本包括搜寻成本、信息成本、议价成本、决策成本,事后交易成本是指签订契约后,为解决契约与客观环境的冲突,从改变条款到退出契约所花费的各项费用,包括监督交易进行的成本、违约成本等。这种分类方法大大拓展了"交易成本"的应用范围,把组织内部以及组织间发生的许多活动都纳入交易的分析范畴,从而使交易活动更为具体化,更具有可分析性。

交易成本不仅仅存在于市场,也存在于政治领域。新制度学派将政治看作一个交易的过程,把政治过程放在交易的框架内进行分析,甚至赋予了政治市

---

[1] 〔美〕罗纳德·哈里·科斯:《企业、市场与法律》,盛洪、陈郁译,格致出版社、上海三联书店、上海人民出版社2009年版,第40页。
[2] 田应奎编著:《经济新概念》,中共中央党校出版社2003年版,第252页。
[3] 〔美〕奥利弗·E.威廉姆森:《资本主义经济制度——论企业签约与市场签约》,段毅才、王伟译,商务印书馆2002年版,第31页。

场上的交易行为更丰富的内涵,提出了"公共交易"概念,从而得出关于政治过程的经济学解释。按照威廉姆森的定义,公共政策制定中的交易成本可以看作是政策制定者在制定公共政策的各环节中所产生的"摩擦成本"。这种成本是在达成政策的过程中所耗费的各种资源,是政策主体(政策制定者和实施者等)与政策客体(投票者、民众)之间相互了解、讨价还价的成本,它包括搜寻信息、谈判实施、政治契约书写以及监督等方面的成本。这种成本的存在有部分是必要的,有部分是无意义的资源浪费,政策制定者需要有针对性地减少这些无意义的成本,提高公共政策制定的效率。

三、政策运行成本

政策运行成本是指在整个政策运行过程中耗费的成本,从直接和间接两个角度,包括五个方面的成本:

(1) 政策制定费用。政策主体从提出政策问题到政策最后出台生效的全过程中的资源投入,是直接的价值或实物投入。

(2) 衔接成本。政策运行需要一定的衔接,在新旧政策的衔接期产生的不可忽视的代价。

(3) 摩擦损失。各项政策因缺乏配合、协调以及相关度低而不能相互兼容时,各政策之间必然产生摩擦,造成政策效益的损失和社会价值的浪费。

(4) 操作费用。执行部门在实施政策中因宣传、解释、传达、监控乃至成立专门机构、配备专门人员操作等所消耗的费用。

(5) "对策"行为的损耗。政策对象为追求自身利益最大化,在政策不利于自己利益时,用各种手段抵制和削弱政策运行效率,从而使政策的投入进一步加大。[①]

第二节 公共政策效果评估方法

公共政策及其评价是一个系统的过程,而且往往只有在公共政策实施后的

---

① 朱启财:《论财政政策的运行成本、效益及均衡》,《广西财政研究》1992年第3期。

评价才能得出关于公共政策的整体结论。因此,公共政策评价领域中最重要的是对公共政策效果的评价。

一、公共政策效果的内涵与类型

政策评估活动一经出现,人们便十分关注对政策效果的评价。最初,有许多政策评估人员把政策效果当作政策评估的全部内容,作为检测公共政策优劣的唯一标准。但随着社会的发展和公共政策活动的日益复杂化,人们对政策效果的认识也逐步深入,不仅建立了政策目标与政策效果之间的相关性分析,而且对政策效果的分类也逐渐细化,这使政策评估的内容日益全面,评估的方式也更加科学、规范和有效。

(一)政策效果的内涵

公共政策评价中公共政策效果的概念包含的内容有:公共政策预定目标的完成程度;公共政策的非预期影响;与政府行为相关的条件环境的变化;投入公共政策的直接成本和间接成本;公共政策所取得的收益与投入成本之间的比率等。

政策效果一般看作是政策执行后对客体及环境所产生的影响和改变。对政策效果的概念理解必须注意两点:首先,要避免将政策效果与政策产出画等号。虽然任何政策在经历了制定和执行等一系列程序之后都会产生政策产出和政策效果,但政策产出是指政策执行后目标群体和受益者所获得的货物、服务或其他各种资源,往往以一系列统计或经济数字来计量。然而,政策效果关注的是政策产出对客体及环境所产生的影响,而政策产出不能回答决策机构的行为会给社会带来何种结果和影响。其次,不能把政策效果与政策预定目标画等号。政策效果具有多维度性质,政策制定者在制定政策时,并不一定能把所有可能的效果都纳入政策预定目标。特别是对于一些非预期的政策效果,不能因为它们没有列入政策预定目标的范畴而不加以考虑。

(二)政策效果类型

一项公共政策一旦付诸实施,其效果便开始逐步显现。这些效果有正面的,也有负面的;有直接的,也有间接的;有眼前的、局部的,也有长远的、全局的。对于政策效果可以有不同的分类和归纳,主要有五种类型的政策效果需要加以讨论。

1. 直接效果

直接效果是指公共政策的实施对所要解决的公共政策问题及目标群体产生的作用,它包含两个层面:第一,它是在直观的、经验的层面上可以观察到的效果;第二,它是在事先预期的范围内出现的效果。我们知道,在政策问题的提出阶段,需要将问题的边界确定下来,然后制定一个解决问题的政策方案。也就是说,我们有一个预期的范围,并假定在这个范围内,政策方案会起作用。因此,凡是在这个范围内出现的效果,都属于直接效果。超出这个范围而产生的效果,是意外效果或附带效果。直接效果可能符合我们的愿望,也可能不符合我们的愿望。例如,某项政策旨在将城市的垃圾污染水平降低,实施的结果可能没有达到,也可能达到了预期的标准,但是这是在预期范围内可以直接看到的效果。所以要评估一项公共政策的直接效果,首先要清楚事先预定的政策目标和政策对象。只有将政策目标和政策对象联系起来,才能确定什么是该项政策的直接效果。

2. 连带效果

连带效果是在直接效果以外,而又因为直接效果的连带影响作用而出现的一种从属性的效果或关联性的效果,它是超出公共政策制定者原来的目标期望,对并非目标对象的个人、团体或环境产生的影响。它是政策执行过程中"附带"的"副产品":如果一项政策的执行效果是好的,附带效果的出现会起到"如虎添翼"的作用;如果一项政策的执行效果不好,附带效果的出现则无异于"伤口撒盐"的作用。这些都是在政策制定的时候可能无法预料到的,它超出了公共政策制定者原有的目标和期望。比较典型的例子是欧洲一些国家的福利政策。这项政策的初衷是抑制两极分化,对社会财富进行二次分配。政策使贫穷无所养的人们获得了最低的生活保障,维护了社会公平,维持了社会稳定,但是也助长了一些人的懒惰思想,这就是政策的连带效果。

注意连带效果,可以使我们对政策问题和政策效果的理解更为丰富,并促使我们更深入地思考政策问题的复杂性和政策执行的多重效应。

3. 象征性效果

一项政策的出台会在某种程度上影响和改变人们的一些社会行为方式,从而影响其价值观念,虽然有时政策不一定能达到预期的效果,但它会让人们感受到公共部门对某些社会现象的关注,这就是象征性的效果。这些公共政策的内容是象征性的,它可能产生的有形效果很微弱。其初始的用意是让一部分人感受到他们的问题正在解决之中,从而减少其对政府的压力或者避免激起他们的某种情绪。它有助于维护社会秩序,使政府获得人民的支持并保持公民的人格自尊。比如,就业机会均等政策在操作上有很大的难度,绝对的机会平等也许是根本不可能的,但这些政策使人们相信政府对这种现象是关注的,其象征性意义也是非常重要的,可以给予人精神上的鼓励。再比如,下岗职工再就业计划也许并不能真正解决下岗职工的就业问题,但却使人们相信政府关心下岗职工的就业问题,从而更加信任、支持政府的工作。

4. 潜在效果

一项政策在执行初期会产生一些影响,但是还有一些影响会随着时间的推移和环境政策条件的变化而逐渐显现出来,这就是政策的潜在效果。公共政策的实行有其延续性,因此一项现行公共政策不仅对目前环境会发生作用,而且还可能对未来不确定的新情况产生一些影响。虽然有时候表面上一项政策的效果非常微弱,但是它的投入会沉淀到另一项公共政策的运行过程中,在另一种情境下发生作用。对这种潜在效果的评估有一定的困难,但是也应当引起评估者的注意。例如旨在提高贫困地区儿童识字率的智力开发计划,虽然在短时间内不可能根本改善儿童的智力状况,但是可能对受影响的儿童及他们以后的子女产生潜在的影响,而这是无法在短时间内显现出来的。作为公共政策的制定者,当一项政策的潜在价值巨大时,就可能会面临巨大的社会压力,而能否坚持这项政策,就需要制定者和执行者很好地理解政策的价值,并通过有效的措施获取社会公众的理解与支持。

5. 意外效果

意外效果是因政策执行而起,但又不在政策目标或政策预期之内的效果。一项政策的推行大致上有两种意外效果:一种是投入过多,但收效不理想;一种是没有太大的投入,但是收获却超出预期。这两种效果无论是好是坏,都是政策制定者初期没有想到的。它与附带效果有区别:附带效果与直接效果的关系较为直接,容易看出其中的因果关系和逻辑关联;而意外效果则往往发生于似乎完全不同性质的另一个领域,或表现为不同范畴的另一种问题,它与直接效果之间的因果联系很曲折,不易察觉,是一种完全出乎意料的效果。积极的意外效果对社会有利,负面的意外效果则需要相关部门加以控制。典型的例子是建设水坝,其初衷是发电,但是水坝一方面改善了环境,可以以水坝为中心开发旅游资源,另一方面也对周边的生态产生了影响,这两者都是意外的效果。

我们需要重视意外效果,因为在很多时候,所谓偶然性是相对我们的认识能力和认识范围而言的。客观环境中可能的确存在着某种相互作用机制和因果联系,只是我们未能认识。应当承认,任何政策方案都不可能十全十美,只有在实际执行过程中,我们才能真正了解政策的各种可能的效应及其对客观环境造成的影响。

二、政策效果评价方法

(一)前后对比法

前后对比法是将政策执行前后的有关情况进行对比,从中测出政策效果及其价值的一种定量分析方法。前后对比法是政策评估的基本方法,政策效果评估中应用的多种具体技术性方法都是基于该方法的思路开展。前后对比法一般分为:简单前后对比分析、投射—实施后对比分析、有无政策对比分析、控制对象—实验对象对比分析。

1. 简单前后对比分析

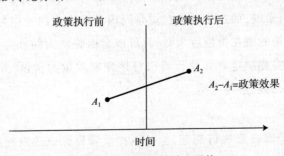

图 13-1 简单前后对比评估

简单前后分析法是把政策对象在政策实施前的有关指标,与政策实施后的有关指标进行对比,从而说明政策效果的一种分析方法。如图 13-1 所示,A_1 代表政策执行前的状态值;A_2 代表政策执行之后的状态值,(A_2-A_1) 为政策效果。这种方法的优点是操作简单,政策实施前后变化一目了然;缺点是无法完全确定效果是外在因素还是政策本身带来的。

2. 投射—实施后对比分析

参照图 13-2,投射—实施后对比分析是将分析对象在政策执行前状态值的趋向线 Q_1Q_2 投射到执行后的某一个时间点 A_1 上,并将 A_1 与政策执行后的实际情况 A_2 进行对比,以确定政策的效果。与简单前后对比法相比,投射—实施后对比分析考虑了事物发展的趋势,通过比较公共政策实施前后效果的差值来评估公共政策。这种方法由于考虑到了非公共政策因素的影响,结果更为准确。这种方法的困难在于如何详尽地收集政策执行前的相关资料和数据,以建立起政策执行前的趋向线。该法原理如图 13-2 所示,其中 Q_1Q_2 是根据政策执行前的各种情况建立起来的趋向线,A_1 为趋向线外推到政策执行后的一个时间点的投影,代表若无该政策会发生的情况;A_2 为政策执行后的实际情况,(A_2-A_1) 就代表了公共政策的实际效果。

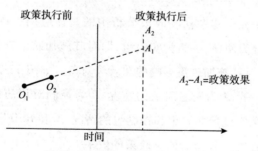

图 13-2 投射—实施后对比评估

3. 有无政策对比分析

有无政策对比分析是分别就有政策和无政策两种情况下对问题的状态进行前后比较。

如图 13-3 所示,A_1 和 B_1 分别代表政策执行前有政策和无政策两种情况;A_2 和 B_2 分别是政策执行后有、无政策的两种情况;(A_2-A_1) 为有政策条件下的变化结果;(B_2-B_1) 为无政策条件下的变化结果。因此 $(A_2-A_1)-(B_2-B_1)$ 便是实际的政策效果。这是一种以某些指标为分析基础,结合某一对象的公共政策实施前后对比和有公共政策与无公共政策两种情况对比的双重对比法。其优点是排除了非政策因素的作用,测量比较精确,能够比较有效地将政策的"纯效果"从政策执行后产生的总效果中分离出来,是测量政策"纯效益"的重要方法。缺点是操作起来比较复杂。

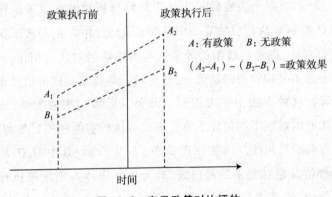

图 13-3　有无政策对比评估

4. 控制对象—实验对象对比分析

这种分析法是社会实验法在政策分析中的具体应用。将政策前处于同一水平的分析对象分为两组:一组为实验组,即对其施加政策影响的政策对象;一组为控制组,即不对其施加政策影响的非政策对象。如图 13-4 所示,A 和 B 在政策执行前是同一的,A 为实验对象的情况,B 为控制对象的情况。具体而言,A_1 和 B_1 分别是政策实施前实验组和控制组的情况,A_2 和 B_2 分别是政策实施后实验组和控制组的情况,(A_2-B_2) 便是政策的效果。

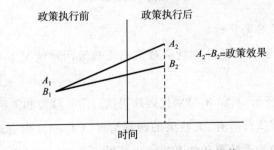

图 13-4　控制对象—实验对象对比评估

（二）具体评价方法

政策评价有多种方法,随着学科的交叉和发展,政策效果评价方法不断创新,本部分介绍常见的几种方法。

1. 成本效益分析

这种方法是把在整个政策运行中所投入的成本和取得的收益进行对比分析的一种方法。

当存在多个不同方案时,可对不同方案进行成本效益对比。如图13-5所示,当甲乙两个方案同时得到 E_1 的效益时,甲方案的投入成本为 C_1,乙方案的投入成本为 C_2。可以看出,效益相同的情况下,甲方案的成本更低,此时应该考虑采用甲方案。而当效益为 E_2 时,甲乙两个方案的投入成本同为 C_0,此时采用两种方案的任意一种都可以。而当甲乙两个方案的成本相等时,如成本均为 C_1 时,甲方案的效益为 E_1,乙方案的效益为0。

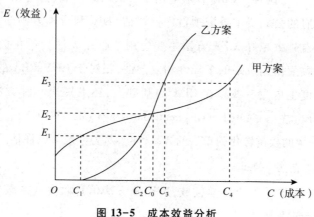

图 13-5　成本效益分析

也可以对方案进行成本效益对比,这时效益对成本的超额越大越好。如图13-6所示,将方案的成本和效益计算出来,画出成本和效益曲线,截取两条曲线相差的最大距离,即 X_0 处效益对成本的超额最大。此时应采用 X_0 方案。

总结上述分析,运用成本效益分析法的评估准则如下:

（1）效益相等时,成本越小的政策方案越优;

（2）成本相等时,效益越大的政策方案越优;

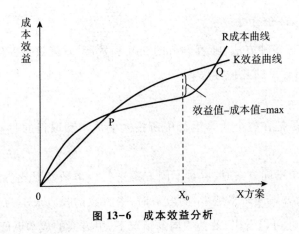

图 13-6 成本效益分析

（3）效益与成本的比率越大越好。

借鉴美国政府颁布的《政策规定绩效分析》的政策成本评估方法，马朝琦和雷晓康认为："公共政策评估的方法主要有成本—收益分析法（CBA）和成本—效果分析法（CEA）两种。CBA方法适用于公共政策的收益，可以用货币单位来计量，如对政府的公共资本投资项目进行评估，收益和成本差额即为净收益，一般来说，净收益越大越好；CEA方法主要应用于收益无法货币化的公共政策分析，由于公共政策作用效果的多样性和复杂性，相对于CBA，CEA的适用面更广一些，使用难度也更大一些。在CEA的基础上，还发展出一种方法，称为加权成本—效果分析法（weighted cost-effectiveness analysis，WCEA），这种方法是将多种效果按一定的权重转化为单一的效果，便于对公共政策的评估。"[①]

2. 抽样调查法

抽样调查法常见于统计学领域，后因该方法信息收集效果较好，被广泛运用于公共政策评估领域。

所谓抽样调查，就是从研究对象的整体中选出一部分代表加以调查研究，然后将所得结果用来推断和说明整体特征的一种社会调查类型。而从整体中选出一部分代表的过程就是抽样。抽样实际上是一种选择具体调查对象的程序和方法，其目的在于科学地从研究对象的整体中挑选部分代表，以便通过对

---

① 马朝琦、雷晓康：《美国公共政策绩效评估方法及借鉴》，《西北农林科技大学学报（社会科学版）》2006年第9期。

这些代表的研究,取得能够说明整体的足够可靠的资料,并准确地推断整体的情况,认识整体的特征或规律。

几种主要的随机抽样方法如下:(1)简单随机抽样。简单随机抽样方法与掷骰子或抽签的原理相同,因此,在这种方法中,任何个体单位被抽中的机会都是完全均等的。简单随机抽样需要对每个样本都编号,然后使用一个随机数字表。抽样时,可随机确定一个起始数字,之后向任意方向读数,直到选够所需样本数。(2)系统抽样。系统抽样也称等距抽样,抽样时,研究者可先随意选取一个样本作为起始样本,然后按一定间隔加以抽取。但是应当注意的是,其样本必须是随机排列。否则,所采用的间隔一旦与样本排列的规律性相符,抽出的样本就不具有随机性。这种方法较为简单省力。(3)分层抽样。当样本对象的性质差异比较大时,可以将对象按照一定属性预先分成若干类,这些类就是所谓的"层"。然后再对各层中的样本分别进行随机抽取。当样本属性差异太大时,可以分多层来进行抽样。这种方法可以使较大规模的调查变得较为简单,同时也便于对样本中的不同群体进行比较,调查的精确性也会有所提高。(4)多级抽样。当调查规模、样本数量太大时,可以把样本分为几级抽取对象,这样就使得大面积调查易于实施。应当注意的是,由于每抽取一级都会产生误差,级数越多误差越大,因此多级调查的分级一般不会超过三级。

不同的抽样方法,适用于不同的调查要求。从抽样方法本身来看,应该力求做到:使母体中任何一个个体都有被抽选出来作为样本的机会,它们的"机遇"应该是均等的。只有做到机遇相等,样本才能够大致地代表母体情况。另外,在不影响工作效果的前提下,尽可能使抽样方法简便易行。各种抽样方法的操作要求虽然不尽相同,但是就其一般情况而言,抽样的基本程序主要包括以下几个方面:界定总体、编制抽样框、选择适当的抽样方法、确定样本的规模、实际抽取样本以及评估样本质量。

抽样调查的优点:经济性好,实效性强,适应面广,准确性高;代表性强,抽选的调查样本数量经过科学的计算确定,有可靠的保证;抽样调查的误差在调查前就可以根据调查样本数量和总体中各单位之间的差异程度进行计算,并控制在允许范围以内,调查结果的准确程度较高。缺点:所抽取样本是否具有代表性是抽样调查的关键;存在一定的误差率。

3. 模糊综合评价法

在政策效果评价中,经常会遇到的问题是不少指标因不宜精确地描述,具有极大的模糊性,所以给评价带来了困难。比如,"让人民群众生活得到极大改善"等类似这样的指标,经常是由决策者主观提出的价值目标。对于这类问题,常用的方法是模糊综合评价分析。

案例：某地方政府精准扶贫政策改革的模糊综合评价

采用模糊综合评价法对某地方政府的精准扶贫政策进行效果评价。评价因素集 U = {识别,帮扶,管理},评价集 V = {很满意,较满意,一般,较不满意,很不满意},上述三个因素的权重集 A = {0.3, 0.5, 0.2}。对目标群体进行了调查,调查结果为：

(1) 识别方面,有20%的人认为很满意,30%的人认为较满意,20%的人认为一般,20%的人认为较不满意,10%的人认为很不满意。

(2) 帮扶方面,有10%的人认为很满意,40%的人认为较满意,10%的人认为一般,28%的人认为较不满意,12%的人认为很不满意。

(3) 管理方面,有5%的人认为很满意,35%的人认为较满意,10%的人认为一般,38%的人认为较不满意,12%的人认为很不满意。

问:运用模糊综合评价的($\wedge$, $\vee$)算法,对该政策效果进行评价。

解: $(0.3, 0.5, 0.2) \begin{bmatrix} 0.2 & 0.3 & 0.2 & 0.2 & 0.1 \\ 0.1 & 0.4 & 0.1 & 0.28 & 0.12 \\ 0.05 & 0.35 & 0.1 & 0.38 & 0.12 \end{bmatrix}$

= $(0.3 \wedge 0.2) \vee (0.5 \wedge 0.1) \vee (0.2 \wedge 0.05)$

$(0.3 \wedge 0.3) \vee (0.5 \wedge 0.4) \vee (0.2 \wedge 0.35)$

$(0.3 \wedge 0.2) \vee (0.5 \wedge 0.1) \vee (0.2 \wedge 0.1)$

$(0.3 \wedge 0.2) \vee (0.5 \wedge 0.28) \vee (0.2 \wedge 0.38)$

$(0.3 \wedge 0.1) \vee (0.5 \wedge 0.12) \vee (0.2 \wedge 0.12)$

$$= 0.2 \vee 0.1 \vee 0.05$$
$$0.3 \vee 0.4 \vee 0.2$$
$$0.2 \vee 0.1 \vee 0.1$$
$$0.2 \vee 0.28 \vee 0.2$$
$$0.1 \vee 0.12 \vee 0.12$$
$$= (0.2 \quad 0.4 \quad 0.2 \quad 0.28 \quad 0.12)$$

归一化计算 $0.2 + 0.4 + 0.2 + 0.28 + 0.12 = 1.2$

则有 $\left(\dfrac{0.2}{1.2} \quad \dfrac{0.4}{1.2} \quad \dfrac{0.2}{1.2} \quad \dfrac{0.28}{1.2} \quad \dfrac{0.12}{1.2}\right) = (0.17 \quad 0.33 \quad 0.17 \quad 0.23 \quad 0.1)$

由此可见,政策效果总体较好。

4. 因果推断法

近年来,一系列以反事实框架为出发点的因果推断模型不断涌现,在公共政策评估领域展现了巨大的潜力。在当前的文献中,我们最常看到的因果推论的统计与计量方法,仍然是"准实验"或者"自然实验"的方法,包括双重差分法、回归间断设计方法以及工具变量方法等。

双重差分法(DID)　双重差分法的分析思路是将公共政策视为一个准实验,为了评估出政策实施带来的净影响,将全部样本数据分为两组:一组受到政策影响,即实验组;另一组没有受到同一政策影响,即对照组。分别计算实验组与对照组在处理或干预实施前后的变化量,再计算实验组与对照组之间变化量的差值,共有两次差分计算。

回归间断设计方法(RDD)　回归间断设计方法也叫断点回归法,是仅次于随机实验的,能够有效利用现实约束条件分析变量之间因果关系的实证方法。1960 年断点回归法首次被运用于干预效应的研究,1990 年以后该方法开始被应用于各种领域,近年来更是成为政策评估领域重要的研究方法。在使用断点回归的情况下,存在一个变量。如果该变量大于一个临界值,个体接受政策干预,而在该变量小于临界值时,个体不接受政策干预。在断点回归中,小于临界值的个体可以作为一个控制组来反映没有接受政策干预时的情况。在变量连续时,临界值附近样本的差别可以反映政策干预和变量之间的因果联系。

工具变量方法(Ⅳ) 工具变量方法是另一种准实验方法。工具变量比较适合于存在不完全依存性的随机实验环境中,即政策干预的实验个体无法完全服从随机分配。此外工具变量还用于自然实验的观察性研究、测量误差、存在内生性的非线性模型等其他情形。其基本思路是:假定我们希望探索变量 W 与 Y 的因果关系,但存在混淆变量 U,它直接影响自变量 W 和因变量 Y。因为 U 不可观测,所以无法控制。这时我们寻找一个工具变量 Z,该变量的特点在于它和 W 相关,但不和 Y 直接相关(除非是通过 W),同时 Z 也不与混淆变量 U 相关。这样,我们就不直接考察 W 是否能影响 Y,转而考察 Z 对 Y 的影响。如果 Z 很明显影响了 Y,我们就得出 W 影响了 Y 的结论。工具变量方法的一个经典案例是研究制度对经济绩效的决定性影响。在使用工具变量时,要注意其适用范围和可推广性。例如,来自"自然界"的工具变量,包括河流、地震、降雨、自然灾害等自然现象在一定地域范围内具有高度的随机、外生特性,因此可以被假设为与个人和群体的异质性无关,具有较强的推广价值。而有些独有的工具变量则很难在其他国家复制,例如在中国,土地改革、"文化大革命"、加入世贸组织等政策背景只可以视作本土的工具变量。因此,在未来的公共政策效果评估中,要探寻和开发适合我国国情的工具变量。

政策评估的准实验方法除了双重差分法、断点回归法、工具变量法之外,还包括倾向值匹配法、合成控制法等。倾向值匹配法的主要逻辑是将实验组的个体与对照组的个体进行配对,并用成功匹配的对照组个体的观测结果近似表示实验组个体的反事实结果,比较得到的两组平均差异作为政策的平均处理效应。合成控制法的主要逻辑是,尽管对照组个体和实验组个体的特征不相似,但是可以对这些控制组个体进行某种加权,构造出处理组个体的反事实状态。前者经常与双重差分法配合使用,后者的适用场景与双重差分法类似。

理想的政策效果评价应能尽量排除政策本身之外的因素的干扰,以显示政策真正的影响。另外,在效果评价过程中,应清醒认识到政策评价在某些方面的局限与不足。例如,政策效果表现出的不确定性,包括形式的多样性和范围的广泛性,都使测量和评价面临着某些技术上的困难,难以保证一般性的政策效果评价的全面性和精确性。在这种情况下,不同评价方法的选择和评价技术的完善就显得相当重要。在完成政策效果评价之后,应该形成一个基本的结论:该项政策的目标是否能实现?实现的程度如何?等等。在此基础上政策评价还需展开对该项政策的全面分析。例如,如果政策目标未实现,或者政策效果不理想,或者出现非目标领域效果,特别是负面效果,那么原因何在。答案一般需要从对公共政策的全面分析中得出。该领域的分析往往包括三个主要方面,即对公共政策系统的分析包括政策的主体、客体工具和环境,对公共政策过程的分析包括问题的提出、方案的制定、政策执行、政策反馈与评价,以及对公共政策评估标准和方法是否存在问题的分析等,以寻求政策效果不佳的原因。

第三节 公共政策效率评估方法

一、政策效率评估的内涵

效率标准是评估公共政策的重要事实标准。对于政策效率的评价可以分别从经济学和自然科学两个角度考虑。

首先,根据经济学的观点,政策效率体现的是政策投入与政策产出之间的比例关系。政策效率评价是通过衡量政策取得一定成果所消耗的政策资源的数量来判定政策效率的高低,通常表现为政策效果与政策投入之间的关系和比例,以单位成本所能产生的最大价值为评估的基本形式。换句话说,它关注的是一项政策要达到某种水平的产出所需要的资源投入量,或是一定量的投入能产生多大的价值。[1]

效率标准主要包含以下几方面的内容:一是政策成本,即政策投入的人、财、物的量,投入的时间及投入要素的质量。只有足够数量和质量的政策投入,才能实现政策目标。二是政策产出,即一项政策投入一定资源后的产出。这种产出可以衡量政策在多大程度上达到了政策目标。三是政策投入与产出的比较。如果进行一项有效的政策效率评估,在政策成本方面,必须掌握整个政策过程中的资金来源与支出,投入的时间及投入要素的质量,决策者与执行者的数量与工作时间;在总体产出的层次上,必须掌握该项政策实施后所产生的直

---

[1] 张世洲、高晚欣、张斌主编:《现代公共政策学教程》,哈尔滨工程大学出版社2007年版,第168页。

接效果以外的附带效果、象征效果、非预期效果等。此外,需弄清楚政策是否产生了效果;如果降低了成本,是否还能达到同样的效果;有没有更好的途径。总之,高政策效率追求以最小的成本支出实现政策目标或者是政策支出不变的情况下实现政策效益最大化。

根据上面的分析可以得出,在完善公共政策、提高公共政策效率方面有两种思考路径。一是在投入一定的情况下,公共政策产出是否达到最大化。如针对国家用数十亿资金来施行医疗保障政策,我们需要思考这样一些问题:医疗保障的范围还能更大一些吗?医保服务的质量还能更高一些吗?受惠的目标群体还能更广一些吗?等等。二是在保证政策目标得以实现的前提下,政策投入是不是最少最节省。如果开展分析,可以从三个方面来比较:(1)政府投入(如政府采购)与市场价格比较,高于市场价格就是不经济的;(2)行政开支与业务开支的比较,行政开支过大业务开支过小是效益低下的表现;(3)完成单位任务成本的地区或国际比较,如我国征收一万元税收的征收成本与其他国家相比如何。[①]

需要注意的是,效果标准与效率标准是有区别的。效果标准关心的是是否有效果及效果实现的程度,即是否有效地执行了政策,达到了预期目标;效率标准关心的是如何以最小的投入获得最大的产出。效率必须以效果为前提,只讲效果而不讲效率是不可取的。

其次,自然科学对于效率的理解主要体现为时间或速度。基于此,区别于经济学的视角,从自然科学角度考虑的政策效率评价的内容关注的是公共政策过程各环节的时间和速度问题,比如:高质量的政策目标和政策方案是否是在较短的时间内确定的?是否以最快的速度发动和组织了政策的贯彻实施?是否及时地发现和纠正了政策运行过程中出现的新问题、新情况?效果滞后的政策应该持续还是终结?在当前的政策效率评价中,与政策效率的经济学内容相比,对政策的时间或速度方面关注得较少。

二、政策的效能与效率分析

从经济学角度,效能是指在一定成本投入的情况下政策目标实现的程度;

[①] 张润泽:《形式、事实和价值:公共政策评估标准的三个维度》,《湖南社会科学》2010年第3期。

效率指成本投入是否发挥出最大的作用。效能分析主要包括：政策资源的配置是否达到相对最佳？政策绩效及达到目标的程度如何？是否存在不必要的投入和浪费？政策的间接成本如何？政策的推行是否导致一些机会损失？等等。

政策的效能与效率都要联系成本投入进行分析。有的政策效能可用货币形式衡量，有的不能用货币形式衡量。一般说来，非经济型公共政策的效能无法转化为货币形式，间接的机会成本也无法转化为货币形式。在成本与效能无法转化为共同货币形式的情况下，一种评估观点认为只能同时为政策的效能及成本提供一种不准确但具有相对参考价值的结果。也有的观点认为，从经济学角度来看，政策本身就是一种公共产品，是政府提供的一种社会公共服务，是相对于市场提供私人产品和服务的概念。在社会资源有限的情况下，公共产品的生产总要以牺牲一些私人产品为条件。政策的效能若体现为一种不可用货币衡量的公共产品，那么可以通过计算实现政策效能究竟减少多少私人产品的方法来衡量。若私人产品的减少没有超过社会认可的最低线，就说明社会愿意纳税并能够担负政策所需的成本，政策的成本效能也就处在一个令人满意的水平。如果人们不愿意通过纳税来担负政策所需的成本，则有可能说明政策成本投入导致私人产品减少超过了最低线，从而加重了人们的负担。这种政策即使达到一种高水平的效能，充分实现了政策目标，但是考虑到社会担负的成本，也不能说是达到了令人满意的效果。

三、具体评估方法

从经济学角度而言，政策效率评估最大的特征是，它是一种经济方面的量化分析，具体的分析方法是成本利益分析和成本效能分析。成本利益分析是指在政策成本利益能采用货币衡量的情况下计算成本投入、毛利益产出和除去成本的净利益。成本效能分析指在政策效益不能用货币衡量的情况下计算成本投入与政策效能。它往往通过比较的方法，计算达到相同政策目标的多项方案的单位成本，或是计算相同单位的成本达到政策目标的不同效能。在这种分析中，成本可用货币计算，而达到目标的效能不能用货币计算，所以只能采用比较的方法，即同样的成本达到什么不同的政策效能，或同样的政策效能又消耗了什么不同的资源成本。评估的结果无非就是要判明政策是否以最低的成本达到了所要求的政策效能。

通常，成本利益分析需要估计政策的全部支出成本和全部的利益收益，包括直接的和间接的，具体的和象征性的，关注点则是政策的"净利益"。而成本效能分析，不要求通过货币形式表现政策的价值，而是关注通过可计算的政策成本与可比较的政策效果来考量政策的合理程度。

考虑政策效果的合理程度，政策效率的评价可按照以下公式进行计算，即：

政策效率=（政策实施后效果-政策实施前效果）÷产生政策效果所用时间

效率评价也存在一些缺陷。如，政策效率评价一般不能反映出非目标领域的效果，对目标领域潜在效果的评价也具有很大局限性。

第四节 公平价值评估方法

一、公平观

政策评估不仅要坚持效果标准、效率标准等事实标准，还要坚持公平标准、伦理标准等价值标准。公共政策的效果好和效率高并不能证明该政策对利益、成本、资源进行了公正的分配。如果一项符合效果和效率标准的政策造成了不公正的利益分配，那么它也不是一项好的政策。因此，政策评估还要在价值上评定政策是否坚持了公平的社会原则，是否有利于维护社会稳定等。

公平正义自古以来就是人类追求的普遍价值，是人类社会无限向往的一个亘古不变的主题。作为一种价值判断，从某种意义上来讲，"世界上并不存在关于公平的客观标准，公平与否完全取决于当事人的看法"[1]。这也就使得不同的人对公平有着不同的理解，众多的学者从不同的学术视角去阐释自己的公平观，形成了百家争鸣的局面。归纳起来，大致有以下几种代表性的公平观：平均主义的公平观、功利主义的公平观、古典自由主义的公平观、罗尔斯主义的公平观和马克思主义的公平观。

平均主义的公平观着眼于利益分配结果上的人与人之间的平等，即以自己

---

[1] 〔英〕约翰·伊特维尔等编：《新帕尔格雷夫经济学大辞典》（第二卷），经济科学出版社1996年版，第182页。

所得利益与他人所得利益之多寡进行比较,以此判定公平与否。在数千年的中国传统文化中,平均主义的公平观源远流长,并对中国社会历史的发展产生了不可忽视的作用。早在春秋战国时期,孔子就提出了极具平均主义思想的主张:"有国有家者,不患寡而患不均,不患贫而患不安。盖均无贫,和无寡,安无倾。"①墨家认为:"民有三患:饥者不得食,寒者不得衣,劳者不得息。"②要想天下太平,就必须使人民富裕起来,而"民富"的途径除了发展社会经济外,一个重要方法就是使所有社会成员平均享有社会财富,防止少数统治者过多积聚财富而使老百姓普遍处于"不得食""不得衣""不得息"的境地。这些主张明显包含着抽象的平均主义观念。近代改良派领袖康有为结合中西方思想提出了"无邦国,无帝王,人人平等,天下为公"的大同社会的构想。③ 同样地,在西方,罗伯特·欧文、昂利·圣西门等空想社会主义的代表人物主张建立一个完全平等、人人都有劳动权利和义务、不受压迫和剥削的社会。但是这种平均主义的公平观追求在财富的分配中不管人们的才能和贡献的差别而人人有份且份额相等,无疑鼓励了怠惰者,打击了勤奋者,必然会严重挫伤人们的劳动积极性。这实际上是一种以牺牲效率为代价的公平。在发展社会主义时,邓小平同志曾明确地提出,"改革首先要打破平均主义,打破'大锅饭'"④。该论述对平均主义公平观进行了彻底的否定。

功利主义公平观的基本观点是,社会与国家的利益或大多数人的最大幸福构成社会公平的目的。用一句话来概括即公平是社会所有成员的效用最大化。功利主义的公平观是在西方资产阶级功利主义思想基础上建立起来的一种公平学说,这种观念主要起源于杰瑞米·边沁,由庇古等经济学家加以发展形成。功利主义的原则是:只要每个人都能追求和实现个人的最大利益,那么整个社会也就实现了利益的最大化。从这个原则出发,边沁使用"最大幸福"取代平等而作为评判法律和政治制度好坏的根本价值标准。功利主义所倡导的这种"最大多数人的最大幸福"原则,实质上是追求一种最大化的功利,即最大利益的总

---

① 《论语·季氏》。
② 《墨子·非乐(上)》。
③ 辞海编辑委员会编纂:《辞海(缩印本)》,上海辞书出版社1999年版,第763页。
④ 《邓小平文选》(第3卷),人民出版社1993年版,第155页。

和，强调的是分配结果的公平。根据功利主义公平观，政府施政的落脚点应当是"最大多数人的最大幸福"，公共政策的正确目标应当是社会每一个人效用总和的最大化。在收入分配上，功利主义公平观认为政府应当推行平等化政策，政府的行为应该以最大多数人的最大利益为理念来增进社会福利总量。

古典自由主义的公平观是伴随现代资本主义的发展而产生的一种观念形态，其核心内容是对于不同出身、不同民族、不同肤色、不同信仰和不同性别的人都给予同等的竞争机会，亦即机会均等。这种观点的渊源可以追溯到英国古典经济学家亚当·斯密提出的"保护自然的不均等，消除人为的不均等"的思想。但真正完整阐释机会均等公平思想的则是现代西方学者哈耶克。他从经济自由主义出发，认为公平就是每一个人在参与市场竞争和其他场合时都有平等的参赛机会、被挑选的机会等。在他看来，在机会均等的情况下公平是自不待言的。机会均等公平观的代表人物还有美国的丹尼尔·贝尔、弗里德曼和布坎南等。他们认为，机会不均等带来的不平等比机会均等时出现的经济不平等更令人难以忍受。他们认为，天生的能力差别不属于不公平，而由出身、家庭所导致的能力差别却是不公平的；收入差别来自个人的努力是公平的；地位和收入差别来自自我选择与机遇也是公平的，地位与收入差别来自家庭出身和遗产是不公平的。这种自由主义公平观与功利主义公平观有相通之处，又存在着区别。作为一项原则，机会均等公平观认为个人在天资、精力和动力等方面是不同的，对于爱好的看法也有所不同，因此社会体制应确立一套程序来公正地调节必要的竞争与交换，以实现这些因人而异的愿望和能力。①

作为20世纪最著名的政治哲学家之一，罗尔斯政治哲学的特色在于他对公平与正义价值的探究。罗尔斯认为，公平是社会一切问题的根本所在。"正义是社会制度的首要价值，正像真理是思想体系的首要价值一样。……正义否认为了一些人分享更大利益而剥夺另一些人的自由是正当的，不承认许多人享受的较大利益能绰绰有余地补偿强加于少数人的牺牲。"②罗尔斯主张公平应是使"社会上状况最差的人福利最大化"，即"最小者最大化"。这与功利主义追

---

① 〔美〕丹尼尔·贝尔：《后工业社会的来临：对社会预测的一项探索》，商务印书馆1986年版，第469页。

② 〔美〕约翰·罗尔斯：《正义论》，何怀宏等译，中国社会科学出版社1988年版，第1—2页。

求的"社会整体福利总和最大化"不同,充分显示出罗尔斯对弱势群体的人文关怀。罗尔斯在《正义论》中详尽地描述了他所追求的公平的正义。他从人最初的原始状态出发,论述了当所有人都处在对自己的社会境遇一无所知的"无知之幕"背后,这时人们制定的规则一定是大家都可以接受的。在这种情况下,人们一致选择的社会契约,就是正义的。① 罗尔斯认为,市场竞争常常导致违背公平和正义原则的现象出现,因此需要对其不断加以纠正,即在机会平等和代际公平的基础上,实现最少受益者的利益最大化。这实际上体现的是机会公平思想。依照罗尔斯的"最小者最大化的原则",公共政策在设计与制度安排上必须对弱势人群给予更多的扶助与关怀,改变其起点上的不利地位,缩小其与强势群体在起点上的差距,从而实现社会的相对平等。罗尔斯的公平理论在一些收入再分配的领域如社会保障体系的构建上得到了充分运用。例如美国提出向弱势群体倾斜的"补偿性"教育政策,有效地减少了不公平。

建立于历史唯物主义理论基础之上的马克思主义公平观,是自人类文明有史以来最进步、最现实的公平理想目标。② 概括来说,马克思主义公平观有以下内容:第一,公平是人类社会的崇高境界,是社会主义和共产主义的首要价值之所在。社会发展根本上是为了人,因此,人人共享、普遍受益是社会发展的终极目标。第二,马克思在批判资产阶级公平观的基础上,论述了无产阶级的公平观,即要实现真正意义上的平等,只有"消灭阶级"。第三,在经济领域,公平表现为按劳分配。在社会财富如何分配的问题上,马克思主张在共产主义社会的第一阶段实行按劳分配的原则。第四,公平是相对的,没有绝对的公平,即使是按劳分配也不是绝对的公平,因为人天然具有的差别导致人与人之间是无法绝对公平的,所谓公平也只能是相对的公平。第五,公平源于社会劳动实践,是具体的、历史的、阶级的,不存在任何超越特定历史条件、超越阶级的抽象的"永恒公平"。公平观作为社会意识形态,具有一定的历史连续性,但归根到底是现存经济关系的反映,是随着社会经济关系的发展而变化的,不同的时代、不同的阶级、不同的学派各有不同的公平观,公平的标准也随着历史的演进而不断更新,随着时代的变迁而不断补充新的内容。马克思主义把公平问题纳入了历史观

---

① 〔美〕约翰·罗尔斯:《正义论》,何怀宏等译,中国社会科学出版社1988年版,第56页。
② 周全林:《税收公平研究》,江西人民出版社2007年版,第27页。

的视野,把它归结为特定阶级的解放诉求,阐释了无产阶级的平等要求必定与消灭阶级和私有制、与超越资本主义和实现每一个人的自由全面发展相联系。马克思主义公平观作为我国各项法规和政策的制定与实施的指导思想,在社会保障等领域得到了充分应用。

上述对公平观的各种分析是为了使大家进一步理解政策评估中的公平标准,并能够将这一抽象的价值标准转化为可观测的指标。公共政策的本质是对社会公共利益的权威性分配。这种分配的标准和宗旨是社会的公平。因此,在整个公共政策评估的过程中,公平标准是公共部门应该考虑的重要标准之一。公平标准不仅是政策活动所追求的目标,也是当代各国公共部门所有活动的重要准则,常见的税收政策、补贴政策、教育政策等无一不与公平有关。如何达到公平标准?这就要求政策的制定者不应为少数人或少数集团的利益而忽略大多数人的利益,而且政策执行者在执行过程中不应歪曲和规避政策来为少数人牟利。就某项政策而言,即使它符合效果、效率标准,但却造成了不公平的利益分配,那这项政策也不能算是一项成功的政策。如何平衡好效率标准和公平标准是一个永不过时的重要问题。回顾党的文献,党的十四大提出了要"兼顾效率与公平";党的十四届三中全会确立了"效率优先、兼顾公平"的原则;党的十六届四中全会倡导要"注重社会公平";党的十七大提出"初次分配和再分配都要处理好公平与效率的关系,再分配更加注重公平";党的十八大提出"提高居民收入在国民收入分配中的比重,提高劳动报酬在初次分配中的比重。初次分配和再分配都要兼顾效率和公平,再分配更加注重公平";党的十九大报告指出要贯彻新发展理念,建设现代化经济体系,努力实现更高质量、更有效率、更加公平、更可持续的发展,让改革发展成果更多更公平惠及全体人民。这些论述体现了党和政府对于效率与公平关系认识的不断深化,表明兼顾效率与公平不仅是社会和谐发展的必然要求,也是我国将发展成果同人民群众共享的重要体现。

二、公平测度方法

公平测度有多种方法,例如收入不良指数、Theil 系数、阿特金森指数、洛伦兹曲线以及基尼系数等。在公共政策评估实践中,一般用洛伦兹曲线(Lorenz

Curve)作为分析工具,以基尼系数作为测量公平程度的重要指标。洛伦兹曲线如图 13-7 所示。

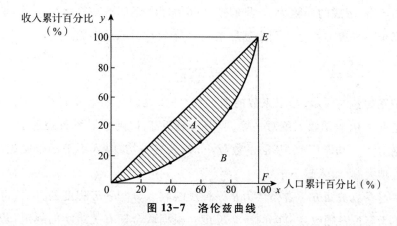

图 13-7 洛伦兹曲线

洛伦兹曲线是由美国统计学家洛伦兹提出来的,是根据人口百分比和收入百分比来研究收入分配不平等问题。如图 13-7 所示,横轴 OF 表示人口(或家庭)累计百分比,纵轴表示收入的累计百分比,对角线 OE 称为收入分配绝对平等线。在这条线上,任何一点的横坐标数和纵坐标数都相等。这意味着从社会上最穷的人开始计算,总人口中最穷的 5% 的人口拥有全社会总收入的 5%,总人口中最穷的 10% 的人口拥有全社会总收入的 10%,以此类推,则社会中最穷人口所拥有的收入在全社会总收入中所占的比例,与这些人口在总人口中所占的比例相同,这表明社会的收入分配是绝对平均的。图中折线 OFE 称为收入分配绝对不平等线,这意味着 EF 代表的最后一个人分配到了社会上所有的财富。而实际上的分配曲线位于直线 OE 与折线 OFE 之间,在这一区域中,横坐标的数值大于纵坐标,意味着从最穷的人开始计算,社会中最穷的人所拥有的收入在社会总收入中所占的比例,小于其人口占社会总人口的比例。显而易见,洛伦兹曲线的弯曲程度具有重要意义。一般来说,它反映了收入分配的不平等程度。弯曲程度越大,即曲线越接近 OFE,收入分配越不平等;反之亦然。

洛伦兹曲线可以直观地反映收入分配的公平程度,但洛伦兹曲线本身很难用一个简单的指标来说明。为此意大利统计学家科拉·基尼根据洛伦兹曲线建立了一个指标,即基尼系数。基尼系数是根据洛伦兹曲线计算出的反映收入分配平等程度的指标,是衡量一个国家或地区贫富差距的标准。在图13-7中,假设绝对平等线 OE 与实际分配曲线围成的面积为 A,称为"不平等面积",分配曲线与 OFE 围成的面积为 B,我们把 A+B 称为"完全不平等面积"。不平等面积与完全不平等面积之比则为基尼系数。若设 G 为基尼系数,则:

$$G = \frac{A}{A+B}$$

显然如公式所示,基尼系数的取值在 0—1 之间。如果 A 趋近于 0,则基尼系数趋近于 0,表示收入绝对平等;如果 A 趋近于 1,则基尼系数趋近于 1,表示收入绝对不平均。因此,基尼系数越小,收入越平均,收入不平等程度越小;基尼系数越大,则收入越不平均。

基尼系数被西方学者公认为是一种反映收入分配平等程度的方法,也被联合国作为衡量各国收入分配的一个尺度。根据联合国有关组织的规定:若基尼系数低于 0.2 表示收入绝对平均;0.2—0.3 表示比较平均;0.3—0.4 表示相对合理;0.4—0.5 表示收入差距较大;0.6 以上表示收入差距悬殊,通常把 0.4 作为收入分配差距的"警戒线"。一般发达国家的基尼系数在 0.24—0.36。[①]

基尼系数可以被用来检验财政收支(包括税收和政府支出)影响社会的收入分配或财产分配的程度。如纳税前后的基尼系数之比可以用来判断税收的收入分配效应;政府增加职工教育支出前后的基尼系数之比可以判断职工教育支出的收入分配效应。但是,基尼系数也存在一些缺陷,比如,从静态角度看,基尼系数只能比较各国或地区全体人口收入不平等程度,不能说明收入不平等特征;从动态角度看,基尼系数不能说明一国内部不同阶级收入不平等程度的演化,容易忽略低收入阶层的利益,所以需要其他指标来补充。

第五节 社会指标评估方法

社会指标一词,最早是由美国学者雷蒙德·鲍尔(Raymond Bauer)在 1966 年发表的《社会指标》一书中提出的。他认为社会指标是用来"判断社会在准

[①] 徐传谌、翟绪权:《所有制结构中公有制经济规模对贫富差距的影响——基于〈中国统计年鉴〉数据的实证研究》,《社会科学研究》2015 年第 3 期。

则、价值和目标等方面表现"的依据,是"作为具有普遍社会意义的社会状况的指数",是对经济指标的"补充"和"扩大",是"在那些通常不易于定量测量或不属于经济学专业范围的领域内,为我们提供有关社会状况的信息"[①]。可以说,社会指标从诞生之初就与政策或政策问题紧密相连。

社会指标是一项分析或描述主客观情况变迁的技术,是一种可以实现长期的比较与分析时间序列的资料,可以被用来描述公共政策影响社会的状况。社会指标所具有的重要的评价功能,能够对社会政策等产生的效果和影响进行评价和做出判断,能够将各种政策效果与政策目标联系起来考察。也就是说,社会指标的应用目的在于通过对政策执行前后社会发展、变化状况进行比较,衡量政策效果是否符合社会指标的要求,以及通过分析识别社会指标本身是否需要修正。社会指标对公共政策的作用主要体现在以下几个方面:一是社会指标能够促使政策相关行动者调整其日常行动;二是为政策议程优先顺序的设定提供有效信息;三是帮助政策决策者判断一项政策是否以合适的速度以及是否朝着正确的方向行进;四是可以发现政策运行中出现问题的领域。

总体上说,社会指标主要有以下三种不同的来源:一是官方的统计报告,如行政机构所发布的统计年鉴;二是指标的复制,以公共政策理论为基础,从官方的统计中选择适当的指标,构建新指标;三是生活质量指标,有些国家推行生活质量指标的调查,该指标的涵盖范围一般都较大。社会指标根据其性质、范围、领域和功能可区分为各种不同的类型,主要有以下几种:(1)根据指标的性质和调查方法的不同,可分为主观指标和客观指标。前者可以反映人民对于客观社会现象的主观感受,可以较详细地了解居民的想法,例如市民对生活质量的满意度、对公共交通的满意度。客观指标是反映客观存在事物和社会现象的指标,如国民生产总值等。客观指标比主观指标更可靠,主观指标比客观指标更灵活、更有针对性,两种指标具有互补性。(2)根据指标的范围不同,可分为总体性指标、部门性指标和专题性指标。总体性指标反映社会总体发展水平;部门性指标是反映某一专业部门如教育、文化等部门的社会指标;专题性指标是反映某一专门性问题如社会保障、生活质量等问题的跨部门指标。此外,根据

[①] 朱庆芳、吴寒光:《社会指标体系》,中国社会科学出版社 2001 年版,第 3 页。

指标的领域可分为经济指标和非经济指标。

社会指标的出现呼应了现代公共政策需要,然而,社会指标运用于公共政策存在一定的局限性。在现代社会,由于社会问题的日益复杂,社会指标变得日趋庞大与复杂,在信息量过多的情况下,决策者甚至不知如何选用指标,这会导致社会指标对政策问题的识别和反映能力下降。此外,在"政策输入"如何转化成"政策结果"上,社会指标的功能也会受到限制。从社会指标所反映的内容来看,社会指标测量的主要是社会过程的产出即社会最终目标的实现程度,而不是投入方面即实现这些目标的过程中投入了多少要素,因此,其对影响政策目标达成的因素的解释力是有限的。

总而言之,随着社会问题的日趋复杂化,社会指标在建构政策模式方面的重要性将进一步显现,社会指标本身应当在确定因果关系方面不断提升确定性,进而在进一步提高社会指标的科学性、适用性与可操作性基础上,增强社会指标对政策问题的反映性与辨别力,提高社会指标的政策效能。

复习思考题

1. 什么是公共政策的交易成本?
2. 分析政策效果的内涵与类型。
3. 简述前后对比分析法。
4. 政策效果评估包括哪些方法?
5. 说明政策效率评价的内涵。
6. 简述公共政策评估的公平标准与公平测度方法。
7. 分析公共政策评估中运用社会指标进行评价的必要性。

参考文献

1. 〔美〕R. M. 克朗:《系统分析和政策科学》,陈东威译,商务印书馆 1985 年版。
2. 〔美〕戴维·R. 安德森等:《数据、模型与决策(原书第 10 版)》,于淼等译,机械工业出版社 2003 年版。
3. 〔美〕卡尔·帕顿、大卫·沙维奇:《政策分析和规划的初步方法》,孙兰芝等译,华夏出版社 2000 年版。
4. 〔美〕苏珊·韦尔奇、约翰·科默:《公共管理中的量化方法:技术与应用(第三版)》,郝大海等译,中国人民大学出版社 2003 年版。
5. 〔美〕艾尔·巴比:《社会研究方法》,邱泽奇译,华夏出版社 2000 年版。
6. 〔美〕奥利弗·E. 威廉姆森、西德尼·G. 温特编:《企业的性质——起源、演变与发展》,姚海鑫等译,商务印书馆 2010 年版。
7. 林德金等编著:《政策研究方法论》,延边大学出版社 1989 年版。
8. 常绍舜编著:《系统科学方法概论》,中国政法大学出版社 2004 年版。
9. 冯国瑞:《系统论、信息论、控制论与马克思主义认识论》,北京大学出版社 1991 年版。
10. 苗东升:《系统科学精要》,中国人民大学出版社 1998 年版。
11. 张霭珠、陈力君编著:《定量分析方法》,复旦大学出版社 2003 年版。
12. 李钢等编著:《公共政策内容分析方法:理论与应用》,重庆大学出版社 2007 年版。
13. 吴喜之编著:《统计学:从数据到结论(第二版)》,中国统计出版社 2006 年版。
14. 江渝:《政策分析方法:视角·路径·工具》,四川大学出版社 2011 年版。
15. 王达梅等编著:《公共政策分析的理论与方法》,南开大学出版社 2009 年版。
16. 王重高、李勇、王鑫编著:《公共政策量化分析》,国家行政学院出版社 2018 年版。
17. 许淑萍:《公共政策伦理》,社会科学文献出版社 2018 年版。
18. 金东日编著:《现代组织理论与管理》,天津大学出版社 2003 年版。
19. 孙小礼等主编:《方法的比较——研究自然与研究社会》,北京大学出版社 1991 年版。
20. 周雪光:《组织社会学十讲》,社会科学文献出版社 2003 年版。
21. 张红宇:《公平与效率视阈下我国政府经济行为研究》,东北大学出版社 2013 年版。
22. 周全林:《税收公平研究》,江西人民出版社 2007 年版。
23. 吕燕、朱慧编著:《管理定量分析》,上海人民出版社 2019 年版。

教师反馈及教辅申请表

北京大学出版社本着"教材优先、学术为本"的出版宗旨,竭诚为广大高等院校师生服务。为更有针对性地提供服务,请您认真填写完整以下表格后,拍照发到 ss@pup.pku.edu.cn,我们将免费为您提供相应的课件,以及在本书内容更新后及时与您联系邮寄样书等事宜。

书名		书号	978-7-301-	作者	
您的姓名				职称、职务	
校/院/系					
您所讲授的课程名称					
每学期学生人数		_____人_____年级		学时	
您准备何时用此书授课					
您的联系地址					
联系电话(必填)				邮编	
E-mail(必填)				QQ	
您对本书的建议:					

我们的联系方式:

北京大学出版社社会科学编辑室

北京市海淀区成府路 205 号,100871

联系人:梁　路

电话:010-62753121 / 62765016

微信公众号:ss_book

新浪微博:@未名社科-北大图书

网址:http://www.pup.cn

更多资源请关注"北大博雅教研"